分离与统一
——变动中的两岸关系

王英津　著

九州出版社 全国百佳图书出版单位

图书在版编目（CIP）数据

分离与统一：变动中的两岸关系／王英津著. --
北京：九州出版社，2017.4
ISBN 978 - 7 - 5108 - 5159 - 9

Ⅰ.①分…　Ⅱ.①王…　Ⅲ.①海峡两岸 - 关系 - 研究
Ⅳ.①D618

中国版本图书馆 CIP 数据核字（2017）第 066621 号

分离与统一：变动中的两岸关系

作　　者	王英津　著
出版发行	九州出版社
地　　址	北京市西城区阜外大街甲 35 号（100037）
发行电话	（010）68992190/3/5/6
网　　址	www.jiuzhoupress.com
电子信箱	jiuzhou@ jiuzhoupress.com
印　　刷	北京九州迅驰传媒文化有限公司
开　　本	720 毫米×1020 毫米　　16 开
印　　张	28.25
字　　数	492 千字
版　　次	2017 年 4 月第 1 版
印　　次	2017 年 4 月第 1 次印刷
书　　号	ISBN 978 - 7 - 5108 - 5159 - 9
定　　价	82.00 元

序　言

1999 年，我进入中国人民大学师从黄嘉树教授攻读博士学位，自此开启两岸关系研究的人生。恍惚间，匆匆十七载，真可谓"弹指一挥间"。这些年来，我先后发表过的专业论文共有 120 余篇，主要分为两大类：一类是政治学研究方面的，约计 40 余篇；另一类是涉台研究方面的，约计 80 余篇。此次结集出版的论文主要是涉台研究方面的，但亦非涉台研究论文的全部，我仅选取了其中的 40 余篇，将它们分成"分离理论辨析""两岸关系审视""岛内政治论衡""'一国两制'探微""香港回归跟踪"和"海峡时事评议"六个部分，辑录成书，取名《分离与统一：变动中的两岸关系》。

此次结集出版的论文，绝大多数在学术期刊或会议上发表过。论文编纂时，除了作一些文字技术上的处理外，基本保留了论文原貌，仅仅有个别文章在发表时因篇幅限制而做了压缩，为了增强文章的说服力，此次付梓之际又做了复原。由于时间跨度大，书中难免前后有些观点不尽一致，还有些问题在当时的历史条件下非常值得研究，但后来已经解决或不存在了，但这次选编时我依然将其选入，因为它们毕竟反映了当时的历史状况和研究样态，这可让读者从中了解到某些问题的演化轨迹。

本书是论文集成作品，难免会出现系统性不够、逻辑欠严谨的现象，此亦为文集类作品的"通病"。但为了尽可能避免同一篇论文在不同著作中重复出现，本书所辑录的文章，绝大多数是以前在其他著作中没有出现过的，只有个别文章出于研究专题的系统性考量，不得不将其重复纳入，尚敬希读者谅解。

值此文集出版之际，我要向多年来在论文发表方面给予我关心、支持和帮助的期刊和编辑们致以深切的谢意，同时向多年来一直给予我诸多关照和支持的九州出版社领导和朋友表达真挚的谢意。

王英津

2016 年 8 月 26 日

于中国人民大学明德国际楼

目　　录

第四编 "一国两制"探微

第五编 香港回归跟踪

第六编 海峡时事评议

第一编

分离理论辨析

有关 "分离权" 问题的法理分析

分离主义者常常援引国际法上的自决权来为其分离活动作合法性论证，给人们的印象是国际法上好像存在着所谓的分离权，甚至连有些学者也认为国际法上确实存在着分离权。由于在理论上没有将分离权的有关问题搞清楚，导致了现实中反对分离主义的"乏力"。那么，国际法上是否真正存在所谓的分离权？分离权究竟是怎么回事？分离在什么情况下可以被视为一项权利？这项权利的性质和行使条件是什么？国内法怎样看待分离权？为了从法理上澄清有关分离权的上述问题，本文特作如下探讨。

一、国际法层面：分离未被确立为一项权利

从历史上看，国家领土的范围不是一成不变的，领土分离跟领土的其他变动形式一样，是一个经常发生的事实，然而，在国际法上分离权却不是一种事实存在。如果人们要坚持使用"分离权"这个概念，也只能说，它在国际法上是一个虚拟的学术概念，而非法律概念。考察现行国际法规范就会发现，国际法对分离主义一直采取不支持的态度，根本不承认分离权。具体表现在以下几个方面：

第一，相关的国际法律文件明确表示不支持分离行为。从国际法的角度看，在民族自决与分离主义相关问题上，联合国有两个非常重要的决议：1960 年的《给予殖民地国家和人民独立宣言》和 1970 年《国际法原则宣言》。除了重申自决权原则只适用于仍在托管的前殖民地和没有形成住民自治政府的领土外，这两个文件都为防止分离主义破坏国际秩序而作了专条规定，着重强调了只有在三种情况下可以支持民族自决：殖民主义统治、外国占领和强加的政治统治，以及种族主义政权，同时申明支持民族自决并不表示鼓励现存主权国家内部少数民族要求分离独立的行为。像绝大多数国际法文件一样，这两个重要决议在强调民族自决、反对殖民主义、支持民族独立

的前提下均特别规定了对国家主权原则的保护条款。前一个宣言第六条明文规定："任何旨在部分地或全面地分裂一个国家的团结和破坏其领土完整的企图都是与联合国宪章的目的和原则相违背的。"① 后一个宣言则更明确地指出，民族自决权原则"不得解释为授权或鼓励采取任何行动，局部或全部破坏或损害在行为上符合上述各民族享有平等权及自决权原则并因之具有代表领土内不分种族、信仰或肤色之全体人民之政府之自主独立国家之领土完整或政治统一"。② 一项联合国主持的权威研究进一步表明，这些条款实际上暗示着国际法不承认分离权。由于分离主义会严重挑战和冲击现存的国际政治秩序，因此联合国在其文件和决议中特别区分了民族自决与分离主义的不同。对于在少数族群地区全民公决或选举分离主义地方政府的情况下的分离要求，主权国家的中央政府并没有接受其要求的法律责任和一般义务。③ 因为国际法的有关条文均不承认分离是单方面可以完成的行为，同时在国际法中承认主权国家的中央政府拥有对分离要求的自行处置权力。需要指出的是，国际法虽然不支持分离行为，但也没有完全禁止分离行为，因为在它看来，是否允许分离是一个主权国家内政范围内的事项。所以，国际法将分离问题留给了主权国家自己去作内部处理。但从总体上来说，国际法基于维护国家主权不得侵犯的原则，不支持分离行为，不承认分离为一项权利。

这里需要澄清一个问题，2010 年 7 月 22 日，国际法院就"科索沃单方面宣布独立是否符合国际法"这一问题发表咨询意见，认为"科索沃宣布独立没有违反国际法"。据此，有些人将该咨询意见误解为科索沃单方面宣布独立是符合国际法的，进而误认为国际法有时也支持分离主义。事实上，国际法院并没有明确承认科索沃单方面宣布独立符合国际法，这里仅仅说是"不违反"，"不违反"和"符合"是两个不同的法律概念，其含义有着重大的差别。"符合"意味着许可、授权或鼓励，即国际法明确允许或鼓励从事某种行为；而"不违反"只是意味着在国际法上不存在对某种行为的明文禁止性规则，国际法对该行为的合法性持中立立场。④ 导致这一误解的关键是人们"非此即彼"的二元思维方式，认为只要"不违反"国际法，就

① 王铁崖、田如萱编：《国际法资料选编》，法律出版社，1982 年版，第 11 页。
② 王铁崖、田如萱编：《国际法资料选编》，法律出版社，1982 年版，第 8 页。
③ ［德］沃尔夫刚、格拉夫、魏智通主编，吴越、毛晓飞译：《国际法》，法律出版社，2002 年版，第 270 页。
④ 余民才：《"科索沃独立咨询意见案"评析》，载《法商研究》，2010 年第 6 期。

"符合"国际法，事实上，从国际法规范的角度来看，科索沃单方面宣布独立的行为，即便是"不违反"国际法，也并不意味着它"符合"国际法，准确地说，应该是"既不违反，也不符合"，因为国际法根本就不规范分离这一本属于国内法范畴的事项。所以，有些学者援引这个案例来佐证国际法支持分离主义是站不住脚的。不过，需要指出的是，对于不十分熟悉国际法对分离之态度的人们来说，国际法院的这一咨询意见具有一定程度的误导性，会使他们误认为科索沃的分离行为"符合"国际法，这在客观上会对今后国际秩序的稳定产生不利的影响。

第二，长期以来国际社会对各国维护主权统一的行为持以支持的态度。国际法允许主权国家以武力方式维护国家领土主权，允许主权国家对武装分离势力采取军事行动。国际法不鼓励分离主义，不仅因为国际法是建立在主权国家的基础之上的法律体系，而且因为国际社会如果对分离主义势力让步，只能导致越来越多的战乱和灾难，危害世界和平与稳定。从联合国的有关机构和官员对分离主义所发表的一些意见也可以看出联合国对待分离主义的态度还是相当明确的。联合国消除种族歧视委员会第 21 号建议指出："委员会（指联合国消除种族歧视委员会——笔者注）注意到一些种族或宗教团体或少数民族经常引用自决权作为他们要求分裂的依据……委员会强调，根据《国际法原则宣言》，委员会的任何行为都不可理解为授权或鼓励任何旨在全部或部分地分裂或损害国家的领土完整和政治统一，如果该国是遵循人民平等权利和自决权利的、独立和有主权的，并具有代表该领土上的全部人民，而没有种族、信仰或肤色的区分的政府。委员会考虑到国际法并没有承认人民通常有权利单方面地宣布脱离一个国家，在此方面，委员会遵循《和平日程》中所表达的观点，即国家分裂可能不利于保护人权和维护和平与安全。"① 联合国前秘书长吴丹也曾明确地指出："至于一个成员国的

---

① 引号中的汉语是根据英文译出的，不是联合国文件的原文。鉴于这段文字对于加深理解"分离权"的有关问题有着重要的意义，现将原文注释出来，以便读者对照："The Committee notes that ethnic or religious groups or minorities frequently refer to the right of self – determination as a basis for an alleged right to secession···The Committee emphasize that, in accordance with the Declaration of the General Assembly on Friendly Relations, none of the committee's actions shall be construed as authorizing or encouraging any action which would dismember or impair, totally or in part, the territorial integrity or political unity of sovereign and independent states conducting themselves in compliance with the principle of equal rights and self – determination of peoples and possessing a government representing the whole people belonging to the territory without distinction as to race, creed or colour. In view of the Committee international law has not recognized a general right of peoples to umilaterally declare secession from a state. In this respect, the Committee follows the views expressed in the Agenda for Peace, namely that a fragmentation of States may be detrimental to the protection of human right as well as to the preservation of peace and security. This does not, however, exclude the possibility of arrangements reached by free agreements of all parties concerned。"

特定部分的分离问题，联合国的态度是明确的。作为一个国际组织，联合国过去从未接受过、现在不接受，而且我相信永远也不会接受某一成员国的一部分分离出去的原则。"①

第三，国际社会对因分离而诞生的新国家的承认持以谨慎的态度。在国际政治行为和国际惯例中，国际社会一般不支持也不接受单方面用极端方式来实现的分离行为，但如果要求分离的一方通过赢得战争来实现分离并且在分离地区建立了有效统治，或当事国在事实上处于解体的状态，国际社会在当事国承认既成事实的情况下最终也可能会接受分离的事实。但无论如何，当事国政府的现实状况和明确态度至关重要。在当事国拒绝接受分离的情况下，国际社会一般不会承认分离的事实，联合国也不会接受新独立的政治实体为正式成员国。回顾 20 世纪 70 年代的东巴基斯坦事件，当时东巴基斯坦从巴基斯坦分离出来建立了独立的孟加拉国以后，只有印度与不丹给予孟加拉国正式的国家承认。联合国对此采取了不干涉的态度，其相关决议也没有承认孟加拉国的独立属于民族自决的范围，并且在相当长一段时间内拒绝承认新独立的孟加拉国。直到 1974 年 2 月巴基斯坦政府最终承认独立的孟加拉国之后，联合国才接受其为正式成员国。当时的各主权国家在是否承认孟加拉国的问题上也是相当谨慎的，大多数是在它的母国巴基斯坦作出承认的决定后才陆续承认孟加拉国的。国际社会采取这种慎重态度与殖民地人民因行使自决权而宣布独立后的积极反应形成鲜明对比。② 该案例进一步表明，尽管国际法并不能排除分离主义能够从主权国家分离出来建立一个新国家的情况，但对于分离主义建国，国际法不是主动地促成，而是被动地事后承认，即当新国家的产生已经既成事实并获得国际承认后，才予以接受。

通过以上分析我们可以发现，国际法和国际社会均不承认分离权。究其原因，主要是：倘若承认分离权，便意味着承认主权国家的部分人民从国家整体中脱离出去独立建国的行为是合法的，如果这样，无疑会激发主权国家内部的地区分离主义和民族分离主义，这与维护国家主权及领土完整这一国际法基本原则是对立的。正是由于分离与国家领土完整之间存在着冲突关系，作为国际法主要"制定者"的各主权国家根本不会"制定"出任何允

---

① United Nations Monthly Chronicle, No. 2, 1970, p. 36.

② Hurst Hunnum, "*Rethinking Self - Determination*", in *Virginia Journal of International Law*, Vol. 34, 1993, p. 49.

许主权国家的一部分享有分离权的国际法。可以说，只要主权国家作为国际法的主要"制定者"这个事实不改变，国际法将来也不会承认破坏国家领土完整和政治统一的分离权。① 正如马勒森（Rein Muller Son）教授从法律和政治两个方面对国家不支持分离主义、否认分离权的态度所作的分析：在国际法上，如果承认一个实际上尚未取得国家资格之团体的分离要求，就将构成对国家管辖事项的干涉，从而违反联合国宪章的原则和精神；在政治上，如果因承认分离主义者从统一的国家中分离出去的要求而严重削弱国家原有的相对权力或从根本上诋毁它，主权国家都拒绝接受这种要求。主权国家都不允许属于其一部分的人口和领土分离出去，因为分离将导致一个统一主权国家的财富、资源、权力的衰减，从而削弱其经济实力、国防能力和潜在的国际实力。②

诚然，在理论学说层面上，确实有一些西方学者从自由主义理念出发，主张分离是一项国际法权利，但这仅仅是西方学者们的一种动议或"学术观点"，而不是国际法上的"现行规范"。学者们所主张或动议的权利（应然的法律权利）与事实上被确立为法律层面的权利（实然的法律权利）毕竟不是一回事。在各种学术主张中，只有那些在理论上能自圆其说，且符合政治现实的"权利主张"，才能最终被确立为一项法律权利。像所谓的"分离权"这种与国际法原则以及国际政治现实相冲突的"权利主张"，不可能被国际法所接纳并最终确立为一项法律权利。

二、误认为国际法上存在分离权的原因

如前所述，很多分离主义者在论证分离主义的合法性时大都从国际法上的自决权原则中寻求合法性依据。为此，消除种族歧视委员会在关于自决权的一般性建议中指出："委员会注意到，种族或宗教团体或少数群体经常提到自决权，视之为指称的分离权利的基础。"③ 另外，在有些国际政治学者

---

① 白桂梅著：《国际法上的自决》，中国华侨出版社，1999年版，第204页。

② 马勒森：《人民自决与苏联的解体》，载罗纳德·麦克唐纳主编：《王铁崖纪念文集》，1993年英文版，第580页。转引自白桂梅著：《国际法上的自决》，中国华侨出版社，1999年版，第204—205页。

③ 杨宇冠主编：《联合国人权公约机构与经典要义》，中国人民公安大学出版社，2005年版，第294页。

的文献中，也常常将分离权与自决权联系在一起，甚至将分离权混同于国际法上的自决权，认为两者是一而二、二而一的东西。事实上，分离权与国际法上的自决权是两码事。为了清楚地说明两者的不同，先让我们厘清"分离"与"独立"这组容易混淆概念的不同。

1. 分离与独立的意涵比较

分离（secession）系指某一个主权国家一部分或几部分脱离母国。如中国近代史上的外蒙古从中国脱离出去；1903 年巴拿马从哥伦比亚脱离出去成为独立国家；1971 年属于巴基斯坦的东巴基斯坦宣布独立，成立孟加拉国。分离出去的部分可能成立独立国家，也可能成为另一个国家的一部分，也可能与另一个国家合并。分离的重要前提是分离部分在分离前是母国的组成部分。分离是发生在一个现存主权国家内部的事情，分离发生后母国仍然存在。国际法上虽然常常可以碰到"分离"这个概念，但那只是国际法的具体领域所涉及的国际社会中的政治现象，而且仅涉及这种现象的结果，国际法对分离行为本身并不触及。例如，国际法上的承认和继承制度都涉及分离这个现象，因为当一个主权国家的一部分从该国分离出去，或建立独立国家、或与他国合并、或成为他国之一部分，对于现存国家来说就可能会发生承认的问题，对分离出去的实体以及与其相关的现存国家，将发生国际法上的继承问题。但是，这些国际法制度对分离行为本身，如分离的合法性或正当性等问题并不问津。到目前为止，国际法上尚不存在任何规范分离行为的规则。①

独立（independence）系指在国际关系中不依附其他任何政治实体，通常特指包括殖民地在内的非自治领土、托管地领土及其附属领土实现自主，如二战后亚非拉的殖民地半殖民地获得独立而成为新兴民族国家。独立与分离既有联系又有区别。两者的主要联系是：分离的结果可能是独立。因此，人们在使用这两个术语时容易将二者混淆。另外，在汉语中"独立"的含义有时与分离相同。例如，平时说某国的一部分"闹独立"，实际上就是"闹分离"的意思。② 分离和独立在一定程度上能够构成因与果的关系，但是两者不能互相替代。分离可以用来说明独立的原因，但不足以表达独立的含义；独立可以用来描述分离后的状态，但不能用来描述分离本身。另外，

---

① 白桂梅著：《国际法上的自决》，中国华侨出版社，1999 年版，第 181—182 页。

② 白桂梅著：《国际法上的自决》，中国华侨出版社，1999 年版，第 182 页。

要求独立的实体原本就不是宗主国的一部分，从国际社会的实践来看，多数在非殖民化运动中宣布独立的实体都是殖民地和其他附属领土，而要求分离的实体却是原主权国家的组成部分。

由上可知，分离与独立虽然在表面上或形态上具有某些相似点，即都是一个国家的一部分领土和人口从国家整体中脱离出去而实现独立建国，但从深层次上看，所脱离出来的这部分领土在分离和独立语境下所揭示的意义是不一样的。从它们与被脱离国家的关系来看，因分离而脱离出来的这一部分原来就是被脱离国家的一部分，但因独立而脱离出来的这一部分原本就不属于被脱离国家的一部分，只是后来因殖民统治而将其纳入了被脱离国家。许多学者将分离与独立混同起来，主要是只看到了两者的相似点，而没有看到两者的内在差异。

2. 学界将分离权混同于国际法上自决权原因分析

国际法上自决权的原始含义是政治独立权，即殖民地、托管地或非自治领土的人民在非殖民化过程中所行使的实现国家独立的权利，他们在行使自决权而完成独立建国时，并没有损害到宗主国的领土主权完整。但是，分离权的情况就有所不同，尽管分离主义、分离行为、分离运动等都是客观存在的，但将"分离"与"权利"结合在一起而组成所谓的"分离权"，在国际法上却是不存在的，它是一个被人们"想象出来"的概念，只不过人们久而久之地沿用这一概念，也就"习惯成自然"，进而误认为国际法上存在着分离权。只要考察自决权原则的演变历程，我们就可以发现，自决权与分离权没有必然的联系，自决权不包括分离权。众所周知，自决权的行使并不会损害到宗主国的领土主权完整，因为殖民地和其他被外国占领或统治的领土，从来就没有被它们的宗主国视为其领土的组成部分，而是作为它们的海外属地，殖民地人民及其他被外国占领（或统治）领土上的居民也不能享有与宗主国本土居民相同的法律地位。从殖民地及其他被压迫民族的角度来看，它们过去曾经是某个独立的主权国家的一部分，正是帝国主义的侵略和殖民主义统治才使得它们处于被压迫、被奴役的地位。因此，殖民地及其他被压迫民族的独立和解放既是结束被压迫、被奴役地位的一种方式（而且是最主要的方式），也是它们的一项权利。但这种权利不是分离权，因为这与从一个主权国家分离出去没有任何关系。因此，殖民地及其他被压迫民族的自决权所包含的应该是独立权，而不是分离权。①

从国际法的视角来看，分离行为不同于非殖民化过程中的自决运动，它在国际法上不但得不到支持反而还受到特别的限制。《给予殖民地国家和人民独立宣言》把民族自决权宣告为直接反对异国奴役的权利，表明运用民族自决权来自由决定一个民族的政治地位，只能是直接用来反对殖民统治而不是原有的国内统治。② 国际法在自决权和分离的问题上所形成的共识是，自决权主要适用于去殖民化，并非一概支持少数民族的分离建国要求。③ 在酝酿《给予殖民地国家和人民独立宣言》的过程中，联合国的一些成员国就担心毫无限制的自决权可能会导致现存国家的分裂，从而危及国际社会的稳定。因此，联大在支持自决权的同时，特别表示要保证其成员国现存领土的完整，限制以自决为名的分离。因此，现存国家（哪怕它以前曾是殖民地）中少数民族进行的分离运动并不在民族自决权的保护之下。④ 如果歪曲和滥用民族自决原则、支持分离主义的行为得不到制止，那就相当于干涉他国的内部冲突，其结果必然是对国际法关于尊重其他国家领土完整的准则的背叛。⑤ 正如英国剑桥大学迈尔可姆·肖教授所说："自决只限于公认的殖民地领土范围之内，任何想扩大这个范围的尝试都从未成功过，而且联合国总是极力反对任何旨在部分地或全面地分裂一个国家的团结和破坏其领土完整的企图。"⑥ 美国学者熊玠也指出："在自决和尊重领土完整、国际法和国内法之间，并不存在必然永远的冲突。在各国和联合国的实践中，自决主要被限于殖民地情况，且不意味着分离的权利……在自决的例子中，自决是由国际法确认的，许多细节则留给国内管辖权去处理，就像在处理有关国家继承权的所有事务那样。"⑦ 分析至此，我们必须澄清一个误区，即不能将分离权混同于殖民地、半殖民地人民及其他被压迫民族在国际法上所享有的自决权。

---

① 白桂梅著：《国际法上的自决》，中国华侨出版社，1999 年版，第 190 页。

② 李龙、万鄂湘著：《人权理论与国际人权》，武汉大学出版社，1992 年版，第 138 页。

③ Richard Falk, *Self – Determination Under International Law: the Coherence of Doctrine Versus the Incoherence of Experience*, in Wolfgang Danspeckrruber ed., *The Self – Determination of Peoples*, Boulder: Lynne Rienner Publishers, 2002, p. 31.

④ 任东来著：《政治世界探微》，北京大学出版社，2005 年版，第 274 页。

⑤ Vernon van Dyke, *Human Rights, the United States, and the World Community*, New York: Oxford University Press, 1970, p. 107.

⑥ Malcolm IV Show, *International Law*, Second Edition, 1998. p. 110.

⑦ ［美］熊玠著，余逊达、张铁军译：《无政府状态与世界秩序》，浙江人民出版社，2001 年版，第 183—184 页。

究其原因，人们之所以将分离权混同于国际法上的自决权，主要是因为人们对分离与现行国际法上自决问题之间的区别存在着模糊的认识，以及对自决概念存在着误解。首先，由于"分离主义"这个词带有某种程度的贬义，故分离主义团体通常比较喜欢借用"自决"这个中性的词语，这也在一定程度上加大了分离与自决之间的混乱。借着这种混乱，分离主义者通常打着"自决"的旗号来为其分裂行径作合法性辩护。其次，国际法上的自决没有任何确切的定义，结果使一些人错误地将自决与分离必然地联系在一起，甚至将自决等同于分离，进而将国际法上关于自决权的规范误认为是关于分离权的规范，这样也就将国际法与分离权联系在一起了。① 再次，分离主义势力之所以竭力勾联国际法，还因为分离行为在国内法上通常是被禁止的，它们只好到国际法规范中去寻找合法性依据，进而求得国际势力的保护和支持。第四，由于绝大多数殖民地人民行使自决权的结果都是脱离宗主国并建立新国家，而分离的结果也大多是分离团体脱离原来主权国家而建立新的国家，两者具有表面上的相似性，也使得人们误认为自决就是分离、自决权就是分离权。

基于以上分析，笔者认为，民族自决权原则作为国际法上的基本原则，理应受到推崇。但是，对于民族自决权的适用，应当采取比较慎重的态度，② 以防止分离主义势力假借自决权的旗号来从事分裂活动。从当今国际社会来看，许多国家都不同程度地存在分离主义的问题，这些分离主义运动（或倾向）有其特殊而复杂的历史背景，不应当盲目地以民族自决权为由加以支持，③ 自决权并非分离主义的挡箭牌。

三、国际实践层面：分离仅被"视为"一项救济性权利

国际法上没有分离权的规定，所以我们要了解分离权的性质，只好借助于国际社会的实践和国际学术界的主张。虽然在国际法上分离并未被确立是一项权利，但在国际实践中，如果一个国家没有在宪法以及相关法律和政策中对其弱势团体（如少数民族等）的权利给予实际的保护，而在现实中存

---

① 白桂梅著：《国际法上的自决》，华侨出版社，1999年版，第178页。
② Fernando R. Teson, *A Philosophy of International Law*, Westview Press, 1998, pp. 150–151.
③ 杨泽伟著：《主权论——国际法上的主权问题及发展趋势研究》，北京大学出版社，2006年版，第176页。

在着中央政府的歧视性统治（准殖民地状态）和集体性屠杀的事实，或者强制推行种族同化和文化灭绝政策，那么这些弱势团体就被"视为"① 享有要求自治甚至分离的权利（即分离权）。国际社会之所以在特定情形下视"分离"为一项自我救济的特殊权利，从根本上说，是基于人道主义理念和保护弱势团体人权的考量。此情形下的分离权是弱势团体保护自身免遭毁灭而最后不得已而行使的一种救济性权利，是弱势团体实行自我保护的例外机制。在分离被视为一项权利的过程中，学界的积极推动和建议是至关重要的。可以说，没有学界的呼吁和推动，分离不可能在国际实践中被视为一项救济性权利。所以，研究国际实践中的分离权离不开对学界的相关观点进行回顾、梳理和分析。

在有关分离权的论述方面，学界的观点并非完全一致，有些学者在论述分离权时，并没有恰当处理是否要或如何与国际法律制度加以整合的问题。② 他们只提到分离的"权利"，却没有进一步去研究这一权利究竟是缺乏任何制度基础的道德诉求，还是得到国际承认的合法权利；还有些学者意识到了他们正在试图改变国际社会对分离事件的处理方式（而这可能还包含法律的部分），但没有指出在分离权正当性及范围的讨论与实务上国际法律制度改革的整体规划之间尚存有很大的差距；③ 也有些学者意识到了这个差距并小心翼翼地注明他们的理论只是为改革指出大致的方向，但他们还是没有为缩短这个差距提供任何改革方案。④ 上述三种观点的不足在于，它们均没有明确提出分离权的行使必须要有一定的限制条件，故这些观点不能有效地防止分离权被滥用。

尽管学界在"分离权"问题上观点不一，但基本上可以将它们划归为两大理论形态，即"仅限救济权利理论"和"初始权利理论"。在这两大理

---

① 在法律上，"视为"类似"类推"，通常指在法律上没有明文规定，但根据其情形，应将其看作是能够适用于法律规定中最相类似规范。在这里，"视为"的意思是，法律上尽管没有规定"分离"是一种权利，但一个主权国家内的某个种族或部分人民在面临来自于国内（特别是来自中央政府）的种族灭绝或人道主义残害时，依照人权保护的理论和规则，可以类推他们拥有从这个国家分离出去的权利。

② Harry Beran, *The Concept Theory of Political Obligation*, London, Croom Helm, 1987. David Gauthier, "Breaking up: an essay on secession", in *Canadian Journal of Philosophy*, Vol. 24, No. 3, 1994, pp. 357 – 375.

③ Daniel Philpott, "*In Defense of Self - determination*", in Ethics, Vol. 105, 1995, pp. 165 – 169.

④ Avishai Margalit and Joseph Raz, "*National Self - Determination*", in The *Journal of Applied Philosophy*, Vol. 87, No. 9, pp. 439 – 461.

论形态中，"仅限救济权利理论"是学界的主流理论，其主要代表人物是布坎南（Buchanan）等。该理论认为，在国际实践中，分离权在一定情况下仅限于被视为一种救济性权利（Remedial Right），即一个团体只有在遭遇特定的"严重不公正待遇"而现有的法律手段又不能提供解决这种不公正的有效方案时才有权进行分离。该理论的核心概念是"救济性分离权"，这种分离权类似于西方近代自由主义思想家洛克学说中的革命权，[①] 这种权利是一种在中央政府违背或破坏民意、人民基本权利被强行剥夺的情况下，对民众来说作为最后救济行为的权利，其突出特点是给予弱势团体分离权的同时，又规定了行使该权利的严格条件。早在 1917 年，当阿兰德群岛居民谋求脱离芬兰加入瑞典遭到芬兰政府拒绝时，阿兰德群岛人将案件提交国际联盟。由国际联盟理事会任命的三名法学家组成的委员会最终作出报告认为，国家的组成部分分离出去成为一个独立的国家或者与他国合并，只能在国家不能或不愿实施公正和有效的保护时被作为例外的、最终的解决手段。[②] 加拿大学者朱毓朝教授认为，行使这种权利的前提条件必须是当事政权为问题的罪魁祸首，并且没有任何改正的迹象，而且其他的用和平协商解决问题的方式都已经穷尽了，在此情况下，作为受害群体的最后选择，用非暴力甚至暴力形式完成的分离才可以在道义上被接受。[③] 美国学者卡塞斯（Antonio Cassese）教授认为，只有当中央政府以种族、宗教或肤色为由拒绝某团体参政时，它才有权主张自决权（笔者注：卡塞斯在这里所说的自决权，其含义就是分离权）。[④] 荷兰籍国际法院法官科艾曼斯（Kooijmans）也认为，分离权并非民族自决权的正常衍生物，而是一种最后的救济方法。分离权本身不属于自决权，在一定条件下充其量算是保障自决权实现的一种救济手段，并且这种救济手段的行使是有条件的，即当某个群体的权利受到侵害时，只有在国家框架内寻找解决问题的所有努力均不奏效，且区域和国际的救济均被证明无效时，才可援引分离权。只有当主权被滥用，即政府实施了

① Allen Buchanan, *"Secession, State Breakdown, and Humanitarian Intervention"*, in Deen K. Chatterjee and Don E. Scheid, eds., *Ethics and Foreign Intervention*, Cambridge University Press, 2003, p. 198.

② *Report of International Commission of Jurists on Legal Aspects of the Aaland Islands Question*, in Henry J. Steier and Philip Alston, op. cit, Note3, p. 1256.

③ 朱毓朝：《国际法和国际政治中的分离主义》，载《国际政治科学》，二〇〇五年第二期，北京大学出版社，2005 年 6 月出版，第 78 页。

④ Antonio Cassese, *Self - Determination of Peoples, A Legal Reappraisal*, Cambridge University Press, 1995, p. 12.

民族歧视，不能作为国家真正的代表时，某个群体才能以分离的形式对一国的主权和领土完整构成威胁。[①]

从上述学者们对救济性分离权之行使条件的论述来看，尽管表述有所不同，但均认为救济性分离权必须是一种带有严格限制条件的特殊权利。然而，对于中央政府来说，如果其在法律和政治制度安排上有民族平等、保护弱势团体基本权利的政策，分离权就没有理由被援引，而中央政府在处理分离要求的问题上就拥有完全的自主权。即便是在少数族群通过在聚集居住的地区用公民投票的方式表达出分离的集体愿望，中央政府也没有法律上的责任和义务承认或接受分离主义的诉求，因为中央政府代表和考虑的是国家的整体利益，而且是唯一被国际社会承认的在该领土上的合法政权。[②] 我们也应当承认，上述学者们所言，尽管属于"一家之言"的学术观点而非国际法的规范，但对于主权国家来说，这些观点还是能对其中央政府构成一定程度的约束。因为面对其境内的弱势团体（特别是少数民族）拥有这样在道义上可以获得支持的权利，可以促使它们很好地重视其国内弱势团体的发展。如果其漠视弱势团体的人权保障，并推行极端的侵犯人权的政策（如种族歧视和种族灭绝政策），弱势团体就可以凭着这项救济性权利从这个国家分离出去，以便获得"自救"。当然，弱势团体能否分离成功，并非完全取决于它们是否拥有这项权利，而是取决于它们与中央政府的实力对比、国际力量的支持等多重复杂因素。

相较于初始权利理论来说，仅限救济权利理论将分离权界定为一项带有严格限制条件的救济性权利的确有其合理之处，具体表现在：[③] 首先，将分离权界定为一种救济性权利，为分离权的行使设定了相当严格的限制条件，却又没有完全排除其行使。在某团体遭遇严重不公而除了分离又别无解决之道时，该团体方才拥有分离权。因为从现实方面来看，大部分分离事件常常引发暴动，随之而来的是大规模的人权侵犯和资源破坏，所以，必须正视分离权可能会引发的负面效益。其次，分离运动在事实上可能会加剧种族冲

---

① P. H. Kooijmans, *"Tolerance, Sovereignty and Self - Determination"*, in *Netherlands International Law Review*, 1996, 2.

② 朱毓朝：《国际法和国际政治中的分离主义》，载《国际政治科学》，二〇〇五年第二期，北京大学出版社，2005 年 6 月出版，第 78 页。

③ Percy B. Lehning 编著，许云翔等译：《分离主义的理论》，台湾韦伯文化事业出版社，2002年版，第 286—287 页。

突。一是因为在现实世界中，许多分离事件是由少数民族所引发，而当某少数民族分离出去之后，在此新成立的国家中仍有其他少数民族存在，分离运动会使得他们加以效仿，结果是先前受迫害者往往变成了新的加害者；二是因为在大部分的实际案例中，欲进行分离的团体之所有成员并非都居住于同一区域，结果通常是那些留下来的成员更占少数，因而更容易受到被分离所激怒的他者之歧视与迫害。① 以"遭遇严重不公正待遇"作为分离正当性的条件，能够表现出对分离建国行为的限制和慎重，同时也反映了分离背后种族冲突的现实。再次，从本质上说，分离行为属于国内政治范畴，应受国内宪法的规范，所以，它的实现必须在宪法程序之下，以协商共识为前提。从权利的角度来说，分离权不是简单的单方面的基本权利，而应该是一种共识性权利，即在有关各方达成共识的条件下才能实现的权利。② 从国际实践的角度来看，在各方共识中，分离团体与中央政府之间的双方共识最为重要，特别是中央政府对分离问题的态度是至关重要的，甚至是决定性的。1945年以来，国际社会从未在当事国政府拒绝接受分离行为和事实的情况下，以接受联合国新成员的方式承认新独立的国家。③ 因此，以独立建国为诉求的分离主义都面临着一个难以逾越的阻碍：当事国政府的坚决反对。倘若当事国政府坚决反对分离行为，则分离行为获得成功的可能性极小。如果一定认为分离是单方面的权利和单方面可以完成的行为，不需考虑其他当事人特别是当事主权国政府的意见，那就肯定会产生争议、导致冲突。以上表明，分离在根本上是一种非建设性的行为，绝对不是对民族分歧、族群争议、不同形式的种族歧视等问题的正面的有效的解决办法。④ 所以，对其加以限制，将其界定为在特定条件下方可行使的救济性权利是合理的。

虽然仅限救济权利理论有其合理的一面，但也存在着许多问题和不足。

① Donald Horowitz, "*Self - determination：Politics，Philosophy，and Law*", in Will Kymlicka and Ian Shapiro （eds.）, *Nomos 39：Ethnicity and Group Rights*, *New York*：New York University Press, 1997, pp. 421 – 463.

② Allen Buchanan, "*Secession，State Breakdown and Humanitarian Intervention*", in Deen K. Chatterjee and Don E. Scheid, eds., *Ethics and Foreign Intervention*, Cambridge University Press, 2003, pp. 189 – 211.

③ 朱毓朝：《国际法和国际政治中的分离主义》，载《国际政治科学》，二〇〇五年第二期，北京大学出版社，2005 年 6 月出版，第 82 页。

④ Radha Kumar, "*Settling Partition Hostilities：Lessons Learned，Options Ahead*", in Michel Seymour, ed., *The Fate of the Nation State*, Montreal – Kingston：McGill – Queen's University Press, 2004, pp. 247 – 269.

譬如，以"遭遇严重不公正待遇"作为救济性分离权正当行使的条件，但达到什么样的程度才算是"严重不公正"？如何来界定"严重不公正"？由谁来判定？目前国际上没有解决此类问题的法律认定标准以及相关仲裁制度。这些非常现实的问题得不到很好的解决，就容易导致救济性分离权的滥用，如在前述科索沃分离案例中，支持科索沃独立的许多国家大都是从所谓的救济性分离权方面来论证科索沃单方面宣布独立的合法性的。笔者认为，这是对救济性分离权的误解和滥用，因为科索沃人民没有遭遇所谓的"严重不公正待遇"，科索沃人民不享有国际实践中所谓的救济性分离权，援引救济性分离权来对其分离行为作合法性论证着实开辟了一个危险的"先例"。对此，欧美各承认国也有所担心，所以它们反复强调，科索沃问题只是一个"特例"，不能视为世界上其他民族冲突以及鼓励突破民族国家模式的"先例"。

鉴于以上关于"仅限救济权利理论"两个方面的分析，我们要正确看待和评价该理论的利与弊。试想，如果不承认救济性分离权，弱势团体在遭遇严重不公正待遇时，就无法保障它们的生存权益；如果承认救济性分离权，该理论本身的局限性又容易导致其潜伏着被滥用的可能性或倾向性。所以说，救济性分离权是一把双刃剑，虽然有保护弱势团体免遭迫害的积极意义，但也存在被滥用的可能。对于其局限性，我们不能漠视，就其跟"初始权利理论"相比，由于它为分离权的行使设定了限制条件，故它在一定程度上可以防止分离权的滥用，但因为它设定的分离权之行使条件在现实政治中很难准确而具体地把握，故它也不能完全防止分离权的滥用。为此，我们对救济性分离权要有一个正反两方面的认识，不能将其跟通常的法律权利混为一谈，更不能将其作为通常的法律权利来过分地强调和高举，在实践中也不能无限扩大这种救济性权利的正面功能。

我们除了认识到分离权是一种救济性权利之外，还要认识到它仅仅是一种道德性权利（即只是在道义上可以获得支持的权利），而不是法律权利。既然是道德性权利，那么它就不可能像法律权利那样具有制度性保障。在国际实践中，它通常依靠同情、理解和支持来加以保障和实现，当然，有时也借助于外在国际力量的支持。况且，分离的道德正义因素即使存在，对分离运动的成功也仅有非常有限的影响和帮助。所以，从国际实践来看，通过拥有和行使救济性分离权而获得独立建国的案例极为少见。

当然，学界也有学者从自由主义理念出发，提出了"初始权利理论"，其主要代表人物是马格利特（Margalit）、雷兹（Raz）、贝南（Harry Beran）、威尔曼（Christopher Wellman）等。该理论认为，分离权是民主权利的一部分，是一种可以主动行使且不受条件限制的初始性权利（Primary Right），该理论的核心概念是"初始性分离权"。该理论认为，某些弱势团体即使没有遭受到不公平的待遇也享有分离权，它们并不认为分离只有在用于改善不公正状态时才具有正当性。① 事实上，"初始权利理论"只有在不考虑任何制度的状态下才具有说服力，并且该理论对于解决现实中的分离事件，并无太大意义，所以，该理论在学界不占主流地位，影响很小，基本上不被人们所接受。倘若将分离权界定为初始性权利，则极易导致其被滥用，从国际政治实践来看，分离权由被动性权利滥用为主动性权利、由共识性权利滥用为单向性权利、由道德性权利滥用为法律性权利，大都是由于将分离权由救济性权利滥用为初始性权利所导致。该理论还经常成为西方强权国家肢解他国，维护自己霸权地位的理论工具，对此必须予以警惕。

四、国内法层面：分离被确立为一项权利仅属特殊个案

事实上，真正将分离确立为一项法律权利的领域是国内法（而不是国际法），但是，这是极个别国家的作法。从法理上说，是否允许分离属于一个主权国家内政的范畴，属于国内法（宪法）调整的问题。那么，国内法是怎样对待分离的呢？在国内法层面，分离诉求一般都被认为是非法的，因为国内法的主要目的是在法律上定义国家的性质和政府的权限并且规定如何保证政府功能的实现，而不可能是如何肢解国家。② 因为分离主义挑战的是现存的主权国家，中央政府一般都强烈反对分离主义肢解国家的要求并且视分离为非法行为，几乎所有国家的国内法都严格保护国家主权统一和领土完整，分离主义行为在国内法上通常是被作为犯罪行为来对待的，特别是当分离主义者诉诸武力或恐怖手段的时候。即使分离权在国内法上偶尔被承认过，也是出于特定目的的考量，譬如苏联的 1936 年宪法，虽然规定了各民族享有从苏维埃联邦分离出去的权利，但苏联宪法规定这项权利的动机是想

① Percy B. Lehning 编著：《分离主义的理论》，许云翔等译，台湾韦伯文化事业出版社，2002年版，第 76 页。

② 朱毓朝：《国际法和国际政治中的分离主义》，载《国际政治科学》，二〇〇五年第二期，北京大学出版社，2005 年 6 月出版，第 75 页。

通过赋予分离权来使各民族相信他们拥有的分离权是有宪法保障的。只有规定他们可以自由地加入也可以自由地分离出去，才可以使他们安心地加入联邦。因此说，苏联宪法规定分离权的目的不是放任或提倡分离，而是借此而达到扩大加盟共和国数目、"建立大国"、"使各民族接近乃至融合"的目的，正如列宁在此以前所论述的，我们允许"被压迫民族有分离的自由，并不是因为我们实行经济上的分裂，或者想实现建立小国的理想；相反，是因为我们想建立大国，想使各民族接近乃至融合，但是这要在真正民主和国际主义的基础上相互接近乃至融合的需要，但如果没有分离自由，这种接近和融合的基础就不可能建立。马克思在 1869 年要求爱尔兰分离，并不是为了制造分裂，而是为了将来爱尔兰能同英国自由结盟。"① 另外，从苏联存续 69 年期间的政治实践来看，这项分离权从未被行使过，这也是苏联宪法规定分离权的动机的最好注释。②

　　加拿大法学家蒙纳罕（Patrick J. Monahan）和布兰特（Michael J. Bryant）两位学者的研究成果表明，世界上绝大多数国家的宪法根本不承认任何族群、团体、地区享有要求分离的权利。③ 在他们研究的 89 个国家的宪法中，只有 7 个国家的宪法有与分离相关的条款，而有 22 个国家（包括澳大利亚、圭亚那、罗马尼亚、保加利亚、蒙古、巴拿马等国）的宪法特别明文强调国家主权与领土完整不可分割，其中科特迪瓦和喀麦隆的宪法甚至禁止任何将来的修宪涉及领土变动。在规定了分离权利或者涉及可能的分离程序的七国宪法中，前苏联和前捷克斯洛伐克的宪法有分离的条款而且分离已经实现。而奥地利、法国、新加坡、埃塞俄比亚和加勒比岛国圣西斯中，只有埃塞俄比亚和圣西斯宪法中规定了可以通过一定的程序分离，其他宪法只是有相应的有关承认领土和国界变动的条款或地方分权的条款。而英国有关北爱尔兰前途的 1998 年《复活节停战协议》原则上同意了北爱尔兰在公民投票基础上的分离的可能（但事实上不可能）。④ 另外，1995 年后，加拿大联邦政府对魁北克分离问题的政策和法律程序上的一系列调整虽然承认了

---

① 《列宁全集》第 27 卷，人民出版社，1990 年版，第 85 页。

② 白桂梅著：《国际法上的自决》，华侨出版社，1999 年版，第 187 页。

③ Patrick J. Monahael, Michael J. Bryant and Nancy C. Cote, *Coming to Terms with Plan B : Ten Principles Governing Secession*, CD Howe Institute Commentary, 1996, p. 83.

④ Jonathan Tonge, "*Politics in Northern Ireland*", in Patrick Dunleavy, *Developments in British Politics*, New York：Palgrave, 2003, pp. 181 - 202.

魁北克在法律上分离的可能,① 但 2000 年 5 月通过的《公投明确法》却规定了各邦脱离联邦获得独立的严格而复杂的程序,显然如此严格而复杂的程序在事实上否定了魁北克省企图通过单方面公民投票来实现分离的可能。俄罗斯先在 1993 年的宪法修改中明确剥夺了联邦各成员的分离权,继而对作为其领土一部分的车臣分离势力进行了武力镇压,最终以军事行动捍卫了自己的领土主权。以上表明,一个主权国家通过宪法赋予其民族或构成单位以分离权的情况,属于极为特殊的、少之又少的情况,况且亦有其极为特殊的目的。

在绝大多数主权国家,分离是被禁止的行为,即使在崇尚自由与个性解放的美国,情况也是如此。19 世纪 60 年代,美国南部各州企图分离出去另行建国,结果导致南北内战。林肯著名的"裂屋"演说,反对使"房子倒塌"、使"联邦解体"的分裂。美国人民在林肯总统的领导下,不惜流血牺牲,维护了统一。② 美国内战表明,单方面的分离行为从来不被主权国家的中央政府所准许。南北战争后,美国正式宣布联邦为永久的联合,任何地方或州都无权自行宣布脱离。有学者指出,按美国宪法第四条第三款的规定,国会有权调整州际关系中关于管辖区域的争执,但不可以变更领土的国家归属;美国可以增加新领土,但不容许以任何方式丧失美国现有领土。③ 世界上其他国家和美国一样,都视国家的整体利益高于局部地区利益,国家主权和领土完整不容许国家局部地区的"民族分离"或"地区分离"。"民族分离"或"地区分离"问题属于一国的内政,国家有权采取一切必要的措施对"民族分离"或"地区分离"进行阻止或镇压,这在国内法上是天经地义的。我国的 1997 年刑法典,在总则第 13 条和分则第 102、103、104 条中明文规定,危害国家主权、领土完整和安全,分裂国家、破坏国家统一的,构成危害国家安全罪。④ 毫不例外,如果在中国的领土某些地区出现分离主义问题,中国政府有权依法采取一切必要措施加以解决。

主权国家的宪法大都限制或反对分离的根本原因在于分离直接损害国家的利益。为此,还有学者从经济学的角度对这种"损害"作了如下概括:

---

① 朱毓朝:《国际法和国际政治中的分离主义》,载《国际政治科学》,二〇〇五年第二期,北京大学出版社,2005 年 6 月出版,第 75—76 页。

② 宋云波:《台湾归属不容更改》,载《统一论坛》,2004 年第 1 期。

③ 董云虎、刘武萍编著:《世界人权约法总览》,四川人民出版社,1990 年版,第 283 页。

④ 华青:《"台独公投"行为违反国际法》,载香港《文汇报》,2003 年 11 月 24 日。

首先，当一个国家分裂时，领土自然会分割开来。无论人民在分裂的哪一部分，都会减少自由旅行和迁徙的空间，而空间则是人们进行经济活动及生活的最重要的资源。因此，一个国家的分裂，意味着这个国家的福利在实际上受损或减少。其次，当分离导致国家的领土规模变小以后，显然减少了其相对于世界上其他国家的抗衡力量，其国际影响力和国际地位会因此而大大降低。再次，分离有时还会使双方产生敌意，使得双方更倚重于武力相互抗衡。这样一来，它们双方就会消耗更多资源于军事对峙当中，但却给某些强权国家的武器制造商提供了商机。也正因为如此，某些强权国家出于本国利益的考量，也愿意看到他国分裂，甚至会将支持分裂作为其国际政治战略的一部分。①

那么，主权国家的宪法反对或禁止分离的法理依据何在呢？首先，就领土主权的性质来说，它既是国家对领土的所有权，也是国家对领土的最高管辖权。正因为国家拥有领土的所有权，所以决定领土命运的，只能是国家（但在现实中通常由其中央政府来决定），而不是国家的区域单位；国家对其领土的最高管辖权，具体表现为在其领土内行使属地管辖的权力。根据属地管辖的原则，在其领土内的人可以做什么或不可以做什么，完全由国家来决定，这种决定权具体体现在国家的法律之中。国家能以国内立法的形式禁止对其领土的分离活动，因为分离活动在本质上是背叛国家的行为，是对国家领土主权的挑战。其次，对一个"国族"构成单位的种族来说，分离权是一种共识性权利，必须在有关各方达成共识的情况下才有可能实现。如果它要与原属的主权国家分离，这必须要经过其他种族或人民的同意，至少要经过国家最高民意机关的批准。因为民族共同体（即国族）是历史和自然形成的，在形成和发展的过程中，各个种族之间相互支援，共同抗御外敌，一起组建了国家。国家组建以后，这个种族的命运就与其他种族的命运连为一体，其中任何种族都无权仅按自己单方面的愿望随意脱离这个国家，因为任何种族脱离国家都会给其他种族带来一定的利益损害。事实也充分表明，没有任何一个种族拥有可以随意从主权国家中分离出去的权利。

众所周知，拥有权利是合法地行使权利的基础和前提，如果某个团体在法律上没有被赋予某一项权利，却在现实中硬要行使这一项权利，那是非法的。分离权的情况就是这样，如果在国内法上没有赋予某一团体这一项权

---

① 盛洪：《祖国统一与和平感言》，载《国际经济评论》，2000年第3—4期。

利,那么该团体随意行使这一项权利就缺乏法律根据,就是非法的,那么中央政府有权采取必要的镇压措施。

结　语

与独立、自决等概念不同,分离在国际法上不被支持。但在现实政治生活中,不论是分离主义者还是社会大众,常常将分离与自决混为一谈,甚至借着自决的旗号来从事分离。在厘清了以上几个概念之间的区别后,我们应正确地使用这几个概念。尽管我们在习惯上已将某些分离主义的行为表述成了"独立"行为,例如"藏独""疆独"和"台独"等,从国际法的角度来分析,这些行为的实质是从中国脱离出去以另行建国,这在国际法上属于"分离"行为,而不是"独立"行为,但人们已习惯用"某某独"来表述它们,虽然这也"约定成俗",但作为一名学者,我们必须清楚,当我们在反对或批判"某某独"这种行为时,必须采用反对"分离"行为的理论工具,而不能采用反对"独立"行为的理论工具。否则,不仅在反驳工具上"张冠李戴",而且在理论上也站不住脚,因为"独立"通常是得到国际法支持的正义行为。

分离和分离权也是两个不同的概念。从国际法的角度来看,分离的行为是客观存在的,而分离权却是不存在的。通过前面从国际法、国际实践和国内法三个层面对分离权所作的法理分析,我们必须明白,分离主义势力通常援引的所谓"国际法上的分离权",是不存在的。虽然分离在国内法上被确立为一项法律权利仅仅是特殊个案,但这也常常是出于一种特定政治目的之考量。在国际实践层面,分离只是在特定条件下才被视为一项救济性的权利,但这项权利也仅仅是缺乏制度保障的道德性权利,而非法律权利。所以,以后我们在使用"分离权"这个概念时,首先要分清是在哪个层面(国际法、国际实践抑或国内法)上使用之。在不存在分离权的层面(如国际法)上使用"分离权"概念,那就是错误的。即使在存在分离权的层面(如国际实践)上使用"分离权"概念,也要防止其被滥用,只能将其视为救济性权利、被动性权利、道德性权利和共识性权利,而不能将其视为初始性权利、主动性权利、法律性权利和单方性权利。只有如此,我们才能辨别和澄清关于分离权问题的各种错误的观点及论述,从而更好地从理论上反对各种形式的分离主义。

　　在国际实践层面，认可分离权并不意味着鼓励每个弱势团体在遭遇到灭绝人性的严重不公正待遇时都应该而且也可以成为独立的国家。从国际社会认可分离权的目的来看，也不能否认这样一个事实，即国际社会也想利用中央政府担心或害怕分离诉求的心理，通过认可弱势团体在遭遇了灭绝人性的严重不公正待遇时为自我保存而享有分离权，可以在某种程度上起到防范和限制一个国家的中央政府推行种族歧视和严重不人道政策之功效。但国际社会认可分离权的这一"良苦用心"有时也会被弱势团体所歪曲和利用，成为它们要挟中央政府的工具。从实际情况来看，由于弱势团体的处境不尽相同，它们要求分离的目的也并非完全一致，有的是想完全独立建国，有的并非真想从母国分离出去独立建国，而只是想以分离为讨价还价的手段，逼迫中央政府允许它们在某个领域里面实行更高程度的自治或自主。对于分离主义的动机，中央政府应该作出清晰而准确的判断，只有这样，才能针对其不同目的而采取相应的解决措施，这样才能更加有效地解决分离主义问题。

　　最后，我们需要注意分离主义的一种新动向，即将分离权与国内法意义上的民主权利联系在一起，打着"民主""公投"的旗号来从事分离活动，这种分离主义活动将分离权视为民主权利的一部分，从而也具有一定程度的迷惑性。必须指出的是，国内法意义上的分离权与民主权利是两码事，是两种性质不同的权利。分离权是一个群体作为一个整体在免遭毁灭时而享有的一种权利，是一项集体权利，而不是个人在法律上所享有的权利。如前所述，分离权只有在个别主权国家的宪法上偶尔被确立为法律权利，属于非常罕见的事例；而民主权利在所有民主国家的宪法上都被确立为法律权利。这些分离主义理论就是通过利用概念之间某些表面上的相似性来故意混淆是非，将"分离""自决""民主"等本不属于同一范畴的概念及理论混同起来，穿插使用，以达到为其分离主义行为作合法性论证的目的。我们只要将这些概念及理论的真正涵义及相互关联从学理上厘定清楚，就可以解除它们的理论武装。

（原载《世界经济与政治》2011 年第 12 期）

自决权：并非分离主义的挡箭牌

自决权与分离权的关系是一个十分复杂的问题。人民自决权是否包括分离权的问题在非殖民化过程基本结束时显得格外突出。各国学者对这个问题的回答存在很大分歧。造成这些分歧的因素是多种多样的，但主要是人们对人民自决权原则概念的误解以及对现行国际法上的自决问题与国内公法上的分离问题之间的区别存在着模糊认识。首先，由于自决权没有任何确切的定义，致使一些人错误地将自决权与分离权必然地联系在一起，甚至将自决权等同于分离权。这也是造成国际法上关于自决权的理论混乱的重要原因之一。其次，由于"分离主义"这个词带有某种程度的贬义，故分离主义团体通常比较喜欢借用"自决"这个中性的词语。这也在一定程度上加大了自决与分离的混乱。借着这种混乱，分离主义势力通常打着行使自决权的旗号来为其分裂行径作理论辩护。因此，进一步厘清自决权与分离权的关系，防止自决权在地方分离主义的催化作用下变成不断对国家领土主权进行切割的工具，成为一项迫切的研究课题。

一、自决权不包含分离权

自决权是指殖民地人民或托管地、非自治领土的人民在非殖民化过程中所行使的实现国家独立的权利，他们在行使自决权而完成独立时，并没有损害到宗主国的领土主权完整。但是，"分离"的情况就截然不同了，它是指主权国家之内的某一部分地区或部分人要从母国分离出去，这种行为直接破坏了国家的领土与主权完整。如果国际社会允许这种所谓"分离权"的存在，其后果将十分严重。说到底，国际法不支持"分离权"的根本原因，是因为它与维护一个国家的主权和领土完整相对立，这严重违背了联合国的宗旨和目的。

自决权的原始含义是政治独立权。但在现实政治中，人们却常常将自决权与"分离权"联系在一起。正如消除种族歧视委员会在关于自决权的一般性建议时所指出："委员会注意到，种族或宗教团体或少数群体经常提到自决权，视之为指称的分离权利的基础。"① 只要考察自决思想的流变，我们就可以发现，自决权与分离权没有必然的联系，自决权不包括分离权。

1. 自决权包含的是独立权，而非分离权

众所周知，自决权是指殖民地人民或托管地、非自治领土的人民在非殖民化过程中所行使的实现国家独立的权利，他们在行使自决权而完成独立时，并没有损害到宗主国的领土主权完整。殖民地和其他被外国占领或统治的领土，从来就没有被它们的宗主国视为其领土的组成部分，而是作为它们的海外属地。殖民地人民及其他被外国占领或统治的领土上的居民也没有与宗主国本土的居民同等的地位。从殖民地及其他被压迫民族的角度来看，它们过去曾经是独立的民族国家或某个主权国家的一部分，是帝国主义的侵略和殖民主义统治才使它们处于被压迫、被奴役的地位。因此，殖民地及其他被压迫民族的独立和解放既是结束被压迫、被奴役地位的一种方式（而且是最主要的方式），也是它们的一项权利。但是这种权利不是"分离权"，因为这与从一个主权国家分离出去没有任何关系。如前所述，分离指主权国家之内的某一部分地区或部分人要从母国脱离出去，这种行为直接破坏了国家的领土与主权完整。因此，殖民地及其他被压迫民族的自决权所包含的应该是独立权，而不是分离权。可见，用非殖民化运动来支持自决权包括分离权的观点，显然是站不住脚的。②

自决与分离从表面上看都是一个国家的一部分从整体中脱离出去而实现独立建国。这是两者在表面上或形态上的相似点。但从深层次上看，所脱离出来的这部分领土在自决和分离的语境下所揭示的意义是不一样的。从他们与被脱离国家整体的关系来看，因分离而脱离出来的这一部分原来就是被脱离国家的一部分，但因自决而脱离出来的这一部分原本就不属于被脱离国家的一部分，只是后来因殖民统治而将其纳入了被脱离国家。许多学者将自决与分离混同起来，主要是只看到了两者的相似点，而没有看到两者的内在差异。

---

① 杨宇冠主编：《联合国人权公约机构与经典要义》，中国人民公安大学出版社，2005 年版，第 294 页。

② 白桂梅著：《国际法上的自决》，中国华侨出版社，1999 年版，第 190 页。

2. 国际法不承认分离权

国际法对待分离主义则一直是采取不予鼓励的否定态度。这种否定态度反映在以下几个方面：

首先，相关的国际法律文件明确表示不支持分离行为。1960 年的《给予殖民地国家和人民独立宣言》和 1970 年《国际法原则宣言》两个国际法文件除了重申自决权原则只适用于仍在托管的前殖民地和没有形成住民自治政府的领土外，都为防止"民族分离主义者"破坏国际秩序而作了专条规定，着重强调了只有在三种情况下可以支持民族自决：殖民主义统治、外国占领和强加的政治统治，以及种族主义政权，同时申明支持民族自决并不表示鼓励现存主权国家内部少数民族的分离独立的要求。前一个宣言第六条明文规定："任何旨在部分地或全面地分裂一个国家的团结和破坏其领土完整的企图都是与联合国宪章的目的和原则相违背的。"① 后一个宣言更明确地指出：自决权原则"不得解释为授权或鼓励采取任何行动，局部或全部破坏或损害在行为上符合上述各民族享有平等权及自决权原则并因之具有代表领土内不分种族、信仰或肤色之全体人民之政府之自主独立国家之领土完整或政治统一"。② 按照国际法，自决权主要适用于非殖民化过程中民族国家独立运动的情形，而并非针对已经建立的多民族国家内的民族分离运动。由于分离主义严重冲击着现存的国际政治秩序，所以联合国在其文件和决议中特别区分了民族自决与分离主义的不同。

其次，长期以来国际社会对各国维护主权统一的行为持以支持的态度。国际法允许主权国家以武力维护国家领土主权，允许主权国家对武装分裂势力采取军事行动。国际法不鼓励分离主义，不仅因为国际法是建立在主权国家的基础之上的法律体系，而且因为国际社会如果对分离主义势力让步，只能导致越来越多的战乱和灾难，危害世界和平与稳定。联合国前秘书长吴丹明确指出："至于一个成员国的特定部分的分离问题，联合国的态度是明确的。作为一个国际组织，联合国过去从未接受过、现在不接受，而且我相信永远也不会接受某一成员国的一部分分离出去的原则。"③

再次，国际社会对因分离而诞生的新国家的承认持以谨慎的态度。在国

---

① 王铁崖、田如萱编：《国际法资料选编》，法律出版社，1982 年版，第 11 页。
② 王铁崖、田如萱编：《国际法资料选编》，法律出版社，1982 年版，第 8 页。
③ *United Nations Monthly Chronicle*, No. 2, 1970, p. 36.

际政治行为和国际惯例中，一般不支持也不接受单方面用极端的方式来实现的分离行为，但如果要求分离的一方通过赢得战争来实现分离并且在分离地区建立了有效的统治，或当事国在事实上处于解体的状态，国际社会在当事国承认既成事实的情况下最终也可能会接受分离的事实。但无论如何，当事国政府的现实状况和明确态度至关重要。在当事国拒绝接受分离的情况下，国际社会一般不会承认分离的事实，联合国也不会接受新独立的政治实体为正式成员国。回顾 20 世纪 70 年代的东巴基斯坦事件，当时东巴基斯坦从巴基斯坦分离出来建立了独立的孟加拉国以后，联合国对此采取了不干涉的态度，并且在相当一段时间内拒绝承认新独立的孟加拉国。直到 1974 年 2 月巴基斯坦政府最终承认独立的孟加拉国之后联合国才接受其为正式成员国。当时的各主权国家在是否承认孟加拉国的问题上也是相当谨慎的，大多数是在其母国巴基斯坦作出承认的决定后才陆续承认孟加拉国的。国际社会采取这种慎重态度与殖民地人民因行使自决权而宣布独立后的积极反应形成鲜明对比，这表明国际社会都没有把孟加拉国的建立与国际法上自决权的行使联系在一起。[1]

以上分析表明，自决权不包括分离权。只要主权国家作为制定国际法的主要制定者这个事实不改变，国际法将来也不会承认破坏国家领土完整和政治统一的分离权。正如英国剑桥大学迈尔可姆·肖教授所说："自决只限于公认的殖民地领土范围之内，任何想扩大这个范围的尝试都从未成功过，而且联合国总是极力反对任何旨在部分地或全面地分裂一个国家的团结和破坏其领土完整的企图。"[2] 美国学者熊玠也同样指出："在自决和尊重领土完整、国际法和国内法之间，并不存在必然永远的冲突。在各国和联合国的实践中，自决主要被限于殖民地情况，且不意味着分离的权利。……在自决的例子中，自决是由国际法确认的，许多细节则留给国内管辖权去处理，就像在处理有关国家继承权的所有事务那样。"[3]

分析至此，在自决权与分离权的关系上，我们可以澄清一个误区，即不能将殖民地、半殖民地人民和其他被压迫民族的自决权等同于分离权。由于

---

① Hurst Hunnum, *Rethinking Self – Determination*, in *Virginia Journal of Internationaal Law*, Vol. 34, 1993, p. 49.

② Malcolm IV Show, *International Law*, Second Edition, 1998, p. 36.

③ ［美］熊玠著:《无政府状态与世界秩序》，余逊达、张铁军译，浙江人民出版社，2001 年版，第 183—184 页。

绝大多数殖民地人民行使自决权的结果都是脱离宗主国并建立独立国家，所以人们误认为自决权包括分离权，甚至认为自决权就是分离权。实际上，殖民地并非其宗主国的领土组成部分，联合国体系之下的非自治领土和托管领土与其管理国的关系也是如此。所以他们的独立与分离没有必然的联系。[①]

二、国际法传统中的"分离权"：一种补救性权利

国际法上无分离权的规定，所以我们要了解分离权的性质，只好借助于国际社会的实践。目前国际法上没有禁止，也没有反对"分离权"。在特殊情况下，如果政府压迫人民的时候，受压迫人民在道义上享有分离权，但这只是在道义上可以获得支持的权利，而不是法律上的权利。

对一个少数族群来说，"分离权"不是简单的单方面的基本权利，而应该是一种共识权利，就是应该在有关各方的共识下才能实现的权利。[②] 而分离在共识的条件下基本上是没有争议的，但如果一定认为分离是单方面的权利和单方面可以完成的行为，不需考虑其他当事人特别是当事主权国政府的意见，那就肯定会产生争议、导致冲突。事实上，国际法上没有一个少数族群可以随便拥有从主权国家中分离出去的权利。在国际法的传统中"分离权"更多的是一种"补救性权利"，这种权利是一种在当事国政府违背或破坏民意、人民基本权利被强行剥夺的情况下，对民众来说作为最后补救行为的权利。卡塞斯教授也认为，只有当政府以种族、宗教或肤色为由拒绝某团体参政时，它才有权主张自决权（笔者注：卡塞斯在这里所说的自决权，其含义就是分离权）。[③] 由上可见，分离权充其量就是这样一种带有严格限制条件的特别权利。而对于当事国政府来说，如果其在法律和政治制度安排上有民族平等、保护少数民族基本权利的政策，"分离权"就没有理由被援引，而当事国政府就有在处理分离要求上的完全自主的权力。即便是在少数

---

① 白桂梅著：《国际法上的自决》，中国华侨出版社，1999年版，第177—179页。

② Allen Buchanan, *Secession, State Breakdown and Humanitarian Intervention*, in Deen K. Chatterjee and Don E. Scheid, eds., *Ethics and Foreign Intervention*, Cambridge University Press, 2003, pp. 189 –211.

③ Antonio Cassese, *Self - Determination of Peoples, A Legal Reappraisal*, Cambridge University Press, 1995, p. 12.

族群通过在聚集居住的地区用公民投票的方式表达出分离的集体愿望，当事国政府也没有法律上的责任义务承认或接受分离主义的诉求，因为当事国政府代表和考虑的是国家的整体利益，而且是唯一被国际社会承认的在该领土上的合法政权。[①] Kooijmans 认为，分离权并非民族自决权的正常衍生物，而是一种最后的救济方法。"分离权"本身不属于自决权，是保障自决权实现的一种救济手段，并且这种救济手段的行使是有条件的，即当某个群体的权利受到侵害时，只有在国家结构内寻找解决问题的所有努力均不奏效，且区域和国际的救济证明无效时，才可援用分离权。只有在主权被滥用，即政府实施了民族歧视，不能作为国家真正的代表时，某个群体才能以分离的形式对一国的主权和领土完整构成威胁。[②] Kooijmans 的观点尽管属于"一家之言"，不是国际法的规范，但对于主权国家来说，这也是一种约束。因为面对其各个民族，特别是少数民族拥有这样在道义上可以获得支持的权利，可以促使它很好地重视国内少数民族的发展。如果其漠视少数民族地区的人权保障，甚至采取极端的种族歧视和灭绝政策，他们就可以凭着这项道德权利（通常打着"自决权"的旗号，但事实上这不是行使自决权）从这个国家分离出去。当然，它能否分离成功，并非完全取决于它是否拥有这项权利，而是取决于它与中央政府的实力对比等多重因素。但这还是会对中央政府产生一种压力。

国际法在自决权和分离的问题上所逐渐形成的一些共识是，自决权主要适用于去殖民化，并非一概支持少数民族的分离建国要求。[③] 当然，如果一个多民族国家没有在宪法以及相关法律和政策中对少数民族的权利给予实际的保护，而是实行强制的种族同化、文化灭绝政策，那么少数民族就有要求自治甚至分离和独立的理由。但在一般情况下，在多民族国家内，某个团体的分离只有在相关各方之间的和平协商达成协议的情况下才会被国际社会视为合法并给予承认。需要指出的是，国际法尽管从整体上来说不支持分离主义，但却又不能有效地制止分离主义发生与发展，这是由国际法本身的弱点

---

① 朱毓朝：《国际法和国际政治中的分离主义》，载《国际政治科学》二〇〇五年第二期，北京大学出版社，2005 年 6 月出版，第 78 页。

② P. H. Kooijmans, *Tolerance, Sovereignty and Self - Determination*, in *Netherlands International Law Review*, Vol. 2, 1996, p. 22.

③ Richard Falk, *Self - Determination Under International Law: the Coherence of Doctrine Versus the Incoherence of Experience*, in Wolfgang Danspeckrruber, ed., *The Self - Determination of Peoples*, Boulder: Lynne Rienner Publishers, 2002, p. 31.

决定的。①

至此笔者认为，拥有权利是合法地行使权利的基础和前提。如果在法律上没有赋予这一权利，却在现实中硬要行使这一权利，那是非法的。分离权的情况就是这样，首先它不是法律权利，所以它的行使不可能有什么法律根据，只有到最后"无路可走"时，它才是最后的救济方式。

三、自决权：并非分离主义的理论工具

自决是受国际法保护的权利或行为，而分离却不同，它在国际法上不被提倡，在国内法上通常被禁止。国际社会的实践表明，任何主权国家都不允许其领土被分裂。

民族自决权有特定的适用范围，其行使主体是尚未获得独立的被殖民、受压迫和被外国占领的国家和民族，而不是已经获得独立的主权国家中的部分人民或现有多民族国家中的部分少数民族。《给予殖民地国家和人民独立宣言》把民族自决权宣告为直接反对"异国奴役"的权利，表明运用民族自决权来"自由决定一个民族的政治地位"，只能是直接用来反对殖民统治而不是原有的国内统治。② 在酝酿《给予殖民地国家和人民独立宣言》的过程中，联合国的一些成员国就担心毫无限制的自决权可能会导致现存国家的分裂，从而危及国际社会的稳定。因此，联大在支持自决权的同时，特别表示要保证其成员国现存领土的完整，限制以自决为名的分离。该《宣言》强调，"任何旨在部分地或全面地分裂一个国家的团结和破坏其领土完整的企图都是与联合国宪章的目的与原则相违背的"。一项联合国主持的权威研究进一步表明，这一条款实际上暗示"不承认分离权"。因此，现存国家（哪怕它以前曾是殖民地）中少数民族进行的分离运动并不在民族自决权的保护之下。③ 如果歪曲和滥用民族自决原则、支持分离主义的行为得不到制止，那就相当于干涉他国的内部冲突，其结果必然是对国际法关于尊重其他

---

① 朱毓朝：《国际法和国际政治中的分离主义》，载《国际政治科学》二〇〇五年第二期，北京大学出版社，2005 年 6 月出版，第 79 页。

② 李龙、万鄂湘著：《人权理论与国际人权》，武汉大学出版社，1992 年版，第 138 页。

③ 任东来著：《政治世界探微》，北京大学出版社，2005 年版，第 274 页。

国家领土完整的准则的背叛。①

通过以上分析，我们可以看出：分离主义不同于非殖民化情况下的民族独立解放运动。分离行为在国际法中不但得不到支持反而还受到特别的限制。所谓"分离权"并非是一种绝对的、单方的基本权利。从根本上说，分离主义是一种非建设性的排他行为，绝对不是对民族分歧、族群争议、不同形式的种族歧视等问题的正面的有效的解决办法。② 当然，国际法并没有排除一个国家分裂成若干国家的情况。但主权国家的分裂，国际法不是主动地促成，而是被动地事后承认，即当新国家的产生已经既成事实并获得国际承认后，才予以接受。

国际法虽不支持分离主义，但也不完全禁止分离主义，因为是否禁止，那是国家主权范围内的管辖事项。《国际法原则宣言》认为只有当民族歧视发展到不可忍受的程度，即在现有的法律手段不足以抵抗这种歧视时，才可以考虑分离。但对歧视程度的鉴定，于第三方来说是非常困难的事情，国际上没有解决此类问题的法律仲裁制度。总的来说，国际法倾向于维护国家主权不得侵犯的原则，没有明确的准许分离主义的条款。国际社会对此的态度也是非常谨慎，更多的时候是从自己国家利益的考虑出发做出相应的政治判断和反应。

在许多国家里，不同程度地存在某些分离主义运动的问题。各地存在的分离主义倾向，有其特殊而复杂的历史背景，不应当盲目地以民族自决为由加以支持。③ 在实践中，世界各国对某一国家内部的分离主义运动，往往采取低调立场。回顾二战以后至 20 世纪 90 年代的一段时间里，除了殖民地独立以外，其他各种分离主义运动都没有获得国际社会的支持，唯一的例外是前述的孟加拉从巴基斯坦分离出来的案例，况且国际社会对其承认也是很谨慎的。因此，"比较妥当的办法，是将分离主义运动的问题留待有关国家自己去处理，也即视为有关主权国家的内政"。④ 反过来看，如果一个国家内

---

① Vernon van Dyke, *Human Rights, the United States, and the World Community*, New York: Oxford University Press, 1970, p. 107.

② Radha Kumar, *Settling Partition Hostilities: Lessons Learned, Options Ahead*, in Michel Seymour, ed., *The Fate of the Nation State*, Montreal – Kingston: McGill – Queen's University Press, 2004, pp. 247 – 269.

③ 杨泽伟著：《主权论——国际法上的主权问题及发展趋势研究》，北京大学出版社，2006 年版，第 176 页。

④ 万鄂湘、郭克强著：《国际人权法》，武汉大学出版社，1994 年版，第 89 页。

部各民族和睦相处，把维护国家的统一视为神圣的使命，认为合则兴，分则亡，那么某些民族中的少数人搞分裂是不大可能成功的。外部势力对这种分离主义运动给予支持既不明智，也难免有侵犯他国主权，干涉他国内政之嫌。[1] 所以，民族自决权原则作为国际法上的基本原则，应当受到推崇。但是，对于民族自决权的适用，应当采取比较慎重的态度，[2] 以防止分离主义势力假借自决权的旗号来从事分裂活动。

（原载《福建师范大学学报》（哲学社会科学版）2011 年第 12 期）

---

[1]　韩德培主编：《人权的理论与实践》，武汉大学出版社，1995 年版，第 974—975 页。

[2]　Fernando R. Teson, *A Philosophy of International Law*, Westview Press, 1998, pp. 150 - 151.

关于遏止分离性公民投票的对策思考

——以魁北克"公投"为个案

在现实中，有些地区分离主义者或民族分离主义者常常打着行使"自决权"的旗号，试图通过公民投票的方式来实现其从原主权国家分离出去的目的。在这里，我们把一国内部某一地区通过公民投票决定是否分离的行为称为分离性公民投票。前已所述，自决权的主要内容是独立权，不包括分离权。所以，自决性公民投票不包括分离性公民投票，分离性公民投票应属于民主性公民投票的范畴，是民主性公民投票的特殊形态。鉴于现实生活中，时常出现借地区民主性公民投票来推行地区分离主义的现象，下面我们有必要通过相关的案例来对分离性公民投票作进一步研究。

从世界范围来看，到目前为止企图通过公民投票的形式从母国中分离出去的典型案例是加拿大魁北克的公民投票。

一、分离性公民投票个案：加拿大魁北克

（一）案情简介

魁北克省（Qubec）是加拿大东部的一个省份，面积有 154 万平方公里，是加拿大面积最大的省份。该省的 GDP 约占加拿大总额的 22.3%，人口约占加拿大总人口的 1/4。其中约 83% 的人把法语作为第一语言，11% 的人讲英语，另有 6% 的人讲英语和法语以外的语言。由于文化背景不同及历史上的种种原因，英裔与法裔之间一直存在着较深的矛盾，聚集在魁北克省的法裔长期试图脱离加拿大成立独立国家。从历史上看，魁北克有组织地

"独立"运动始于二次大战以后,① 其最早是由"魁北克人党"提出的,该党成立于 1968 年,其政纲中明确规定了要"获得魁北克的政治主权"。1976 年 11 月,以争取独立为纲领的魁北克人党首次在该省选举中获胜。自此,要求独立的呼声进一步高涨。1979 年 10 月,该党正式提出要在加拿大联邦和魁北克省之间建立"一种新的平等的伙伴关系",即政治上独立,经济上与其他地区保持联系的"主权——联系"方案。②

迄今为止,加拿大已经就魁北克"独立"问题举行了两次"公民投票"。第一次是在 1980 年。当年 3 月,魁北克省议会经过激烈辩论,通过了一项在全省举行一次关于是否要同联邦中央政府谈判独立问题的公民投票的决议,同年 5 月 20 日举行了第一次公民投票,以 6 比 4 的投票结果否决了"独立"的主张,从而避过了一次可能导致加拿大分裂的风波。因此,这次公民投票被认为是 20 世纪 80 年代加拿大政治生活中的一件大事,引起加拿大全国民众的极大关注。第二次是在 1995 年。该年 10 月 30 日,加拿大第二次就魁北克独立问题举行公民投票,反对独立的联邦主义者以 50.6% 的微弱多数获胜,使加拿大暂时避免了分裂,但分离主义者发誓要继续为独立而斗争。面对国家被分裂的危险,加拿大联邦政府果断采取了一系列法律手段。其中最为重要的有以下两个方面:

1. 加拿大最高法院的咨询意见③

1995 年魁北克独立的公决失败后,加拿大国家统一的前景仍面临着严峻挑战。在这重要的历史关头,1996 年 9 月 30 日加拿大最高法院收到了来自加拿大政府通过 ORDER IN COUNCIL P. C. 的方式提出的咨询。在咨询中加拿大政府提出了下列三个问题:

(1)依据加拿大宪法,魁北克国民大会、立法机构和魁北克政府单方面地使自己从加拿大分离出去是否可以有效?

(2)国际法是否赋予魁北克国民大会、立法机构和魁北克政府可以单方面地使自己从加拿大分离出去成为有效的权利?在这方面,国际法是否存

---

① 按照国际法上关于"独立""分离"和"分立"相区分的理论,魁北克"独立"问题应属于国际法上的"分离"问题,因为"独立"通常特指包括殖民地在内的非自治领土、托管地土及其附属领土实现自主。人们通常说的"魁北克独立"实际上是一个不科学的概念。但鉴于学术界的习惯用法,本文继续沿用这一术语。

② 熊坤新主编:《21 世纪世界民族问题热点预警性研究》,民族出版社,2006 年版,第 176—177 页。

③ 余民才主编:《国际法专论》,中信出版社,2003 年版,第 56—57 页。

在自决权？

（3）在关于魁北克国民大会、立法机构和魁北克政府可以单方面地使从加拿大分离出去成为有效的权利问题上，如果国际法与加拿大国内法发生冲突，那么何者优先？

基于英美法系国家司法解释的严肃性，加拿大最高法院组织了世界著名的宪法和国际法专家，对上述问题进行了深入的研究和缜密的分析之后，分别就上述三个问题提供了咨询意见。

针对问题（1），法院指出，支持魁北克人享有分离权的人将这种权利建立在民主原则之上，但是民主并非仅仅意味着简单多数规则。加拿大联邦建立131年来各省和各领地的人民在包括联邦主义、民主、宪政、法治和尊重少数者在内的共同分享的价值之上构建了相互依赖的（经济、社会、政治和文化上的）密切联系。魁北克人同意分离的民主决定将会使这些关系陷入危机。因此，某个省"根据宪法"而分离不能单方面奏效，这就是说，不能不在现行宪法的框架内与联邦的其他参与者进行谈判。

针对问题（2），法院指出，支持魁北克人在国际法上享有自决权并因此而享有分离权的人认为自决权属于"所有人民"。但是，尽管魁北克人具有一个人民应有的许多特征，这里没有必要确定魁北克是否构成一个人民的问题。因为国际法上享有分离权的是特定的人民，而魁北克人不属于这样的人民。根据国际法上的人民自决原则，只有下列人民享有分离权：第一，在殖民统治下的人民；第二，在外国占领、统治或剥削下的人民；第三，构成某国家之一部分但其自决权的行使被完全拒绝的人民。其他情况下的人民的自决在一个国家的框架内取得。法院认为，一个其政府代表居住在其领土范围内整个或各种人民的国家，在平等和不歧视原则的基础上在国内安排中尊重自决原则，有权根据国际法维护其领土完整并使其领土完整得到其他国家的承认。魁北克人既不是殖民地人民或其他被压迫民族，也没有被否定其有效参与政府以谋求其政治、经济、社会和文化发展的权利。在这种情况下，魁北克国民大会、立法机构和魁北克政府并不在国际法上享有单方面地使自己从加拿大分离出去成为有效的权利。另外，联邦法院进一步指出，虽然加拿大宪法和国际法上都没有单方面分离的权利，但这并不排除在事实上存在着非宪法性宣告分离的可能性，这种事实上的分离最终能否成功将取决于国际社会的承认。国际社会将可能考虑魁北克和加拿大的行为的合法性和正当性以及其他事实，以便决定是否给予承认。但是，即便给予承认，承认的行为并不具有使分离行为在加拿大宪法或国际法上合法化的追溯力。①

针对问题（3），法院的意见很简单：从上述对第一个和第二个问题的回答可以看出，加拿大国内法与国际法在与该咨询意见的相关方面没有发生冲突。

2. 加拿大议会通过的"清晰法案"

加拿大自由党政府除了向加拿大最高法院请求有关魁北克分离问题的司法解释以外，还积极推动在议会中通过了立法规定处理可能发生的分离要求的程序，从而在法律上限制将来魁北克分离主义者可能的任意行为。

2000年5月，加拿大联邦议会通过所谓的"清晰法案"——《公决明确法》，规定今后魁北克省若再就独立问题举行公民投票，必须得到联邦政府的批准才能生效。该法规定了主权国家的一部分可以依法和平分离的详细程序，这在世界各国中是绝无仅有的（尽管有少数国家在宪法上规定了脱离联邦的条款）。该法规定主要有：第一，一个省要进行独立"公决"，首先在文字上必须清晰表明独立意图，不能用含糊的文字来降低人民对独立后果的认识。为此，一个寻求独立的省份首先应将从联邦主体分离出去的"公决问题"提交给联邦议会的众议院进行讨论和评判，由众议院确定该问题是否足够"明确"。如果认为公决的问题不明确，则不应该进行公决，强行公决的结果将不被联邦政府所接受。第二，如果众议院认为公决的问题明确，并且公决结果也以多数票通过（在计票问题上简单多数不行，必须绝对多数才有效），则众议院须根据赞成票的比例、选民的投票率和其他"众议院认为应该考虑的因素或情况"来确定该地区居民中是否有"明确的多数"表示愿意脱离加拿大联邦。第三，在众议院认定了"明确的多数后"，独立省份须与联邦政府及其他各省进行宪法层面的协商，讨论修改联邦宪法，并讨论资产和负债的分割、边境的确定、土著居民权益、少数族裔的权益等问题，在就所有上述问题达成协议后才能实现独立。这就是说，一个省的独立不仅要经过与联邦政府和其他省的协商和同意，就连该省关于独立的公决问题的设计和公决结果多数的认定，都要经过联邦立法机关的审核和同意。

---

① 参见剑桥大学著名国际法专家 James Crawford（1997）受加拿大司法部所要求而提交的报告："State Practice and International Law in Relation to Unilateral Secession"。转引自余民才主编：《国际法专论》，中信出版社，2003年版，第57页。

（二）案例解析

1. 对加拿大最高法院咨询意见的评析

首先，加拿大最高法院的咨询意见是今后在法律上解决魁北克问题的重要法律依据。该咨询意见中至少有下述几点与目前探讨的问题有直接联系：第一，自决权属于所有人民，但分离权仅属于特定人民。第二，一个主权国家内部的部分人民只有在其自决权的行使被完全拒绝的情况下才可以享有分离权，否则只能在主权国家的框架内行使自决权。第三，通过非宪法程序取得分离的成功与否取决于国际社会的承认。国际社会即使承认事实上的分离，承认行为并不能使分离行为本身合法化。第四，1998 年加拿大最高法院的咨询意见认为，无论加拿大宪法，还是国际法都不允许魁北克在未经谈判、未获联邦政府同意的情况下单方面地宣布独立。魁北克要实现独立，必须得到联邦和其他省份的认可。这在事实上取消了魁北克独立的可能性。①

其次，从其自身的法律效力来看，作为加拿大国内法院的咨询意见，仅仅属于加拿大国内法的范畴，无论它是什么内容，它只能对加拿大国内产生法律效力，而对其他国家没有任何法律拘束力。但是，从国际法的角度来看，该咨询意见作为国内法院的判例，在今后形成国际法上与自决原则相关的国际习惯法规则方面，也可能会产生或大或小的影响，但它将来不足以发展成为国际习惯法的一部分，因为加拿大联邦法院所发表的咨询意见，是基于加拿大的民主传统、人权理念、结构形式等特殊的政治国情和复杂的民族状况，并针对特定的魁北克问题而作出来的。从国际法的角度来看，这种咨询意见具有很强的针对性，应属于特例。我们不能把加拿大国内法院的咨询意见当成了国际法院所作的"咨询意见"。倘若如此，就犯了混淆国际法和国内法界限的错误。

再次，咨询意见中的某些观点也值得进一步商榷。该咨询意见认为，一个主权国家内部的部分人民只有在行使其自决权被完全拒绝的情况下才可以享有分离权，否则只能在主权国家的框架内行使自决权。这个表述意见表明，一方面，该咨询意见基本上是将"一个主权国家一部分的人民享有分离权"作为肯定性的"共识"或"定论"来运用的。事实上，一个国家内部的一部分人民是否享有分离权的问题，是一个主权国家的内政问题，国际

---

① 余民才主编：《国际法专论》，中信出版社，2003 年版，第 56—57 页。

法在这个问题上的态度是：不承认分离权，也不禁止主权国家赋予其人民分离权。但从政治实践来看，国内法一般也不支持分离权。另一方面，这个表述是以所谓的"内部自决"和"外部自决"的划分为基础的。例如，咨询意见中所说的"在主权国家框架内行使的自决"实则为"内部自决"。至于"内部自决"的概念也仅仅是一种学术观点，并且这种观点在学术界也存有争议，而不是现行国际法上的观点。但在咨询意见中却把这些富有争议的概念和理论作为它分析问题的肯定性前提。这是我们所不赞同的。

2. 对"清晰法案"的评析

2000年的"清晰法案"规定了要启动公民投票的复杂程序，如此复杂的程序，无疑等于在事实上限制甚至取消了魁北克分离出去独立建国的可能。

第一，加拿大以议会立法的形式规定了就分离问题进行公民投票的严格程序，提升了限制分离的层次，这表明加拿大议会在对待分离主义问题上的高度重视。分三个步骤：开始先是通过司法手段，即1998年8月20日，加拿大最高法院裁定，魁北克不能单方面决定独立，而必须得到联邦和其他省份的认可；后又通过行政手段，即1999年12月，联邦政府又推出"清晰法案"，该法案规定，今后魁北克省若再就独立问题举行公民投票，不论结果如何，都必须得到联邦政府的批准才能生效；最后通过立法手段，即2000年议会通过"清晰法案"。在这个问题上，加拿大堪称以法治手段遏止地区分离主义的"典范"。

第二，它以表面允许而实则限制的柔性做法来对付分离主义。这种做法与加拿大的政治国情有直接关系，众所周知，加拿大是民主国家，其国民通常具有反对硬性管理的政治习惯，采取柔性限制的方法既比较符合其政体性质，也比较符合其国民的政治心理。倘若采取硬性限制的做法，容易激起魁北克人民的抵触心理，反而可能不利于维护加拿大的统一。这种柔性限制的做法并不意味着加拿大议会反"魁独"的决心不坚决，相反，加拿大作为英美法系国家的典范，其法律构成以判例法为主，但当加拿大的领土主权面对"魁独"的挑战时，议会直接通过制定法律来对其加以限制，这一作法本身就表明加拿大反对分离主义的坚定决心和态度，只是手段更巧妙一些而已。

第三，尽管加拿大政府在实质上是反对分离主义的，但毕竟还是以法律的形式赋予了魁北克人民可以从加拿大分离出去的权利，只不过这项权利的行使条件非常严格以致于使其近乎没有。然而，对于魁北克人民来说，"拥有权利但被限制行使"和"不拥有权利"是两码事。但是，这对于加拿大政府来说，无论怎样也算是埋下了分离的隐患。从历史上看，苏联在成立之时为吸引各共和国加盟，在其宪法中赋予了各加盟共和国以分离权。诚然，该规定当时的确也起到了扩大加盟共和国数目的作用，后来在苏联高度集权的政治体制下，"自由退出"的规定也近乎虚无。但当苏联的社会和国家情势一旦发生变化而出现分离或独立契机的时候，分离或独立就会发生并且这还不违反法律。当然，苏联的解体并不是其各加盟共和国行使分离权的结果，但是，不可否认，其解体与苏联宪法的这一规定有直接的联系。所以，笔者认为，加拿大政府的这一作法是不明智之举，至少它没有从苏联的解体中吸取教训。这也从反面提醒我们，在"授予权利并限制行使权利"和"不授予权利"之间，我们应坚定地选择后者，在宪法和有关基本法中直接作出禁止分离主义的法律规定。

第四，这个立法是合法的，它与国际法不冲突。首先，立法的主体和程序都符合法律规定。它是由加拿大的专门立法机关——联邦议会依照法定程序通过的。其次，立法的内容合法。分离问题是一个主权国家的内政问题，针对本国分离问题进行立法是加拿大的内部事务，国际社会无权干涉，这与自决问题是不一样的——自决权问题要接受国际法的规范和调整。按照国际法，国家作为义务主体，有义务保障人民去实现的是"自决"，而不是"分离"。分离和自决是两码事，国家有帮助其殖民统治下的人民去实现自决的义务，而没有接受其内部的一部分领土分离出去的义务，所以加拿大议会的这个立法并没有与国际法规范相冲突。

第五，分离属于领土主权变更的事项，凡是关涉领土主权变更事项所进行的公民投票，应属于全国范围的民主性公民投票，由全体的领土主权所有者参加投票。倘若一个国家没有举行全国民主性公民投票的法律规定，那么，分离及其分离性公民投票也必须经过代表全体人民利益的中央政府的同意或批准。因此，加拿大"明晰法案"关于"省独立的公决问题的设计和公决结果多数的认定都要经过联邦立法机关的审核和同意"的规定，符合人民主权的原理。

该案例是国际社会最为典型的国内地区分离性的"公民投票"实践，它没有直接涉及外国的因素或国际的因素。它们并不像直布罗陀地区的公民投票，需要决定的是该地区的主权到底是属于西班牙还是英国；它们也不像东帝汶的公民投票那样，是在联合国的主持下进行的。魁北克的"公民投票"纯属于主权国家内部的事项。

二、魁北克公民投票的几点启示

首先，该案例表明，一个主权国家的内部的某个地区欲通过公民投票的形式来获取分离独立，中央政府有最终的权力决定是否允许其脱离出去。一般说来，一个地区要完成分离、实现独立建国往往要经历两次"同意"，第一次是全体人民的同意（其通常采用全国民主性公民投票的形式），或者至少是代表全体人民的中央政府的同意；第二次是地区居民的同意（其通常采用地区民主性公民投票的形式）。前者的重要性和决定意义往往大于后者。这是因为，如前所述，从领土所有权的角度来说，领土主权只能属于全体人民，这个国家的部分人民是不能单独拥有领土主权的。因此，就领土所有权而举办的公民投票，只能属于全国民主性公民投票；地区民主性公民投票不能就领土主权问题进行表决，除非它经过了全国民主性公民投票的批准，至少是获得了中央政府的批准。① 可见，主权国家的同意是该国家的部分领土和居民独立出去另立新国家的前提条件，也是核心条件，尽管这种同意可能是内外各种因素综合作用的结果。外国势力的压力，内部民族、种族和宗教冲突，独立势力的恐怖主义行动，争议地区的特殊历史背景等，均是可能导致主权国家同意分离独立的因素。但从来没有在缺乏主权国家同意的情况下，一个主权国家的部分领土能够单方面地分离出去，进而实现了"独立"的先例。

其次，地区分离意味着领土主权的变更，这势必会影响到母国的国家利益，为此，母国对分离性公民投票一般持以反对的态度。按照加拿大的"清晰法案"，加拿大联邦最高法院和联邦政府要求魁北克省的公民投票结果必须经过最高法院的司法审查，并且必须与联邦政府和其他省进行协商。表面上，加拿大政府没有完全剥夺魁北克分离的权利，但通过上述限制条款，事实上魁北克很难再通过公民投票的途径达到分离的目的，这很明显地

---

① 在现代宪政国家制度中，主权国家的中央政府是国内全体人民的代表，因此无论在国际法上还是在国内法上通常是主权国家的中央政府代表全体人民对整个国家的领土行使主权。行使领土主权的内容之一就是行使对领土的处分权。因此，生活在该国家领土之上的全体人民的代表者——中央政府有权决定整个国家领土或部分国家领土的处分。

表明了加拿大政府对"魁独"的反对态度。一般来说，任何一个国家都不希望自己的领土遭到分割。从主权的性质来看，任何一个国家的领土主权都具有唯一性与排他性，是不可分割的，它属于该国的全体人民。个人或部分人无权去分割属于"一国之全体人民"的领土主权。魁北克的主权不仅仅属于魁北克当地居民，而是属于包括魁北克在内的全体加拿大人民，一个地区的居民并没有单方面地宣布分离的权利。未经全国人民的批准，任何片面地"公投"或者宣布"分离建国"，都是无效和非法的。要想使分离合法化，就必须得到主权所有者的批准。除了加拿大的魁北克之外，目前英国北爱尔兰、斯里兰卡东北部泰米尔人聚居区等地区至今没有分离成功，就是因为无法获得其主权所有者或中央政府的批准。由此可见，作为主权国家组成部分的地方单位企图通过公民投票的形式脱离主权国家都是主权国家所不能容许的。这不是仅仅在一个地区或行政辖区内搞个"公民投票"就可以合法化的，否则美国的印第安人和黑人早就各自分裂建国了。把公民投票制度与国家领土变更联系起来考察，就会发现：世界各国的宪法，没有任何国家规定其公民可以通过公民投票的方式来分裂国家。这是因为，国家领土问题往往是历史上长期以来诸多复杂因素决定的，它不仅关乎在其之上繁衍生息的人民的利益，而且也与一国内其他地区的人民的利益息息相关，一个地区的发展也往往凝聚着其他地区人民的贡献。

再次，对分离性公民投票不能迁就让步。就魁北克的投票来说，加拿大政府之所以能够同意，除了对"魁独"的严重性估计不足以外，还有一个重要原因，就是加拿大政府受西方民主主义传统的影响，过分地看中了民主的价值，而忽视了民主本身所固有的局限性，以致于当"魁独"势力打着"自决"和"民主"的旗号进行分离活动时，它不能采取果断而有力的政治措施。直到在幸运地避免了一场"分裂危机"之后，加拿大政府总理克雷蒂安在总结教训时才坚定地说："百分之五十加一票就可以分裂一个国家？这不是民主！"① 试想，如果加拿大政府一开始不对"魁独"势力迁就让步，后来还会有"虚惊一场"吗？加拿大政府之所以在"魁独"问题上手软、让步，固然原因是多方面的，但其中之一就是它过分地看中了"自决""民主"等人权价值理念。其实，"魁独"势力正是看中了联邦政府的这一"弱点"而迫使其不断作出让步（即允许魁北克人民就"分离"问题举行公民

① 刘若非：《"独立公投"伴随战争》，载《环球时报》，2002年8月29日。

投票)。加拿大政府在处理"魁独"问题上既有许多成功的经验值得我们借鉴,也有许多教训值得我们吸取——那就是对于那些假借"民主""人权""公民投票"等旗号来从事分离主义活动的政治势力,决不退让,决不妥协。国家主权和领土完整高于一切,在领土完整受到威胁或挑战的时候,应对分离主义采取果断的政治措施,甚至军事措施。

第四,如果联合国或者国际法允许"自决"权可用作国家分离的话,那么整个国际社会就有解体的危险。公民投票方式无疑比战争手段要好,但如果一个省、一个城市由于有某种不满情绪就擅自举行公投,以达到从国家母体中分裂出去的目的,这完全是对自决或民主的歪曲。从国际法上看,以分离为议题的公民投票属于国家的内政问题。在历史上,较早的一例是1905年在当时即将瓦解的瑞典,以"公民投票"方式决定了让挪威地区从瑞典分出而独立。需要强调的是,挪威的独立并非由于分离主义的胜利,而是因为瑞典面临分崩离析的境地。是否让一个挪威地区从面临瓦解的瑞典国的版图内脱离出去,都是内政问题。"公民投票"只是为当时的现实提供背书而已。再如,第一次世界大战后,芬兰和瑞典曾因为阿兰德岛屿的归属发生争执。1920年,应国际联盟的请求,由法国、荷兰和瑞士各一名教授组成的国际法学家委员会就阿兰德群岛的居民能否以人民拥有自决权为依据而主张与瑞典联合的问题发表咨询意见,专家委员会发表的意见认为:"在国际条约(对民族自决权——笔者注)没有明确规定的情况下,民族国家内部领土的处置权在实质上属国家主权范围内的性质。现行国际法并不承认构成一个国家的此类民族群体有权通过表达意愿方式分裂出来,也不承认其他国家有这种权利主张。"该意见进一步指出:"一般而言,是否赋予一部分居民以全民投票或其他某种方式确定其政治命运的权利,纯属明确建立起来的每一国家的主权的象征。"[1]

三、关于遏止分离性公民投票滥用的对策思考

首先,要善于运用法律手段遏止分离主义。加拿大政府对分离主义挑战的国内法对策对中国政府在可能出现的台湾"独立"问题危机的对应决策

---

[1] *Report of International Commission of Jurists on Legal Aspects of the Aaland Islands Question*, in Henry J. Steier and Philip Alston, op. cit, Note 3, p. 1258.

上有很大的参考价值。从国际上看，运用法律手段反对分裂，维护国家统一也是西方发达国家的通例。除了加拿大政府之外，美国也善于运用法律手段来维护国家统一。美国宪法上有一个关于联邦政府权力的"商务条款"。联邦最高法院在美国历史上总是倾向于对该条款进行扩大解释，以削弱各州的权力，加强联邦政府的地位。特别值得一提的是美国历史上的南北战争，这场战争兼有反对种族歧视和维护国家统一两种目的。林肯总统发布的《解放黑人奴隶宣言》和联邦最高法院在这个时期的几个有关反对种族歧视的判例，其直接后果除了消除种族歧视以外，就是加速了战争的胜利结束，制止了美国的南北分裂，维护了国家的统一。英国也十分重视运用法律手段维护国家统一，为了适应加强中央集权统治的需要应运而生的英国普通法，几百年来在维护联合王国的主权、统一和领土完整方面，发挥了重要的作用。

中国政府于2005年3月14日通过《反分裂国家法》，是运用法律手段反对"台独"的需要。一旦不得已断然采取措施解决"台独"问题时，该法就是中央政府采取这种行为的依据，并使这种国家行为的合法性和正当性获得全国人民的接受和国际社会的承认。该法律的出台标志着我们在运用法律手段遏止"台独"方面迈出了重要一步，这对于遏止"台独"，维护国家统一具有重要的意义。今后大陆在运用法治手段反对"台独"，尤其"法理台独"方面还有许多工作要做，所以大陆方面还需在适当时机再制定、修改和补充相应的法律，使国家有关台湾问题的法律进一步体系化。

其次，要建构妥善解决"差异"问题的制度安排。尽管国际法没有赋予少数者群体行使分离的权利，但少数民族一旦对这个国家失去所有信任，他们就会全力以赴地创建自己的国家或者移民离开原来的国家，加拿大魁北克的情况就是如此。魁北克独立派的主要怨言是：在英裔居民占多数的加拿大联邦内，法裔居民不能受到公正的待遇，享受不到充分的权利。因此，他们要求修宪，以明确魁北克享有的权利。事实上，加拿大联邦政府一向谨慎地对待魁北克问题，采取了一定的特殊政策。只是没有在联邦宪法层面上单独规定魁北克的特殊权利而已。当然，这与加拿大属于英美法系国家，且实行联邦制的国家结构形式有直接关系。但事实上，魁北克确实亦有其特殊性，无论在文化方面、经济方面，还是在社会方面均有着与其他行政区域不同的地方，因此才有"魁独"运动的问题。

笔者认为，1995年以前加拿大政府在对待"魁独"问题上有许多失误，但在1995年"魁独"失败以后，它在遏止分离主义问题上所采取的一系列措施是比较成功的。然而，它在消除分离主义的问题上却没有可供我们借鉴的经验。加拿大采用联邦制来解决地区差异问题，固然是很好的制度选择，但联邦制容纳差异的空间到底有多大，尚需进一步研究。是否有比联邦制更好的制度安排来解决地区差异？这需要除了通过法律来限制以分离为议题的公民投票权利的行使以外，还需要加拿大政府通过联邦宪法作出让魁北克"高度自治"的制度安排，以保障"魁省"人民的利益。同时，加拿大政府可以借鉴英国处理北爱尔兰独立运动的实践经验，让魁北克与其他省份从"存异并立"式的联邦自治转移到"求同分享"式的共治，使争持不下的双方最终统一到某种互相理解和各自接受的制度之下。否则，"魁独"问题不会从根本上消除。加拿大政府在消除分离主义问题上的"疏漏"，从反面向我们昭示：进一步搞好我国的民族区域自治制度的建设，并进一步实现由"自治"向"共治"的转轨，对于我国从根本上消除"藏独"和"疆独"有重要的意义。

（原载《河南师范大学学报》（哲学社会科学版）2008 年 3 期）

第二编

两岸关系审视

论主权构成分析框架下的
两岸分裂性质

近些年来，围绕着海峡两岸分裂的性质，两岸学术界进行了广泛而深入的探讨。概括所讨论的结果，主要有两种基本观点：一种观点认为两岸分裂是主权的分裂；另一种观点认为两岸分裂是治权的分裂。前者主要以台湾学者为代表，后者主要以大陆学者为代表。笔者以为，对两岸分裂性质的这两种解释，均存有不同程度的问题。就前者而言，它将两岸分裂混同于东、西德与朝韩的分裂，很显然，这与两岸分裂的事实并不相符。就后者而言，它是将主权与治权的关系作了排斥性理解。事实上，主权与治权是交叉性关系，即治权中最高部分（即中央治权）已属于主权的范畴。鉴于上述界定的不足，笔者从主权构成①的角度，对两岸分裂的性质作如下界定。

---

① 传统主权理论认为，主权既然是不可分割的，也是不可转让的。可是，二十世纪四五十年代以来，传统主权理论遇到了严重的挑战。面对许多复杂的主权现象，它已不能作出很有说服力的解释。就国际层面而言，怎样用它来解释类似欧盟成员国所进行的国家间的"主权让渡"呢？就国内层面而言，怎样用它来解释半个多世纪我国台湾以来一直以"国家"的形态来运作的"主权"外表？为解读诸如此类的主权现象，学术界曾创制和引入了一些新的概念，如：主权权力、治权、主权权利等，来试图对此作合理的解释。客观而论，这些概念对于当今主权现象的解释均有其不同程度的合理性，这是首先应当肯定的。但是，这些概念均是从某一个侧面反映了主权的属性和内容，均有其不同程度的局限性。鉴于传统主权理论在当代面临的挑战及其二难困境，作者试图改变学者们以往从主权外部来进行主权研究的通常做法，尝试从主权的内部构成来解析主权。依据主权本身的所有与执行的二重权能以及主权内涵的历史演变，我们将主权从构成上区分为主权所有权与主权行使权两大部分。主权所有权是指能够表征主权归属状况的部分，主权行使权是指能够表征主权的运作状况的部分。这两部分主权在权能、地位、主体形式和内在规定等方面均不相同，但两者密切相关，其中，主权所有权是主权行使权的基础，而主权行使权是主权所有权的权能体现和实现形式。在民主政治下，主权行使权与主权所有权大多是分离的。依据分离是否是主权所有者自愿进行的这一标准，主权行使权与主权所有权之间的分离模式有主动分离和被动分离两种类型。主动分离有利于主权所有权的实现，而被动分离会不同程度地造成对主权所有权的损伤。参见黄嘉树、王英津：《主权构成：对主权理论的再认识》，载《太平洋学报》2002年第4期。

一、主权所有权视角下的统一状态

无论是从国际法理论来看，还是从国际社会现实来看，中国在主权所有权层面上都是统一的，这集中体现为世界上只有一个中国，而不是像德国、韩国一样均分裂成两个主权独立的国家。

（一）世界上只有一个中国的法理依据

第一，世界上只有一个中国的国际法依据。首先，从国际法的继承理论来看，世界上只有一个中国。国际法上的继承主要有国家继承和政府继承。国家继承是指一国对其领土范围内的国际关系所负的主要责任由别国取代所引起的法律后果，即由于变更的事实而引起关联继承的国家间权利和义务的转移。国家继承是由于领土变更的事实而引起的。而政府继承是因革命导致政权更迭的结果所产生的，是国际法主体不变而代表该主体的旧政权为新政权所取代所引起的国际关系变化。政府变动不影响国家作为国际人格的地位。根据国际法的上述继承理论，我们可以看出，1949 年中华人民共和国的成立，不是一个国际法意义上的新国家的诞生。中国依然只有一个，它所发生的变化只是国家内部政权的更迭。这种继承在性质上应属于政府继承，而不属于国家继承，因为国际法上国家继承的情形，往往是由国家领土变更的事实引起的，[①] 并且国家继承关系的参加者应该是两个以上不同的国际法主体。然而，现实中的中华人民共和国对中华民国的继承，并没有引起领土变更的事实，也没有引起国际法主体的一分为二。现实中，无论中华民国继承大清，还是中华人民共和国继承中华民国，虽几经改变，但仍是同一个国际法主体。这正如世界近代史上的法国，先后经历了君主立宪制、帝制和共和制的多次发展更替，不论这期间其名称如何变化，世界上的法国只有一个。对于此类现象，奥地利国际法学家菲德罗斯指出："一个国家不因革命而消灭，也不因政变而消灭。这个原则不仅为国际法学说所一致同意，而且

---

① 领土变更的事实有如下情况：一是合并，即两个或两个以上的国家合并为一个新国家。二是分离，即一国的一部分分离出去成立新国家。三是分立，即一国分裂为数国，而母国不复存在。四是独立，即原来的殖民地独立后，成立新的国家。参见端木正主编：《国际法》，北京大学出版社，1989 年版，第 93—94 页。

也是国际惯例所一致同意的。"① 因此，国民党政府被新的中央人民政府所取代，以及"中华民国"改名为"中华人民共和国"的事实，并不影响中国的国际法主体资格的继续，"国家的同一名称并不是国家人格的同一性所必须的，一国可以改变其名称而不丧失其同一性"。② 通过政府继承，中华人民共和国拥有了中华民国的一切合法的国际国内权利。其次，从国际法上的承认理论来看，世界上也只有一个中国。国际法上的承认包括国家承认和政府承认。国家承认是指对新国家的承认，政府承认是指对新政府为国家的正式代表的承认。在国际实践中，一般来说，国家承认与政府承认是同时表示的。新国家一旦出现，必然同时建立新政府，承认新国家也必然承认代表该国家的新政府。但是，当国家内出现革命或政变，导致政权更迭和社会制度的根本变化时，只会发生政府承认。中华人民共和国成立以后，相继得到了许多国家的承认。虽然这些国家承认的措辞不一，或是宣布承认"中华人民共和国中央人民政府"，或是宣布承认"中华人民共和国"，或是宣布确认"中央人民政府"是"中国人民意志的代表者"，等等。但从承认的内容看，他们对"中华人民共和国"的承认实质上是对新政府而非对新国家的承认，应适用政府承认而非国家承认的规则。《奥本海国际法》对海峡两岸的"承认"问题，也引起主流国际法学派的注意，并且作为分析国际法之承认理论的特殊案例。《奥本海国际法》指出："1949 年，中华人民共和国政府宣告自己为中国政府，并对于原有的国民党进行内战。后者最终被赶到了台湾岛，中华人民共和国政府有效地控制了中国大陆。然而，许多国家拒绝承认这个政府，并继续承认国民党政府为中国政府。中华人民共和国政府到 1971 年才得到普遍承认，那时中华人民共和国政府的代表在联合国被接纳为中国的代表。"③ 关于中华人民共和国政府在成立之后一段很长的日子里并未获得世界上多数国家承认的原因，该书也作出了补充说明："中华人民共和国政府在朝鲜战争（在这场战争中，该政府被联合国谴责为侵略者）时的行动，以及在包含有明显不愿意遵守国际义务的其他一些事务中

① ［奥地利］阿·菲德罗斯等著：《国际法》，李浩培译，商务印书馆，1981 年版，第 300 页。
② ［美］汉斯·凯尔森著：《国际法原理》，王铁崖译，华夏出版社，1989 年版，第 219 页。
③ ［英］詹宁斯、瓦茨修订：《奥本海国际法》第一卷（第一分册），王铁崖等译，中国大百科全书出版社，1995 年版，第 107 页。

的行动，是许多国家拒绝承认该政府的主要因素。"① 关于两岸政权就"中国"的联合国代表权之争的经过，《奥本海国际法》也作了较为详实的叙述："当中华人民共和国的政府有效地控制了全部中国领土（除台湾外，该岛的领土地位是可疑的）并要求在联合国中代表中国时，联合国大会在1950年和以后就面临这样一种情势。当时，该政府只得到少数联合国会员国的承认。大会对这个问题经过长时间的研究之后，于1950年通过了一项决议。声称：在这种情形下，问题应该参照宪章的宗旨和原则以及每个事例的情况予以考虑。该决议还声称，对大会或其临时委员会关于这个问题所采取的态度，联合国的其他机构和各项专门机构都应加以考虑，大会对这个问题的态度并不影响个别会员国与该有关国家的直接关系，中华人民共和国政府的代表终于在1971年获得了在联合国的中国席位，而国民党政府的代表则不再有这个席位了。"② 从《奥本海国际法》关于两岸"承认"的上述文字来看，国际社会对中华人民共和国（大陆）和"中华民国"（台湾）分别给予政府承认而非国家承认，而且两岸一直存在着在联合国的代表权之争，至1971年代表权在联合国相互易位。可见在国际社会，对中国的国家承认一直未变，而对代表中国之政府的政府承认却在变。这种情况，事实上涉及"旧国家的新元首和新政府的承认"问题，对此《奥本海国际法》作了如下说明："承认一个国家元首的更迭，或它的政府的改变，或一个旧国家的称号的改变，是重要的事情。但是，这种承认不应与国家本身的承认混为一谈。"③ 这种情况适合中华人民共和国，因为它在1949年成立之时，不但涉及到"元首的更迭""政府的改变"，并且在有效控制的大陆地区还将旧国家的称号（中华民国）改变，但这些改变并不影响国际社会对中国这个国家本身的承认，即国家承认。④

第二，台湾属于中国一部分的国际法律文件证明。1949年后，台湾虽与大陆处于分离对峙的状态，其政治、经济、军事、社会及文化等方面均发

---

① ［英］詹宁斯、瓦茨修订：《奥本海国际法》第一卷（第一分册），王铁崖等译，中国大百科全书出版社，1995年版，第108—109页。

② ［英］詹宁斯、瓦茨修订：《奥本海国际法》第一卷（第一分册），王铁崖等译，中国大百科全书出版社，1995年版，第119页。

③ ［英］詹宁斯、瓦茨修订：《奥本海国际法》第一卷（第一分册），王铁崖等译，中国大百科全书出版社，1995年版，第105页。

④ ［加］郑海麟著：《海峡两岸关系的深层透视》，香港明报出版社，2000年版，第120—122页。

生了很大的变化，但台湾是中国领土一部分的法律地位没有也不可能改变，因为台湾的主权所有权一直属于中国，具体表现在：台湾自古以来就是中国的领土，古代中国政府曾在台湾建立行政机构，行使有效管辖。19 世纪末，日本通过《马关条约》攫取了中国的台湾岛及澎湖列岛等。1943 年 11 月，美、英、中三国首脑举行开罗会议，并发表《开罗宣言》。该《宣言》宣告，使日本所窃自中国之领土，例如满洲、台湾、澎湖群岛等，一律归还中国。① 1945 年 7 月 26 日，美、英、中三国发布《波茨坦公告》敦促日本无条件投降。《波茨坦公告》第八项重申：“《开罗宣言》之条件必须实施，而且日本之主权必将限于本州、北海道、九州、四国及吾人所决定其他小岛之内。”② 8 月 15 日，日本宣告无条件投降，所谓无条件投降是指战败国只能按照战胜国规定的条件而自己不得附加任何其他条件的投降。所以，日本必须履行《波茨坦公告》对战败国规定的义务，无条件地把台湾以及澎湖列岛交还给中国政府。当时由国民政府代表中国接受投降，并恢复对台湾行使主权。中国收回台湾，是国际公认的领土转移，具有国际法效力。这样，台湾无论在法律上还是在事实上都已经归还了中国。1949 年 10 月 1 日，中华人民共和国中央人民政府在北京宣告成立，标志着国民党政权的结束。至此，中华人民共和国完成了对中华民国的政府继承，并在法律上享有对台湾的主权行使权。但是，以蒋介石为首的国民党势力败逃台湾后，继续打着“中华民国”旗号，维持所谓“代表全中国”的政权体制，图谋反攻大陆。后来由于朝鲜战争爆发，美国军队进入台湾海峡地区，两岸隔海对峙状态由此形成。从早期的两岸争议来看，双方对台湾属于中国这一事实并不存在疑义，双方所争执的无非是台湾是属于管辖大陆的中华人民共和国还是管辖台湾的“中华民国”。只是后来随着“台独”的出现，才有了“台湾不属于中国”的荒谬论调。

（二）国际社会的一个中国认同

从国际社会同中国建交的情况来看，世界上绝大多数国家认同“一个中国”。现在世界上共有 180 多个国家和地区，其中有 160 多个国家同中华

---

① 方连庆等编：《现代国际关系史资料选辑》（下册），北京大学出版社，1987 年版，第 316 页。

② 张蓬舟主编：《近五十年中国与日本》第五卷，四川人民出版社，1990 年版，第 305 页。

人民共和国建立了外交关系。这些国家都承认世界上只有一个中国，台湾是中国领土的一部分，中华人民共和国政府是代表中国的唯一合法政府。只是它们对有关承认的文字表述略有不同而已，概括起来，这些表述可分两类：第一类是承认（recognize）台湾是中国（或中华人民共和国）领土不可分割的一部分。第二类是以其他文字表述方式来认同海峡两岸的状况。如：注意到（take note of）、充分理解和尊重（fully understand and respect）、支持（support）、尊重（respect）、承认（acknowledge）、认为（hold）等等。各国表述方式虽有不同，但普遍认为"世界上只有一个中国，台湾是中国领土的一部分"，并在政治上承认中华人民共和国政府是中国的唯一合法政府，只同台湾保持非官方关系。需要说明的是，尽管目前有个别国家与台湾保持着"邦交"关系，但是这些国家大多是非洲、拉丁美洲、大洋洲的落后小国。这种"邦交"关系是台湾"金钱外交"的结果。即使它们同台湾建交，它们所承认的也仅仅是"中华民国"代表中国，而不是承认"台湾是一个独立的主权国家"，因而不能以此证明"台湾是一个独立主权国家"。

（三）海峡两岸的一个中国认同

1949年以后，台湾与大陆处于分离状态，这是中国内战造成的暂时局面。以前国共两党在台湾问题上虽有分歧，但都主张一个中国。比如，在1979年中美建交以前，中华人民共和国在台湾问题上的立场是"一定要解放台湾"，而台湾当局提出的口号是"光复大陆"或"反攻大陆"，这都是以"一个中国"为前提的。1979年以来，中国政府制定了"和平统一、一国两制"的对台方针和政策，不再用"解放台湾"这个提法。相应地，台湾当局也放弃了"反攻大陆"的口号，提出了"以三民主义统一中国"的主张。直至近几年，台湾岛内还成立了一个"海峡两岸和平统一促进会"，提出"和平统一"三原则，其中第一项就是"坚持一个中国原则，共同迈进和平统一"。由此可见，海峡两岸在一个中国的根本原则上一直是有一定共识的。而以往所争议的主要是关于"一个中国"的内涵问题，即"一个中国"是指中华人民共和国还是指"中华民国"。只是到了近些年，台湾当局才背离一个中国原则，图谋实现台湾的"独立建国"。即使在这种情况下，所谓的"中华民国宪法"仍承认世界上只有"一个中国"。因此，在主权所有权层面上，中国是统一的，世界上只有一个中国，台湾是中国的一部分。

二、主权行使权视角下的分裂状态

1949 年随着中华人民共和国中央人民政府的建立，中国在大陆地区实现了空前的统一。但由于历史原因，香港、澳门和台湾与大陆仍处于分离状态。难以想象，一个实现了民族独立国家，其领土仍处于不统一状态。中国政府为实现中国的完全统一而继续努力。到了 20 世纪 80 年代，中英两国政府经过两年多的艰苦谈判，于 1984 年 9 月签署了《中华人民共和国和大不列颠及北爱尔兰联合王国政府关于香港问题的联合声明》，并于 1997 年 7 月 1 日恢复了对香港行使主权。1987 年 3 月 26 日，中葡两国代表在北京草签了《中华人民共和国和葡萄牙共和国政府关于澳门问题的联合声明》，并于 1999 年 12 月 20 日恢复了对澳门行使主权。虽然中国在国家统一的道路上又向前迈进了一大步，但是，台湾至今仍处于与大陆分离对峙的状态，从主权行使权的层面上看，中国仍是分裂的，这是因为：

（一）两岸尚未结束内战状态

对于海峡两岸目前状态的性质，大陆方面一般将其定性为"中国内战的延续状态"或"未统一状态"。按照主权构成研究，台湾问题是台湾领土的主权行使权同其主权所有权的国内被动分离问题。众所周知，1949 年前中国的中央政府是国民党执政的国民政府，亦即中华民国政府，而中国共产党的政权是内战中的非政府一方。1949 年，中华人民共和国政府获得了对绝大部分中国领土的有效控制。这一事实在国际法上的效果是，中华人民共和国政府取代了中华民国政府而成为中国的中央政府，而中华民国政府则丧失了其中央政府的地位而转变成中国内战中的非政府一方。中华人民共和国政府实际控制了中国的绝大部分领土，与世界上绝大多数国家建立了外交关系，在联合国代表着包括台湾在内的整个中国。作为中国内战的结果，国民党政权退守台湾，妄图以台湾为基地，实现反攻大陆、恢复其"法统"地位的目标。后来由于美国的干预，中华人民共和国政府未能彻底消灭退守在台湾地区的国民党政权。这就形成了目前中国中央政府与台湾当局隔海对峙的局面。

从法理上说，两岸的内战状态依然存在。这是因为：大陆方面从未放弃以武力方式消灭台湾当局；台湾当局也未放弃以军事手段抵抗大陆方面的武

力统一，且在法理上没有通过"修宪"来改变两岸一中的事实。只是近些
年基于"台独"的需要，才放弃了反攻大陆的政策。① 虽然台湾当局在形式
上放弃了反攻大陆的政策，维持所谓的"不统"政策，但它仍拥有武装力
量，实施着原中华民国政府时期的大部分法律，且有效管辖着中国的一部分
领土。从国际法的观点看，它是武装对抗中央政府的一个事实上的政府。②
而这样一个事实上的政府，与国际法理论和实践中所指的"事实上的政府"
有所不同。台湾当局事实上统治的是中国的一个省，行使着对一个地方的管
辖权，著名的奥地利国际法学家菲德罗斯把这种事实上的政府归为"地方
性事实上的政府"。③ 因此，从国际法的观点看，中华人民共和国政府与台
湾当局的关系应当是，中央政府与地方性事实上政府的关系。

（二）两岸呈现分治格局

1949 年中华人民共和国完成了对中华民国的政府继承，从法律上说，
中华人民共和国政府自然拥有了对中国所有领土（当然包括台湾）的主权
行使权。从这一法理意义上说，台湾当局没有任何资格再对台湾地区行使有
效管辖权。但从事实上看，由于两岸的对峙状态，台湾当局在 1949 年以后，
特别是在 1971 年退出联合国以后，并没有实际履行国际法的有关规则而向
中华人民共和国政府"交还"它应当交还的对台湾地区的部分主权行使权。
相反，台湾当局仍以历史上"中华民国"的名义一直对台湾地区行使着实
际的管辖权，从而使得中华人民共和国政府虽然在法律上拥有了对台湾地区
的主权行使权，但在现实中却不能对台湾地区行使有效的实际管辖权和治理
权。这便在台湾的管辖权问题上造成了法理上的所有者与事实上的行使者不
一致的现象，即法理上应该行使台湾管辖权的主体却在事实上不能行使，而
法理上不应该行使台湾管辖权的主体却在事实上行使。因此说，台湾当局行
使台湾的管辖权并不具有合法性基础。需要指出的是，由于台湾当局在非法
行使管辖权的过程中受到大陆方面的制约，所以台湾当局实际上仅行使着台
湾地区的部分管辖权，其中主要是对内统治权。这种现象的现实表现就是，

---

① 丁伟、朱榄叶主编：《当代国际法理论与实践研究文集》（国际公法卷），中国法制出版社，
2002 年版，第 262—263 页。
② ［奥］阿·菲德罗斯等著：《国际法》，李浩培译，商务印书馆，1981 年版，第 249—
250 页。
③ ［奥］阿·菲德罗斯等著：《国际法》，李浩培译，商务印书馆，1981 年版，第 150 页。

中国目前处于"分裂分治"状态，亦即主权行使权与主权所有权的被动分离状态。在这种状态下，大陆政府的法律和政令不能直接达及台湾地区，更谈不上在那里得以生效和实施，这是对国家主权所有者的极大伤害，所以大陆才要求结束这种分离状态，实现两岸统一。

三、双方（尤其大陆）均未放弃复归统一的目标

1949 年之后，尽管两岸出现"分裂分治"局面，但双方在法理上均没有放弃两岸统一。从台湾方面来看，它对国家统一的态度与它对一个中国原则的态度是一致的，因为这是一个问题的两个方面。在两蒋时期的台湾当局反对任何形式的"台独"，从未放弃国家再统一的主张。即便到了李登辉主政的早期，台湾方面的重要法律文件"国家统一纲领"，仍在前言部分指出："中国的统一，在谋求国家富强与民族长远发展，也是海内外中国人共同的愿望。海峡两岸应在理性、和平、对等、互惠的前提下，经过适当时期的坦诚交流、合作、协商，建立民主、自由、均富的共识，共同重建一个统一的中国。"① 随着岛内"台独"的滥觞，两岸统一的理念和政策在岛内受到严重挑战和冲击，虽然部分台湾民众在骨子里已放弃了两岸统一的理念，但迫于各方面情势的压力，仍不敢在法理上更改带有两岸统一意涵的法律条文。

从大陆方面来看，首先，现行中华人民共和国宪法在其序言部分明确规定："台湾是中华人民共和国的神圣领土的一部分，完成统一祖国的大业是包括台湾同胞在内的全中国人民的神圣职责。"② 这就以国家根本大法的形式向世人宣示国家统一的坚强决心。其次，中华人民共和国政府在与外国政府建交的过程中，一律以该国断绝与所谓"中华民国"外交关系作为前提条件。事实上，除少数国家外，绝大多数主权国家均在与中华人民共和国建立外交关系的同时，与所谓"中华民国"断绝外交关系，并且均要在建交公报中声明一个中国原则。中华人民共和国与其他国家发表建交公报的模式通常为：该国"承认中华人民共和国是中国的唯一合法政府"，该国政府

---

① 转引自［加］郑海麟著：《海峡两岸关系的深层透视》，香港明报出版社，2000 年版，第 222 页。

② 《中华人民共和国宪法》，中国法制出版社，2004 年版，第 3 页。

"承认一个中国的立场，即世界上只有一个中国，台湾是中国领土的一部分"。再次，列为大陆方面对台政策指导方针的"江八点"，也在结论中强调："早日完成祖国统一，是中国各族人民的共同心愿。"而江泽民在1997年9月的中共十五大政治报告中亦再度强调："实现祖国统一，是海内外全体中国人的共同心愿。中国共产党人把完成祖国和平统一大业作为自己的历史重任，并为此进行了长期不懈的努力。"除此之外，从大陆"反独"的立场看，大陆方面一直旗帜鲜明地反对任何形式的"台独"。国际实践表明，一个独立的政治实体欲从母国分裂出去而单独建立一个新的国家，应具备的最起码条件之一便是母国对其分离的同意，或至少母国表示放弃抵制其分裂有关领土的行动。根据菲德罗斯的观点，只有当母国放弃了征服武装对抗者的企图，并且最后确定地终止了斗争的时候，具有分裂目的的武装对抗组织才转变为一个新国家。① 从这一方面来看，作为公认的中国之合法代表——中华人民共和国政府一直坚持台湾是中国领土不可分割的一部分，从未放弃过完成国家统一的努力和决心，而且提出了使用武力的三个条件，其中之一便是针对"台湾独立"的情形而设定的。

以上表明，中国的最终统一是两岸（特别是大陆方面）自1949年以来一直追求的政治目标。正是由于两岸均主张国家再统一，才使得两岸分裂的性质一直保持在主权行使权分裂的框架内，而没有扩展为主权所有权的分裂。假如双方均放弃了再统一的诉求，那么，两岸分裂的性质就演化成了主权所有权的分裂，那时两岸关系的性质就变成了东、西德或朝韩那样的性质。所以，大陆方面誓不放弃对两岸统一的诉求，对决定两岸分裂的性质以及实现未来的统一至关重要。

综上所述，世界上只有一个中国，台湾当局是中国领土内的一个事实上的地方政权。无论从台湾本身的现实条件，还是国际社会的政治现实来看，它都不具有主权国家的资格。这表明，中国是统一的，同时在统一之中又存在着分裂，但这种分裂与东、西德和朝韩的分裂在性质上和程度上是不同的，是主权所有权统一之下的主权行使权分裂。因此说，中国是一个不完全分裂国家。

（原载《贵州民族学院学报》（哲学社会科学版）2003年第5期）

---

① ［奥］阿·菲德罗斯等著：《国际法》，李浩培译，商务印书馆，1981年版，第152—153页。

论两岸互动中的公共秩序保留问题

公共秩序保留制度作为冲突法规范的一项普遍原则，主要是针对法律冲突而言的，其基本含义是，如果请求国所请求之事项有损被请求国的主权、安全、公共秩序、法律基本原则或国家基本利益，被请求国可以拒绝接受请求。从国家主权的角度来说，公共秩序保留制度原本是一项不妥协的制度，不论对方是否需要，凡不符合我方的规定就拒绝合作。公共秩序保留问题的提出，是为了维护被请求国在经济基础和上层建筑领域的根本制度、价值取向和社会稳定，世界各国都采用这个原则来处理国与国之间的法律冲突，而不涉及国家内部的司法协助，且公共秩序至今没有明确的内涵和外延，是一个伸缩性极大的概念，因此常常成为国家间堂而皇之拒绝合作的借口。从冲突法的角度来看，公共秩序保留问题主要产生于两种情况：一是适用外国或外法域法时产生的公共秩序保留；二是承认和执行外国或外法域法院判决或仲裁裁决时产生的公共秩序保留。①

在两岸区际司法协助过程中，两岸虽然不是"两国"，但公共秩序保留问题作为区际冲突的一个焦点问题却一直受到学界的热切关注。随着两岸关系的和平发展，彼此间交往更加频繁，两岸不同法域的自然人、法人间的跨区域民商事交往迅速发展，跨区域民商事活动大量发生，相应地跨区域民商事争议也大大增加。随之，两岸法院在审理案件时援引公共秩序保留制度来排除适用对方法律或拒绝承认和执行对方判决及裁定的可能性会大大增加。但在两岸和平发展的过程中，不能以狭隘的心态理解公共秩序保留制度，不应秉持凡是规定不一致，就加以拒绝的态度。显然，不加区分地在两岸的司法协助中适用该制度，不仅不符合两岸和平发展的趋势，也不利于维护两岸当事人的合法权益。因此，在两岸互动的过程中，怎样防止公共秩序保留制度的滥用，应成为当下两岸学界进一步关注的问题。

---

① 于飞：《公共秩序保留的适度适用——以两岸相互认可与执行法院判决和仲裁裁决为视角》，载《台湾研究集刊》，2010 年第 3 期。

一、两岸关于公共秩序保留制度的立法

首先，台湾关于公共秩序保留制度的立法。台湾地区 1992 年 "台湾地区与大陆地区人民关系条例" 第 44 条规定："依本条例规定应适用大陆地区之规定时，如其规定有背于台湾地区之公共秩序或善良风俗者，适用台湾地区之法律。" 第 74 条规定，"在大陆地区作成之民事确定裁判、民事仲裁判断，不违背台湾地区之公共秩序或善良风俗者，得申请法院裁定认可。前项经法院裁定认可之裁判或判断，以给付为内容者得为执行名义"。由于该条规定过于原则，缺乏可操作性，台湾 "司法院" 对其中的公共秩序保留问题作了解释：其一，认可大陆法院之判决仅审查其判决内容有无违背台湾地区公共秩序或善良风俗；其二，公共秩序或善良风俗原系不确定之法律概念，是否违背该规定应就个别具体案件来探究，并应注意下列事项：依台湾地区 "宪法" 保障人民基本权利之原则；应注意保障台湾人民福祉之原则；大陆法院之判决违反台湾地区强制禁止之规定者，得视个别具体情形认定是否违反公共秩序或善良风俗。[①]

其次，大陆关于公共秩序保留制度的立法。主要包括以下几个方面：其一，《民法通则》等关于公共秩序的规定。1986 年《民法通则》第 150 条规定："依照本章规定适用外国法律或者国际惯例的不得违背中华人民共和国的社会公共利益"，该条是从法律适用的角度对公共秩序所作的规定，而且是一条通则性的公共秩序条款。需要注意的是，《民法通则》中的公共秩序条款尽管没有使用 "公共秩序" 这样的措辞，但在解释上，"社会公共利益" 应与通用的 "公共秩序" 同义。除了《民法通则》外，1993 年《海商法》第 276 条及 1996 年《航空法》第 190 条也分别从法律适用角度规定了公共秩序制度，其文字表述与《民法通则》第 150 条的文字相同。其二，民事诉讼法中关于公共秩序的规定。1998 年最高人民法院《关于执行〈中华人民共和国刑事诉讼法〉若干问题的解释》第 325 条第 2 款规定："外国法院请求的事项同中华人民共和国的主权、安全或者社会公共利益不相容以及违反中国法律的，应当予以驳回；不属于我国法院职权范围的，应当予以

---

① 陈力：《海峡两岸民事判决的相互承认与执行：困境与出路》，载《法治论丛》，2002 年第 5 期。

退回，并说明理由。"2007 年《民事诉讼法》第 258 条第 2 款规定："人民法院认定执行该（仲裁）裁决违背社会公共利益的，裁定不予执行。"第 266 条规定："人民法院对申请或者请求承认和执行的外国法院作出的发生法律效力的判决、裁定，依照中华人民共和国缔结或者参加的国际条约，或者按照互惠原则进行审查后，认为不违反中华人民共和国法律的基本原则或者国家主权、安全、社会公共利益的，裁定承认其效力，需要执行的，发出执行令，依照本法的有关规定执行。违反中华人民共和国法律的基本原则或者国家主权、安全、社会公共利益的，不予承认和执行。"其三，合同法中关于公共秩序的规定。1985 年《涉外经济合同法》第 4 条、第 9 条第 1 款、第 5 条均规定了公共秩序制度，1987 年最高人民法院《关于适用〈涉外经济合同法〉若干问题的解答》对公共秩序问题也予以肯定。1999 年《合同法》对公共秩序制度也在其第 7 条、第 52 条和第 126 条第 2 款分别作了具体规定，2007 年最高人民法院《关于审理涉外民事或商事合同纠纷案件法律适用若干问题的规定》，也在其第 7 条、第 8 条对公共秩序制度做了规定。其四，《涉外民事关系法律适用法》关于公共秩序的规定。2010 年《涉外民事关系适用法》在其第 5 条中规定了公共秩序保留制度，即："外国法律的适用将损害中华人民共和国社会公共利益时，适用中华人民共和国法律"。以上表明，我国对公共秩序予以了肯定，而且分别从实体法、冲突法以及程序法的角度，对公共秩序制度作了较为全面的规定。上述规定中，均使用了"社会公共利益"的措辞代替"公共秩序"一词，尽管这样的表述有些欠妥当，① 但其含义还是很明确的，即指"公共秩序"的意思。尽管这些规定均未明确指明是否适用于区际法律关系，但按照大陆地区的实践，上述规定是可以适用于台湾地区的。

从上述两岸的有关立法来看，尽管对于公共秩序的名称表述各不相同，但均具有以下几个共同特征：一是公共秩序保留不仅适用于法律适用的过程，也适用于判决（仲裁裁决）的承认与执行过程；二是公共秩序保留不仅适用于民事领域，也适用于刑事领域；三是关于公共秩序保留的司法运作，两岸现行立法均未作更为详细的规定，客观上为公共秩序保留在实践中的滥用提供了制度漏洞。

至 2009 年，两岸终于签署《海峡两岸共同打击犯罪及司法互助协议》，

---

① 马德才著：《国际私法中的公共秩序研究》，法律出版社，2010 年版，第 240 页。

在其第 15 条规定："双方同意因请求内容不符合己方规定或执行请求将损害己方公共秩序或善良风俗等情形，得不予协助，并向对方说明。"[①] 并在第 10 条特别指出："双方同意基于互惠原则，于不违反公共秩序或善良风俗之情况下，相互认可及执行民事确定裁判与仲裁裁决（仲裁判断）。"[②] 由此可见，该互助协议表明两岸之间的公共秩序保留也适用于民事和刑事司法协助领域，但该互助协议对公共秩序保留的司法运作问题也同样未作更进一步的规定。

二、两岸互动中公共秩序保留制度的具体适用

有学者指出，由于两岸之间的政治、经济和法律制度不同，因此在允许两种不同制度并存的情况下，应该为它们提供必要的可供缓冲的条件或空间。这种条件和空间的一个重要表现，就是确立公共秩序保留制度。[③] 事实上，两岸在理论和实践两方面也分别肯定了公共秩序保留制度，但在实践中适当地运用公共秩序保留制度并非易事。公共秩序保留制度在两岸关系的框架下，显然不能等同于国家与国家之间的"保留"，也不同于中央政府同香港、澳门两个特别行政区之间的"保留"。所以，在两岸关系和平发展的过程中，如何运用该制度，才能既更好地推进两岸的相互交融，又能更好地维护彼此的利益，的确有许多值得进一步研究的地方。

第一，关于公共秩序保留适用的标准问题。关于公共秩序保留的适用标准，理论上有"主观说"和"客观说"之分。"主观说"强调的是外国法或外国判决的内容是否与法院地国的公共秩序相违背而不问客观结果；客观说包括"联系说"和"结果说"。"联系说"认为公共秩序是否适用，除了需要审查外国法违背公共秩序的概念之外，还需审查个案是否与法院地国有实质性的联系，如果有，则可以适用，如果没有，则不应适用。"结果说"则强调外国判决的结果或适用外国法的结果是否与法院地国的公共秩序相违

---

① 国务院台湾事务办公室编：《台湾事务法律文件选编》，九州出版社，2011 年版，第 315 页。

② 国务院台湾事务办公室编：《台湾法律事务文件选编》，九州出版社，2011 年版，第 314 页。

③ 吕岩峰、李海滢著：《中国区际刑事司法协助初论》，吉林人民出版社，2007 年版，第 50—51 页。

背，认为如果仅仅只是内容上的违反则并不一定会危及法院地的公共秩序。由于"客观说"特别是其"结果说"结合个案的实际情况，既能维护法院地国的公共秩序，又能有利于个案的公正合理地解决或判决（裁决）的顺利承认和执行，因而为世界各国的实践所普遍接受。[①] 按照前述台湾"司法院"的解释，其采用的是"主观说"。而在大陆法律尽管没有对此作出明确规定，但学界均倾向于"结果说"。我们认为应该采用"结果说"，理由是：由于两岸在实体法、冲突法和程序法上的诸多差异，适用"主观说"将会造成公共秩序保留制度的滥用，从而导致大量的民事判决（仲裁裁决）得不到顺利的承认和执行，若采用"结果说"，则公共秩序保留制度适用的空间将会大大缩小。

第二，关于公共秩序保留的适用程度问题。关于公共秩序保留的适用程度问题，学界有两种截然不同的观点。一种意见认为，应当适度扩大公共秩序保留的适用，其理由：一是两岸区际法律冲突比国际法律冲突或统一国家内的区际法律冲突更为尖锐；二是台湾方面至今尚未完全认同一个中国原则，在法律适用过程中会遇到违反一个中国原则的大是大非问题；三是两岸的民商事法律冲突是全面的法律冲突。[②] 另一种意见则认为，公共秩序保留应予以适度适用，其理由主要是：尽管两岸法律与相关规定之间的冲突是非常广泛的，但毕竟不同于国际法律冲突，如果滥用公共秩序保留制度，将会导致两岸民商事法律冲突的不公正、不合理解决，从而影响两岸经贸和民间交往的顺利进行。[③] 结合两岸和平发展的格局，我们也赞同公共秩序保留的适度适用。在目前的两岸关系下，若让彼此完全放弃"公共秩序保留原则"，不符合互相尊重不同政治法律制度的精神。所以，在已有的两岸所签署的有关两岸司法协助的有关规范性文件中，双方可以有限度地适用公共秩序保留制度。在其他有区际冲突的国家，由于多为一国一制状况下的冲突，故一法域一般不能以"公共秩序保留"为理由，拒绝承认和执行另一法域的判决。如在美国，只规定一州可以重大利益受到不应有的干涉为由不承认和不执行另一州的判决（第 103 条），但不能以公共政策为由作出此种拒绝

① 韩德培主编：《国际私法》，高等教育出版社、北京大学出版社，2001 年版，第 145 页。
② 徐崇利：《两岸民商事"法律冲突"问题的性质及其解决办法》，载中共中央台湾工作办公室、国务院台湾事务办公室研究局编：《涉台法律问题研究》第 2 卷（内部资料），2003 年 5 月，第 189 页。
③ 吕国民：《论区际冲突法上的公共秩序保留》，载《江苏社会科学》，1998 年第 3 期。

（第 117 条）。但两岸区际冲突是一个中国内部的法律冲突，为保证两岸双方利益不受损害，须保持公共秩序保留制度在各自地区的效力，但此效力必须受到一定限制。从《民法通则》《涉外民事关系法律适用法》等法律有关公共秩序保留的条款来看，表述中均没有"明显违背"这种防止公共秩序保留制度被滥用的措辞，这表明大陆有关公共秩序保留制度的立法不仅表现出对公共秩序适用过于宽泛，也不符合两岸关系和平发展要求限制适用公共秩序保留制度的发展趋势。鉴于此，可以考虑在未来的立法修改中直接用"明显违背"的措辞加以限制公共秩序保留制度的适用。

第三，关于公共秩序保留的审查内容问题。此即在什么具体情况下应适用公共秩序保留。众所周知，"公共秩序"和"善良风俗"都是不易确定内容的概念，其灵活性正赋予了限制理由的广泛性。[①] 如前所述，台湾"司法院"的解释作了明确的列举，包括"依'宪法'保障人民基本权利之原则；应注意保障台湾人民福祉之原则；大陆法院之判决违反台湾地区强制禁止之规定者，得视个别具体情形认定"。由于大陆地区法律对公共秩序保留的审查内容没有作出规定，因此有学者提出了法律适用过程中公共秩序保留的审查内容，认为应包括：违反大陆宪法的基本精神，违背四项基本原则，有损于国家统一和民族团结的；有损于国家主权和安全的；违反部门法的基本准则的；违背大陆缔结或参加的国际条约所承担的义务，或违背国际法上公认的公平正义原则的；对方法院无礼拒绝大陆法律效力，大陆可以根据对等原则适用公共秩序保留以作为报复。[②] 大陆法院在公共秩序保留的司法运作中，审查的内容基本上与上述观点一致。如将上述内容类推适用于两岸之间公共秩序保留制度的实践，就会发现，两岸之间关于公共秩序保留的审查内容存在着很大的差异。但无论上述哪类审查范围，均显得过于宽泛。首先，在两岸分离的客观现实下，要实现两岸关系的和平发展，双方均有必要承认和尊重对方法律的规定及其效力。若以对方法律内容上的规定或适用结果与自己的法律的规定相冲突而适用公共秩序保留，无疑不利于两岸关系的和平发展。因此，台湾方面的"依宪法保障人民基本权利之原则"以及大陆方面的"违反我国宪法的基本精神，违背四项基本原则，有损于国家统一和民族团结的"和"违反部门法的基本准则的"，均不能成为公共秩序保留的

---

① 沈涓著：《中国区际冲突法研究》，中国政法大学出版社，1999 年版，第 133 页。
② 韩德培主编：《国际私法》，高等教育出版社、北京大学出版社，2001 年版，第 151 页。

审查内容。其次，涉外民商事案件的处理，无论是法律适用还是判决（仲裁裁决）的承认与执行，均应尽可能使双方当事人的权益得到平等的保护。而台湾方面的"应注意保障台湾人民福祉之原则"的规定有明显偏重于保护台湾当事人的嫌疑，客观上容易导致公共秩序保留制度的滥用。再次，由于两岸之间国内公共秩序保留制度的运作是一个中国范围内不同法域之间的问题，不具有国际性，所以大陆方面的"违背我国缔结或参加的国际条约所承担的义务，或违背国际法上公认的公平正义原则的"不适用两岸之间。最后，在国家之间，受案法院为了维护本国的主权和法律权威，在对方法院无理拒绝其法律效力的情况下，可以用公共秩序保留作为报复手段。但两岸关系不是国与国关系，两岸关系的和平发展意味着用公共秩序保留作为报复手段是不合适的，但既然两岸之间的法律冲突是"一个中国"范围内的区际法律冲突，因此任何的法律活动均不能违反一个中国原则。

鉴于此，我们认为，在一个中国的原则下，两岸之间公共秩序保留的审查内容必须包括对是否违反"一个中国"的审查，此外，其他事项是否属于公共秩序保留的审查范围，应根据个案的具体情形而定，但一个总的原则是，应尽可能缩小公共秩序保留的审查范围，以做到公共秩序保留的谨慎适用。这是两岸尊重对方法律和法院司法活动的结果，也是两岸和平发展的必然要求。

第四，关于公共秩序保留的协商前置程序与核准程序问题。有学者认为，应该在公共秩序保留问题上适用协商前置程序与核准程序。协商前置程序是指两岸在对请求承认与执行的判决进行审查时，若拟适用公共秩序保留条款，应当通过适当方式通知对方并尽量在平等协商下解决；① 核准程序是指从司法程序的角度严格限制公共秩序保留的适用，即把适用公共秩序保留的最终决定权赋予两岸的最高司法机关，以避免一方不适当运用公共秩序保留造成两岸之间不必要的司法摩擦。在两岸的实践中，公共秩序保留由受理案件的地方法院作出，若判决或裁决具有终局的效力，则公共秩序保留即行生效。由于低层级法院众多，各法院法官在公共秩序保留问题上存在着较大的认识偏差。有学者以大陆方面为例指出，如果审理案件的法院拟适用公共秩序保留拒绝承认与执行对方判决，应当报请高级人民法院核准；如果高级

---

① 冯霞著：《中国区际私法论》，人民法院出版社，2006年版，第344页。

人民法院同意适用公共秩序保留则应报请最高人民法院核准。[1] 我们认为，为了审慎运用公共秩序，上述的协商前置程序与核准程序具有可行性。首先，两岸关系目前良好发展的态势为两岸法院之间的协商奠定了政治基础；其次，两岸法院各自现行的审级制度为公共秩序的核准程序奠定了法律基础。通过协商前置程序与核准程序，就可以在一定程度上杜绝地方法院滥用公共秩序保留制度，既能保证适用公共秩序保留的严肃性，又能减少其适用机会，从而更有利于两岸关系的和平发展。

总之，鉴于两岸关系和平发展的现状及未来趋势，公共秩序保留制度的存在的确具有一定的合理性，但两岸关系的特殊性也决定了公共秩序保留制度的适用应尽可能受到限制，而通过对公共秩序保留制度的适用标准、审查内容、适用程度作出规范，并辅之以协商前置程序与核准程序，能较好地防范两岸之间公共秩序保留制度的滥用问题，这样既有利于当事人利益的保护，也有利于两岸关系的和平发展。

三、两岸适用公共秩序保留制度的几个问题

两岸之间适当地运用公共秩序保留制度，需要有具体的运用办法。但是，寻找具体办法之前，必须解决一些看似抽象，却不能不解决的基本理念和态度问题。众所周知，两岸关系和平发展以来所遇到的一些问题，不是因为没有解决矛盾的办法，而是因为对解决问题的思路或理念不同，影响了寻找解决问题的办法。所以，笔者在此探讨一下跟适当运用公共秩序保留制度相关的几个理念和态度问题。

第一，用新思维面对差异。两岸由于长达半个多世纪的对立，形成了政治观念上的巨大差异，自然对公共秩序的有关内容理解和范围界定上并不一致。某些组织或团体在大陆受法律禁止，但在台湾却不被禁止，反映在立法时，其价值取向就有差异。何况公共秩序的范围涉及社会制度、政治制度、经济制度等根本性问题，其差异更大。此外，道德的基本观念也不同。虽然两岸都在一个中国的框架下，但由于两岸实行不同的社会制度，因而它们之间存在着巨大的差别。那么，两种价值观念在什么层面上可以协调？在什么

---

① 杨威、令狐情：《海峡两岸区际冲突法中公共秩序保留制度的和谐发展》，载《湖南公安高等专科学校学报》，2007 年第 5 期。

层面上可以保留？总体上说，可行的办法是要在两者之间寻找一个平衡点，这就要用新思维来解决。新思维是什么呢？突出一个"新"字，跳出旧的框框。价值观念由不同的因素组成，有属于道德范畴、文化范畴的，也有属于政治或意识形态范畴的。笔者认为，应该放弃或排除由政治或意识形态的价值来决定是否运用公共秩序保留原则并决定协助的思维。这样既遵循了一个中国的原则，又兼顾到了两岸的差异，容易找出两岸合作的共同点。[①]

第二，相互尊重，积极配合。要做到这一点，最重要的是两岸应当正视法律制度上的差异。相互尊重对方的法律制度，不要互相指责，更不能以法律制度上的差异为由，拒绝司法领域的相互协助。在这一点上，横观其他国家的区际司法协助，也都采取了相当宽松的做法，这也是区际司法协助不同于国际司法协助的重要特征。两岸虽然法律制度不同，但都同属一个中国，是"自家兄弟"，就应当相互宽容，相互尊重，积极配合，以诚相待。有学者认为，既然两岸应相互尊重对方的法律制度，那么，就应当允许对方以违反本地区的公共秩序为由，拒绝协助。为此，两岸在开展司法协助过程中，应从两种不同的情况对公共秩序保留问题做具体分析：首先，当司法协助的内容不涉及适用对方法律时，不能以公共秩序保留为由拒绝对方要求的司法协助，比如，在相互移交逃犯时，因不涉及适用对方法律问题，故就应尊重对方的刑事法律制度，不能因为两岸刑事法律制度不同而拒绝移交。其次，当司法协助内容涉及适用对方法律就违反己方法律制度时，应当允许作出公共秩序保留。可见，有条件地适用公共秩序保留制度与相互尊重原则并不矛盾。

第三，法域平等、相互包容。大陆和台湾作为两个相互独立的法域，在进行司法协助时其地位是完全平等的。两岸之间存在着彼此独立的司法系统，司法机构之间无隶属关系，按照各自的法律制度进行独立的司法活动，通过平等协商达成一致的方式，进行区际司法协助。[②] 承认两岸法域之间的平等关系，并不违背一个中国原则。两岸区际司法协助应在彼此法域法律地位平等的基础上，正视历史，尊重对方法域的意见、现状，平等协商以解决司法冲突。为了两岸之间更好地交流与合作，不论是案件管辖权的冲突或司

---

① 骆伟建著：《一国两制与澳门特别行政区基本法的实施》，广东出版集团、广东人民出版社，2009 年版，第 313 页。

② 游劝荣主编：《两岸法缘》，法律出版社，2008 年版，第 234 页。

法合作，还是有关法律合作规范性文件的制定，都不能将自己的法律制度或法律意识强加于人，而应该在平等协商一致的基础上达成共识，双赢互利，实现法律秩序的稳定。两岸现行的法律规定、政治制度的不同是客观的事实，关键是如何处理两者之间的不同。面对制度方面的冲突，如果愿意为对方考虑，愿意包容对方，愿意作出妥协，冲突也可以转化为和谐。如果总以为自己的规定和制度最合理，总想改变对方的规定和制度，必然加深彼此之间的冲突，结果必然会拒绝跟对方的合作。

第四，相互协助、有限承认。在两岸互动的过程中，如果没有合作的意愿，没有配合的愿望，都可以找到理由拒绝对方的请求。面对如此复杂的问题，我们解决问题的勇气和动力，完全有赖于我们彼此是否有合作的意愿，合作应该是互惠互利的双赢。合作应该要务实，要真正解决存在的问题。务实就是能灵活的一定要灵活，创造出一定的空间，才能提出具体解决问题的办法。① 两岸在司法协助过程中，既不能滥用公共秩序保留制度，扩大拒绝面，也不能没有底线，一味地盲从对方的法律制度。除此之外，两岸还应当在平等协商，互相尊重的基础上，相互承认对方的社会制度和法律制度，以务实的态度对待彼此差异。两岸虽然尚未统一，但两个不同法域之间相互承认、相互包容的观念已经确立，并付诸实践。两岸应本着实事求是的态度，灵活地处理司法合作中遇到的问题，在无损一个中国原则的前提下，采取不同的措施和途径促成彼此的合作。贯彻相互承认的原则，既要相互尊重对方的法律制度，承认对方法律的效力，又要承认对方法法院判决的效力和执行力，简言之，也就是双方应相互承认对方的司法活动及诉讼结果。需要指出的是，基于两岸分离的客观事实和复杂情势，在两岸关系未能实现全面正常化之前，两岸之间的司法承认也只能是个别方面、一定程度上的承认，不可能是全面的承认，我们对此也要有清醒的认识。

（"首届两岸和平论坛"会议论文，
2013 年 10 月 11 日至 12 日，上海）

---

① 骆伟建著：《"一国两制"与澳门特别行政区基本法的实施》，广东出版集团、广东人民出版社 2009 年版，第 314 页。

国民两党大陆政策转型及走向刍议

国民两党为了争夺 2012 年"二合一"选举的选票而彼此调整各自的大陆政策，尽管迄今他们的大陆政策还没有最终出炉，但通过其领导人在不同场合所发表的讲话、声明、会谈等相关论述，我们可以捕捉到两党未来大陆政策的基本走向，那就是，它们在政治上均有向中间路线靠拢的趋势。我们该如何看待这样的一个趋势？这样的趋势会对未来两岸关系的和平发展，乃至和平统一产生怎样的影响？笔者将就此谈点个人的看法。

一、关于民进党大陆政策转型及其走向

民进党的大陆政策与民进党的"大选"策略是紧密联系在一起的，所以，观察民进党的大陆政策离不开对民进党选举策略的分析。台湾大学政治学系陈明通教授在其近作《五都选举与民进党转型》中对所谓的"蔡英文路线"进行了个人解读，他认为"蔡英文路线"的基本内涵是将台湾的政党分歧线逐渐从过去的族群与统"独"分歧，转移到所得分配不均的阶级分歧，民进党将在坚持台湾的"主权"地位下，希望转型成为社会弱势阶级的代表，以区隔执政的国民党"倾中"、轻忽"国家主权"又代表资本阶级。蔡英文自 2008 年 5 月 21 日主政民进党两年多以来，这样的路线越来越清晰。民进党未来一段时间内不会打"族群"牌或"统独"牌，而打"阶级"牌。民进党的转型并非一件很容易的事情，但其为了未来的选举，又是一件非做不可的事。调整大陆政策既是民进党未来发展的需要，也是现实竞选的需要。"五都"选举中，民进党没有涉及大陆政策议题，但 2012 年"总统大选"和"立委"选举是无法绕开大陆政策议题的，所以说，调整大陆政策是民进党的现实需要。

蔡英文启动了民进党由族群议题向阶级议题的转型，但也会步履为艰，特别是这次五都选举未能赢得第三席，使得这项转型根基未能获得初步的巩

固，尚在漂浮当中，蔡英文虽然愿意继续努力，但结果仍充满不确定性。这主要是因为以下因素：其一，"蔡英文路线"的调整能否摆脱民进党基本教义派的束缚？基本教义派是民进党比较稳固的基本盘，蔡英文要改变民进党原来的大陆政策，向中间路线靠拢，基本教义派对其会有一定的牵制，这无疑会增加了民进党转型的难度。其二，如果民进党硬要转型，处理不好，有可能既失去深绿的支持，又失去中间选民的支持，这样的风险是存在的。

蔡英文近半年来不断释放出了一些以前所没有释放过的信息，在几个公开场合表示要调整大陆政策，并积极筹划成立新的智库，派人到大陆去商谈。对于大陆方面来说，民进党的转型是大陆所期待的，但这个转型要达到大陆所期待的程度可能很难，但大陆并不一定奢求一步到位，转型总比不转型要好。如果真能转型的话，是对两岸关系和平发展有利的举措，也是对减少岛内政治对抗有好处的举措。但究竟会转型到什么程度，涉及具体问题时再作进一步观察。

对于民进党的政策调整，大陆民众可能会作出平淡的反应。因为就民进党来说，为了维持其基本盘，肯定还是要坚持"台湾主权"，还是要坚持"台独党纲"。普通民众（特别是大陆民众）根本搞不清楚民进党所作出的新论述的细微变化到底在哪里，即使一般大陆学者，也会找出它原来的论述来论证其大陆政策没有根本性的变化。到2012年"二合一"选举时，民进党回避不了两岸政策议题，到时可能只是换用另外一种形式来消费中国大陆，仍对国民党所签署的一切协议都加以反对。从大陆民众的观感来看，它仍是扮演了一个传统的制衡者的角色，仍是站在了两岸关系和平发展的对立面，仍是一个"麻烦制造者"的形象。这些印象都可能使得民进党淡化统"独"诉求的这一部分调整内容显得不那么突出。

长期以来，因为民进党一直在攻击大陆，所以大陆民众对台湾民进党的印象很差，若要改变大陆民众的印象则需要有一个很长的过程。因为大陆民众印象中的民进党就是电视里所宣传的时时与大陆为敌的民进党，民进党在抹黑大陆的同时，也抹黑了自己。

总之，民进党未来的大陆政策，究竟是持续，还是改变，还需要我们进一步观察，但对于我们大陆来说，关键是要观察它改变的部分。对于其大陆政策，民进党下一步会提出一个怎样的新论述，我们拭目以待。

二、2012 年"二合一"选举与国民党大陆政策的走向

不仅仅是民进党的大陆政策有所调整,事实上,"蓝""绿"双方的大陆政策都有所调整,国民党的大陆政策也在日益向中间路线靠拢。相对而言,二者都有丧失原来基本盘(即"蓝营"丧失"深蓝"和"绿营"丧失"深绿"),但又争取不到中间选民的问题。但从总体说来,"绿营"的基本盘比"蓝营"的基本盘要稳固,因为"深绿"是含泪投票,先搞掉马英九再论其他,而"深蓝"则是含泪不投票。在这一点上,民进党比国民党要占优势。

就 2012 年"二合一"选举来说,对国民党比较有利的方面是:其一,目前国民党是执政党,手中掌握着执政资源,在选举前夕,可以通过颁布或出台一些政策的方式来获取选民的支持,这是国民党的执政优势。其二,马英九的两岸政策开始见效,经济开始复苏,民意支持率开始回升。马英九大陆政策的既定方向不会改变,但会更加谨慎保守,在政治上趋向中间路线的可能性日趋增大,未来两岸关系和平发展格局在总体稳定的情况下,出现某种波折的可能性不能排除。

但国民党也面临着严重的挑战,主要是:其一,当民进党的大陆政策调整到让外人看不出国、民两党大陆政策之区别的时候,对国民党来说,就是一个很大的挑战。这可能需要国民党在战略上作出新的调整,这也是涉及两岸政治对话(非政治谈判)的问题。国民党迫切需要建立新的论述(或完善其原来的论述)。其二,至 2012 年"二合一"选举时,会新增加未曾投过票的新一代选民约 100 万,这一部分人是在 2008 年"大选"时尚未达到法定的投票年龄,经过四年成长至 2012 年时,他们达到了投票选举的法定年龄,这部分人每年大约新增 25 万左右,四年下来就增加约 100 万的新选民,但这一部分新增选民大都不喜欢国民党,他们大都不会把选票投给马英九,因为他们认为国民党是一个"百年老党",一副陈旧的面孔。这对国民党来说,是很不利的。其三,如何适当整合"中华文化""中华民族"和"中华民国"的关系,作出一个令大陆方面和岛内民众均较满意的表述。众所周知,两岸和平发展的基础是九二共识、反对"台独",两岸深化政治互信的前提和基础在于如何确保两岸同属于"一中",但目前这些议题在岛内受到排斥。其四,能否争取到"四中"选民的选票。一是台湾中部选民的

选票，地理上的中部地区是决定未来选举的重要地域，"南绿北蓝"的格局并未改变，中部选民在未来"二合一"选举中所处的地位非常重要，一定会成为国、民两党的必争之地；二是中间选民的选票，主要是指那些跨党投票者和选择不投票者，这一部分选民在台湾的选举中处于举足轻重的地位，往往会成为影响台湾选举的重要因子；三是中小企业者的选票，这一部分人在台湾的数量不可小觑；四是中低收入者的选票。以上这些要素非常重要，在观察台湾2012年"二合一"选举时不可忽视。

三、国、民两党日趋中间路线的政策调整评析

就政治生态而言，台湾的政党通过竞选来轮流上台执政。两岸关系的和平发展要受到上台执政的政党的影响。两岸关系和平发展是目前在台执政的国民党积极倡导并推动的举措，如果国民党在台执政，两岸关系和平发展的态势可能会相对比较平缓，但如果民进党上台执政，即使不返回到陈水扁执政时期的"急独"路线上去，也不可能像国民党一样如此友好地与大陆进行合作。基于以上判断，大陆方面理所当然地期望国民党能够在2012年大选后继续执政，这样可以继续维持和推进两岸关系和平发展的基本态势。但是，随着台湾民主化的进一步推进，国、民两党日趋理性，去年的五都选举很清楚地表明了这一点。两党都在竭力地争取岛内"民意"，这本身就表明了台湾民主正在走出民粹主义的泥潭而日益走向成熟。选举其实是一种政党之间的竞争，也是对政党治理能力的一种检验，但是它不应该是一种对抗，也不应该是一种撕裂。选举是一个双方可以相互对话的过程，也是双方聚焦共同意见，寻求共同改变的一个机会。台湾民主必须要提升到一个更高的层次，这也是未来努力的方向。从发展政治学的角度来看，蓝、绿两大阵营能够逐步摆脱激烈的对抗和整个社会的撕裂，日趋理性、务实，这无疑是台湾民主化的一大进步。

就台湾岛内的面来说，国民党大陆政策的走向也是一把双刃剑，因为国民党大陆政策的调整是与争夺"民意"的选举活动紧密地联系在一起的。这对于大陆方面来说，陷入了一个进退维谷的二难选择。一方面，大陆方面如果不默认国民党作出向中间路线靠拢的政策调整，继续坚持其最初"两岸统一"的大陆政策，其很可能会丢掉大量选票，因而不能继续执政，这是大陆方面所不愿意看到的结果；另一方面，如果大陆方面期望国民党继续

执政，就必须默认它继续向中间路线靠拢，继续推行马英九第一任期内"不独、不统"的两岸政策，这也是大陆所不愿意看到的结果。这样一来，大陆方面若反对国民党大陆政策的调整，则对当前两岸关系和平发展状况会产生不利的影响；若默认其大陆政策的调整，则对未来两岸和平统一的前景不利。面对这样的情势，大陆方面该怎么办？有无既能推进两岸关系和平发展，又能促进未来两岸和平统一的两全其美之策？这是大陆方面迫切需要认真研究的一个现实问题。

岛内的多次民调结果显示，岛内主流民意是"维持现状""不统、不独"，所以，在台湾岛内出现了一个非常独特的政治现象，那就是：主张"统"的政治人物不敢言"统"，主张"独"的政治人物不敢言"独"。就国民党而言，其作为台湾岛内民主政治体制下的一个竞争型政党，为了获得选民的选票而赢得选举的胜利，必然会对其大陆政策作出令台湾多数选民满意的调整，是可以理解的。但我们必须看到，当国民党的大陆政策逐步地调整到"不统、不独""维持现状"这个主流"民意"上来并且将其固定化了的时候，事实上，这已与大陆方面所期待的"统一"方向相背离了，因为"不统、不独""维持现状"的长期化、固定化便意味着"以和拒统""和平台独"，这与大陆方面通常所谓的"两岸必将统一""台湾问题不能无限期地拖下去"的两岸政策相背离。诚然，国民党调整其大陆政策不是有意跟大陆作对，而是不自觉地也是无奈的选择，这固然有让大陆方面可以理解的一面，但大陆最终是难以接受的，除非有其他相关的配套政策来保障两岸统一的前景。

对于大陆方面来说，这个问题的复杂性在于两个方面：一方面，国民党的大陆政策的走向是与台湾民主政治紧密地联系在一起，借着顺应"民意"、争取"民意"的旗号，大陆方面欲批驳这一做法，不太容易找到法理上的制高点和切入点；另一方面，国民党与大陆方面在两岸关系和平发展方面有着某些共同的利益，大陆方面反对国民党向中间路线靠拢，对大陆自己也有不利的一面，因为国民党一旦不能执政，两岸关系和平发展的态势有可能会出现倒退。对于大陆方面来说，倘若不默认国民党的大陆政策走向，也没有其他更好的替代办法来支持国民党在选举中获胜，因此说，大陆方面默认国民党的大陆政策走向既是一种权宜之计，也是一种无奈之举。

对于上述国民党大陆政策的调整走向及其所带来的负面效应，我们应予以正确的认识：这是大陆为两岸关系和平发展付出的必要代价。任何事情都是一分为二的，和平发展理论也是如此。我们不能因此有这样一些负面效应而否定两岸和平发展的战略意义，而应该积极地面对两岸和平发展的负面效应，力求把它降低到最小。

促成两岸开始政治谈判，达成和平协议的原动力是，双方都需要和平，都企盼避免危机、冲突和战争。但也无法否认，双方的想法和心态并不完全一致，存在微妙、复杂、明显的差异。大陆方面推动两岸和平发展的意图，在于通过促进两岸之间的相互交往和融合，以最终实现两岸的和平统一。台湾方面考虑更多的则是"做不到相互承认也不要相互否认"，长期"维持现状"，和平共存。但是，我们必须要认识到，大陆方面的"和平统一"与台湾方面的"和平不统""和平分立"毕竟是不同的政治期待，这两种不同的期待迟早会变成一个"问题"，进而会影响两岸关系和平发展的进程。

当大陆方面在经过几十年的发展，实现了其和平崛起的目标之后，国家统一的历史任务自然会被提上日程，那时候大陆方面反而被"你不独，我不武"的承诺束缚了自己的手脚。因为和平协议签署后，台湾方面只要不走陈水扁式的"急独"路线，而按国民党现行的温和路线走下去，只要不宣布"独立"，只是借着和平协议而无限期地"维持现状"（但这种情形的实质便是"以和拒统""和平独立"），大陆方面似乎就无计可施。因为大陆方面此时倘若要以武力方式来改变"台湾问题被无限期地被拖延下去"的状态，显得出师无名，此举即使可以向大陆地区的民众能够有所交代，但也很难向台湾民众交代，更不好向国际社会交代。大陆为此而发动统一战争，尽管也可以解释为这是解决中国的内政问题，但难免使国际社会一片哗然，陷入"失道寡助"的境地。

因此，为防止台湾方面将来在统一道路上设置障碍，"以和拒统""和平独立"，必须以战略的眼光，从长计议，未雨绸缪，把未来可能会发生的一切不利于两岸统一的情形，提前考虑周全，把那些可能被对方利用的空隙提前堵死，防止被他们利用来造成"和平分裂"的事实。

（"台湾政局与两岸关系走向"会议论文，北京大学，2013 年 5 月，北京）

两岸"先经"与"后政"关系之辨

自 2008 年以来,两岸关系出现了前所未有的跨越式发展,但遗憾的是,随着两岸经济的热络交流与合作,两岸政治关系却裹足不前,呈现出"只经不政"①的局面。针对这一局面,有人根据马克思主义关于经济决定政治的原理,认为两岸"只经不政"是暂时现象,"由经入政"是一个必然的能动过程,不必人为推进;也有人因当下台湾方面"只经不政"而对我们"先经后政"的对台政策产生了动摇和怀疑。那么,两岸"先经"能否必然带来"后政",如何评估经济交流的政治影响力,如何科学看待当下"只经不政"的尴尬局面,以及如何实现"由经入政"等一系列问题就成为我们必须正视和回答的问题。基于此,本文结合相关理论与实践,拟对如何观察和解释两岸"经济—政治"互动关系提供一个合理的视角与方法。

一、两岸"先经"能否必然带来"后政"

尽管两岸都主张"先经后政",但事实上,两岸对"先经后政"却有着各自不同的理解。台湾方面虽声称"先经后政",但并不认为"先经"与"后政"之间存在着必然联系;在大陆,有些人从马克思主义关于"经济决定政治"的原理出发,想当然地认为"先经"与"后政"之间存在着必然关系,即两岸经济互动必然会带来两岸政治对话与协商。这种观点是对马克思主义关于政治与经济关系原理的一种误读,是片面的"经济决定论"。那

---

① 所谓"只经不政"是指两岸之间只有经济上的往来与互动,而在政治上没有开启正式的官方会谈和协商。但不能将"只经不政"作绝对化理解,进而认为两岸之间没有任何政治互动。事实上,"经中有政,政中有经",经济关系与政治关系之间并非泾渭分明而毫不相干。"只经不政"只是强调两岸之间的政治互动与经济互动的步伐不协调、幅度不对称。同时,也不能因为"经中有政,政中有经"而否认目前"只经不政"这一现状和事实。

么，如何正确理解马克思主义关于经济与政治关系的原理，以及如何运用这一原理来指导我们观察和分析当下两岸"经济—政治"关系的互动呢？我们尚须回溯到马克思主义经典作家的原始论述。

众所周知，马克思主义关于经济与政治关系的论述，导源于其对经济基础和上层建筑关系的论述。19 世纪中叶，马克思和恩格斯出于创立唯物史观的需要，注重从经济的角度来把握政治。1845 至 1846 年，马克思和恩格斯在《德意志意识形态》中第一次把政治同一定的生产活动方式联系起来，用"历史—经济的观点"来分析问题。随后，马克思和恩格斯在《共产党宣言》《〈政治经济学批判〉序言》《社会主义从空想到科学的发展》等文献中反复强调不能就政治谈政治，而应从社会经济关系的深处来发现政治本质的规定性。"任何时候，我们总是要在生产条件的所有者同直接生产者的直接关系——这种关系的任何形式总是自然地同劳动生产方式和劳动社会生产力的一定的发展阶段相适应——当中，为整个社会结构，从而也为主权和依附关系的政治形式，总之，为任何当时独特的国家形式，找出最深刻的秘密，找出隐蔽的基础。"① "人们在自己生活的社会生产中发生一定的、必然的、不以他们的意志为转移的关系，即同他们的物质生产力的一定发展阶段相适合的生产关系，这些生产关系的总和构成社会的经济结构，即有法律的和政治的上层建筑竖立其上并有一定的社会意识形态与之相适应的现实的基础。物质生活的生产方式制约着整个社会生活、政治生活和精神生活的过程。"② 马克思和恩格斯之所以紧扣经济来谈政治，是因为他们之前的唯心主义学派都本末倒置地离开经济基础来谈政治，如黑格尔等人就把历史看成是"绝对观念"的体现。为此，马克思和恩格斯从历史唯物主义出发，对经济和政治之关系作出了符合历史实际和时代发展要求的解释，认为经济与政治之间存在着决定与被决定、作用与反作用的辩证关系。一方面，经济是政治的基础；另一方面，政治又不是简单地被经济所决定，它具有相对的独立性。在现实的社会生活中，政治上层建筑经常并不紧跟经济基础的变革而变革，它往往会落后于经济基础并与经济基础的发展要求相矛盾。这就是马克思主义关于经济与政治关系原理的基本观点。

运用马克思主义的上述原理来指导我们发展两岸关系，无疑是一种可取

① 《马克思恩格斯全集》第 25 卷，人民出版社，1975 年版，第 891—892 页。
② 《马克思恩格斯选集》第 2 卷，人民出版社，1972 年版，第 82 页。

的态度和做法，①然而，由于部分人片面理解马克思主义关于经济与政治关系的原理，甚至对该原理中的个别概念存在误解，加之简单地、机械地照搬套用，致使实践中出现了以下两种错误认知或观点：一是从经济决定政治出发，认为只要两岸经济互动达到一定程度，政治对话与协商就一定会自然而然地实现，该观点把两岸经济互动与两岸政治互动之间的关系简单地理解为决定与被决定的关系，过分夸大了经济互动所能产生的政治效能。二是因两岸政治对话与协商暂时难以取得突破和进展而产生悲观情绪，开始怀疑我们"先经后政"政策的正确性，该观点低估了经济关系对政治关系的影响力，也没有以发展的眼光看待问题。具体言之，导致这两种错误认知或观点的原因主要有以下两个方面：

第一，没有准确理解马克思主义关于"经济决定政治"中"经济"的内涵。"经济决定政治"这一论断中的"经济"，其含义是指客观存在的生产方式、生产力等物质存在。这可以从恩格斯的另一段论述中得到证明，他说："我们视为社会历史的决定性基础的经济关系，是指一定社会的人们用以生产生活资料和彼此交换产品的方式。因此，这里面也包括生产和运输的全部技术和装备。这种技术装备，照我们的观点看来，同时决定着产品的交换方式，以及分配方式，从而在氏族社会解体后也决定着阶级的划分，决定着统治和从属的关系，决定着国家、政治、法律等等。此外，包括在经济关系中的还有这些关系赖以发展的地理基础和事实上由过去沿袭下来的先前各经济发展阶段的残余，当然还有围绕着这一社会形式的外部环境。"②可见，恩格斯在这里使用的"经济"概念大体可包括生产的交换方式、生产的技术装备、地理环境和传统残余等，这些方面均属于生产方式的范畴，他在这里并没有把具体经济工作纳入到作为历史决定性基础的"经济"的范畴。分析至此，我们可以发现，马克思主义关于"经济决定政治"中"经济"的涵义与两岸经济互动中"经济"的涵义有着显著的不同，笔者将这些不同概括为以下两个方面：其一，马克思、恩格斯是从论证社会历史发展规律的角度来使用"经济"这一概念的，这里的"经济"是指生产方式（即生产关系和生产力的总和），而两岸经济互动中所使用的"经济"概念指具体

①　有学者认为经济与政治关系原理是就一个政治共同体内部而言的，不适用于两岸这样两个政治共同体的分析。笔者对此不予苟同，认为马克思主义这一原理能适用于两岸经济关系与政治关系的分析，因为两岸本身也是一个共同体。

②　《马克思恩格斯选集》第4卷，人民出版社，1972年版，第505页。

经济交流活动，这里的"经济"同政治一样属于人的社会实践的范畴，而不是作为社会存在的客观物质基础。从唯物史观上讲，经济交流活动与生产方式是有区别的，其区别就在于经济交流活动是人们改造世界的一种实践活动，属于主观能动性的范畴；而生产方式则是客观的经济结构，属于社会存在的范畴。因此，作为生产方式的"经济"和作为人们生产或营利活动的"经济"是不能混为一谈的，而我们在讲"经济决定政治"时，经常把两个不同的"经济"概念混为一谈。其二，马克思主义关于"经济决定政治"的论断是从哲学层面上来讲的，[①] 是"形而上"的宏观论述，是对人类社会发展总体规律的抽象概括，如同"人类社会由低级向高级发展"这个结论，就人类社会发展的总体规律来说，其无疑是正确的，但若简单套用，就会犯"机械论"的错误，因为实践中并不排除在某个特定阶段出现停滞或倒退的情形。我们在论述两岸经济关系与政治关系时，仅仅是从发展两岸关系的具体经济工作之角度来使用"经济"概念的，而非从哲学层面（即社会发展规律的层面）来使用"经济"概念的，因此不能简单地由经济基础决定上层建筑、经济决定政治而推导出两岸经济互动必然带来两岸政治对话与协商之论断。

第二，忽视了政治是一个具有相对独立性的领域。虽然经济是政治的基础，但政治并不是完全被动地、机械地、简单地受经济的制约。在一定条件下，政治也会对经济产生非常巨大的反作用。对此，列宁在十月革命后，明确提出了"政治是经济的最集中的表现"，[②] "政治同经济相比不能不占首位。不肯定这一点，就是忘记了马克思主义的最起码的常识。"[③] 列宁的这些论断既说明了政治属于建立在经济基础之上的上层建筑的范畴，它以经济为基础，又说明了政治对经济的能动作用。毛泽东在《矛盾论》中也曾指出："生产力、实践、经济基础，一般地表现为主要的决定的作用，谁不承认这一点，谁就不是唯物论者，然而，生产关系、理论、上层建筑这些东西，在一定条件下，又转过来表现为主要的决定的作用。"[④] 人类社会实践也证明，虽然经济是政治的基础，但政治并没有简单地被决定而失去自己的

---

① 众所周知，马克思主义包括三大部分，即马克思主义哲学、政治经济学和科学社会主义。马克思主义关于经济基础决定政治上层建筑的原理属于历史唯物主义范畴，而历史唯物主义（和辩证唯物主义）属于马克思主义哲学范畴。

② 《列宁选集》第 4 卷，人民出版社，1972 年版，第 416 页。

③ 《列宁选集》第 4 卷，人民出版社，1972 年版，第 441 页。

④ 《毛泽东选集》第 5 卷，人民出版社，1991 年版，第 325—326 页。

相对独立性。就当下两岸关系来说,经济互动是推动政治互动的重要因素之一,但也仅仅是较其他因素更为关键、更具基础性而已。两岸经济互动并非必然带来政治对话与协商,因为两岸政治关系是相对独立于两岸经济关系的另一"领域",其一旦产生,就具有相对独立性,不能简单地由"经济决定政治"而误认为两岸"先经后政"是一个自然而然的能动过程。

二、德国处理"经济－政治"关系的做法与启示

在现实工作层面上,尽管不能从马克思主义的经济基础决定上层建筑简单地推出具体经济关系决定政治关系的结论,但也不能否认经济互动对于政治互动的基础性作用和重要影响。德国统一案例表明,两德统一之前,尽管两德经济关系不能完全决定两德政治关系发展的走向,但却为两德政治关系的发展创造了物质基础和条件。

两德之间的经贸往来始于双方在 1951 年所签订的《柏林条约》,该条约对两德间的货物、服务业往来,以及付款方式都做了明确的规范,使两德之间的经贸往来能发展出一套独特的经贸形式。西德将这种特殊的经贸形式视为德国内部的交易行为,使其在实际运作中凸显出不同于国际社会其他经贸往来的特殊安排。两德这种特殊的经贸方式,亦受到国际社会的认同,1951 年《关税及贸易总协定》的"多奎瑞议定书",以及 1957 年西德在参与成立欧洲经济共同体及欧洲原子能共同体所签署的《罗马条约》,其中"两德贸易与相关问题协定书"中若干条约,即授予西德联邦政府制定对东德贸易政策的权限,使两德经贸往来不至于脱离国际经济组织的相关规范。两德之间这种特殊的经贸交易方式,受惠最大的还是东德。就东德而言,西德是它仅次于苏联的第二大贸易伙伴。在两德贸易中,东德不但享有西德所提供的各项优惠条件,其产品也可在德国的名义下进入欧洲市场的其他成员国。概括起来,东德从西德的获利,主要在以下几个方面:其一,东德经常得到西德提供的数额巨大的低息和无息贷款;其二,在"德意志内部"贸易方面,除了东、西马克按 1 比 1 官方比价(东、西马克按在国际市场上的实际购买力的比价为 100 比 12)结算之外,东德每年仅免除关税这一项就可得到价值数百万(东)马克的好处;其三,东德通过西德与欧共体各国进行贸易,同样也从免除关税中得到许多实惠;其四,东德每年可从西德与西柏林之间的公路和铁路等交通方面得到过境费达数 10 亿西马克;其五,

西德公民（包括西柏林人）每次进入东德须交入境费 25 西马克和手续费 5 西马克，这样，东德每年在数百万西德公民的入境费方面就能得到数千万西马克。此外，东德还从两德的科技合作等项目上得到西德的经济和技术援助。① 在两德经济交往的基础上，西德为加强和推进双方社会、文化等相关领域里的互动与交流，从 1987 年 9 月 1 日起，还把发给每个到西德旅行、探亲的东德人的"欢迎金"由 30 马克提高到 100 马克，东德人在西德乘火车减价 50%，乘坐其他公共交通工具或进出文娱场所，或免费或优惠。回顾两德统一前的关系史可以发现，东德自 20 世纪 70 年代即开始大力推动"划界政策"，企图从形式上与社会文化上切断其与西德或整个德意志民族的联结。西德为克服两德间日益加深的疏离感，维持德意志民族的一体共识，不惜牺牲经济上的利益，以换取东德的合作与支持。东德虽也了解西德的真正意图，担心扩大人员往来会给它带来消极影响，但强大的经济诱因却使它无法拒绝与西德的各项交流，因此在双方互动交流问题上总是不断放松。② 实践表明，两德的频密交流，增进了双方民众的了解，维护了双方民众对于整个德意志民族的情感，为日后德国统一奠定了最深层的基础。③

尽管两德分裂性质（完全分裂）与两岸分裂性质（不完全分裂）有所不同，但当年两德特别是西德处理双方"经济－政治"关系的实践，可以给我们处理两岸"经济—政治"关系提供以下启示：

第一，从"反独"的视角看，经济互动使得分离主义难以得逞。两德之间不断扩大和加深的交往，有助于实现西德所致力达到的目的——维系民族同一性和民族感情，使之不致因相互隔离而削弱和消失。随着双方互相接触的增多，两德之间的敌视心理不断减弱，进而维系了德意志民族的同一性和凝聚力。具体说来，两德之间频密的经济互动对于维护和实现"一个德国"所产生的积极功效主要体现在以下两个方面：一是使东德分离主义的"划界政策"无法得逞。二是为两德的最终统一创造了基础和条件。④ 就当

---

① 高德平著：《柏林墙与民主德国》，世界知识出版社，1992 年版，第 44—45 页。

② 世界知识出版社编：《德国统一纵横》，世界知识出版社，1992 年版，第 14—15 页。

③ 张五岳著：《分裂国家互动模式与统一政策之比较研究》，台湾业强出版社，1992 年版，第 373—378 页。

④ 需要指出的是，两德的经济互动对于促成两德最终的统一具有重要的影响和意义，但不能无限夸大这种影响和意义，倘若把两德统一完全归结于两德经济互动的结果，则有失客观。众所周知，两德最后的统一是由于东德在推行社会主义改革过程中出现了失败，希望由西德来接管这一烂摊子。西德抓住了这一历史契机，乘机将两德统一问题提上了议事日程。从整个过程来看，两德的经济互动只是为后来的统一奠定了基础，而非直接带来政治统一。

下大陆的"经济先行"政策而论,即便其不能有效地推进政治对话与协商,也拖住了"台独"势力的分离主义的脚步,使"台独"难以得逞。众所周知,当下两岸紧密的经济联系将两岸紧密地"绑"在一起,让台湾在经济上与生存发展上无法与大陆分开,"你中有我,我中有你",这在根本上削弱了"台独"的经济基础。换言之,两岸经济关系越密切,相互依赖的程度就越强,"台独"实现的可能性就越小。另外,"经济先行"虽不能保证两岸一定能走向政治对话与协商,但无疑能为两岸走向政治对话与协商创造基础和条件。因此,对"先经后政"政策必须予以肯定和坚持,不能因为暂时未正式开启两岸官方政治对话与协商的局面就对其产生动摇和怀疑。

第二,从"促统"的视角看,经济互动可为最终和平统一奠定基础。德国的最终统一是多重因素共同作用的结果,尽管不能说两德统一是两德经济互动直接所致,但毋庸置疑的是,两德经济互动为最终两德统一奠定了基础,创造了条件。可以说,两德政府通过为双方居民往来提供便利和建立贸易关系,推动双方相互接近,加深双方相互了解,增进民族共属感和凝聚力,为最终实现统一目标创造条件,是德国统一的重要经验之一。西德这种以经济互动促进国家认同的策略之所以得以成功实施,一个重要原因是西德强大的经济实力。事实也表明,西德强大的经济实力为德国统一奠定了坚实后盾。两德互动的经验对当下两岸的互动主要有以下两方面启示:一是大陆应以经济实力为后盾,以经济合作促进政治合作,为最终和平统一奠定基础。为此,大陆方面应继续凭借着自身强大的经济实力,以政治层面为主要考量,继续给予台湾各项优惠条件,通过双方频密的经济联系,维护和巩固"一个中国"框架。二是在政治争议一时难以解决的情况下,从国家统一的长远目标和两岸人民的现实利益考虑,海峡两岸应该暂时搁置政治争议,以非政治领域里的交流与合作去促进和带动政治领域的交流与合作,早日实现"由经入政"。

第三,要用政治行动来化解经济互动的障碍。两德经济互动尽管在20世纪60年代已很频密,但两德所处的对抗格局,使两德的经贸往来受到很大影响,加之经贸互动所衍生的其他各种问题,迫切需要两德官方从政治层面上加以解决,这也成为两德于1972年签署《基础条约》的动因之一。按照《基础条约》,东德得到了西德的国家承认(但非国际法意义上的承认,强调两德关系是一个国家内部的关系,两德互不为外国),东德应允许在经济、交通、文化、体育等各领域内与西德展开合作。故该条约签订以后,两德之间的经济往来、文化交流、人员互访都有了较快的增长。从西德（包括西柏林）前往东德和东柏林的人数，由 1970 年的 250 万人次增加到 1978 年的 800 万人次；而从东德到西德和西柏林的人数，1978 年也达到 138 万人次，比 1970 年增加了三分之一。两德之间的贸易额，由 1970 年的 45 亿马克，增加到了 1987 年的 140 亿马克。[①] 比较《基础条约》签订前后的两德互动数据可以发现，通过双方签署《基础条约》这一政治举措，在一定程度上解决了两德经济互动中的障碍，有力地促进和深化了两德经济和其他各项交流与互动。如前所述，尽管两德与两岸在分裂性质上有所不同，但其通过政治行动来化解经济互动障碍的作法，无疑值得我们学习和借鉴。就两岸来说，当前双方的经济互动已经受到"只经不政"的束缚，意欲在两岸经济互动方面取得更大的成就，双方应适时开启政治对话，在一个中国框架下就有关问题进行积极协商，通过早日签署两岸和平协议、结束敌对状态等政治举措来为两岸经济互动创造更加宽松的政治环境。

三、欧洲一体化处理"经济—政治"关系的做法与启示

众所周知，欧洲一体化通常被视为由经济统合到政治统合的典型范例。从 20 世纪 90 年代起，不断有学者主张将欧洲一体化理论适用于两岸关系。那么，欧洲一体化进程中有关各方是如何处理经济合作与政治统合之关系的呢？它又给我们两岸双方处理"经济—政治"关系带来哪些启示呢？首先让我们一起回顾欧洲一体化进程中的三大路径。

联邦主义（federalism）路径。联邦主义是历史最久的欧洲一体化理论，它主张欧洲一体化采取联邦制的形式。该理论认为，采取联邦方式可以使组成联邦的各个单位或国家在一种既联合又独立的系统内维持权力的制衡局面，能够在确保联邦的统一性的同时，还能保持多样性，在多数统治下亦能保护少数的利益。联邦主义者设计了欧洲一体化的两种路径：其一是通过制宪大会的方式。战后初期的联邦主义者关于建立联邦的清晰战略，是通过召集普选的立宪大会，为新的欧洲联邦起草一部将被欧洲各民族国家批准的宪法。立宪会议是战后初期联邦主义者所选择的一体化制度，并希望当时的欧

---

① Gottfried – Karl Kindermann，"The Peaceful Reunification of Germany"，in Issues and Studies，27，March 1991，pp. 55 – 56.

洲委员会能够充当或创设这样的一个制度。随着欧洲委员会创立联邦努力的失败,赞成这种一体化手段的联邦主义者开始把他们的注意力转向了欧洲议会。他们希望通过拥有一个普选产生的欧洲议会,分阶段创立一个普选的立宪会议,使欧洲议会担负起草《欧洲联盟条约》的重任。① 其二是通过政府间协议的方式。随着欧洲委员会创立联邦的初步失败,一些联邦主义者仍然赞成立宪会议的模式,但是其他一些联邦主义者转而采纳了共同体的方法作为实现联邦主义目的手段,即通过直接的政府间协议。这些联邦主义者的思维逻辑是:创立一个联邦国家,必然涉及成员国把有关主权让渡给中央政府的问题,因此联邦制国家的形成只能在政府间的讨价还价中才能实现。联邦主义者的这种信条使他们的关注点集中于欧共体委员会和部长理事会,而非欧洲议会。② 总之,联邦主义所主张的欧洲一体化途径是一种由上而下的统合途径,倡议者认为仅靠经济领域里的功能合作,并不能够达到统合。如果要使各成员国间真正的相互依存,应该以建立超国家(supranational state)的宪政体制为统合目标。③ 从统合的程序来看,联邦主义者认为政治统合应为优先,因为政治统合可以促进经济统合,但是经济统合却非必然促成政治统合,所以先建构一个超国家的"自主性中央机构"实属必要。

功能主义(functionalism)路径。该理论认为,经济整合会带动政治整合,并且这种连带关系是自动发生的。④ 欧洲一体化是一个渐进的、自我发展的过程。与联邦主义相比较,功能主义更强调经济统合,它认为通过相互竞争的经济与贸易政策的逐渐和谐,最后这种和谐将会"溢出(spill-over)"到政治领域。在功能主义者看来,政治逻辑与经济逻辑是平行的,这种方法是渐进的和务实的。梅传尼(David Mitrany)是功能主义的代表人物,他认为国家间避免战争、获得和平的途径有三种:一是实现"国家联合";二是建立地区性的"联邦体系";三是通过功能合作途径。其中第一种途径并不必然导向一体化,第二种则不能保证消灭民族主义,只有第三种

---

① 房乐宪:《联邦主义与欧洲一体化》,载《教学与研究》2002年第1期。

② Hans J. Michelmann, Panayotis Soldatos ed., *European Integration*: *Theories and Approaches*, New York: University Press of America, Inc., 1994, p. 86.

③ 张亚中著:《两岸统合论》,台湾生智文化事业有限公司,2000年版,第248页。

④ David Mitrany, *A Working Peace System*: *An Argument for Functional Development of International Organization*, Chicago: Quadrangle Books, 1996, p. 26.

途径既可以避免国际机构过于松散的弊端，同时又能在公共生活的某些领域建立广泛而稳定的权威。按其功能主义理论，主权需要从地域单位转移到功能单位。与联邦主义相比，功能主义是一种迂回的方法，主要体现在：功能主义者认为从各方具有的共同利益出发，积极合作建立共同的认知后，统合才可能完成。与联邦主义主张的由上而下的统合相反，功能主义认为统合应该是一种由下而上的统合途径。功能主义视统合为一个过程，在这个过程中，民众的态度将随着跨国界功能组织的合作而逐渐增强他们对统合的看法。因此，在一体化进程中，功能主义不主张一开始就直接进入政治领域里的统合，并认为建立统一的联邦并不见得就优于现有的民族国家体系。①

新功能主义（neo-functionalism）路径。20 世纪 60 年代，哈斯（E. B. Haas）、林德伯格（Leon N. Lindberg）等学者针对功能主义合作在经贸、技术方面的局限性，在总结一体化实践的基础上提出了新功能主义之路径，以作为对功能主义的修正。新功能主义则认为，经济合作并非自动地促进政治整合，"政治影响力"才是关键因素。据此，新功能主义者提出了溢出（spill-over）及溢回（spill-back）的观点，来说明整合并非自动的线性扩张，合作的权限和范围也有可能倒退限缩。② 新功能主义不同意功能主义在"技术因素可以忽略政治因素"以及"统合源于大众支持"的看法，而主张在整合过程中必须有政府领导人和社会精英的积极参与并让他们扮演积极角色，使得各个利益团体都能得到不同的利益满足，这才能够提供整合的扩张基础。因此，新功能主义强调精英是统合成功与否的重要因素。新功能主义者则致力于建构比较区域整合研究架构，并试图为政治整合提出若干条件。③ 在敏感的主权问题上，新功能主义提出了"超国家"的概念，以"主权的分享"代替"主权转移"的说法。在超国家性主张上，新功能主义强调超国家机构的功能，主张通过外溢机制使一体化从技术性部门逐渐扩展到

① Stephen George, Politics and Policy in the European Community, Oxford: Clarendon Press, 1985, p. 20.

② Ernst B. Haas, The Uniting of Europe: Political, Social, and Economic Forces, 1950 – 1957, Stanford, Calif: Stanford University Press, 1958, pp. 836 – 868.

③ 哈斯（Ernst B. Haas）和施密特（Phillippe C. Schmitter）提出九个变项的三种不同条件，以作为评估某以区域整合是否能从经济领域扩展到政治领域的参数。参见 Ernst B. Haas and Phillippe C. Schmitter, "Economics and Differential Patterns of Political Intergration: Projections about Unity in Latin America", in International Organitions, Vol. 18, No. 4, 1964, pp. 705 – 737.

政治性部门，最终建立制度化的区域性超国家机构。①

在一体化的过程中形成一些路径设计，运用这些设计反过来推进一体化的实践，是欧洲一体化与其他区域一体化的重要不同。从欧洲一体化的历史进程来看，上述三大路径在欧洲一体化进程中均发挥过重要的作用。在新功能主义出现以前，功能主义对欧洲一体化建设的影响最大。欧洲煤钢共同体、欧洲经济共同体从一开始就体现了功能主义的一体化主张。在20世纪60年代新功能主义产生之后的二十多年，欧洲一体化进程受到了新功能主义关于"外溢"和超国家性思想的重要影响，欧共体在共同的关税同盟、共同的农业和渔业政策、政治合作、统一的汇率制度等方面取得很大进展。20世纪90年代以来，欧洲一体化因里程碑式的《马斯特里赫条约》的签署而进入了一个新阶段，联邦主义也因欧洲一体化不断深入与扩大的要求而成为人们关注的焦点。实际上，在欧洲一体化的进程中，联邦主义、功能主义与新功能主义对一体化进程的影响是很难区分开来的。如果说某一特定时期内某一种路径与其他路径相比占主导地位，那么在很大程度上是因为这一路径更贴近于当时的现实，或更容易为当时的人们所接受。②

欧洲一体化作为一种区域性国际组织从"分散"走向"集中"的成功范例，对当下处理两岸"经济—政治"关系的启示主要有以下几点：

第一，经济合作是一体化的基础和先导。在欧洲一体化过程中，针对当时国际政治现实，绕过政治和意识形态的分歧，先从经济贸易方面加强往来与合作，以稳步、渐进的和平方式逐步实现统合。其经验启示我们：两岸可考虑通过不太具有争议性的经济、技术与社会层面的合作，以渐进的方式，逐渐消除双方的疑虑，双方在了解、互信和共识的基础上，先进行经济合作，然后再适时过渡到政治统合，为双方最后走向和平统一创造条件。目前两岸政治对话和协商难以取得突破性进展，不是由于"经济先行"政策存有问题，而是由于片面依靠经济政策有问题，应该把经济先行作为推动两岸政治对话的手段之一，而不是全部。除此之外，两岸政治关系也具有本身的复杂性和相对独立性，这些因素共同导致"只经不政"局面。

---

① 新功能主义和联邦主义虽然都主张设立超国家机制，但二者也有差别：新功能主义所主张的超国家性机构是指各成员国通过部分主权的让渡与共享，在某些部门建立起来的、对成员国具有一定指导性和制约性的机构；联邦主义则主张通过各政府间谈判或立宪大会等宪政措施，最终建立一个统一的联邦国家，从而完成一体化进程。

② 王丽萍著：《联邦制与世界秩序》，北京大学出版社，2000年版，第230页。

第二，一体化须有政治规划和行动。从总体上说，欧洲一体化经历了经济合作到政治统合的过程，但从某个具体阶段来看，亦并非全然，其有时也经历以政治统合来统领和促进经济统合的过程。可以说，欧洲一体化的进程是以经济合作为基础，但绝不是单纯依靠经济合作，其更注重经济合作与政治统合的相互促进和推动，即在推动经济合作的同时，也注重政治统合的设计和行动。对于两岸来说，我们要正确处理经济互动与政治互动的关系，正确认识到单纯功能合作的局限性，经济合作可以促进政治统合，但并不必然地导致政治统合。因此，两岸政治关系的推进不能单纯依靠经济合作，需要有政治上的设计和推动。就当下两岸关系情势来说，可分两步走：第一步，互设办事机构，以办事机构的互设为契机，进一步推动两岸各项交流的深化与扩大；第二步，待条件成熟时，共设跨两岸的协调机制。

结　语

通过以上分析可知，无论是马克思主义经典作家关于经济与政治关系的论述，还是德国统一进程中处理经济互动与政治互动的做法，抑或欧盟由经济合作到政治统合的经验，尽管它们对于经济和政治关系的论述和实践各有所侧重，但基本共识有二：一是经济关系对于政治关系具有重要影响，特别是能为政治问题的解决创造基础和条件；二是政治关系对于经济关系具有重要的反作用，欲深化和扩大经济互动需要有政治上的努力和行动。

就目前两岸的经济互动情况来说，其在"反独"方面已发挥了重要功效，而在"促统"方面（尽管可为统一奠定基础）则功效不彰，出现了"只经不政"的局面。随着两岸关系的不断发展，"只经不政"已经滞后于两岸互动的步伐和需要，已影响到两岸经济互动向更深更广层次推进，因此"由经入政"成为两岸经济互动继续向前发展的内在需求。在推动"由经入政"的同时，我们要充分认识到"经济先行"仅仅是影响或推进"政治互动"的必要条件，而非充分条件。倘若单纯依靠经济手段来推动两岸政治关系，可能难以奏效。尽管经济中有政治，政治中有经济，但这种相互交融的态势，并不能改变经济关系与政治关系分属于两个不同范畴这一事实，二者有着各自不同的发展逻辑。相对于经济关系而言，政治关系是一个独立的领域。政治关系的突破，需要有解决政治问题的努力和行动（特别是国家认同的建构），两岸政治关系的推进需要从政治、法律、经济、社会、文化和国际等多方面着手，多管齐下，综合推进，而非单单依靠经济互动。同时，鉴于当下两岸政治互信不足、政治分歧严重、国际势力干涉，以及台湾民众对两岸政治对话与协商存有疑虑等情形，我们建议遵循先易后难、先民后官、先学后政的原则和次序，循序渐进地推进两岸政治对话与协商。

（原载香港《中国评论》2013 年 11 月号）

2002 至 2012：两岸关系十年论纲[*]

近十年来的两岸关系，以 2008 年台湾二次政党轮替为界，大致可以划分为两个阶段，前一阶段（2002—2008）的主题可以概括为"反'台独'"，后一阶段（2008—）则可以概括为"促合作"。2008 年 5 月，国民党重新执政，大陆方面为推动两岸关系和平发展采取了一系列重要举措，做出不懈努力，推动两岸关系实现历史性转折，在政治、经济、文化、社会、军事和涉外事务等各个方面取得巨大成就，开创了两岸关系和平发展的新局面。概括起来，十年来大陆方面积极发展两岸关系的巨大成就，主要包括以下九个方面：

一、挫败"法理台独"图谋，捍卫国家领土主权与完整

2000 年民进党上台执政后，加快了"法理台独"步伐。针对陈水扁连任后力图通过"宪改"和"入联公投"谋求台湾"法理独立"的情况，中央确定把反"台独"作为对台工作的首要任务，综合运用政治、军事、外交、法律、宣传等手段，全面开展反对和遏制"台独"的斗争。具体说来：其一，政治上，全面揭露"入联公投"的"法理台独"本质，并指出"法理台独"的非法性、危险性与危害性，一方面让台湾民众认清"法理台独"的灾难性后果，另一方面对"台独"势力发出"悬崖勒马"的警告。其二，军事上，通过"武力"施压来震慑"台独"。大陆严厉警告陈水扁"台独"分裂势力，若胆敢制造"台独"重大事变，大陆将不惜一切代价，坚决、彻底地粉碎"台独"分裂图谋。同时军方规模不等的军事演习也起到了威慑岛内"台独"势力和国际干预势力的正面效果。大陆军事斗争的准备和决心无疑震慑了陈水扁当局借"入联公投"实现"法理台独"的活动。其

---

* 本文系笔者与李龙博士的合作研究成果。

三，外交上，针对陈水扁当局在国际领域的"台独"分裂活动，大陆方面采取了"围堵""封杀""孤立""遏制"台湾"国际活动空间"的策略。尤其在 2007 年，针对陈水扁当局发起"入联公投"这一举动，大陆不仅强硬反对，而且争取到美国、欧盟、俄罗斯、德国、英国、法国等主要大国支持，最终孤立了"入联公投"，加速其胎死腹中。此外，大陆还在反对台湾加入"世界卫生组织"（WHO），反对与我建交国的政府领导人会晤陈水扁等涉台外交上表现出了强硬的态度，全力打压陈水扁当局旨在凸显"台湾主体性"的国际活动。其四，法律上，针对"台独"势力的嚣张气焰，十届全国人大三次会议于 2005 年 3 月 14 日通过了《反分裂国家法》。该法将大陆方面关于解决台湾问题的大政方针以法律形式固定下来，为反"台独"和最终实现国家的完全统一提供了法理基础，是大陆方面一系列遏制"台独"举措中最为重要的一项，其对于反对和遏制"台独"分裂活动、推动两岸关系发展、促进祖国和平统一进程具有重大现实意义和深远历史意义。其五，在舆论上，不遗余力地争取台湾民心。胡锦涛在"四点意见"中明确表示"贯彻寄希望于台湾人民的方针决不改变"，"台湾同胞是我们的骨肉兄弟"，这就在对台工作中将台湾人民的主体地位凸显了出来，体现了大陆以台湾人民根本利益为本的政策立场。在此背景下，大陆方面将争取台湾民心工作当作一项系统工程来抓，取得明显成效。

大陆方面正是通过上述多途径的反"台独"斗争，致使 2008 年 3 月，陈水扁当局推动"宪改"的图谋胎死腹中，"入联公投"案遭到否决。这表明，维护台海和平的理念在台湾逐渐深入人心，"法理台独"主张逐步丧失市场，自李登辉掌权以来岛内愈演愈烈的分离倾向得到遏制。我们在这场较量中取得反"法理台独"的阶段性胜利，维护了国家主权和领土完整，维护了发展的重要战略机遇期，也为推动两岸关系实现历史性转折奠定了基础。[①]

二、调整对台政策表述，提出两岸关系和平发展重要思想

2002 年 11 月中共十六以来，以胡锦涛为总书记的党中央准确把握台海

---

① 王毅：《十年来对台工作的实践成就和理论创新》，载《求是》2012 年第 20 期，第 1 页。

局势，认真总结对台工作经验，在继承江泽民"八项主张"的基础上，灵活、务实地提出了对台工作的新思想、新主张、新论述。

第一，大陆最高领导人对台政策表述的新变化：从"四点意见"到"六点意见"。胡锦涛总书记在邓小平"和平统一、一国两制"的基本方针和江泽民发展两岸关系、推进祖国和平统一进程八项主张的基础上，提出两岸关系和平发展的重要思想和政策主张，推动两岸关系实现历史性转折，开创了两岸关系和平发展的新局面。胡锦涛总书记在对台政策表述上的调整变化集中体现在其先后提出的"四点意见""四个决不"和"六点意见"之中。2003 年胡锦涛总书记针对当时两岸关系形势，提出发展两岸关系的"四点意见"：一是要始终坚持一个中国原则；二是要大力促进两岸的经济文化交流；三是要深入贯彻寄希望于台湾人民的方针；四是要团结两岸同胞共同推进中华民族的伟大复兴。2005 年，有鉴于两岸紧张局势，胡锦涛总书记在"四点意见"基础上提出了"四点决不"：坚持一个中国原则决不动摇，争取和平统一的努力决不放弃，贯彻寄希望于台湾人民的方针决不改变，反对"台独"分裂活动决不妥协。2008 年 12 月 31 日，胡锦涛总书记在纪念《告台湾同胞书》发表 30 周年座谈会上发表重要讲话，基于两岸关系和平发展的新形势，进而将"四点意见"和"四个决不"发展为"六点意见"：一是要恪守一个中国，增进政治互信；二是要推进经济合作，促进共同发展；三是要弘扬中华文化，加强精神纽带；四是加强人员往来，扩大各界交流；五是维护国家主权，协商涉外事务；六是结束敌对状态，达成和平协议。

从"四点意见""四个决不"到"六点意见"，胡锦涛总书记全面、系统、深入地阐述了两岸关系和平发展重要思想，是两岸关系进入新的历史时期后大陆对台政策的新表述，是新时期对台工作的重要指针。首先，"四点意见""四个决不"和"六点意见"具有一脉相承性，体现了大陆方面对台政策的连续性，即一个中国原则决不动摇，"和平统一"的目标决不放弃。其次，从"四点意见"发展到"六点意见"的过程体现出大陆对台政策的灵活性，这种灵活性表现在：针对 2005 年"台独"活动的猖獗，大陆强调"反'台独'分裂活动决不妥协"；针对 2008 年两岸局势的缓和，"六点意见"则强调全面开展两岸合作。再次，"四点意见"和"六点意见"还体现了大陆对台政策的创新性，特别是"六点意见"分别从政治、经济、文化、社会、涉外事务、军事安全六个方面全面系统地论述大陆方面的政策主张，这些政策主张精辟阐释了如何才能实现两岸关系和平发展的问题，指明了构建两岸关系和平发展框架的努力方向。①

第二，"两大报告"对台政策表述重心的调整：从"反'台独'"到"促合作"。近十年来中国共产党全国代表大会报告和政府工作报告（简称"两大报告"）中对台政策表述重心的调整也是反映大陆对台政策不断与时调整的重要文献。见表1。

表1："两大报告"中对台政策表述要点一览表

阶段	时间	报告类型	表述要点
前一阶段	2002	中共十六大报告	坚决反对台湾分裂势力；对任何旨在制造"台湾独立""两个中国""一中一台"的言行，我们都坚决反对。
	2003	政府工作报告	坚决反对任何旨在制造"台湾独立""两个中国""一中一台"的言行。
	2004	政府工作报告	坚决反对任何形式的"台独"分裂活动，绝不允许任何人以任何方式把台湾从中国分割出去。
	2005	政府工作报告	绝不允许"台独"分裂势力以任何名义、任何方式把台湾从中国分割出去。
	2006	政府工作报告	反对"台独"分裂活动决不妥协。
	2007	政府工作报告	坚决反对"台湾法理独立"等任何形式的分裂活动。
	2007	中共十七大报告	"台独"分裂势力加紧进行分裂活动，严重危害两岸关系和平发展；两岸同胞要共同反对和遏制"台独"分裂活动。
	2008	政府工作报告	坚决反对"台独"分裂活动，绝不允许任何人以任何名义、任何方式把台湾从祖国分割出去。
后一阶段	2009	政府工作报告	台湾局势发生积极变化，两岸关系取得重大突破。两岸协商在"九二共识"基础上得到恢复，全面直接双向"三通"已经实现。两岸同胞往来更频繁，经济联系更密切，文化交流更活跃，共同利益更广泛，两岸关系开始步入和平发展轨道。
	2010	政府工作报告	两岸关系在新的历史起点上取得重要进展，呈现和平发展良好势头。两岸交流合作不断深入，全面直接双向"三通"得以实现；经济关系正常化迈出重要步伐，经济合作制度化建设逐步推进。
	2011	政府工作报告	我们将坚持新形势下发展两岸关系、促进祖国和平统一的大政方针和各项政策。

---

① 王毅：《十年来对台工作的实践成就和理论创新》，载《求是》2012年第20期，第2页。

续表

阶段	时间	报告类型	表述要点
后一阶段	2012	政府工作报告	两岸关系经受了严峻考验，取得了积极进展；反对"台独"、认同"九二共识"，巩固交流合作成果，促进两岸关系和平发展，日益成为两岸同胞的共同意愿。
	2012	中共十八大报告	解决台湾问题、实现祖国完全统一，是不可阻挡的历史进程；我们要始终坚持一个中国原则；我们要持续推进两岸交流合作；我们要努力促进两岸同胞团结奋斗；我们坚决反对"台独"分裂图谋。

资料来源：作者根据中国共产党十六大、十七大、十八大报告和2002—2012年政府工作报告自行制作。

自表 1 清晰可见大陆对台政策表述重心的调整变化。前一阶段（2002—2008），陈水扁当局谋求"法理独立"，两岸关系剑拔弩张，大陆的主要任务是"反'台独'"，大陆反"台独"的强硬措辞自"两大报告"足见一斑；后一阶段（2008—），国民党重新上台执政，迥异于陈水扁当局的"台独"冲撞政策，马英九强力宣示的"不独、不统、不武"政策与大陆方面的立场、方针和政策之正面冲突要弱缓许多，因此，"两大报告"中对台政策表述措辞相对和缓，政策表述内容重点从强调"反'台独'"转向强调"促合作"。当然，强调"促合作"并非意味着放弃"反'台独'"，反"台独"措辞在暌违四年之后，再度出现在2012年党政"两大报告"中即为例证。这表明，大陆对台政策的侧重点随两岸关系形势和台湾岛内政治局势的变化保持了相应的灵活性。

第三，提出了两岸关系和平发展的重要思想。2005年4月，胡锦涛总书记在与国民党主席连战的会谈中，阐述了促进两岸关系和平稳定发展的政策主张。2006年4月，胡锦涛总书记在会见出席两岸经贸文化论坛的两岸代表时，首次提出"和平发展理应成为两岸关系发展的主题"的政策主张。2007年10月，在中共十七大政治报告中，胡锦涛总书记强调，要牢牢把握两岸关系和平发展的主题，真诚为两岸同胞谋福祉、为台海地区谋和平，维护国家主权和领土完整，维护中华民族根本利益。2008年5月，台湾第二次政党轮替，台海局势出现重大积极变化。如何进一步改善和发展两岸关系，成为海峡两岸共同面临的重大课题。在此重要关头，2008年12月31日，胡锦涛总书记在纪念《告台湾同胞书》发表30周年座谈会上发表重要讲话，首次全面系统阐述了两岸关系和平发展的重要思想，提出了争取祖国和平统一首先要确保两岸关系和平发展的论断，回答了为什么要推动两岸关系和平发展、怎样推动两岸关系和平发展的重大问题，确立了两岸关系和平发展的目标、任务和各项政策。① 两岸关系和平发展重要思想的提出，标志以胡锦涛为总书记的党中央在对台方针政策上有了新的发展，赋予了对台大政方针新的内涵，为两岸关系发展指明了方向，开启了和平统一新进程。事实表明，两岸关系和平发展的思想广为两岸同胞所接受，已成为两岸同胞的主流民意。在两岸关系和平发展重要思想的指导下，经过两岸同胞的共同努力，两岸关系呈现出良好发展势头，形成两岸各界、各领域大交流、大合作的新局面。

三、建立党际互动平台，夯实两岸关系和平发展的政治基础

2005 年 4 月 29 日，胡锦涛总书记与中国国民党主席连战在北京举行会谈，这是近 60 年来国共两党最高领导人的首次正式会谈，国共两党首次就反对"台独"、坚持"九二共识"、推动两岸关系发展等重大问题达成共识，并共同发表"两岸和平发展共同愿景"。

第一，实现两党领导人会晤常态化。为落实"两岸和平发展共同愿景"，自 2005 年胡锦涛和连战实现会晤（通常称"胡连会"）至今，双方每年至少会晤一次，迄今共计会晤 12 次。吴伯雄担任国民党主席和荣誉主席以来，"胡吴会"也基本保证每年举行一次，迄今共计 5 次（参见表 2）。两党领导人互动的定期化、常态化有助于双方加强沟通，增进了解，有助于两岸高层致力于进一步推动两岸交流合作制度化、常态化，致力于进一步推进两岸关系全面、稳定、可持续发展。

第二，搭建国共两党互动的平台。为落实"两岸和平发展共同愿景"，国共两党搭建了以"两岸经贸文化论坛"为主体架构的互动平台。2006 年，首届"两岸经贸论坛"在北京举行；同年第二届"两岸农业合作论坛"在海南举行；2007 年第三届改称为"两岸经贸文化论坛"。此后，论坛名称固

---

① 许晓青等：《执政中国：和平发展开新局——以胡锦涛同志为总书记的党中央推动两岸关系和平发展纪实》，载新华网，2012 年 11 月 5 日。

表2：国共两党领导人互动情况统计表

	时间	地点	主要内容
胡连会	2005．4.29	北京	胡锦涛与连战举行了60年来国共两党主要领导人首次会谈，就坚持"九二共识"，反对"台独"达成共识，主张加强两岸经济合作，建立政党沟通平台。
	2006.4.16	北京	胡锦涛会见连战和出席两岸经贸文化论坛的人士时，强调坚持"九二共识"，立足为两岸同胞谋福祉，深化互利双赢的交流合作，开展平等协商等。
	2007.4.28	北京	胡锦涛会见连战及出席两岸经贸文化论坛的人士，强调两岸分则两害，合则共赢，加强两岸经贸文化交流是人心所向、大势所趋。
	2008.4.29	北京	胡锦涛会见连战及随行访问团成员，指出两岸双方应当共同努力，建立互信、搁置争议、求同存异，共创双赢，开创两岸关系和平发展新局面。
	2008.8.8	北京	胡锦涛会见出席北京奥运会开幕式的连战、吴伯雄等，希望两岸双方抓住难得的历史机遇，大力加强两岸各领域交流合作，继续推动两岸关系和平发展。
	2008.11.21	利马	胡锦涛出席亚太经合组织工商领导人峰会时会见连战，提出两岸更应该加强沟通，积极推动互惠互利的经贸合作，两岸同胞携起手来，共渡金融危机难关。
	2009．11.14	新加坡	胡锦涛出席亚太经合组织第十七次领导人非正式会议时会见连战，指出两岸关系实现了历史性转变，希望增进政治互信，坚定信心，多做实事，积极推动两岸关系取得新进展。
	2010.4.29	上海	胡锦涛出席上海世博会时会见连战，强调要继续增进两岸政治互信，要继续扩大两岸各界交流，要继续深化经济合作，要继续推动两岸关系和平发展。
	2010.11.13	横滨	胡锦涛出席亚太经合组织工商领导人峰会时会见连战，强调发展两岸关系应遵循先易后难、先经后政、循序渐进的思路，深化两岸经济合作，促进两岸文教交流，扩大两岸各界交往，稳步推进两岸关系。
	2011.8.12	深圳	胡锦涛出席世界大学生运动会时会见连战。
	2011.11.11	夏威夷	胡锦涛与出席亚太经合组织会议的连战会面，强调两岸双方应该继续努力，牢牢把握两岸关系和平发展主题，巩固反对"台独"、认同"九二共识"的共同政治基础，把两岸关系良性发展势头保持下去。
	2012.9.7	海参崴	胡锦涛出席亚太经合组织第二十次领导人非正式会议时会见连战，主张坚定不移走两岸关系和平发展道路，巩固两岸和平发展的政治基础，在世界格局变化和民族复兴中把握两岸关系的前途。

续表

	时间	地点	主要内容
胡吴会	2008.5.28	北京	胡锦涛在人民大会堂会见吴伯雄，提出希望国共两党和两岸双方共同努力，建立互信、搁置争议、求同存异、共创双赢，继续依循并切实落实"两岸和平发展共同愿景"，增强广大台湾同胞对两岸关系和平发展的信心。
	2009.5.26	北京	胡锦涛会见率团前来访问的吴伯雄，指出改善和发展两岸关系是人心所向、大势所趋，并再次重申其纪念《告台湾同胞书》发表30周年座谈会上发表的六点重要意见。
	2010.7.12	北京	胡锦涛在钓鱼台国宾馆会见吴伯雄一行，充分肯定了两岸协议签署的积极作用，并希望两岸经济关系正常化、制度化、机制化。
	2011.5.10	北京	胡锦涛会见参加第七届两岸经贸文化论坛的吴伯雄一行，提出要继续把握两岸关系和平发展大局，要继续维护国共两党、两岸双方的良性互动，要继续稳步推进两岸交流合作，要继续保障台湾基层民众共享两岸交流合作成果。
	2012.3.22	北京	胡锦涛在人民大会堂会见吴伯雄，再次强调反对"台独"，维护"九二共识"，不断巩固成果，深化合作，为两岸人民谋更大福祉，为中华民族谋复兴。

资料来源：作者根据中国共产党新闻网、新华网、中国政府网的资料自行制作。

定为"两岸经贸文化论坛"，每年召开一次。截至 2012 年，"两岸经贸文化论坛"已经举办了 8 次。参见表 3。

表 3：历届"两岸经贸文化论坛"一览表

届次	时间	地点	双方主要与会领导人	论坛主题
第一届	2006.4.14—15	北京	贾庆林、连战	两岸经贸交流与直接通航
第二届	2006.10.17—18	海南博鳌	贾庆林、连战	加强两岸农业合作，实现两岸农业互利双赢
第三届	2007.4.28—29	北京	贾庆林、连战	两岸直航、旅游观光、教育交流
第四届	2008.12.20—21	上海	贾庆林、吴伯雄	扩大和深化两岸经济交流与合作
第五届	2009.7.11—12	长沙	贾庆林、吴伯雄	推进和深化两岸文化教育交流合作
第六届	2010.7.10—11	广州	贾庆林、吴伯雄	加强新兴产业合作，提升两岸竞争力
第七届	2011.5.6—8	成都	贾庆林、吴伯雄	深化两岸合作，共创双赢前景
第八届	2012.7.28—29	哈尔滨	贾庆林、吴伯雄	深化和平发展，造福两岸民众

资料来源：作者自行制作。

目前，"两岸经贸文化论坛"已成为国共两党凝聚共识、交流互动的重要平台，其在两岸经贸、文化和社会交往中具有重要地位，具体体现在：其一，从论坛的主办单位来看，大陆的主办单位是"中共中央台办海研中心"，台湾的主办单位是"中国国民党国政研究基金会"，双方的主办单位均分别直接隶属于两党，其实质是为两党互动搭建的一个交流平台。其二，从论坛的发起和与会人员层级来看，该论坛是在两党领导人的倡议下设立的，且历届论坛均有两党主要领导人参与其间，故而论坛层级较高。其三，从论坛的主题和内容来看，该论坛涉及经贸合作、文教交流等领域，涵盖范围广，影响面大，攸关两岸和平发展大局。最后，从论坛发挥作用来看，"两岸经贸文化论坛"不仅成为两党和两岸各界进行交流对话的重要平台，而且对推进两岸经贸合作与文教交流，进一步推进两岸关系和平发展发挥了积极作用。

再次，确立两党两岸互动的政治基础。2005年国共两党就反对"台独"，坚持"九二共识"达成的共识，业已成为两党交流与合作的重要政治基础。随着2008年5月国民党重新上台执政，两党共识日渐发展为两岸共识，进而成为两岸交流互动的政治基础。自2008年5月以来，两岸双方确立反对"台独"、坚持"九二共识"的共同政治立场，秉持建立互信、搁置争议、求同存异、共创双赢的精神，采取积极的政策措施，按照先易后难、先经后政、把握节奏、循序渐进的思路，推动两岸关系不断向前发展。① 目前，"九二共识"在岛内具有日益广泛的民意基础，2012年1月台湾"大选"，在某种意义上可视作是否要坚持"九二共识"的对决。选举结果表明，"九二共识"在岛内赢得广大民众的支持和认同，为未来两岸关系可持续和平发展奠定了重要政治基础。

四、恢复"两会"协商，实现全面直接双向"三通"

在两岸政治关系缓和的背景下，中断十年之久的"两会"协商机制得以恢复。随着两岸直接双向"三通"的全面实现，两岸经贸往来增长迅速，两岸之间出现前所未有的频密交流格局。

首先，"两会"协商渐趋制度化、常态化。2008年国民党重新执政之

① 王毅：《十年来对台工作的实践成就和理论创新》，载《求是》2012年第20期，第1页。

后，两岸关系趋于缓和。由于双方均坚持"九二共识"，"两会"于 2008 年 6 月开始复谈，重启两岸制度性协商机制。"两会"复谈以来，"两会"协商渐趋制度化、常态化，迄今共举行了 8 次会谈（亦称"陈江会"），签署了包括两岸经济合作框架协议（ECFA）在内的 18 项协议，具体参见表 4。

表 4：两岸"两会"所签十八项合作协议一览表

会次	会谈时间	签署地点	协议名称
第一次	2008.06.11—14	北京	海峡两岸包机会谈纪要
			海峡两岸关于大陆居民赴台湾旅游协议
第二次	2008.11.03—07	台北	海峡两岸空运协议
			海峡两岸海运协议
			海峡两岸邮政协议
			海峡两岸食品安全协议
第三次	2009.04.25—29	南京	海峡两岸金融合作协议
			海峡两岸空运补充协议
			海峡两岸共同打击犯罪及司法互助协议
第四次	2009.12.21—25	台中	海峡两岸标准计量检验认证合作协议
			海峡两岸农产品检疫检验合作协议
			海峡两岸渔船船员劳务合作协议
第五次	2010.06.28—30	重庆	海峡两岸知识产权保护合作协议
			海峡两岸经济合作框架协议
第六次	2010.12.20—22	台北	海峡两岸医药卫生合作协议
第七次	2011.10.19—21	天津	海峡两岸核电安全合作协议
第八次	2012.08.08—09	台北	海峡两岸投资保护和促进协议
			海峡两岸海关合作协议

资料来源：作者根据中国台湾网上资料自行制作。

在 18 项两岸合作协议之中，最具代表性的当属《海峡两岸经济合作框架协议》（通常称 ECFA）。该协议由"两会"于 2010 年 6 月 29 日在第五次领导人会谈时正式签署，并于同年 9 月 12 日生效实施，标志着构建两岸和平发展框架率先在经济领域取得突破性进展。ECFA 的签署有助于促进了两岸经贸关系的规范化、制度化，有助于推动台湾经济转型，有助于稳定台海局势。一定意义上可以说，ECFA 的签署在两岸关系发展进程中具有里程碑意义。两岸八次"陈江会"签订的 18 项合作协议，涉及两岸空运、海运、邮政合作、食品安全、投资、金融合作、共同打击犯罪、知识产权、医药、司法互助、大陆居民赴台旅游等领域，与两岸民众切身利益息息相关，为两岸民众的交流交往带来了巨大便利。

其次，实现两岸"三通"，形成两岸大交流格局。早在 20 世纪 70 年代末、80 年代初大陆方面即提出两岸全面实现"三通"（即通邮、通航、通商）主张，但一直未有实质进展。2008 年 12 月 15 日，根据"两会"达成的协议，两岸海运直航、空运直航、直接通邮正式启动。是日，两岸海上直航通航仪式在天津港举行，两岸同胞期盼 30 年之久的全面、直接、双向"三通"终于实现。两岸"三通"为两岸人员往来和贸易投资创造了空前便捷有利的条件，缩短了台海两岸的地理与心理距离，两岸关系进入大交流、大合作的新时代。"三通"后的两岸迅即出现人员交往的热潮，不仅台胞可以自由往来大陆，大陆居民亦可畅游台湾，这有助于消弭两岸因长期分离而造成的隔阂。大交流带动了大合作，两岸各行各业的交流合作应运而生，交流合作规模持续扩大，交流合作层次日益提高，产业和金融合作逐步推进，形成全方位、宽领域、多层次的交流格局。就通航情况来看，截至 2012 年 12 月，两岸直航总班次增至每周 616 班，两岸直航航点增至 64 个。① 就通邮情况来看，自通邮仪式在北京首都机场航空邮件交换站举行以来，两岸航空和海运通邮都快速发展。2012 年 3 月 21 日，"厦门—台湾"两岸海运快件实现双向运营；2012 年 9 月 27 日，福建省人大以立法形式通过了《福建省邮政条例》，该条例专章规定"闽台邮政合作"，要求各级政府和有关部门应当支持闽台通邮基础设施建设，鼓励开展闽台邮政各种合作项目；厦金海缆正式开通，福淡海缆即将开通。② 就通商情况来看，该领域在两岸"三通"中表现最为活跃（详见"五、扩大经济交流，稳步推进两岸经济一体化"部分）。"三通"的全面实现为提升两岸经贸合作的层次提供了契机，大大降低了两岸经贸成本。

五、扩大经济交流合作，稳步推进两岸经济一体化

"两会"协商的积极成果和两岸"三通"的实现为两岸经贸合作创造了

---

① 《2012 年两岸经济交流合作取得六方面进展》，载国务院台湾事务办公室网站，2013 年 1 月 16 日。

② 《福建立法推动闽台邮政合作》，载中国台湾网，2012 年 9 月 28 日。

良好条件，两岸经贸规模不断扩大，两岸经济一体化稳步推进。

首先，两岸经贸额总体上持续递增。从图 1 显示的近十年的经贸数据来看，2008 年之前，虽然两岸政治气氛较为紧张，但两岸贸易额整体上在保持了持续增长态势。2008 年之后，除却 2009 年两岸贸易额一度严重下降，两岸经贸额呈现迅速增长势头。总体而言，在过去十年间，较之两岸政治、军事和文化社会关系，两岸经贸关系表现得较为稳定。截至 2012 年底，两岸贸易额达 1689 亿美元，比 2011 年同比增长 4.3%，是 2002 年的近 4 倍。参见图 1。

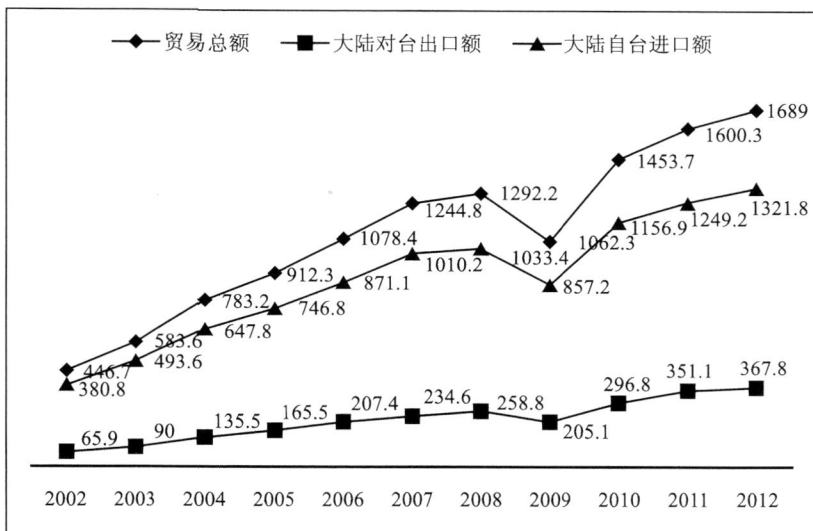

图 1：两岸贸易统计表折线图（2002 年—2012 年）（单位：亿美元）

资料来源：作者根据中华人民共和国商务部台港澳司网站发布数据自行制作

目前台湾地区已成为大陆第七大贸易伙伴；大陆为台湾第一大贸易伙伴、第一大出口伙伴及第二大进口伙伴、第一大顺差来源地与第一大投资地。从图 1 可以看出，十年间，大陆自台湾进口贸易额由 2002 年的 380.8 亿美元，增至 2012 年的 1321.8 亿美元；台湾自大陆进口贸易额由 2002 年的 65.9 亿美元，增至 2012 年的 367.8 亿美元。两岸关系在政治上的进步，为两岸经贸上的合作奠定了基础，从而使两岸经贸合作全方面逐步推进。

其次，两岸双向投资结构日渐形成。在以往的两岸投资结构中，总体上以单向度的投资结构（即台资入陆）为主体。近十年，随着大陆经济的快速发展，这一单向投资结构开始向双向投资结构转变。一方面，台商赴大陆投资数额不断增加，在外商投资中的排名不断靠前。2003 年台资在大陆吸引的外商直接投资中仅排名第 6 位，其后由于两岸关系的恶化，2008 年一度跌至第 9 位，投资额仅 18.99 亿美元。2008 年两岸关系改善后，大陆吸引台湾直接投资额迅速回升，2011 年达 67.27 亿美元，是 2008 年的 3.5 倍，在大陆的外商投资排名中居于第 2 位。[①] 目前，台湾在大陆投资的厂家超过 8.7 万家，总投资超过 560 亿美元。2012 年 1 月至 11 月，大陆共批准台商投资项目 1988 个，实际使用台资金额为 25.6 亿美元，同比上升 31.2%。[②]参见表 5。

表 5：大陆吸引台资实际使用额统计表（2002—2012 年）

年份	实际使用台资金额		
	金额（亿美元）	同比（%）	占当年总额比重（%）
2002	39.7	33.3	7.5
2003	33.8	−14.9	6.3
2004	31.2	−7.7	5.1
2005	21.6	−31	3.6
2006	21.4	−0.7	3.4
2007	17.7	−20.4	2.4
2008	19	7	2.1
2009	18.8	−1	2.1
2010	24.8	31.7	—
2011	21.8	−11.8	—
2012（1—11 月）	25.6	31.2	2.6

资料来源：作者根据中华人民共和国商务部台港澳司网站发布数据自行制作。

备注："—"指该年度的数据未查到。

另一方面，陆资开放入岛并基本实现双向投资。针对陆资入岛，国家发改委、国台办于 2008 年 12 月 15 日联合发布《关于大陆企业赴台湾地区投资项目管理有关规定的通知》，商务部和国台办于 2009 年 5 月 17 日联合发

---

① 《2011 年 1—12 月全国吸收外商直接投资情况》，载中华人民共和国商务部网站，2012 年 1 月 19 日。

② 《2012 年两岸经济交流合作取得六方面进展》，载国务院台湾事务办公室网站，2013 年 1 月 16 日。

布《关于大陆企业赴台湾地区投资或设立非企业法人有关事项的通知》，通过制度化的机制规范陆资入岛。台湾自 2009 年 6 月 30 日开放陆资来台投资至 2012 年底，累计核准陆资来台投资件数 235 件。仅 2012 年 1—12 月，大陆主管部门核准的大陆赴台投资项目 31 个，投资金额 6.94 亿美元，同比增长超过 10 倍。① 不过，从台湾吸引外资情况来看，大陆对台湾投资远远落后于其他国家和地区，究其原因，主要是台湾方面对陆资入岛的诸多限制，"台独"势力的干扰，相关制度化保障机制的缺乏以及对两岸在陆资入资认知问题上的差异等均影响到陆资入岛的领域和规模。因此未来在进一步开放陆资入岛方面尚有不少工作要做，随着台方限制的减少与双方歧见的弥合，双向投资结构将日渐形成并进一步完善。

除上述之外，大陆方面在推动两岸经济发展方面另有不少举措，主要有：①2009 年 5 月 14 日，国务院发布《关于支持福建省加快建设海峡西岸经济区的若干意见》，正式建立海峡西岸经济区，并将其定位为两岸人民交流合作先行先试区域。②推动两岸金融合作，建立两岸货币清算机制。2012 年 1—12 月，新增 3 家台湾地区银行在大陆设立分行，6 家台湾地区银行获准办理大陆台资企业人民币业务；2 家大陆银行获准设立台北分行；大陆新批准 9 家台湾金融机构获得合格境外机构投资者资格。② ③搭建两岸企业家交流的高端平台，如"两岸产业合作论坛""两岸企业家紫金山峰会""海峡两岸文创产业合作论坛"等。

六、扩大社会文化交流，增进两岸民众的感情与认同

文化社会领域的交流主要包括加强人员往来、扩大文教交流、推动学历互认三个方面，具体阐述如下：

第一，加强人员往来。从人员往来的人数上看，十年来两岸人员往来整体上保持了增长的态势，唯在 2003 和 2008 年有所波动，不外受岛内"统独公投""入联公投"等"法理台独"活动的影响，致使两岸关系紧张，冲突一触即发，直接影响到两岸人员往来。参见图 2。

---

① 《2012 年两岸经济交流合作取得六方面进展》，载国务院台湾事务办公室网站，2013 年 1 月 16 日。
② 《2012 年两岸经济交流合作取得六方面进展》，载国务院台湾事务办公室网站，2013 年 1 月 16 日。

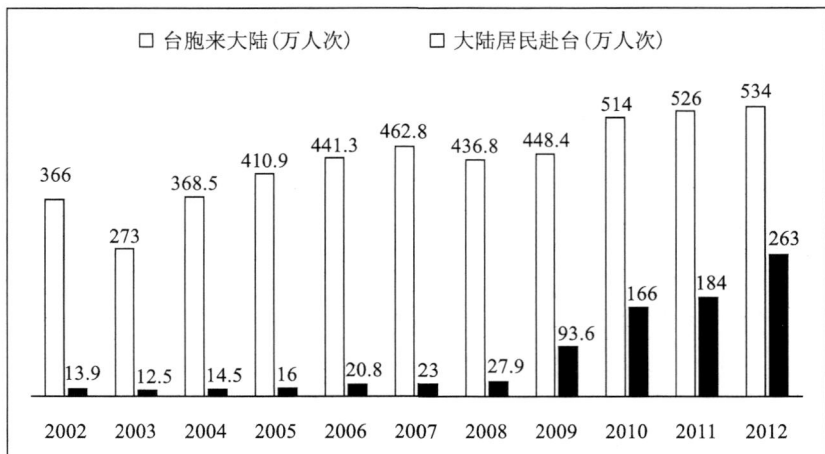

图 2：两岸人员往来人数变化柱状示意图

资料来源：中华人民共和国国务院台湾事务办公室网站。

从图 2 可见，2002—2011 年间，两岸人员往来由 380 万人次增至近 800 多万人次。其中，2002 年至 2011 年赴大陆的台湾居民净增长约 168 万人次，增长率为 46%；2002 年至 2012 年大陆赴台居民净增长约 249 万人次，2012 年大陆赴台人数是 2002 年大陆赴台人数的 19 倍。在大陆居民赴台人员中，赴台旅游人员占绝大多数，尤其在 2008 年两岸关系缓和后，大陆居民赴台团队和个人旅游相继启动（截至 2012 年 8 月，赴台个人游试点城市增至 13 个①），大陆游客迅速成为台湾旅游业第一大客源。据统计，2012 年大陆赴台游客突破 197 万人次，同比增长 57.5%。② 自 1987 年 11 月台湾居民开始到大陆探亲至 2012 年 11 月，台湾居民入境累计 7123 万人次，大陆赴台居民人数累计 858 万人次。③ 从两岸人员往来的事由上看，涵盖探亲、旅游、文化学术交流、公益慈善、体育交流等。加强两岸人员往来是加强两岸人民沟通交流、增进互信、促进民族认同的重要方式，是贯彻和落实"寄希望于台湾人民"方针的具体要求。大陆方面支持各省、自治区、直辖市积极开展对台交流，鼓励两岸社会各界，特别是基层民众的交往，日渐形

---

① 《大陆居民赴台个人游试点城市增至 13 个》，载人民网，2012 年 8 月 9 日。

② 《2012 年两岸人员往来近 800 万人次再创新高》，载国务院台湾事务办公室网站，2013 年 1 月 16 日。

③ 《开放探亲 25 年来台湾居民入境大陆累计逾七千万次》，载中国台湾网，2012 年 12 月 18 日。

成全方位、宽领域、多层次的大交流格局。

第二，扩大文教交流。通过近十年赴台交流项目和人数统计资料可以看出，2002—2008 年间（2003 年除外）无论是大陆赴台交流项目数还是大陆赴台交流人数均保持平稳增长，参见图 3。2008—2012 年间，大陆赴台交流呈现"井喷"之势，其中，2011 年大陆赴台交流项目由 2008 年的 8393 个增长为 21715 个，增加了 1.5 倍；大陆赴台交流人数增速迅猛，2010 年、2011 年大陆赴台交流人数均超过 14 万人，是 2008 年大陆赴台交流人数的三倍以上。据台湾教育主管部门统计，目前到大陆就读大学且具有正式学籍的台湾学生约有 1.5 万人。

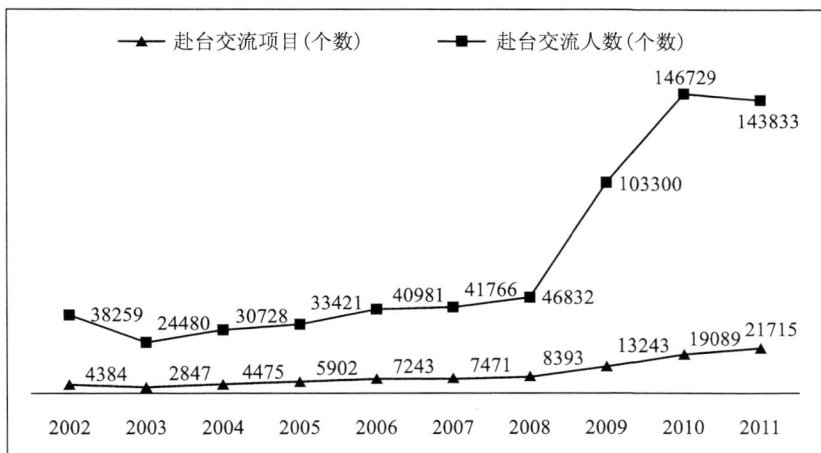

图 3：两岸交流情况折线示意图

资料来源：中华人民共和国国务院台湾事务办公室网站。

两岸文化教育交流呈现出以下特征：一是形式多元。例如，"海峡两岸教育论坛""台胞社团论坛""海峡两岸医事交流协会"以及各种形式的两岸大学学术教育交流等。二是内容多样。文化教育交流的内容，涵盖文化交流、体育卫生交流、民族宗教交流、教育科技交流等。三是增长迅速。2009 年、2010 年大陆赴台交流项目分别同比增长 57.79% 和 44.14%，大陆赴台交流人数分别同比增长 120.6% 和 42.04%，并且在 2012 年赴台交流项目和人数均保持更大规模。四是交流频密。除正式的官方交流外，民间机构、学校、企业等组织也开展频密的文化教育交流。扩大两岸文化、教育交流，有助于加深两岸民众的中华文化认同感，加强民族纽带。

第三，推动学历互认。近十年来为推动两岸青少年往来，两岸教育主管部门积极推动两岸学历相互承认。首先，从大陆方面来看，2008 年教育部和国务院台湾事务办公室联合颁布《教育部、国务院台湾事务办公室关于进一步做好台湾同胞子女在大陆中小学和幼儿园就读工作的若干意见》，2009 年教育部发布《2009 年面向香港、澳门、台湾地区招收研究生简章》，2012 年教育部办公厅发布《教育部办公厅关于 2012 年台湾高等学校在北京等六省（市）招收自费生等有关事项的通知》。大陆教育主管部门藉上述规范性文件来规范两岸学历互认。此外，大陆许多高校陆续开始招收台湾学生。其次，就台湾方面而论，2009 年 2 月台湾教育主管部门敲定采认大陆学历"不溯既往"，台将采认大陆学历，对赴陆就读台生将举行学历甄试。2011 年 2 月 9 日，台湾教育主管部门正式核准岛内共 123 所公、私立大学可招收大陆学生，并称在 1992 年 9 月 18 日至 2010 年 9 月 3 日期间，不论是台湾地区还是大陆地区人民所取得的大陆学历，可以申请参加学历甄试，通过甄试后可获得台湾教育主管部门核发的相当学历证明。台湾方面也逐渐开放并规范陆生入台就读，2011 年规定招生总额达到在台招生总额的 1%。两岸学历互认为促进两岸人员往来和文化交流提供了良好平台，其在两岸双方的共同努力下正不断向规范化、系统化方向发展，开放领域呈扩大之势。

七、降低军事紧张状态，推动建立两岸军事互信机制

回顾近十年的两岸军事关系，陈水扁主政时期，两岸军事关系空前恶化，战争有"一触即发"之势；及至马英九上台，两岸军事关系随着两岸政治关系的缓和而出现某种程度的缓和迹象。目前，两岸军事关系尽管在整体上未出现实质性变化，但敌对结构已有所松动。

第一，缓和两岸军事对峙关系。从总体上说，两岸军事对峙状态仍然存在，但也必须承认，两岸军事紧张关系已大大缓解，并有向局部性交流方向发展的趋势。这种从对峙走向缓和的发展态势可自大陆每两年发布一次的《中华人民共和国国防白皮书》中有关涉台军事方面的表述和用词中得到印证。参见表 6。

从上述《国防白皮书》来看，2002 年至 2008 年 5 月前，由于岛内"台独"活动较为猖獗，因此在《国防白皮书》中往往采用"复杂""严峻"等词描述两岸关系，并揭露陈水扁当局谋求"法理台独"的巨大危险性和危害性。与之大异其趣的是，随着 2008 年两岸关系实现历史性转折，两岸

军事关系有所缓和，在 2008 年、2010 年的《国防白皮书》中未有过多提及岛内"台独"分裂势力及活动。特别需要注意的是，2010 年还用"两岸关系取得重大进展"加以描述，整体对两岸军事关系预判较为乐观。究其原因，是两岸在反对"台独"、坚持"九二共识"上有共同立场，而这一共同立场是确保两岸军事关系走向缓和的基础和关键。

表 6：2000—2010 年《中华人民共和国国防白皮书》涉台内容一览表

白皮书版本	内容要点
2002	两岸关系紧张的根源没有消除。台湾当局领导人拒不接受一个中国原则，顽固坚持"台独"立场，抛出"一边一国"的分裂主张，并以渐进手法进行分裂活动。"台独"是对台海地区和平与稳定的最大威胁。
2004	台海两岸关系形势严峻。台湾当局肆意挑衅两岸同属一个中国的现状，图谋分裂中国的"台独"活动明显升级。"台独"活动日益成为破坏中国主权和领土完整，危害台海两岸及亚太地区和平与稳定的最大现实威胁。
2006	反对和遏制"台独"分裂势力及其活动的斗争复杂严峻。台湾当局实行激进"台独"路线，加紧通过推动所谓"宪政改造"谋求"台湾法理独立"，对中国的主权和领土完整、台海及亚太地区的和平稳定构成严重威胁。
2008	"台独""东突""藏独"等分裂势力威胁国家统一和安全。美国继续向台湾出售武器，严重损害中美关系和台海地区和平稳定。
2010	中国政府制定并实施新形势下推动两岸关系和平发展的方针政策，促进台海局势保持和平稳定，两岸关系取得重大积极进展。但"台独"仍是两岸关系和平发展的最大障碍和威胁。

资料来源：作者根据《中华人民共和国国防白皮书》自行制作。

第二，推动建立两岸军事互信机制。2008 年以来，随着两岸关系和平发展的不断推进和深入，提出两岸适时就军事问题进行接触交流，建立军事互信机制的议题被摆上桌面。2004 年中台办、国台办发表的"5.17 声明"中提出"恢复两岸对话谈判，平等协商，正式结束敌对状态，建立军事互信机制，共同构造两岸关系和平稳定发展的框架"。此后，《2004 年国防白皮书》、2008 年胡锦涛总书记在纪念《告台湾同胞书》30 周年讲话、2012 年十八大政治报告中均提及两岸建立军事互信机制问题，这足见大陆方面对于建立两岸军事互信机制的积极态度和深望期许。围绕如何建立两岸军事互信机制问题，两岸学者智者见智、莫衷一是。不必讳言，两岸军事敌对结构已逾半个世纪之久，短期内彻底消除的难度颇大，加之复杂的岛内因素和国际因素，使得台湾方面对于建立两岸军事互信机制问题抱有疑虑，所以，两岸建立军事互信机制任重道远，尚需两岸共同努力。但同时必须指出的是，军事互信机制的建立不单单是孤立的军事领域问题，两岸政治、经济和文化社会等各个方面的发展均可能影响两岸军事互信机制的构建。

第三，开启两岸退役将领互访。在两岸政治和军事关系有所缓和的背景下，两岸退役将领互访扮演了推动两岸建立军事互信机制的"敲门砖"角色。在两岸退役将领互访中，"中山·黄埔·两岸情"论坛发挥了重要作用，迄今已经举办过三次，得到了两岸政党和民间团体的积极支持。第一届"中山·黄埔·两岸情"论坛于 2010 年 5 月 10 日在台北举行，来自海峡两岸、港澳地区和北美地区的黄埔校友和亲属，以及专家学者逾 160 人与会，台湾方面吴伯雄、郁慕明、许历农等都与会。第二届"中山·黄埔·两岸情"论坛于 2011 年 6 月 7 日以纪念辛亥革命 100 周年形式在北京举行，大陆方面周铁农、陈云林、台湾方面许历农等出席论坛。第三届"中山·黄埔·两岸情"论坛于 2012 年 7 月 8 日在上海举行，大陆方面黄埔校友会会长林上元、台湾方面郁慕明、许历农等出席。从"中山·黄埔·两岸情"论坛与会人员层级来看，不仅包括两岸政界高层，且包括退役将领及其亲属以及两岸各方面的专家学者。随着论坛日渐定期化、常态化，其对于加强两岸军事交流，推动两岸建立军事互信机制发挥了重要的平台作用。此外，两岸还举办了"海峡两岸退役将军高尔夫球邀请赛"等多种形式的退役将领互访活动，共同推动两岸关系和平发展。

八、妥善处理台湾涉外事务，巩固国际社会认同"一中"格局

台湾涉外事务是两岸关系在国际社会的延展，故两岸在国际社会的关系格局，随着两岸关系格局变化而变化。下面同样以 2008 年为界划分为前后两个阶段试作分析。

第一，坚决封杀陈水扁当局拓展所谓"国际活动空间"。2002—2008年，陈水扁当局全面推行"台独"路线，岛内分裂活动十分猖獗，在国际上奉行冲撞式的"烽火外交"和"金元外交"。陈水扁当局处心积虑，指示少数国家不断向联合国大会提出议案，妄图"重返"或"加入"联合国。为此，大陆方面针锋相对，在涉台外交方面重点采取坚决"围堵""遏制"

"封杀"台湾"国际活动空间"的策略，并取得了积极成效。主要表现在：其一，挫败了陈水扁当局意欲加入唯有主权国家方能加入的国际组织的图谋。2002 至 2008 年间，台湾当局七次意欲参与联合国的图谋，无一例外地由于大陆的坚决斗争而遭受惨败。其二，挫败了陈水扁当局扩大"邦交"的图谋。陈水扁当局通过金钱收买等各种手段，与一些小国搞所谓的"建交"，以凸显其在国际社会的"主权国家形象"。对此，大陆方面予以坚决封杀，致使台湾当局的"邦交国"数量由陈水扁上任之初的 29 个减少到 23 个。其三，争取到了国际社会的广泛理解、赞同和支持，最大限度地孤立了"台独"势力，在国际社会维持并巩固了一个中国框架。尤其 2007 年 6 月至 2008 年 3 月期间，陈水扁罔顾全世界 160 多个国家的反对，执意推行"入联公投"，不仅恶化了台海气氛，更是"刷爆了台湾的国际信用"，致使台湾当局在国际社会处于前所未有的孤立和边缘化困境。

　　第二，妥善解决台湾的国际空间问题。众所周知，台湾的"国际活动空间"问题一直是两岸关系中敏感而复杂的一个问题，倘若处理不当，则直接会影响两岸关系和平发展。2008 年 5 月，马英九上台主政以后，改行"活路外交"策略，在两岸之间实现"外交休兵"，即在国际上不搞对抗，不互挖"墙角"。大陆方面如何因应马英九当局所谓"外交休兵"，倍受岛内同胞和国际社会的关注。针对马英九当局的"外交休兵"策略，考虑到其反对"台独"、坚持"九二共识"的政治立场，大陆方面从两岸关系和平发展的大局出发，根据台湾局势和两岸关系形势的新变化，改变了过去一贯对台湾当局拓展所谓"国际活动空间"采取"围堵""遏制""封杀"的策略，在国际社会处理涉台事务方面表现出了富有弹性的调整。2008 年 12 月 31 日胡锦涛总书记在纪念《告台湾同胞书》发表 30 周年座谈会上的讲话中重申："对于台湾参与国际组织活动问题，在不造成'两个中国'、'一中一台'的前提下，可以通过两岸务实协商作出合情合理安排。"在胡锦涛总书记的这一部署下，大陆方面坚持在对一个中国框架不构成挑战的前提下，根据台湾当局所诉求的"国际活动空间"之不同性质，分别给予不同的处理。在实际操作环节中，两岸相互配合，台湾方面通常就有关诉求跟大陆进行及时沟通，大陆方面也透过适当方式同意或默认让台湾以适当身份参与一些对台湾利益有重大影响的联合国专门机构。经过两岸双方的多次沟通与协商，最终妥善解决了台湾以"中华台北"名义和观察员身份出席世界卫生大会等台湾同胞所密切关注的几个问题。

两岸通过沟通与协商解决台湾参与国际活动相关问题的实践，体现出大陆方面在台湾同胞关心的参与国际组织活动问题上释放了自己的善意，这不仅维护了一个中国框架，扩大了台湾的国际参与，而且对于保持两岸关系良好气氛，也起到了积极作用。其一，有助于减少两岸在国际社会的对抗，有助于双方减少猜忌、消除敌意、建立互信，有助于推进两岸关系和平发展。其二，有助于减少两岸在涉外事务中的"内耗"，可将节省下来的"资源"集中用于彼此的经济建设，这对两岸和平发展来说，无疑是有利的举措。其三，有助于减少国际势力插手台湾问题、干扰两岸关系、牵制中国发展的机会，为两岸关系和平发展创造了良好的外部环境。其四，有助于强化国际社会肯定与支持两岸关系和平发展的气氛，有助于压缩台湾岛内分裂势力进行"台独"活动的空间，使得国际社会奉行一个中国政策的格局更为巩固，越来越多的国家理解和支持大陆的对台方针政策。

九、加强公权力合作，解决两岸之间存在的实际问题

随着两岸交流的不断扩大与深化，两岸之间出现的诸多问题，非仅依靠民间或社会力量所能解决，往往不仅需要两岸公权力部门的积极推动，也需要两岸公权力部门之间的密切合作与配合。为此，两岸立法、行政、司法等公权力部门展开了积极而密切的互动。

第一，加强立法部门的配合，为解决冲突提供法律依据。首先，从大陆方面来看，实现"三通"之后，两岸人员往来和经贸交流日益频密，解决两岸法律法规之间的冲突成为摆在大陆立法和司法机关面前的一个极为迫切的任务，进而在客观上推进了大陆关于解决两岸法律规范冲突之单边立法的进程。为此，大陆方面出台一系列法律法规，譬如：《台湾海峡两岸直航船舶监督管理暂行办法》（2008）、《关于审理涉台民商事案件法律适用问题的规定》（2010）等等。其次，从台湾方面来看，随着两岸交往的日渐频密，台湾地区也陆续颁布了一系列规范性文件，包括：《大陆地区人民来台投资许可办法》（2009）、《大陆地区之营利事业在台设立分公司或办事处许可办法》（2009）、《大陆地区投资人来台从事证券投资及期货交易管理办法》（2009）、《大陆地区专业人士来台从事专业活动许可办法》（2009）等等。到目前为止，台湾方面在调整其与大陆之间区际法律冲突方面，已逐步形成以《台湾地区与大陆地区人民关系条例》及其一系列施行细则为主体的法

律体系，且该体系尚在不断地修改、补充和完善之中，以适应变化着的两岸关系新形势。

第二，加强行政部门的合作，解决两岸互动中的复杂问题。随着两岸事务性合作的开展，两岸行政部门合作被提上日程。每一项协议签署以后，均需两岸相关行政业务部门的通盘合作以落实"两会"签署的合作协议。随着"两会"相关协议的签署，两岸的教育、经贸、交通、农业、商业、文化等相关行政部门以一一对应的方式展开了积极协商与合作。例如，自2009 年下半年开始，两岸主管经贸的官员先后就协议举行了四次非正式协商，针对协议内容进行了初步沟通；2010 年 1 月，两岸经贸主管部门同时公布了委托专门机构进行的共同研究报告，宣告协议协商前期准备工作已经全面完成，等等。两岸双方就交流互动中遇到的各种问题，进行积极沟通，认真探讨解决问题的思路、方案和办法。两岸行政部门的协商与合作，为两岸合作走向制度化奠定了重要基础。

除了积极加强与台湾对应行政部门的合作与配合之外，大陆行政部门还通过单边行为来积极为台湾同胞赴大陆发展创造制度环境和条件，主要的事项包括：（1）向台湾同胞开放律师、医师、专利代理等资格考试，拓展台湾同胞在大陆的就业领域；（2）保障台湾学生在学历认证、学费、奖学金等方面与大陆学生享有同等待遇，鼓励更多台湾学生赴大陆求学就读，等等。

第三，加强司法部门的协助，保障两岸人民的合法权益。首先，两岸区际刑事司法协助取得显著成效。2009 年 4 月 26 日，"两会"在南京正式签署了《海峡两岸共同打击犯罪及司法互助协议》（以下简称《互助协议》），使两岸司法界建立了直接、全面、深入的合作关系。《互助协议》不仅大大完善了两岸刑事司法协助的对象、方式和范围，且较为详细地规定了两岸刑事司法协助的请求程序，以确保《互助协议》更具操作性。《互助协议》对共同打击犯罪、送达文书、调查取证、移管（接返）被判刑人（受刑事裁判确定人）等事项具体而较为完善的规定，为有效打击犯罪，维护两岸人民的合法权益以及促进两岸交流交往提供了明确的法律依据。为贯彻落实《互助协议》的有关规定，推动两岸共同打击犯罪的合作，两岸司法机关正积极筹划开展一系列事务性工作会谈，以确定具体合作的架构、流程及各项细则。其次，两岸区际民商事司法协助取得积极进展。民商事司法协助主要涉及法律文书送达、调查取证以及裁判的承认与执行等方面。在《互助协议》签署之前，两岸之间的区际民商事司法协助活动一直以各自制定和通过的一系列政策和法律为依据。随着两岸经贸往来的日渐频密，为保障诉讼活动的顺利进行，在《互助协议》签署之前双方针对有关问题分别做出了安排和规定。但由于是单边立法，在实践中很容易产生矛盾和冲突。有鉴于此，《互助协议》在送达义务等方面做了进一步完善，使得民事调查取证的互助更加广泛和便捷。在《互助协议》框架下，两岸民事调查取证的范围更加广泛、效力更强、形式更简捷。除此之外，大陆方面还出台了送达司法文书、协助司法取证等方面的规范性文件，如《关于涉台民事诉讼文书送达的若干规定》（2008）、《关于审理涉台民商事案件法律适用问题的规定》（2010）、《关于人民法院办理海峡两岸送达文书和调查取证司法互助案件的规定》（2011），等等。这些规定均有助于推动两岸司法部门的互助与合作，更好地保障两岸人民的合法权益。

结　语

十年对台工作的实践充分证明，大陆对台工作的大政方针和决策部署是正确的，成功开辟了两岸关系和平发展道路，符合两岸同胞的共同愿望，符合中华民族的根本利益，符合时代发展进步的潮流。[①] 目前，两岸关系和平发展正由开创期进入巩固发展的新阶段，我们期待着在两岸关系既有成果的基础上，加强两岸互动，深化两岸合作，不断开创两岸关系和平发展的新局面。

（原载香港《中国评论》2013 年 4 月号）

---

① 王毅：《十年来对台工作的实践成就和理论创新》，载《求是》2012 年第 20 期，第 2 页。

2016 两岸关系走向：
"冷和平"抑或其他

2016 年是台湾"大选"之年，选后的两岸关系将何去何从？站在历史的关键节点，人们似乎预感到了两岸关系即将发生重大变化。在这一背景下，学界对两岸关系的走向有许多分析和预测，其中最瞩目的是两岸关系即将陷入"冷和平"状态。所谓的"冷和平"状态是指虽未达到直接军事对抗的"冷战"，但也不是通常所谓的"真和平"，而是介于"冷战"与真和平之间的一种状态。"冷和平"是一种表面上的和平，和平底下暗藏着紧张或对抗，只是不像"冷战"那样公开对峙而已。那么，两岸关系走向"冷和平"状态的可能性究竟有多大？是否还有其他可能的走向？两岸是否可以通过努力来避免陷入"冷和平"状态？如果不能避免，大陆该如何应对"冷和平"状态？基于这些问题，本文在此做如下探讨。

一、未来两岸关系的三种可能走向

从理论上说，未来两岸关系的走向无非有三种可能的情形：一是继续保持真和平，二是陷入"冷和平"，三是出现"冷战"甚至军事冲突。

出现第一种情形（即继续保持真和平）的条件有二：一是倘若国民党在 2016 年"大选"中获胜，继续执政。倘若如此，由于国共之间存在着多年来业已奠定的"九二共识"这一政治基础，两岸关系和平发展的态势会继续保持。二是即便 2016 年民进党上台执政，但民进党采取与大陆相向而行的两岸政策，承认或变相承认两岸同属于一个中国的"九二共识"。

出现第二种情形（即两岸关系陷入"冷和平"）的条件是：2016 年民进党上台执政后，既不承认"九二共识"，也不从事陈水扁式的"法理台独"，而是通过柔性的、隐性的、渐进的策略，从事所谓"维持现状"的"事实台独"和"文化台独"。

出现第三种情形（即出现"冷战"甚至局部军事冲突）的条件是：倘若民进党在2016年"大选"中获胜，蔡英文上台主政后，公然采取陈水扁式的激进"台独"政策，在修改"国号""制宪""修宪"和"公投"等敏感议题上冲撞"一个中国"的底线，大搞"法理台独"。

为清楚表达起见，将以上三种情形列表如下：

表：未来两岸关系的三种可能走向简表

	第一种情形	第二种情形	第三种情形
状态	真和平	"冷和平"	"冷战"甚至军事冲突
条件	①国民党继续执政；②民进党上台执政，但承认或变相承认"九二共识"。	①民进党上台执政，既不承认"九二共识"，也不从事陈水扁式的"法理台独"；②从事所谓"维持现状"的"事实台独"和"文化台独"。	从事"法理台独"。

（图表来源：作者自制）

二、两岸关系走向"冷和平"的概率日渐增大

面对以上三种可能走向，人们难免会问：未来何种情形出现的概率最大？何种情形出现的概率较小？我们目前只能基于事实经验和逻辑推理来尽可能作出合乎理性和现实的判断。

出现第一种情形的可能性很小。就目前岛内的政治生态和各项民调结果来看，民进党籍的蔡英文一直遥遥领先于国民党籍的洪秀柱。尽管目前国民党已经"换柱"，但国民党新推出的候选人是否有能力扭转国民党选情的"低迷"态势，值得怀疑。根据界内多数专家学者的研判，国民党输掉2016年"大选"基本成为定局，即使朱立伦代表国民党出来参选也很难改变这一态势。目前各种迹象显示，民进党上台执政的可能性日益增大。民进党上台执政后，接受或变相接受"九二共识"的概率很小。梳理和分析蔡英文近期关于两岸政策的相关论述不难看出，其两岸政策论述模糊、空洞，所谓"维持现状说"旨在继续回避"九二共识"（当然，从理论上说，并不能完全排除蔡英文会有"华丽转身"的可能）。根据上述对国、民两党参加2016年"大选"情况的预测不难推断出，未来继续维持两岸关系和平发展（即真和平）的局面已非常困难。

出现第二种情形的可能性很大。倘若民进党上台执政后，不接受"九二共识"，两岸关系和平发展就没有了政治基础，两岸关系和平发展就难以继续维持。对此，习近平总书记在今年 3 月 4 日出席全国政协十二届三次会议期间所指出："如果两岸双方的共同政治基础遭到破坏，两岸互信将不复存在，两岸关系就会回到动荡不安的老路上去"。[1]"从蔡英文的言行，以及近期一些绿营人士的言论，可以确定她抛出'和平台独'政策远景的主要依据是：陈水扁直接、公然挑衅大陆一个中国原则底线、策动'入联公投'、推动'烽火外交'等动作，是导致大陆强烈反对，引发台海严重对抗的主要原因，蔡英文认为，只要避免类似行动，不公然、直接挑衅大陆，大陆即可忍受其不接受'九二共识'、一个中国原则，以及'维护台湾主权'等言行。"[2] 蔡英文所谓的"维持现状"，其实就是"事实台独"，只是其借助于"现状"的模糊性来"打擦边球"而已。与陈水扁时期的"法理台独"相比，无非是其手法更柔和、更隐晦一些，但其"台独"本质并无二致。另外，从国际影响因素来看，美国实施亚太再平衡战略，台湾将继续是美国牵制中国的一个重要筹码。台湾"闹独立"但不要碰撞大陆的政治底线，最符合美国的战略利益。所以，美国虽在表面上声称不支持"台独"，但在暗地里却支持民进党上台后奉行"事实台独"、与大陆"斗而不破"的两岸政策。民进党也会迎合美国的"亚太再平衡"战略，为美国维持"亚太再平衡"战略提供支撑和补充。近些年中日关系持续紧张和对抗，民进党上台后，台日进一步靠拢、共同对付大陆的态势将会出现，10 月 6 日至 9 日蔡英文访日，就是一个信号。简言之，民进党上台后秉持"事实台独"政策符合美国和日本的利益。

出现第三种情形的可能性较小。倘若蔡英文上台后从事分离主义式的"法理台独"，必定没有政治市场。这主要是基于以下几个理由：其一，台湾主流民意不支持。台湾各项民调结果显示，台湾民众主张"不统不独""维持现状"者的居多。对于陈水扁式的"法理台独"，台湾民众基本秉持反对态度，因为"法理台独"会引起大陆的强烈反弹甚至军事打击。进一步讲，即便 2016 年"大选"后，出现民进党在"总统"选举中获胜，且在

---

① 习近平：《坚持两岸关系和平发展道路　促进共同发展造福两岸同胞》，载《人民日报》，2015 年 3 月 5 日版。

② 郭振远：《否认、回避九二共识，不会有台海的和平稳定》，载香港《中国评论》，2015 年 5 月号，第 24 页。

"立法院"获得多数席位的情况，民进党也难以从事"法理台独"。虽然在"立法院"具备了通过一般性决议的便利条件，但按照台湾"法律"，凡是涉及"领土变更""更改国号"等"主权"事宜，必须要经过"公投"。这时，决定是否"法理台独"的权力掌握在台湾民众手中，而非"立法院"。所以，即便在"立法院"获得多数（何况不太可能），也难以从事"法理台独"。何况，蔡英文当选后，还有继续连任的愿望。欲继续连任，她就必须考虑多数民众的意愿，而不能一意孤行。其二，美国不支持民进党从事"法理台独"。虽然美国意欲借助台湾这张牌来牵制大陆，但并不愿意跟中国发生直接军事冲突。"法理台独"会将美国"拉下水"，这不符合美国的利益。尽管日本存在着借台海军事冲突来削弱中国的企图，但日本仍是美国的追随者，尾随美国的意图行事。

　　根据对上述三种可能走向的分析，可以推论，两岸将陷入"冷和平"状态的可能性最大。但正如前面所分析，"冷和平"是根据目前岛内政局变化和国际因素所做的一种预测，未来出现的概率较大，但也并非确然。如果蔡英文采取与大陆相向而行的两岸政策，接受"九二共识"，两岸就会出现真和平；倘若蔡英文采取与大陆对抗的"法理台独"政策，两岸将会出现"冷战"，甚至军事冲突。

三、"冷和平"对两岸关系的可能影响

　　倘若2016年后两岸关系果真陷入"冷和平"局面，将对目前的两岸关系产生破坏性影响。具体说来如下：

　　第一，两岸制度化协商可能会中止。自2008年以来，两岸之间建立了一系列官方和半官方制度化协商机制，成为两岸双方互动沟通的重要渠道，进而形成有效的两岸共同治理平台，促进了两岸关系向前发展。但一旦两岸陷入"冷和平"局面，这些制度化协商机制将可能中止。其一，两会协商机制。众所周知，两会是分别得到两岸公权力部门授权的"白手套"组织。民进党上台后，一旦没有了"九二共识"这一共同政治基础，两会协商机制将会中止。其二，国台办和陆委会常态化沟通机制。2014年2月，两岸事务主管部门负责人首次在南京举行会晤，这是两岸"分治"以来，首次有官衔互称的历史性会晤。在此次会晤中，双方同意国台办和陆委会建立常态化沟通机制。此举使两岸事务主管部门就两岸关系发展中的相关问题直接

沟通、互动，避免误判，有助于评估和管控两岸事务，有助于增进两岸互动。但是，倘若两岸关系陷入"冷和平"局面，该机制也会中止。其三，两岸经济合作委员会。该组织也简称"经和会"，是依据 ECFA 成立的组织，由海协会和海基会共同召集，下设货物贸易、服务贸易、投资工作、解决争端工作等若干小组。经合会是两岸经济事务共同治理的开端，为两岸其他相关事务的共同治理提供了借鉴，促进了 ECFA 的机制化和深入落实，推动了两岸经济合作的便利化和一体化进程。倘若两岸关系陷入"冷和平"，该组织被中止运行的可能性极大。其四，旅游与民航"小两会"。它们是由两岸民间业者组成，接受政府授权进而协商旅游、交通、航空安全等问题的组织，称为"小两会"。如旅游"小两会"，由台湾海峡两岸观光旅游协会与大陆海峡两岸旅游交流协会作为对口平台，接受两岸旅游观光事务部门的授权，就两岸旅游事务以及观光客在对方境内遇到问题进行沟通、协商、谈判。而且彼此在对方都有派驻机构，台旅会成立北京办事处，海旅会成立台北办事处，方便己方观光客在对方境内遇到问题时及时处理，并与对方相关职能部门保持沟通。此外，两岸还有民航小两会，根据两会签署的《两岸空运协议》建立由台湾台北市航空运输商业同业公会和大陆海峡两岸航空运输交流委员会对口负责，经双方主管部门授权就两岸飞航安全、航班安排等事宜进行磋商、谈判，促进两岸人员往来和航空安全。倘若两岸关系陷入"冷和平"，这些组织即使未被中止运行，其运行效果也会大打折扣。

第二，两岸的经济交往可能出现停滞或倒退。其一，大陆的经济惠台政策很可能不再延续。对于蔡英文来说，其最佳目标是，既不承认"九二共识"，又能享受两岸关系和平发展的红利，这样有利于其连续执政。从大陆方面来看，这是蔡英文的一厢情愿，因为两岸关系和平发展的红利是在"九二共识"的基础上衍生出来的。蔡英文不承认"九二共识"，却想获得只能基于"九二共识"方可取得的和平红利，这是不现实的想法。国民党执政时期，两岸关系之所以能够和平发展，是由于国共两党之间存在"九二共识"。倘若民进党上台执政，大陆继续奉行国民党时期的两岸政策，不能区别对待，这在实际上是变相鼓励"台独"。其二，两会签署的二十多个协议的执行将面临困难。两会签署的二十多个协议是双方基于"九二共识"这一政治基础而签署的协议，虽然后来经过了两岸公权力部门的审批程序，增强了其合法性和稳固性，但并没有改变其基础仍是"九二共识"这一事实。换言之，两会签署的二十多个协议之所以顺畅地运行，是由于其得到了

"九二共识"的支撑。倘若民进党上台后不接受"九二共识"，则使得两会签署的协议失去了原有的基础，即使大陆不将其中止，其执行效果也会大打折扣。对于这一可能出现的结果，蔡英文似乎已经有所预料。为减少或防止两岸关系陷入"冷和平"后可能会给台湾经济发展带来的负面影响，蔡英文目前所谓的"南向政策"，以及向日本积极寻求经济支持，可以被视作蔡英文为避免上台后因大陆调整惠台政策而使台湾经济陷入困境所采取的先期努力。

第三，台湾的"国际活动空间"将会被压缩。其一，两岸的"外交休兵"局面将会被打破。马英九上台主政后，主动与大陆采取"外交休兵"策略，互不挖对方"邦交国"，才使得台湾当局暂时维持了原来的"邦交"数量。但是，一旦两岸陷入"冷和平"状态，双方的"外交博弈"可能会重新开始，台湾当局的"邦交"数量必定会被减少。其二，台湾加入国际组织方面很难再有突破。马英九主政以来，在台湾加入国际组织方面，两岸形成了"先两岸，后国际"的惯例和原则，即台湾要参与国际组织，原则上都应该在两岸经过充分协商并达成具体谅解和方案后才能具体实施，反对台湾方面绕开大陆单方面的一意孤行。实践证明，台湾当局越过两岸协商、单方面地谋求加入国际组织，大陆方面必然进行抵制，跟有关国际组织打招呼或抗议，在这种情况下，台湾的单方面诉求就会"流产"。民进党上台后是否会遵循这一惯例？我们不得而知。但可以肯定的是，倘若民进党上台后采取绕开大陆、单方面申请加入国际组织的做法，只会以失败而告终。上述两个方面的分析表明，两岸关系陷入"冷和平"状态后，台湾当局在维持"邦交"和加入国家组织方面的空间均面临着危机。随着台湾"国际活动空间"的压缩，台湾民众可能会对大陆产生严重不满情绪，这又会进一步加剧两岸关系的紧张。目前蔡英文主张今后台湾加入国际组织的方向将被调整为加入人道主义援助性质的国际组织为重点，可以被视作其为避免陷入这一危机所作的思考。

四、"冷和平"局面的避免和应对

"冷和平"类似一个"光谱"，呈现出非均质的和平状态。其存在着两个端点，一个端点存在着向真和平演化的可能性，另一端点存在着向"冷战"甚至军事冲突演化的可能性。"冷和平"是两岸之间的不幸，也是亚太地区的不幸。尽管两岸陷入"冷和平"的态势日益明显，但并非不可能避免,只要两岸双方能够清醒认识到"冷和平"的危害,两岸均从中华民族的大局出发,也可以避免陷入"冷和平"状态。

对于民主政治环境下的选举型政党来说,有一个不是规律的规律,那就是其选举前的论述与当选后的实际作法存在落差。即使美国的两大政党也不例外,选举前均宣示强硬的对华政策,但其当选后均采取冷静、理性、友好的对华政策。民进党上台后会出现怎样的情况,是与大陆相向而行,接受或变相接受"九二共识",还是与大陆相背而行,无所顾忌、变本加厉地从事"事实台独"?目前不得而知,但希望前者。倘若民进党上台后,果真出现了与大陆相向而行的行动,大陆会积极地加以肯定和鼓励。前任中共中央总书记胡锦涛曾指出:"对台湾任何政党,只要不主张'台独'、认同一个中国,我们都愿意同他们交往、对话、合作。"① 现任中共中央总书记习近平也指出:"我们对台湾同胞一视同仁,无论是谁,不管他以前有过什么主张,只要现在愿意参与推动两岸关系和平发展,我们都欢迎。"②

众所周知,坚持"九二共识"是国共两党互动交往的政治基础,也是前提条件。正是基于这一政治基础和前提条件,国共两党自2005年连战主席访问大陆以来就开启了党际交流。2008年国民党上台执政,两岸在"九二共识"的基础上,开辟了和平发展的新局面。民进党只有接受"九二共识",才能为两岸关系和平发展奠定基础。两岸同胞应百倍珍惜这来之不易的局面和成果,防止"台独"活动的蔓延。正如大陆中共中央总书记习近平所指出:"'台独'分裂势力及其活动损害国家主权和领土完整,企图挑起两岸民众和社会对立、割断两岸同胞的精神纽带,是两岸关系和平发展的最大障碍,是台海和平稳定的最大威胁,必须坚决反对。两岸同胞要对'台独'势力保持高度警惕。"③ 两岸关系的风风雨雨,给我们的启迪是,两岸合则共赢两利,斗则双输互损。

(原载香港《中国评论》2015年11月号)

---

① 胡锦涛:《坚定不移沿着中国特色社会主义道路前进 为全面建成小康社会而奋斗——在中国共产党第十八次全国代表大会上的报告》,人民出版社,2012年版,第45页。
② 习近平:《共圆中华民族伟大复兴的中国梦》,载《习近平谈治国理政》,外文出版社有限责任公司,2014年版,第239—240页。
③ 习近平:《坚持两岸关系和平发展道路 促进共同发展造福两岸同胞》,载《人民日报》,2015年3月5日。

略论民共两党的相向与接轨

    2014 年 11 月底，民进党在"九合一"选举赢得大胜，大陆方面据此预判民进党赢得 2016 年"大选"已是在所难免。为了维持两岸关系和平发展的局面，2015 年 3 月 4 日，大陆领导人习近平在出席全国政协十二届三次会议期间重申："九二共识"是两岸关系和平发展的政治基础，"如果两岸双方的共同政治基础遭到破坏，两岸互信将不复存在，两岸关系就会回到动荡不安的老路上去"。很显然，这个讲话是针对民进党而言的，因为国民党不存在不接受"九二共识"的问题。这个讲话被解读为大陆是在向民进党喊话，要民进党接受"九二共识"。

    2015 年 6 月 3 日，蔡英文赴美访问期间，在美国华盛顿智库战略与国际研究中心（CSIS）演讲时表示，未来将在"中华民国现行宪政体制"下，依循普遍民意，持续推动两岸关系的和平稳定发展，并在回答记者提问时，将"宪政体制"解释为四个方面：一是"宪法"本文，二是增修条文，三是"大法官释宪"，四是在台湾实际实施的状况。这是蔡英文第一次在公开场合对"中华民国宪政体制"作肯定性表态。在这里，蔡英文用的是"中华民国宪政体制"，而非"宪法"（备注：宪政体制和宪法并不相同）。尽管蔡英文没有直接表示依照"中华民国宪法"来处理两岸关系，但毫无疑义地表明其在这一问题上的立场有所软化。因而，这被大陆视为善意的释放，并在与大陆相向而行的道路上迈出了第一步。

    针对蔡英文释放的善意，大陆出于继续维护两岸关系和平发展的考虑，也开始释放善意。2015 年 11 月 7 日，"习马会"期间，大陆领导人习近平对过去一贯坚持的"九二共识"，在表述上作了富有善意的弹性调整，将其拆分表述为：承认"九二共识"的历史事实，认同其核心意涵。只要接受这两点，两岸双方就有了共同政治基础，就可以保持良性互动。大陆方面作出这样的拆分处理，主要是考虑到，蔡英文直接承认"九二共识"四个字可能会背负很大的压力，故为其铺垫一个承认的台阶。

为了进一步向大陆释放善意，也为了回应岛内各界人士不断追问，蔡英文于 2016 年 1 月 21 日在接受台湾媒体采访时表示，理解和尊重 1992 年两岸两会沟通协商达成了若干共同认知与谅解，愿在这个基本事实和既有政治基础上，持续推动两岸关系和平稳定发展。这个表述被解读为蔡英文接受了"九二会谈"的历史事实。很显然，蔡英文的表述与此前相比有一些微调，又与大陆相向而行了一步。但是，她在"两岸同属一个中国"的核心意涵问题上，仍模糊以对。

2016 年 3 月初的大陆"两会"期间，大陆领导人习近平、李克强、俞正声和国台办主任张志军先后就两岸关系发展的政治基础问题作出表态，重申了"九二共识"是确保两岸关系和平发展行稳致远的关键，呼吁民进党承认"九二共识"的历史事实，认同其核心意涵。张志军还表示，若不承认"九二共识"就是改变两岸现状。至此，大陆已经亮明了与民进党互动的底线和原则。接下来就看蔡英文在 520 前后如何来回应大陆领导人的表态。

回顾以上过程，可以清晰地看出，自 2015 年以来，民共两党一直有相向而行的愿望。但双方的不同在于，蔡英文希冀在通过一些策略性微调但不接受"九二共识"的情况下，继续维持先前国民党执政时期开辟的两岸关系和平发展局面，但在大陆看来，这是民进党的一厢情愿，因为大陆之所以惠台让利，是因为国民党承认两岸同属于一个中国，两岸既然是一家人，大陆惠台让利也就顺理成章。但民进党不接受"九二共识"，却希冀延续只能基于"九二共识"才能衍生出来的和平红利，这并不现实。为了缩小分歧，继续保持两岸关系和平发展的态势，民共双方都有相向而行的举动。但截至目前，双方似乎都到了一个临界点。大陆方面已经退到了底线，不可能再退让，而蔡英文在短期内全面接受"九二共识"似乎也不太可能。双方的相向而行能否实现接轨？目前不得而知。若实现接轨，两岸关系和平发展的态势就能维持；反之，则出现动荡。但就目前双方的底线来看，实现接轨的可能性不大。

接下来的问题是，倘若蔡英文在 5·20 前后不能在"九二共识"问题给大陆一个满意的回应，大陆的对台政策是否会作出调整？并且会作出怎样的调整？这是两岸各界高度关注的问题。就一般分析来看，大陆会作适度调整，只是要调整到什么程度或幅度而已。在蔡英文不接受"九二共识"核心意涵的情况下，大陆调整对台政策的程度或幅度，则需要根据未来蔡英文的"言"和"行"来作具体研判。从先前大陆回应蔡英文两岸关系论述的态度和策略来看，当其发现民进党有向大陆相向而行的积极苗头时，并没有因民进党的论述离大陆的底线存有很大距离而"一棍打死"，而是审时度势，因势利导，大陆对"九二共识"作出的新表述（即表述为"历史事实"和"核心意涵"）就是最好的例证。今后是否会延续这一做法，目前不得而知。不过，笔者认为，在蔡英文的"言"一时无法突破的情况下，大陆主要是观察她的"行"。如果其实际行动能体现出"两岸同属一中"的意涵，大陆应该会作出相应的善意表示。譬如，尽管蔡英文一时难以公开表述"两岸同属于一个中国"，但今后能否不再提"两岸是两个主权国家"？用实际行动向大陆表明其不从事"台独"，这无疑是善意之举。如果出现这种情况，尽管两岸互动不会达到马英九主政时期高度和规模，但也会维持在一定的层次和幅度。

需要注意的是，蔡英文在接受"九二共识"与不接受"九二共识"之间，有一个很大的灰色地带，这或许是我们今后观察蔡英文两岸关系论述的重要方面。就目前来看，蔡英文要接受"九二共识"，面临着很大困难。倘若蔡英文无法直接回应"两岸同属一中"，那么她是否有可能提出替代性表述，值得进一步观察。从目前媒体报道的情况来看，最流行的说法是，蔡英文可能以承认"中华民国宪法"来替代承认"九二共识"。那么，大陆方面如何看待这一替代性表述呢？笔者以学者眼光，在此对该替代性表述作一理论解析。众所周知，增修前的"中华民国宪法"是"一中宪法"，这毫无疑义，但七次增修后，其"一中"属性渐趋模糊，台湾不同政治力量可以根据各自需要对其进行不同的解释，即既可以向"一中解释"，也可以向"独台"解释，还可以向"台独"解释。这样一来，其以接受"中华民国宪法"来替代接受"九二共识"的"一中"意义就大打折扣，对此，大陆方面心知肚明。后退一步讲，即便蔡英文对"中华民国宪法"仅作"一中"解释，而不作"独台"或"台独"解释，大陆也会持以审慎态度。这是为什么呢？因为即便蔡英文承认"中华民国宪法"是"一中宪法"，大陆还要防止"一中两宪"情形的出现，为此，蔡英文必须在承认"中华民国宪法"的同时，还要坚持"中华民国宪法"的唯一法统地位（即唯一合法性）。只有如此，才能使两岸之争被限定在一个中国框架之下。否则，蔡英文在接受"中华民国宪法"（即便是"一中宪法"）合法性的同时，还承认大陆中华人民共和国宪法的合法性，就会导致"一中两宪"，其实质是"一国两府"或"两个中国"，这种情形有些类似于李登辉时期的"一个中国，两个对等政治实体"论述。回顾马英九主政时期，双方在法理上坚持两岸只有一部宪法，大陆将这部宪法表述为中华人民共和国宪法，而台湾将这部宪法表述为"中华民国宪法"，此可谓"一宪各表"（备注：马英九当局虽然没有这个提法，但其法理如此），该情形亦即宪法版本的"一中各表"。马英九当局的"一国两区"论述也是基于如此法理。大陆对"一宪各表"虽然不能公开承认，但在目前条件下亦是两岸维持"一个中国"的权宜之计，虽不满意，但可勉强接受，纵观马英九主政这八年，两岸在这一问题上便是沿袭了这一处理思路。但需要指出的是，此处的"一宪各表"不同于谢长廷先生的"宪法各表"，后者是两岸分别就各自的宪法进行表述，其实质是"两宪各表"，这种情形会导致"一国两府"。依此来分析，蔡英文的论述意欲达到类似于国民党"一中各表"，其间尚有很长的路要走。分析至此，笔者的结论是：民共两党虽然有相向而行的动作，但短期内难以实现接轨。

（"第十届两岸和平论坛"会议论文，
台湾中兴大学，2016年3月28日，台中）

蔡英文"宪法"论述的"进"与"退"

蔡英文在 520 就职演说时表示，"新政府会依据'中华民国宪法'、两岸人民关系条例及其他相关法律，处理两岸事务"。这是蔡英文首次在公开场合对"中华民国宪法"作正面表态。那么，我们究竟该如何看待蔡英文的"宪法"论述？该论述与其先前的"宪政"论述（即将在"中华民国现行宪政体制"下，依循普遍民意，持续推动两岸关系的和平稳定发展）相比，又有何进步？该论述是否意味着蔡英文接受了"一中"，放弃了"台独"？其与大陆的政治底线还有多远距离？大陆该如何评价和应对该论述？

一、接受"宪法"其实是回归"宪法"

长期以来，民进党在政治操作层面，将"中华民国"与"中华民国宪法"做了区隔处理。民进党虽然在事实上接受"中华民国"为暂时性"国号"（备注：民进党所接受的暂为"国号"的"中华民国"与历史上的中华民国亦不相同，其领土范围仅及于台澎金马，并未涵盖大陆），但是拒不接受、甚至要废除"中华民国宪法"（即"公投制宪"或制定"台湾新宪法"）。

从历史发展角度看，此次蔡英文的"宪法"论述，与其说是"接受宪法"，不如说是"回归宪法"。诚如大家所知，在 1987 年"解严"之前，民进党的主要政治诉求是民主，而因"临时条款"限制了民主，所以"回归宪法"曾是当时在野的民进党进行抗争的鲜明旗帜，要求从"临时条款"的"违章建筑"回归到"宪法"本文的实施，回归到"宪法"规定的民主"宪政"制度，这从民进党在"解严"前夕组党时所讨论的"共同纲领"

中可以清楚地辨识到。① 20 世纪 90 年代，民进党的政治诉求开始发生重大变化，由"民主诉求"转向"主权诉求"（即追求"独立建国"）。与之相对，民进党对"中华民国宪法"的态度也发生重大转变，开始由"回归宪法"走向了"否认宪法"。对此，台湾学者李念祖教授概括道，民进党"为了民主而回归宪法，为了主权而否定宪法"。② 直至 2016 年 5 月 20 日蔡英文就职前，民进党仍不承认"中华民国宪法"，其原因可概括为以下两点：其一，该"宪法"1946 年在南京制定，若民进党承认该"宪法"，则意味着承认台湾与大陆之间存在历史连续性，不利于切断两岸之间的历史联结；其二，该"宪法"规定的疆界范围是外蒙古、大陆和台澎金马。若民进党接受该"宪法"，则意味着接受了两岸同属一个中国。③

　　需要特别指出的是，在过去很长一段时间里，虽然民进党没有正式承认"中华民国宪法"，但在事实上也有所接受，因为在"法理台独"几乎没有可行性的情况下，拒不接受"中华民国宪法"无异于自我设置陷阱。正如民进党人士谢长廷所言，民进党不接受"宪法"难以自圆其说。首先，七次增修后的"中华民国宪法"，已是一部民主的"宪法"，有台湾民主改革的纪录；七次"修宪"，民进党均参与其中，凝聚着民进党人的心血、智慧和追求，民进党既然参与了"修宪"，就应接受这部"宪法"。其次，尽管民进党不承认"中华民国宪法"，但多年来一直在该"宪法"规定的体制下运作，且"当选者也都在就职时宣誓'遵守宪法'。过去民进党多次提出释宪案，也是在此宪法架构下提出。假若'依宪法规定参与选举，当选后又不愿意宣誓'，或者'要求解释宪法，但又不承认宪法'，都将形成自相矛盾"。④ 因此，从民进党一直以来的作为来看，其在事实上已或多或少接受了"中华民国宪法"，此次正式予以承认，实际上带有确认意味。再次，在蔡英文及其幕僚看来，回归"中华民国宪法"不会损伤"台湾主体性"。虽然"中华民国宪法"本文被认为深具"大中国"意涵，但经过七次增修之后，"中华民国宪法"已被修改得"支离破碎"，不同政治力量完全可以对

　　① 李念祖著：《人国之礼——宪法变迁的跨越》，台湾三民书局股份有限公司，2012 年版，第329 页。
　　② 李念祖著：《人国之礼——宪法变迁的跨越》，台湾三民书局股份有限公司，2012 年版，第331 页。
　　③ 王英津：《论两岸关系中的"中华民国宪法"问题》，载香港《中国评论》，2016 年 3 月号，第 30 页。
　　④ 谢长廷著：《未来：不一样的台湾》，台湾新文化教室，2012 年版，第 113 页。

其进行不同解读。从过去"事实台独"人士的相关论述来看，通常主张借"中华民国"之"壳"，上"台独"之"市"。接受"宪法"是否会损伤台湾主体性，主要取决于如何解释"宪法"意涵。蔡英文接受"宪法"，本身已经预留了"台独"解释的空间，这不仅不会损伤台湾主体性，反而还有助于"务实台独"的实现。①

二、新论述预留了进退自如的解释空间

就两岸关系的角度而言，从"宪政"论述到"宪法"论述，蔡英文究竟有哪些进步？欲准确地回答这一问题，首先须回顾蔡英文2015年6月在美国华盛顿智库战略与国际研究中心（CSIS）演讲时提出的"宪政"论述。根据蔡英文的解释，"宪政"论述的基本意涵包括四个方面：一是"宪法"本文，二是增修条文，三是"大法官释宪"，四是"宪法"在台湾的实际实施状况。一般而言，宪政侧重描述以宪法为主轴而开展的政治活动，因此，"宪政"比"宪法"在意涵上更宽泛、更模糊，可操作的空间更大；相反，"宪法"比"宪政"更具体、更清晰，模糊空间有所压缩。总之，从"宪政"论述到"宪法"论述，是大陆对蔡英文不断施压所取得的积极成效，是蔡英文在无奈情况下的被迫"前行"，是民进党向大陆释放善意的表现。然而，我们必须认识到，此次"宪法"论述与先前的"宪政"论述在深层意义上并无实质差别，因为其已预留出了进退自如的解释空间。

众所周知，自1991年4月至2005年6月的十四年间，台湾当局曾对"中华民国宪法"进行了七次增修。对比增修前后的"中华民国宪法"可以发现，增修后的"中华民国宪法"有许多模糊之处，这使得台湾社会对增修后的"中华民国宪法"存有不同解释，诚如谢长廷所言："宪法"增修条文的前言中"因应国家统一前之需要，依照……之规定，增修本宪法条文……"的部分，固然可以解释为"统一的架构"；但对主张"台湾是主权国家"者而言，该条文并非必然意味着"国家要走向统一"，而是确立了当前"两国"是处于"未统一"的分立现状。② 因此，七次增修后的"中华民国宪法"，虽仍保持了"两岸一中"的基本架构，但"一中"解释被稀

---

① 王英津：《蔡英文"宪政"论述解析》，载香港《中国评论》，2015年7月号，第5页。
② 谢长廷著：《未来：不一样的台湾》，台湾新文化教室，2012年版，第116—117页。

释，既可按照原来的"一中"意涵解释，也可向"独台"方向解释，还可以向"台独"方向解释。正因如此，有台湾人士极端地认为，七次增修工程完成了"中华民国领土主权"的缩限，实现了"中华民国台湾化"。

蔡英文的"宪法"论述似乎给外界营造了一种回归"宪法一中"的想象，但其所谓的"中华民国宪法"包括本文和增修条文两部分，其中的增修条文部分仍存在异化解读的空间。要看清其"宪法"论述的"真面目"，尚需跟踪其"宪法"论述的后续内容。具体而言，有三个方面亟待进一步观察。

第一，对"宪法"内涵如何解释。如果蔡英文借"中华民国宪法"中"一中"内容的模糊性，强调"中华民国宪法"的本土化或台湾化，凸显"一边一宪"或"两国两宪"，那么其"宪法"论述就是"台独"论述。如果蔡英文坚持"中华民国宪法"的"一中"性质，坚持两岸同属一个中国框架，主张"一中一宪"，并坚持"中华民国宪法"的唯一"法统"地位，那么，其"宪法"论述就是"一中"论述。

第二，对"领土范围"如何界定。蔡英文所指的"中华民国"，其领土范围是包括大陆和台湾，还是仅仅及于台澎金马？若为前者，那么其"宪法"论述就是类似于国民党的"大一中"论述；若为后者，即主张"中华民国是一个主权独立国家"，且领土主权范围不及于大陆，故意切断两岸的"一中"联结，使两岸关系变成"国与国"关系，那么其"宪法"论述就是"台独"论述。

第三，是否坚持己方"宪法"的唯一"法统"地位。坚持己方宪法唯一"法统"地位的实质是坚持"单一主权""单一外交"和"一国一府"，这是两岸政权之争的重要体现。只有互不承认对方"宪法"的合法性，坚持"一中一宪"，方可将两岸争议维持在一个中国框架内。否则，就会出现"一中两宪"，使得两岸争议由政权之争上升为主权之争，导致"一国两府"或"两个中国"。蔡英文在接受"中华民国宪法"的同时，是否承认中华人民共和国宪法的合法性至关重要，这是考察其"宪法"论述性质的又一重要指标。

综上所述，要想准确研判蔡英文的"宪法"论述，只看到其接受"宪法"远远不够，还需分析其接受的是一个什么样的"中华民国宪法"？其主权范围如何界定？其论述中的"中华民国"与中华人民共和国是何关系？等等。以上问题正是当年李登辉当局在"中华民国宪法"的掩盖下建构

"台独"论述的主要着力点。如果我们仅仅看到蔡英文对"中华民国宪法"由"不接受"到"接受"的转变，就认为其接受了"两岸一中"，那就犯了"一叶障目"的错误。

除此之外，研究蔡英文的"宪法"论述，还应与她的其他两岸关系论述结合起来通盘考察。从蔡英文的一系列论述来看，其"宪法"论述与"维持现状""求同存异"等论述一脉相承，只是各有侧重。"维持现状"也是一个似是而非的模糊论述，譬如要维持一个什么样的"现状"？众所周知，两岸三方对于"现状"的认知和解读并不相同，大陆认知的现状是两岸同属一个中国框架；国民党认知的现状是两岸同属一个中国架构，但强调一个中国是指"中华民国"（至少在法理上如此论述）；民进党认知的现状则是两岸"一边一国"。那么，蔡英文要维持的"现状"是上述哪一种现状？综合分析不难推知，蔡英文的"现状"仍是指两岸"一边一国"，其立场和主旨是，在不放弃"台独"的前提下，缓和与大陆的统"独"对抗，继续保持两岸关系和平发展，以便为下一届选举连任奠定民意基础。① 蔡英文的整套论述清晰地表明，其"台独"立场并未发生变化，有所调整的仅仅是"台独"策略。与原来"台独"势力要求重新"制宪"的主张相比，蔡英文无非是主张在"宪法"框架内推动"务实台独"，这是民进党在无法实现"法理台独"而又不愿放弃"台独"的情况下，迫于大陆压力而做出的无奈选择。

三、蔡英文"宪法"论述与大陆底线的距离

不管出于压力还是动力，蔡英文承认"中华民国宪法"在两岸关系意义上无疑值得肯定。对于大陆方面来说，如何巧妙回应蔡英文的"宪法"论述，是一个技术要求很高的动作。我们务必做到：既要对蔡英文回归"宪法"的论述表示肯定，又要一针见血地指出其论述存在的问题；既要引导、鼓励或迫使蔡英文继续与大陆相向而行，又要避免在处理"中华民国宪法"问题上留下后遗症。

分析至此，就引出一个问题：蔡英文在"宪法"问题上究竟该如何表述才符合大陆的要求？换言之，其"宪法"论述与大陆的政治底线究竟还

① 王英津：《蔡英文"宪政"论述解析》，载香港《中国评论》，2015 年 7 月号，第 8 页。

有多远？大陆方面一直声明，其政治底线是要求蔡英文接受"九二共识"（核心意涵是两岸同属一个中国），虽然"宪法"论述和"九二共识"属于不同的话语表述系统，但两者在表达"两岸同属一中"的意涵上具有融通性。为此，笔者可以为蔡英文绘制出如下论述路线图，即"台湾共识"→"宪政"论述→"宪法"论述→"一中宪法"论述→唯一"法统"的"一中宪法"论述。目前，蔡英文的"宪法"论述正处于上述路线图中的第三步，今后必须走完后两步，才能实现与大陆的和解与互动。否则，无法建立民共互动。对于尚未完成的后两步，大陆期待蔡英文能够合并迈进，努力一步到位，但如果确有困难，也可以分为两步走：

　　第一步，必须明确表示其所接受的"中华民国宪法"是"一中宪法"，不能进行其他（如"台独"或"独台"）演绎解释。那么，如何表述才是"一中宪法"呢？关键要明确"一中"是指"大中国"意义上的"中华民国"，具体的考察指标是，恪守"宪法"本文第四条的规定，亦即"中华民国"的疆域范围必须涵盖大陆和台湾。但反观蔡英文的论述，可能会侧重对增修后的"中华民国宪法"进行解释，将领土范围缩限在台澎金马地区。对此，需要蔡英文在"宪法"立场上有一个明确的转变和表态，要明确承认"中华民国宪法"是"一中宪法"。从目前台湾各界对"一中"解释来看，主要有以下四种涵义：一是"一中即中华民国，与对岸的中华人民共和国（或中国）是互不隶属的并列关系"，即"国与国"关系；二是"一中即一个中华民国"，其领土涵盖大陆和台湾，坚持"单一主权"，不承认中华人民共和国的合法性；三是"中华民国政府"与中华人民共和国政府同属于"一中"，此"一中"为虚体架构，实质是"一国两府"；四是"中华民国"与中华人民共和国同属于"一中"，此"一中"为虚体架构，实质是"一中两国"。在上述四种"一中"解释之中，只有第二种解释接近大陆要求的"一中"意涵，对此，大陆虽不满意，但可勉强接受；其他三种解释均为"台独"或"独台"解释。因此，退一步说，即便蔡英文的"宪法一中"不正面包含大陆的"一中"意涵，至少也应接近国民党的解释，即将"宪法一中"中的"一中"解释为"大中国"意义上的"中华民国"。

　　第二步，明确表示"中华民国宪法"是两岸之间具有唯一"法统"地位的"一中宪法"，即坚持"单一宪法"。尽管目前两岸均声称各自拥有"宪法"，但只有在法理上互不承认，分别主张"一中一宪"，才能维持主权意义上的"一中"架构，将两岸之争限定在政权之争的框架内。倘若双方相互承认对方的"宪法"，就等于在事实上共同承认了一个中国内部存在两部合法性"宪法"，如此一来，就会使两岸分裂现状合法化、凝固化，导致"一中两宪"，其实质是"一国两府"。笔者认为，为防止蔡英文仿照谢长廷的"宪法各表"（即两岸"两部宪法，各自表述"）来处理两岸关系，大陆必须要求蔡英文在接受"一中宪法"的基础上，再进一步明确"中华民国宪法"是两岸之间唯一"合法"的"一中宪法"，以此来营造"一宪各表"的空间和条件。换言之，蔡英文必须坚持两岸之间只有一部合法的"宪法"，双方只就这一部合法"宪法"（不具体指明哪一部"宪法"）各表，而不是直接就两部"宪法"各表。具体操作方法是：蔡英文当局可将这部"宪法"表述为"中华民国宪法"，大陆方面可将这部"宪法"表述为中华人民共和国宪法（备注：大陆方面虽不赞同"各表"，但台湾方面给大陆方面留出"各表"的空间倒也无妨）；台湾方面可根据"中华民国宪法"将"一中"表述为"中华民国"（备注：此时的"一中"是实体架构，而非虚体架构），而大陆方面可根据中华人民共和国宪法将"一中"表述为中华人民共和国。倘若两岸之间可以实现"一宪各表"，那么其产生的效果会接近于国民党的"一中各表"。既然大陆方面能够与国民党的"一中各表"进行联结，并以此为基础展开互动交流（因为"一中各表"的基础是两岸同属一个中国）。那么，即便届时大陆不会正面接受蔡英文的"一宪各表"，想必也会像对待国民党的"一中各表"一样，做出类似默认的善意表示。[1]

值得注意的是，在两岸"宪法"问题上，很容易陷入一个误区，即认为两岸"宪法"所宣示的"主权重叠"，故不会导致"两个中国"。然而，该逻辑并不成立。这是因为，其一，既然"主权重叠"，那么就已经预设了"两个主权"的存在，"单一主权"无所谓重叠的问题，承认"主权重叠"本身就隐含着承认"两个主权"的意味。如此一来，"一中"就会由原来具有主权意涵的实体架构变成仅具有历史、地理、文化、血缘意义上的虚体架构。其二，回顾台湾当局对待"中华民国宪法"和中华人民共和国宪法的态度，凡是坚持"两岸一中"的时期都不会承认中华人民共和国宪法，而

---

① 王英津：《蔡英文"宪法"论述离大陆底线还有多远？》，载中国评论新闻网，2014年5月21日。

只有坚持"独台"或"台独"的时期才会对其有所承认。两蒋时期的台湾当局出于与大陆争夺"法统"的需要,一直坚持"单一宪法",只承认"中华民国宪法"的唯一"法统"地位;李登辉早期也坚持"一中一宪",但后来由于奉行"台独"路线,其先后改行"一个中国,两个对等政治实体"和"两国论",两个论述分别内含着"一中两宪"和"两中两宪"的意蕴;马英九上台主政后,重新回归"一中一宪"的轨道。不难看出,两岸双方分别坚持"一中一宪"是政权之争的表现,在目前情况下,只有如此方能维持一个中国框架;大陆也只有拒不承认"中华民国宪法",才能为未来两岸统一奠定法理基础。

四、蔡英文"宪法"论述可能带来的挑战

蔡英文从不接受"宪法"到接受"宪法",表面上是与大陆相向而行了一步,但实际上是"以退为进"的策略,充分预留了"退一步,进两步"的空间。这对于大陆来说,可谓喜忧参半。

蔡英文在520就职演说中强调:"我们更会努力促成内部和解,强化民主机制,凝聚共识,形成一致对外的立场"。那么,台湾"内部和解""凝聚共识"和"一致对外"的基础是什么?按照某些台湾政治人物的说法,其实就是"中华民国"及其"宪法"。就"中华民国宪法"而言,虽然先前国、民两大政党对其态度截然不同,即国民党要捍卫之,民进党要废除之。但时至当下,民进党已经接受了"中华民国宪法",两党对"宪法"的态度渐趋一致。尽管蔡英文的"宪法"论述还存在诸多灰色地带,但从相关论述(如林全的"中华民国台湾"等)不难推知,其"宪法"所涵盖的领土范围仅及台澎金马。国民党虽然在法理上坚持"中华民国宪法"的主权范围是"大中国",但从实际行动上看,其近些年来一直声称两岸当局互不代表对方,意即"中华民国"代表台湾、中华人民共和国代表大陆,在此语境下,其经常将"台湾与中华民国等同",这与民进党的"中华民国是台湾"说辞非常接近。由此不难发现,国、民两大政党在"中华民国"及其"宪法"问题上日渐趋同,它们正是要通过共同捍卫"中华民国宪法"来捍卫"中华民国主体性"。

分析至此,我们可以发现,蔡英文的"宪法"论述与谢长廷的"宪法共识"论述有许多融通之处。后者的主要观点是,民进党要承认并接受

"宪法"，台湾内部应就"宪法"中的制度、福利、民主、自由或人权保障等内容建立"重叠共识"，对"宪法"中关于"一中""固有领土"的意涵等不同主张要"存异求同"；蓝绿两大阵营的各个政党应在"宪法"基础上实现和解。① 谢长廷虽然主张民进党接受和承认"中华民国宪法"，但其目的并非为了让民进党接受"一中"，而是为了实现结束蓝绿对抗、联手应对来自大陆的挑战、防止被分化瓦解、共同"捍卫台湾主体性"的目标。多年来，由于蓝绿两大阵营在"九二共识"议题上一直争斗不断，台湾社会撕裂严重。为解决长期以来的蓝绿分歧和对抗，谢长廷主张在台湾内部以"宪法共识"取代"九二共识"。"就台湾利益来讲，我们应该寻求替代性共识方案，才不会造成国共两党'舍异求同'来切割民进党的窘境；况且，国共之间所谓的'九二共识'和'一中各表'是有争议的"，② 既然台湾社会内部对"一中"存有争议，就不要沿用这个概念，应以"宪法"概念来替代"一中"概念，应以"宪法共识"取代"九二共识"，③ 这样可以减少不必要的政治纷争和内耗。为此，"我们应该以宪法为共同平台、作为不同政党之间竞争、解决政治纷争的准绳，回归到'宪法是国家根本大法、基本规范'的既有实然地位，寻求宪法的'重叠共识'"。④ 只要有重叠共识，即使不同政治势力之间，也可以摒除个别的特殊利益，共同维持政治的稳定性与正当性。⑤ 在谢长廷看来，"中华民国宪法"是凝聚各方共识的最大公约数，故其主张国、民两大政党就"中华民国宪法"达成共识，实现蓝绿和解，一致对外。"一个分裂的台湾绝对不利于抵抗主权被消灭吞并的压力"。⑥ 唯有结合"台独派""缓独派""维持现状派""中华民国派"，甚至连"先维持现状，未来再统一"等所有内部力量，一起反对"急统派"，才能确保现阶段的"台湾主权"。⑦ 因此，蓝绿双方应先就"中华民国宪法"达成共识，暂时搁置"一中"争议，不能因为"一中"争议影响了蓝绿之

---

① 王英津：《谢长廷的两岸政治关系论述及其比较分析》，载《台湾研究》，2014年第4期，第27页。
② 谢长廷著：《未来：不一样的台湾》，台湾新文化教室，2012年版，第91页。
③ 谢长廷著：《未来：不一样的台湾》，台湾新文化教室，2012年版，第118—119页。
④ 谢长廷著：《未来：不一样的台湾》，台湾新文化教室，2012年版，第109页。
⑤ 谢长廷著：《未来：不一样的台湾》，台湾新文化教室，2012年版，第111页。
⑥ 谢长廷著：《未来：不一样的台湾》，台湾新文化教室，2012年版，第117—118页。
⑦ 谢长廷著：《未来：不一样的台湾》，台湾新文化教室，2012年版，第118页。

间的和解与合作，否则为大陆"利诱分化""各个击破"提供了机会。①
"在'宪法共识'下，无论哪一个政党执政，在面对中国时，都必须在中华
民国宪法、国号、国旗之下，进行交流与对话。"② 针对蓝绿在"一中"
"固有领土"之意涵等问题上存在的分歧，③ 谢长廷主张双方应搁置分歧，
具体搁置方法就是利用七次增修后"中华民国宪法"的模糊之处，蓝绿各
自表述"宪法"的性质和内涵。蓝营人士可依"宪法"本文部分将其解释
为"一中宪法"，绿营可强调"宪法"增修条文的"非一中"迹象，强调
"宪法"的本地化或台湾化，这样通过各取所需式的"各表"来暂时搁置
"一中"争议。在搁置"一中"争议和凝聚"宪法"重叠共识的基础上，
努力实现蓝绿和解，共同"捍卫台湾的主体性"，防止台湾"主权"式微及
边缘化的态势。④ "中华民国宪法本身就已凸显中华民国是主权独立国家，
这部宪法也是朝野共识的最大公约数"，"回归宪法，我们就是主权国家"。⑤

　　无独有偶，与谢长廷的"宪法共识"主张相类似，2014年5月27日，
台湾蓝绿知名人士包括民进党前主席施明德、前"国安会秘书长"苏起、
前驻美代表程建人、海基会前副董事长焦仁和与洪奇昌，陆委会前主委陈明
通与淡江大学大陆研究所所长张五岳七人，共同宣布他们所提出的"处理
两岸关系问题的五原则"，即"大一中"架构。⑥ 这是台湾首次由跨越蓝绿
的人士共同倡导的架构，根据倡导者的说法，该架构旨在"中华民国"基
础上凝聚蓝绿共识，共同"捍卫台湾主体性"，以此拯救台湾。正因如此，
有台湾学者说，"大一中"架构是"独台"与"台独"的汇流，⑦ 是跨越蓝
绿，凝聚共识，捍卫"中华民国主权"的架构。

　　倘若将上述主张或论述联系起来考察，我们难免会有些担忧。一旦台湾
社会在"中华民国宪法"问题上达成共识，从短期来看，将直接冲击到蓝
营对"九二共识"的承认，因为政治精英和政党迫于选票的考量，会倾向

---

① 谢长廷著：《未来：不一样的台湾》，台湾新文化教室，2012年版，第122页。
② 谢长廷著：《未来：不一样的台湾》，台湾新文化教室，2012年版，第120页。
③ 谢长廷著：《未来：不一样的台湾》，台湾新文化教室，2012年版，第109—110页。
④ 王英津：《谢长廷的两岸政治关系论述及其比较分析》，载《台湾研究》，2014年第4期，
第31页。
⑤ 谢长廷著：《未来：不一样的台湾》，台湾新文化教室，2012年版，第112页。
⑥ 郑宏斌、陈洛薇：《跨蓝绿七人抛"大一中"》，载台湾《联合报》，2014年5月28日版。
⑦ 张麟徵：《"大一中架构"是"独台"与"台独"的汇流》，载中国评论新闻网，2014年5
月28日。

于"宪法共识"的表述，淡化"九二共识"，这将会动摇国共合作的政治基础；从长远来看，将对大陆的统战工作和对台政策形成巨大挑战，"不统不独"的局面或将长期存在。如何因应台湾社会渐露端倪的"宪法共识"，是大陆需要面对的新课题，需要提前做好各项准备。

（原载香港《中国评论》2016 年 7 月号）

第三编

岛内政治论衡

"五权分立"思想与"三权分立"思想之比较分析

"五权分立"思想是孙中山先生"五权宪法"学说的重要内容之一。从形式上看,"五权分立"与"三权分立"仅仅在于"五"和"三"的差别,所以,多年来,学界流行着一种观点:"五权分立"无非是"三权分立"的扩充版本,它与"三权分立"没有本质的区别,无非是"三权"后面又加了"两权"而已。但如果把"五权分立"放到孙中山先生"五权宪法"的整个构成体系中去考察,就会发现:"五权分立"与"三权分立"是貌似神异。

一、孙中山关于"五权分立"的制度设计

何谓孙中山先生的"五权分立"思想?简单地说,"五权分立"思想就是将政府的权力划分为立法、行政、司法、考试、监察五权,然后分别归五个独立的部门来行使的思想。孙中山在1922年的《中华民国建设之基础》中说:"三权分立,为立宪政体之精义。盖机关分立,相峙而行,不致流于专制,一也;分立之中,仍相联属,不致孤立,无伤于统一,二也。凡立宪政体莫不由之。吾于立法、司法、行政三权之外,更令监察、考试二权亦得独立,合为五权。"① 这五权的行使者是五院:立法院、行政院、司法院、考试院和监察院,其中立法权由立法院行使,行政权由行政院行使,司法、考试、监察三权分别由司法院、考试院和监察院行使。此制度称为五院制。孙中山先生的"五权分立"思想除了体现在他对"五权分立"本身(即五权或五院之间的关系)的制度设计以外,还体现在他对"五权分立"的配套设计——"万能政府""权能分开"等思想之中。也就是说,孙中山先生

---

① 陈旭麓主编:《孙中山集外集》,上海人民出版社,1990年版,第35页。

的"五权分立"思想并不是一个孤立的构想，它与"万能政府""权能分开"等思想是一脉相承的。因此，研究"五权分立"与"权能分开""万能政府"之间的关系，对于我们全面而正确理解"五权分立"思想的实质和精神具有重要的意义。

（一）"五权分立"：基于纠正"三权分立"弊端的制度设计

孙中山先生早年曾崇尚过西方国家的"三权分立"体制，即使到了辛亥革命胜利后，他还以美国的"三权分立"体制为蓝本，以《中华民国临时约法》的形式构建了中华民国的政治体制。但他在长期考察欧美各国政治制度的过程中，也发现了（事实上在辛亥革命前就发现了）西方三权分立体制的诸多弊端，其一就是他发现了欧美官吏的选拔和任用，或操之于行政机关，或单纯由选民选举。这两种作法都不可能做到任人唯贤，保证所用之人德才兼备。就选举而言，它常常受到诸如财产状况等的限制，且还往往以口才为衡量标准，"那些略有口才的人，便去巴结国民，运动选举，那些学问思想高尚的人，反都因讷于口才，没有人去物色他"。[1] 这样容易埋没具有才能而无口才的人。而委任则难免任人唯亲，而且委任官员常常随着上级官员的进退而进退。他指出"美国共和党、民主党向来迭相兴废，遇着换了大统领，由内阁至邮政局长不下六、七万人，同时俱换，所以美国政治腐败散漫，是各国所没有的"。[2] 并且"从英美目前来看"，"英国首先仿考选制，美国也渐取法"，但英、美的考选权都不是独立的。美国"只能用于下级官吏，并且考选之权仍然在行政部之下，虽少有补救也是不完全的"。[3] 有鉴于此，孙中山认为只有限制被选举人的资格，才能避免这些流弊的产生。为此，他主张借鉴中国古代的官吏选拔制度，增加考选权并将其从行政权中独立出来，使经选举或委任产生的官吏，再经过考试合格才能有效。在当时，孙中山尤其强调考试权的独立性，反对任何人对考试权进行任何形式的干预和侵犯。他认为，如果考试权不独立，就不能真正发挥考试选拔人才的作用。所以组织国家机构时，除了设立立法、行政、司法机关外，还要专设一个考试机关，独立行使考试权。这样不仅可以避免西方国家选拔官吏的

---

① 《孙中山全集》第1卷，中华书局，1981年版，第330页。
② 《孙中山全集》第1卷，中华书局，1981年版，第330页。
③ 《孙中山全集》第1卷，中华书局，1981年版，第330页。

弊端，还可使选拔出来的官吏真正成为"国民的公仆"。

孙中山先生在主张考试权必须独立的同时，也强调监察权的独立。这一方面是因为孙中山先生出于对考试权与监察权二者关系的认识，另一方面也是因为他发现了西方三权分立的另一个弊端——没有独立的监察权。孙中山先生认为，就是将考试权独立了出来，经过了严格的考试，也仍免不了有不称职的人员充任政府官吏。为了完善这个环节，他认为监察权也是不可缺少的，它可以保证政府官吏在不称职时随时被罢免。同时，他从西方社会的政治制度中窥见，立法机关除拥有立法权以外还拥有弹劾官员的权力，"现在立宪各国，没有不是立法机关兼有监督的权限，那权限虽有强有弱，总是不能独立，因此生出无数弊疾"。① 从美国的情况来看，美国纠察权归议院掌握，议院"往往擅用此权，挟制行政机关，使他不得不俯首听命，因此常常造成'议院专制'"。② "议院专制"又常常使得行政机关不能充分行使自己的职权，从而造成政府的低效能。为此，孙中山先生主张必须将纠察权从立法机关中分离出来，设立专门的、独立的监察机构。而独立后的监察机关不仅要"监督议会"，同时还要专门监督国家政治，以纠正其所犯错误，并解决"今天共和政治的不足之处"。孙中山先生进而分析说："照正理上说，裁判人民的机关已经独立，裁判官员的机关却仍在别的机关之下，这也是理论上说不过去的。"③

总之，孙中山先生认为，增设考试权、监察权，并将它们独立出来，同立法权、行政权和司法权并列，就可以克服"三权分立"体制的弊端，就可以有效地保证合格的官吏得以任用，不合格的官吏得以弹劾，从而保证国民的权益，这种"五权分立"的"治国"机关比"三权分立"的"治国"机关更为健全，更能做到既有效率，又廉洁公正。

（二）"五权分立"：旨在实现"万能政府"的制度设计

孙中山先生之所以将五院设计为分工不同但又互相配合的五个部门，其目的在于实现其"万能政府"的构想，"万能政府"是孙中山先生在政治学理上的一项主张。从他的有关言论和著作中，我们可以清楚地发现：他基本

① 《孙中山全集》第1卷，中华书局，1981年版，第331页。
② 《孙中山全集》第1卷，中华书局，1981年版，第331页。
③ 《孙中山全集》第1卷，中华书局，1981年版，第331页。

上肯定政府有积极、正面的功能和价值，所以，他明白地指出："国家的责任，是设立政府，为人民谋幸福。"他也清楚地表明，要建设一个"政治最修明、人民最安乐之国家"必须要有一个廉洁而富有效率的"万能政府"。孙中山先生之所以主张建设一个"万能政府"，是基于对 19 世纪以来西方国家之政府能力学说的反思，以及受当时社会主义思潮的影响所致。19 世纪末，随着资本主义经济危机的频繁爆发，政府"束手无策"，于是人们开始对古典经济学所主张的"消极政府""自由放任"原则展开了反思和批评，而社会主义便是当时批判"消极政府"的最具影响力的思潮之一。尽管当时社会主义的流派很多，但"主张集体行动及公有企业，以改善群众生活；至于公有企业的所有权可委诸中央政府、地方政府或合作企业"则成为社会主义者共同的信仰之一。孙中山先生在伦敦蒙难后，深受社会主义思潮的影响，他立志要在落后的中国实行"国家社会主义"，即通过政府的力量来改造社会，他认为："如果有了好的政府，社会文明便有进步，便进步得很快"，能为人民谋幸福的政府，势必广受人民的热烈欢迎，这是他力倡"万能政府"的原始动力和根本理由。

那么，如何建构这个"万能政府"呢？他在《民权主义五讲》中提出了两个例子，一是俾斯麦执政时的德国政府，另一个是尧舜禹汤文武诸帝的政府。由这两个例子可以推知，他所谓的有"能"的政府必须具备两个条件：其一，政府必须具有很大的能力；其二，政府必须由具有才能和政治道德的人们组成。在《民权主义六讲》中，他进一步指出，行政、立法、司法、考试和监察之五权分立的政府，是世界上最完备、最善良的政府。"政府替人民做事，要有这五个权，就是要有五种工作，要分成五个门径去做工。……政府有了这样大的能力，有了这样做工的门径，才可以发挥出无限的威力，才是万能政府。"① 由此可知，在其理念中，五权分立的政府其实就是他所谓的"万能政府"。若依孙中山先生的主观想法，五权分立的政府既是治权的集中，且是由通过考试的"专门家"组成，因而本质上它是一种专家政治，并且有防止腐化的特殊机构设置，故它必定是一个积极有作为的政府。换言之，五权分立的政府在理论上应当是一个"万能政府"。

由于旨在实现"万能政府"，所以，孙中山先生的"五权分立"思想中不强调五权之间的相互制衡。他认为，"三权分立"中的相互制衡是一个

---

① 《孙中山全集》第 9 卷，中华书局，1986 年版，第 354 页。

"耗散结构",在相互制衡中,政府消耗了大量的"能量",也不利于政府提高工作效率。所以,他主张"五院"之间应该通力合作,它们之间的关系,应该像一个蜂窝一样,全窝内觅食、采花、看门等任务,都要所有的蜜蜂,分别担任,各司其事。

(三)"五权分立":以"权能分开"为基础的制度设计

如上所述,五权分立的政府既然是一个"万能政府",且五院之间又缺乏相互制约。那么,在这种情况下,如何防止政府权力滥用,侵害人民权利呢?为此,孙中山先生提出了"权能区分"的构想。所谓的"权能分开",就是指"人民有权,政府有能"的权能区分理论,其基本思想是主张把国家的大权(亦即政治统治的权力)分成两种,一为"政权",另一为"治权"。"政权"简称"权",是"管理政治"或"管理政府"的力量,这个"权"交由人民掌握;"治权"简称"能",也即职能或管理权,是"政府自身的力量"或者为人民服务的力量,这个"能"归于"有能力的人"组成的政府来掌握。政权分为四权,包括选举权、罢免权、创制权、复决权;治权分为五权,包括立法权、行政权、司法权、考试权、监察权。政权属于人民,治权属于政府,旨在人民有其权,政府有其能。人民能充分行使其政权,而政府也能充分行使其治权。前者的目的在于实行"全民政治",后者的目的在于实现"万能政府"。①

按照孙中山先生的构想,把国家政治大权中的"政权"完全交到人民手中,使"人民有充分的政权可以直接去管理国事"。在中央,人民行使"政权"的机关是由全国已经完全自治的县各选出一名代表组成的国民大会。国民大会是国家的最高权力机关,行使中央统治权,中央政府各机关均由国民大会产生,并对国民大会负责,国民大会对于中央政府官员有选举权和罢免权,对于中央法律有创制权和复决权。在地方,凡一完全自治之县,人民即有完全的直接民权,所谓"其国民有直接选举官员之权,有直接罢免官员之权,有直接创制法律之权,有直接复决法律之权"。在这四项政权中,选举权和罢免权是管官吏的,即"选之在民,罢之亦在民";创制权和复决权是管法律的,即符合人民利益的法律则创制之,违背人民利益的法律则舍弃之。所以,孙中山先生认为,"人民有了充分的政权,管理政府的方

---

① 《孙中山全集》第 9 卷,中华书局,1986 年版,第 352 页。

法很完全，便不怕政府的力量太大，不够管理"，人民反抗政府的态度便可以改变；而政府有了五个治权，"无论什么事都可以做"，以谋人民之幸福。这样，人民有"权"，政府有"能"，用人民的"权"来控制政府的"能"，既可以防止政府权力的滥用，同时又可以产生一个高效率的"万能政府"。因此说，"五权分立"的制度安排，是以"权能分开"为基础的。

根据以上（一）、（二）和（三）的分析，我们可以将孙中山先生的"五权分立"思想概括为以下几个要点：其一，"五权分立"思想以"权能区分"为基础，"权"是政权，"能"是治权，人民以"政权"来控制"治权"；而"五权"属于"治权"的范畴。其二，治权包括立法、行政、司法、考试、监察五权，分别由立法院、行政院、司法院、考试院和监察院五院行使，五院是行使治权的机关，均要向国民大会负责。[①] 其三，孙中山先生崇尚的五权分立政府是积极的"万能政府"，而非早期西方自由主义所主张的消极的"无为政府"。

上述分析同时也表明，孙中山先生的"五权分立"思想不是一个独立的思想体系，它与"权能分开"和"万能政府"等思想是紧密联系在一起的，并共同组成了完整的"五权宪法"基本内容和理论体系。为此，我们在理解和把握"五权分立"的思想内涵时，不能单单从"五权"的角度来着手，必须将其与"权能区分""万能政府"思想等结合起来理解。否则，如果我们抛开"权能区分""万能政府"，纯粹从五权划分的角度去理解"五权分立"，就会犯"断章取义"的错误。在这一点上，"五权分立"思想与西方"三权分立"思想有着很大的不同，即西方"三权分立"思想自身便是一个独立的思想体系，可以单从三权结构本身来理解其内涵。以往学界之所以错误地认为"五权分立"与"三权分立"没有本质的区别，就是错误地将"五权分立"作为一个独立的思想体系，并将其与"三权分立"进行简单地对应比较的结果。所以，我们在今后研究"五权分立"和"三权分立"的不同时，首先应纠正以往学界所秉持的错误视角和研究方法。

二、"五权分立"与"三权分立"之比较

如果我们将"五权分立"放到"五权宪法"的理论体系中来理解，并

---

① 《孙中山全集》第7卷，中华书局，1985年版，第62页。

将其与三权分立加以比较，就会发现，孙中山先生的"五权分立"与西方的"三权分立"存在着根本的区别。具体说来，主要表现在以下几个方面：

第一，立论基础不同。"五权分立"思想建立于中国传统的性善论基础之上，它追求的是一个"万能政府"，主张"贤人政治""专家治国"，反对西方"三权分立"体制那种"猜疑的体系"。其价值取向是积极的，讲求平衡合作，以充实人民权利、扩充政府能力为着眼点，最好政府，最多管理，以谋求人民福利为目的。而"三权分立"思想则建立于西方性恶论基础之上，它是以对国家权力及行使权力的人持怀疑的、不信任的态度为出发点的，它是消极地防止滥用权力的原理，而不是积极地增进效率的原理，它的目的不是为了避免权力之间的摩擦，而是想通过不可避免的权力摩擦使它们"协调地前进"。① 所以，它讲求制衡牵制，以权力限制权力为着眼点，最好政府，最少管理，以确保人民自由为目的。②

第二，分权目的不同。西方的"三权分立"，其目的不在于分工合作，而在于互相牵制。根据权能区分的原理，政府权力是集中的，则五个治权只是五种不同的分工，是不能相互制衡的。就政府内部组织而言，五权的相互关系及其功能，并不在于政府权力的分立，而在于政府职能的分配，即不重在分权而在分工，不在于政府权力的相互制衡，而是在于政府服务的统一与合作。所以，"五权分立"一方面强调五权各自独立，各有权限，另一方面强调相互配合、相互合作。对此，学者萨孟武分析道："五权宪法并非使五种治权分立，以收制衡之效，乃使五种治权分工，以收合作之果。五种治权既然分工，则不能不设五个机关。五种治权既然合作，则不能不有一个总枢纽，统制五权，使五权机关向同一目标活动，这个总枢纽就是总统。所以，总统是总揽五权的。由此可知在五权宪法之下，国家最高机关只有两个，一是行使政权的国民大会，二是行使治权的总统，五院不过辅佐总统行使治权而已。"③ "三权宪法的精神在于使权力分立，以收到制衡之效，五权宪法的精神在于谋权力统一，以造成万能政府。"④

第三，所分之"权"的性质不同。首先，"五权分立"以权能区分为基

---

① 参见［法］孟德斯鸠著：《论法的精神》（上），商务印书馆，1997 年版，第 164 页。
② 参见田桂林：《五权宪法与三权宪法的比较》，载台湾《宪政时代》第 13 卷第 4 期，1988 年 4 月，第 6—7 页。
③ 萨孟武著：《宪法新论》，中国方正出版社，2006 年版，第 26 页。
④ 萨孟武著：《宪法新论》，中国方正出版社，2006 年版，第 26 页。

础，所称之"权"为治权，而非政权。而三权分立的权力安排，乃是权能不分，将政治权力一分为三：即立法权、行政权与司法权。根本不分何者为政权，何者为治权。也就是说，"三权分立"之"权"既包括政权，又包括治权。其次，"五权分立"的分权结果不仅是权的量之增加，而且也是权的质之改变。所谓量之增加，就是人民权增为"四"，政府权增为"五"；所谓质之改变，就是政权是人民权，而非政府权，是以治权来分权，治权不包括政权，也就是政府权与人民权截然分开。"三权分立"是以传统的国家政治权力（不区分政府权和人民权）来分权。再次，政府的"五权"实际上是政府的职权。五院间的关系实则为职责分工，五院具有的权是政府办事的权。用孙中山自己的话说，"治权"机关内的五个权，"就是要有五种工作"。这表明，五权的配置与划分是国家机构内的职权分工，即国家权力可以由不同的国家机关分别来行使。很显然，"五权分立"中的职权划分与西方"三权分立"中所讲的"分权"是两码事。

第四，制度安排不同。首先，"五权宪法"是把国家政治权力，做权能之分割，国家不但设立政府机关，而且也设立民权机关。而在"三权分立"中，国家只设立政府机关，而不设独立的民权机关，把国家政治权力分为部分，分别由三个机关来行使，是权能不分的。就具体机关设置来说，"五权分立"思想中的立法院、行政院、司法院、考试院和监察院是治权机关，国民大会是政权机关。而"三权分立"思想中的议会，既有立法权，也包括选举、罢免、监督等权力，是"治权"和"政权"的混合体，与"五权分立"中的立法院有很大的差别。其次，在"三权分立"思想中，最高权力被一分为三之后，在这三权之上再没有比这三权更高的权力来对它们进行统领。而在"五权分立"思想中，"治权"被一分为五之后，五权之上仍有更高的权力来对它们进行统领。①就治权而言，治权机关——分立的五院统属政府，在政府首脑的领导下分工进行各司其职的工作。五院的设置成了政府属下几个不同的办事机构或技术操作部门。②就治权与政权的关系而言，国民大会是国家的最高权力机关，它行使中央统治权，中央政府的五院均由国民大会产生，并对国民大会负责。国民大会对于中央政府官员有选举权和罢免权，对于中央法律有创制权和复决权。孙中山认为国民大会是民主政治得以维持的关键，因此，国民大会必须能自由行使其正当职权。而西方的议会尽管权力很大，但根据三权分立的原则，还要受到行政权、司法权的牵制，它所决定的东西或它本身有可能遭到合法的否定，因而西方议会不能成为真正的最高权力机关。综上所述，无论是单就治权而言，还是就治权与政权的关系而言，五权之上都有一个最高权力存在。

第五，权力关系不同。"五权分立"思想中，五权之间虽然分立，但强调彼此之间的相互合作，以实现"万能政府"。所以，"五权分立"思想不强调"三权分立"中的那种"制衡"关系。当然，但这并不是说，"五权分立"思想中不存在任何制约因素，只不过是五权之间的制约成分很零星、很微弱而已。例如，监察院可以依法弹劾各院职员，但这种制约更准确地说它是监察院的职权。真正可以称得上是制衡关系的算是人民的政权对政府的治权之制约，从二者的关系来看，国民大会对政府的制约是单向的主权者与执行者的制约，只有执行者对主权者的负责，不存在执行者对主权者的干预。也就是说，只存在纵向的政权对治权的单向制约关系。而"三权分立"思想视政府为"必要的恶"，认为在给予政府权力的同时，又对政府权力进行必要的限制。所以，"三权分立"思想的核心不仅仅在于"分权"，更重要的在于"制衡"。为此，权力在一定程度上是混合或联合的，即各部门是"部分参与或支配彼此的行动的。"① 所以，"三权分立"侧重于强调权力之间的制约，而不重视权力之间的合作，并且立法、行政和司法之间的制约关系是平行的、双向的。

第六，权力作用不同。"五权分立"的分权，是从权力积极作用为着眼点的，"三权分立"是从权力消极作用为出发点的。"五权分立"与"三权分立"的权力作用，有其重要的差别。具体表现在：其一，就立法权作用而言，"三权分立"的立法权属于国会，代表人民立法，以限制行政。"五权分立"的立法权脱离国会，政府专家立法，以支援行政。如果所立的法，不合人民的需要，属于人的错误，可以罢免人；属于法的错误，可以复决法。这是国会立法与政府立法的不同。其二，就政府权作用而言，"三权分立"是行政对立法负责，决策权操在立法机关。立法乃是规范行政，其目的是最好政府，最少管理。"五权分立"的行政，而有决策权。所谓立法，乃是专家完成立法程序，旨在配合行政。其目的是，最好政府，最多管理。其三，就司法权作用而言，"三权分立"的司法权，都是审判独立。至于司法行政的归属，以及法律提案的有无，各国规定不尽相同。"五权分立"的司法权，除审判独立与三权分立相同外，而设有司法院，总揽司法行政决策

---

① ［美］汉密尔顿等著：《联邦党人文集》，商务印书馆，1997年版，第247页。

与法律提案权。司法院为遏制社会犯罪的趋势，可以制定司法政策，或起草新法案，或修改法律，刑期与徒刑。"五权分立"的司法权，有消极的一面，也有积极的一面。这也就是治权机关须对政权机关负责的由来。其四，就考试权作用而言，"三权分立"的考试权，是属于行政权。其考试范围，仅及于文官考试。"五权分立"的考试权，是脱离行政权而独立的。其考试对象，不止文官，凡是公职候选人均须经考试，并且这是一种政治性的考试，而非行政性的考试。其五，就监察权的作用而言，"三权分立"的监察权属于国会，名曰弹劾权。其弹劾对象，多为总统及国务要员。"五权分立"的监察权，是脱离国会而独立的，是一种独立的治官权。由中央至地方，凡是从事公务者，如有违法失职，均为被弹劾的对象。①

三、两者比较的结论和意义

（一）结论："五权分立"并非"三权分立"的扩充版本

通过以上分析，我们可以发现，孙中山先生的"五权分立"不是对西方"三权分立"的简单扩充，而与"三权分立"有着根本的区别。准确地说，它只不过是摄取了三权分立的某些形式而已，但在精神实质上，两者可谓大相径庭。

需要强调的是，虽然两者有着"质"的区别，但我们并不能否认西方"三权分立"学说对孙中山先生的"五权分立"思想的形成、发展，乃至成熟都有着重要影响。笔者在此对两者进行比较分析，只是企图表明：孙中山先生的"五权分立"思想，并非是对"三权分立"思想的简单改造或扩充，而是站在"驾乎欧美之上"的高度，在"融贯中西"的基础上所创造出来的一个独具匠心的民主共和国方案。借用孙中山先生本人的话来表述，就是"破天荒的政体"，"便是学说上也不多见"。②

从孙中山先生的有关论述中，我们可以发现：在他"五权分立"思想的理论渊源中，既有西方的政治学说的影子，也有中国古代政治文化思想的有益成分。在"五权分立"思想的形成和发展过程中，始终包含着对西方

---

① 田桂林：《五权宪法与三权宪法的比较》，载《宪政时代》第 13 卷第 4 期，1988 年 4 月，第 8—9 页。

② 《孙中山全集》第 1 卷，中华书局，1981 年版，第 331 页。

"三权分立"的"扬弃"和对中国传统政治文化的改造。对于前者,本文前面已有论及,此不赘述。那么,孙中山先生对中国传统政治文化的批判、改造和吸收,主要体现在什么地方呢?学界一般认为,主要体现在接受并且变通了古代中国的"贤人政治"观。因为考试权所要解决的是官吏的选拔问题,其主要依据是"才";监察权所要解决的是官吏考核和罢免问题,其主要依据是"德"。德才兼备是古代中国的理想"贤人",也是孙中山先生希冀通过"五权分立"思想建立起"万能政府"的必备条件。正如他在1924年关于《民权主义六讲》中明确指出:"这两个权是中国固有的东西,中国古时举行考试和监察的独立制度,也有很好的成绩。像清朝的御史,唐朝的谏议大夫,都是很好的监察制度,举行这个制度的大权,就是监察权。监察权就是弹劾权。……至于历代举行考试,拔取真才,更是中国几千年的特色。"① 就考试权而言,孙中山先生关于考试权的构想曾受到中国古代科举制的启迪,但他绝不是毫无批判地照搬古制。他指出:"在君主专制国中,黜陟人才悉凭君主一人的喜怒,所以虽讲资格,也是虚文。至社会共和政体,这资格的法子正是合用。因为那官吏不是君主的私人而是国民的公仆,必须十分称职,方可任用",② 这就划清了他那以人民主权为精神的考试权与古代君主制下的科举考试制的界限。就弹劾权而言,孙中山先生不赞同西方的议会同时兼有立法权和弹劾权,他认为这样势必会影响行政权力的行使,牵制着政府的工作效能,所以他认为"立法"与"弹劾"两种权力不应混同,应将弹劾权从议会中分离出来。有鉴于此,他认为中国传统政治中原本就有"独立"的弹劾权——监察系统,可以用来在中国未来的民主政治中发挥积极的作用,但是中国古代监察权是相对独立的,并非完全独立的,因为它是皇权政治的一个组成部分,它为封建专制帝王驾驭百官众臣而设立,本质上属于人治而非法治的产物。于是,孙中山先生对其加以改造,"去掉君权,把其中所包括的行政、立法、司法三权提出来做三个独立的权,来施行政治",再将监察权从立法权中独立出来。由此我们可以发现,自近代中国思想家马建忠开始在中国介绍"三权分立"学说开始,到孙中山先生提出独立的弹劾权,与古代御史制度相比较,实为封建皇权向近代政治的发展,这在一定程度上适应了历史潮流的客观要求。这进一步表明,

---

① 《孙中山全集》第9卷,中华书局,1986年版,第353页。
② 《孙中山全集》第1卷,中华书局,1981年版,第330页。

"五权分立"思想并非是机械模仿西方"三权分立"思想的产物，而是在融合中西方政治思想的基础上艰苦创新的成果。

分析至此，笔者以为，以往学界中大多数学者所认为的——"五权分立"无非是对"三权分立"的简单改造，最多也只是三权与两权的简单相加，它与"三权分立"没有本质的区别——的观点应该"退出学术舞台"。

（二）"五权分立"思想的历史地位和意义

"五权分立"思想作为孙中山先生政治学说中的重要主张之一，在中国宪政运动史上具有重要的进步意义。它表明当时中国先进分子已破除了对西方代议制度和"三权分立"的迷信，正在寻求一种比资本主义议会制度和"三权分立"更为真实和更为彻底的民主模式，而这种寻求本身就包含着对照搬西方民主模式的自觉抵制。回顾我国百年宪政的历史，发生于1898年的戊戌变法，开创了中国宪政运动的先河，它是中国近代化民主政治的首次尝试，是中国宪政运动的一次预演。但从维新派所主张的一整套理论和制度设计来看，他们无非是机械模仿或照搬移植西方或日本的君主立宪模式而已，不仅没有自身的特色，而且甚至连模仿都很不全面，很不彻底，有很大的局限性。但它毕竟代表了一种方向，是近代中国的先进分子力图使中国的政治制度近代化的宝贵实践的开端。后来，清王朝实行自上而下的"新政"，但"新政"也从未超出君主立宪的范畴。辛亥革命后建立起来的临时政府，也是美国三权分立式民主共和模式的一个翻版。纵观清末民初的宪法设计和宪政运动，它们不仅谈不上脱出西方式民主政治模式和范畴，甚至还远未达到西方近代民主政治所达到的广度和深度。① 这些宪法大都是因时造法、应急立法，立法时既缺乏本土经验，又没有好好权衡利弊和可行性，因而所立之宪大都带有简单移植或全盘照搬的明显特征。而自孙中山的"五权宪法"学说开始，中国的宪政建设才真正开始脱出西方式民主政治形态的基本模式并具有中国特色。孙中山的五权分立思想是在中国历史条件下形成的一种既超出西方民主政治理论，又带有鲜明中国特色的宪政理论。它既"承续了西方民主政体中的合理方面，又吸收了中国传统政治模式中的有效部分；既是对外政治制度的批判吸收，又是对中外宪政学说和基本模式的创

---

① 王永祥著：《中国现代宪政运动史》，人民出版社，1996年版，第5页。

新"。① 从百年宪政的历史可以看出：孙中山先生的"五权分立"思想是中国宪政史上一个由盲目移植到理性"拿来"、由被动接受到自主探索的转折点。自此以后，中国的宪政建设大都带有了很强的民族化和本土化特征。这无论是从后来国民党统治时期的"宪政"建设中，还是新中国的宪政建设中，均可体现出来。所以，我们认为，"五权分立"思想在中国宪政史上具有里程碑式的地位和意义。

虽然孙中山先生的"五权分立"思想开始注意摆脱西方"三权分立"的政体模式，但是依然没有突破资产阶级民主主义的局限。他注意到了西方"三权分立"政体的弊端，却未分析"三权分立"政体的弊端所产生的根源，这是一种超阶级的国家观念和抽象的形式主义的民主观点。这说明孙中山只知改造"政体"，而不知改造"国体"，他还没有认识到国家政权的性质是由社会各阶级在国家中的地位（即国体）决定的。② 另外，"五权分立"思想中也有许多欠科学、甚至自相冲突的方面。譬如，国家权力的划分没有一个比较统一的标准。历史上，首先对国家权力进行分类研究的是英国政治思想家洛克，他在其著名的《政府论》一书中，曾把国家权力划分为立法权、行政权和外交权。③ 后来法国政治思想家孟德斯鸠在其名著《论法的精神》中进一步将国家权力划分为立法权、行政权和司法权，④ 这一划分标准和方法为后人接受下来并一直沿用至今。而"五权"的划分则缺少这样一个统一的标准，而分类标准的不统一常常导致一些理论上的混乱和实际操作的困难。譬如代表民权的"国民大会"，其代表是民选的，而行使立法权的"立法院"的议员也是民选的，但后者必须对前者负责。这说明人民自己选举的代表，一部分可以代表他们行使民权，而另一部分代表则不能。在理论上这是一个矛盾的论题。⑤ 再如，对于考试权的认识也存在着问题。孙中山认为通过考试就能保证候选人都具有相应的素质，这也并非完全切合实际，因为考试只测验业务水平，但很难鉴别政治素质，以往科举考试最终流弊丛生也证明它并非是鉴选人才的最好办法。因而，认为"五权分立"一定能消除"三权分立"的弊端，也只能是孙中山先生的一厢情愿，

① 王永祥著：《中国现代宪政运动史》，人民出版社，1996 年版，第 5 页。
② 徐宗勉等著：《近代中国对民主的追求》，安徽人民出版社，1996 年版，第 206 页。
③ ［英］洛克著：《政府论》下篇，商务印书馆，1997 年版，第 89—91 页。
④ ［法］孟德斯鸠著：《论法的精神》（上册），商务印书馆 1997 年版，第 154—165 页。
⑤ 王人博等著：《宪政文化与近代中国》，法律出版社，1997 年版，第 350 页。

孙中山先生逝世后，"五权宪法"的政治实践，充分证明了这一点。

然而，瑕不掩瑜，我们不能因为孙中山的"五权分立"思想中的某些局限性和片面性就否定它的积极意义，而应该公允客观地评价这一创新构想。孙中山五权分立思想的形成和完善，表明他既主张学习欧美政治文化之所长，又强调把它同中国传统政治文化中的精华结合起来，并在此基础上加以创新。他对中西方政治文化所采取的这种实事求是的态度以及在理论探索中所体现出来的这种精神和勇气，都是难能可贵的，很值得我们效仿和学习。应该说，孙中山先生的"五权分立"思想留给我们的"精神遗产"远远大于"制度遗产"。

（原载《政治学研究》2009 年第 6 期）

台湾"精省"工程改革
及其政治影响刍议

　　1946 年"中华民国宪法"规定，省是自治团体，仅次于"中央"。1949 年后，台湾当局实际管辖范围仅局限于台湾岛、澎湖列岛及其附属岛屿。根据第一个"宪法"增修条文的规定，"中华民国"治权及于所谓"自由地区"，包括台湾和"福建"两省，但以台湾省为主。依"省县自治法"和"直辖市自治法"，省、直辖市均属于实施地方自治的公法人。1997 年"宪政改革"以及随后开展的"精省"工程结束后，"省"的地位发生了实质性的变化。那么，如何来看待台湾的"精省"改革？目前台湾是否还存在"省制"？如果存在，又该如何定性它？欲回答诸如此类的一系列问题，尚需要我们从学理上对其加以认真研究。

一、"精省"工程改革的背景及内容

（一）"精省"工程改革的背景

　　国民党政权退台后，在台湾推行地方自治，在省、县之下，还推行乡（镇、市）自治。这样一来，在台湾地区的纵向权力系统中，便存在着"中央"、省（直辖市）、县（市）及乡（镇、市）四级政权组织。就台湾当局管辖的面积而言，其行政层级显得过多。其中，台湾省所辖地区与"中央政府"所辖地区有 98% 的重叠，人口则有 80% 的重复。在这种情况下，"中央"与省如何划分权限，自然更要审慎地考量。同时，省的地位与功能不免备受质疑。

　　1994 年，依据"省县自治法"，台湾省省长首度民选。省长民选，固然满足了民主参与的需求，但在行政区域未重新划定、台湾省与"中央"辖区大幅重叠的情况下，挟台湾省庞大政经资源与雄厚民意基础的台湾省省长，必将成为政治强人。为避免出现"叶利钦效应"，引发政治不安，台湾岛内围绕着"省制改革方案"问题展开了激烈的论争，并提出了各种不同的改革意见，其中最主要的是"多省制论"与"省虚级化论"。

1. 关于"多省制"方案的争论

主张"多省制"者认为，将台湾省划分为数省，具有以下的优点：提高人民的政治参与，符合民主宪政的精神；可以化解单一省长民选，其民意基础与"总统"相当的疑虑；台湾都会区已形成，且环保、交通等问题，非县所能独立解决；分设多省，程序简易，由"中央"立法即可，不必"修宪"；"宪法"采行省自治，分设多省，能发挥"宪法"上省的功能；多省制可以缓和"中央"集权与地方分权两极化的紧张局势。

但反对"多省制"者认为，"多省制"具有很多不足，主要表现在：台湾省幅员有限，再分设多省，恐失去省的地位与职能；"多省制"将使台湾地区具备"国家"形式，进而引发"台独"与"独台"的争论；行政单位增加，将有碍于行政效率的提高；行政区域增加，地方利益更为多元，无异于加重社会的不安定，进而难以整合。

2. 关于"省虚级化"方案的争论

主张"省虚级化"者认为，"省虚级化"（或裁撤省组织），具有以下好处：化解"中央"与省辖区重叠的困境；减少政府层级，提高行政效率；提升县（市）的地位，有效落实地方自治的理想；省的人力、财力可分配到"中央"及县（市）地方，平衡双方资源；节省省级选举经费，有助于地方财源的充实。①

但反对"省虚级化"者认为，"省虚级化"具有以下不足："宪法"上省应行自治的规定将流于形式，而与"宪法"精神不免抵触；"统""独"之争必更趋激烈，导致社会不安；"中央"直接面对21个县市，其间缺乏调配的中介组织，协调联系困难；省议会议员、省府首长均为重要的政治精英，一旦省虚级化，政治精英参与政治的机会减少，不符合民主政治的发展潮流。②

"精省"工程改革不仅将对台湾地区的行政体制会产生重大影响，而且也涉及各方政治力量的切身利益，故动议期间就经历了多次争论。由于国民

① 华力进著：《二届国代选举之评估》，台湾理论与政策杂志社，1992年版，第26页。
② 陈志华著：《中华民国宪法》，台湾三民书局股份有限公司，2005版，第378—379页。

党和民进党两大政党在"国家发展会议"上就"精省"议题已经形成共识，虽然引发了诸多争议和讨论，但1997年"宪政改革"仍然将"精省"条款列入了第四个"宪法"增修条文。最终的结果，除采取民进党省政府委员设9人的意见外，其余均按照国民党拟定的提案通过。同年10月"立法院"又通过了"台湾省政府功能业务与组织调整暂行条例"（简称"精省条例"），着手开始"精省"工程改革。

（二）"精省"工程改革的内容及措施

根据第四次"宪法"增修条文第9条及相关法制的规定，"精省"工程改革的主要内容包括：其一，第十届台湾省议会议员及第一届台湾省省长的任期至1998年12月20日止，台湾省议会议员及台湾省省长的选举自第十届台湾省议会议员及第一届台湾省省长任期之届满日起停止办理。其二，"冻结"省的自治地位。省由地方自治团体改为"行政院"的派出机关，承"行政院"之命，监督县的自治事项。其三，省议会改为省咨议会，省咨议会置议员若干人，议员由"行政院长"提请"总统"任命，省咨议会成为非代表民意性的议事咨询机关，不像省议会一样具有立法权。其四，省政府的功能、业务与组织，授权"立法院"通过法律加以规定。

为了"精省"工程的顺利实施和推进，1998年12月21日"行政院"通过了"精省"作业的三个阶段：第一阶段（自1998年12月21日至1999年6月底），"行政院"派任省主席，成立省政府委员会，此期间省政府各厅处局等维持现状；第二阶段（自1999年7月1日至2000年底），完成省政府功能业务组织及员额调整作业，制定省政府组织规程草案；第三阶段，自2001年1月1日起，回归地方制度法规范。

依照"精省条例"的相关规定，台湾省的资产及税课作如下处理：①关于资产。台湾省省有资产及负债，由"中央政府"接收；台湾省省有财产转为"国有"，依"国有财产法"保管、使用、收益和处分。②关于税课。台湾省税课收入归属"中央"；税课统筹分配县（市）之事项，由中央统筹分配台湾省各县（市）；其余各项收入及支出，应配合省政府业务调整，归属"中央"或台湾省各县（市）。台湾省各县（市）因承接省政府业务增加的收入不足支付增加的支出时，由"中央"酌情予以支付。①

---

① 陈志华著：《中华民国宪法》，台湾三民书局股份有限公司，2005版，第368—369页。

二、改革后"省"地位的变化

"精省"工程改革后，"省"的地位该如何定性？根据第四个"宪法"增修条文第9条、"地方制度法"第5条和第二章、"精省条例"第2条和"司法院大法官释字第467号解释"，"精省"改革后"省"为地方制度层级的地位仍然存在，只是不再有"宪法"规定的自治事项，不具备自主组织权，也不再是地方自治团体性质的公法人。具体分析如下：

第一，省为非自治团体性质的公法人。"省"的地位，在"修宪"理由中，虽有载明"省仍为公法人"，但"修宪"结果，"宪法"增修条文仅规定"省承行政院之命，监督县自治事项"，并未载明"省仍为公法人"，故省与"中央"就该问题发生很大的争议。台湾省政府认为，"宪法"增修条文仍维持省作为一地方层级，故仍具有公法人资格，仅是不具备作为地方自治团体的公法人资格；"行政院内政部"则认为，省的层级虽被维持，但仅是行政单位，并非自治团体，故不具备公法人资格，台湾省政府所持具备行政公法人资格的主张于法无据。事实上，省是否具有公法人的地位，对其行政权并无影响，有影响者，乃是因省不具有法人地位以后，就不是权利主体，故所有"省产"即须移交给"国家"，此为省与"中央"争议的焦点。为此，1998年12月21日，"司法院大法官"作成释字467号解释，倾向"内政部"的主张，认为省因不再有"宪法"规定的自治事项，不具备自主组织权，因而省不再为地方自治团体性质的公法人。但是，"若未划归国家或县市等地方自治团体之事项，而属省之权限得为权利义务主体者，于此限度内，省自得具有公法人资格。"以上表明，"省"虽已非地方自治团体的公法人，但在省制依旧维持的情形下，其公法人人格不受影响，除非未来"宪法"增修条文废止"宪法"规定所保障的省之法人地位。所以，问题的争议不在于省是否仍为公法人，而是成为何种性质的公法人。从第四次"修宪"的相关规定来看，其并没有废除"省制"，省仅仅不再为地方自治团体性质的公法人而已，但仍可以是由法律赋予其他地位的公法人，例如公法上社团法人、公法上财团法人或具有专业功能的公法上营造物法人等。①

第二，省虽然不再是地方自治团体，但仍具有地方制度层级的地位。尽

---

① 谢政道著：《中华民国修宪史》，台湾扬智文化事业股份有限公司，2007年版，第367页。

管"精省"工程改革已经将省"精"到近乎"废"的程度，但"宪法"增修条文并没有真正或彻底废除省级建制，所用法律语言也不过是"停止办理"，台湾省在名义上还是存在于法律文本之中。依据1997年"司法院"释字第467号解释文，"省为地方制度层级之地位仍未丧失，惟不再有宪法规定之自治事项，亦不具备自主组织权，亦非地方自治团体性质的公法人"。该解释表明，省从"修宪"前"地方制度层级"与"地方自治团体性质公法人"两者兼而有之的地位，转而成为：省虽然不再是"地方自治团体性质公法人"，但仍是"地方制度"中的"地方层级"。台湾省还是一个省级单位，与"内政部"平级。①

第三，省咨议会为咨询顾问机关，无立法权。省咨议会是否是省议会的延续？该问题关系到省能否对外作为有独立意思表示的法人。根据"省县自治法"，省议会由民选产生，为与省政府并立的地方自治机关。但第四个"宪法"增修条文第9条冻结台湾省议会议员的选举，改设省咨议会，规定省咨议会议员由"行政院长"任命，省咨议会不是民选机关，民意基础已不存在。另外，"地方制度法"第25条在赋予直辖市、县（市）、乡（镇及县辖市）立法权时，并未赋予省咨议会相应职权。因此，依体系解释的方法，省咨议会并非立法机关；根据"地方制度法"的规定，省咨议会对省政府的业务提供咨询及改革意见，台湾省咨议会的职权多具有咨询、顾问的性质。由此可见，省咨议会并非省议会的延续，而是作为行政主体的台湾省政府的顾问机关。设置省咨议会还有另一目的，即安排多余省议员和原省议会的工作人员。1997年"宪政改革"提出"精省"动议时，为防止台湾省议会反对过于强烈，"宪法"增修条文将"立法院"扩增至225人，以吸收部分省议员，但仍有相当一部分省议员无法进入"立法院"，且有数百名省议会工作人员无法安置，遂设置省咨议会以安排这些富余人员。从这一目的也能看出，省咨议会完全是一个虚设的闲散机关。

第四，台湾省政府和咨议会为"行政院"派出机关。虽然第四个"宪法"增修条文并未明确规定台湾省政府和咨议会的派出机关性质，但省政府主席由"行政院院长"提请"总统"任命和咨议会议员由"行政院长"任命，已经清晰地说明了这一点。"精省条例"第2条明确规定，台湾省政

---

① 赵永茂著：《中央与地方权限划分的理论与实际——兼论台湾地方政府的变革方向》，台湾翰芦出版社，1998年版，第58页。

府为"行政院"派出机关。"地方制度法"第13条也规定，省政府组织规程和省咨议会组织规程，均由"行政院"制定。"地方制度法"第5条的"立法说明"则直接指明："省政府及省咨议会为行政院之派出机关"，省政府受"行政院"指挥监督，省咨议会负责对省政府业务提供意见。"精省"工程改革后，台湾省的职责是：受"行政院"指挥监督，监督县市自治事项、执行省政府行政事务、办理其他法令授权或"行政院"交办事项。①

三、改革后"省"组织的变化

（一）改革前省组织的特色

概括起来，"精省"工程改革前，省的组织体制具有以下特色：

第一，省政府组织采行首长制。省政府组织依据"宪法"和"省县自治法"，置省长1人，综理省政，并指挥监督所辖县（市）自治，为省政府的首长。退台后，台湾省政府依"省政府组织法"，采合议制，以省政府委员会为决策机关，省政府主席为省政府委员会议主席，其地位和职责等与各厅首长和省府委员相同。"省县自治法"依据"宪法"，仅规定省长1人为民选，各厅处首长由省长任免，对省长负责，省长综理省的政务并负其责任，体制上明显采取首长制。

第二，省府兼具自治体与行政体。不论是"宪法"、"省县自治法"的规定，还是实际的现实需要，省必须兼具自治体与行政体双重角色。也就是说，省一方面为法人，系自治团体，办理自治事务；另一方面，省又系第一级地方自治团体，执行"中央"委办事务，并监督下级地方团体。另外，省不论是属于自治体还是属于行政体，其所作出的处分，均不得抵触"中央"法规，否则"中央主管机关"得报请"行政院"将其予以撤销或改变。

第三，立法与行政机关分立。省议会为省的立法机关，省政府为省的行政机关，分别由省民选举省议员与省长组织产生。这二个机关之间虽有复议体制，但省议会不得迫使省政府改组，省长也不得解散省议会，而是各自有其法定任期，仅得由选民罢免，故属机关分立关系。

第四，与"中央"有密切合作关系。"中央"与地方原有密切的合作关

① 周叶中、祝捷著：《台湾地区"宪政改革"研究》，香港社会科学出版社有限公司，2007年版，第280—283页。

系、业务上,地方执行"中央"委办事项;财政上,地方更从"中央"得到补助,也得对"中央"提供协助。"宪法"第 109 条明确规定,省办理自治事项,如经费不足,经"立法院"议决,由"国库"补助之。可见,台湾地区的"中央"与地方之间在事务委任、财政支持等方面,具有紧密的合作关系。①

(二)改革后省组织的特色

依"宪法"增修条文第9条的规定,省的组织只有省政府和省咨议会。1998 年12 月20 日依选举产生的台湾省省长和省议会任期届满,并由"中央政府"派任的省政府主席和省咨议会取代,组成省政府委员会和省咨议会。

1. 省政府

依"台湾省政府暂行组织规程"的规定,台湾省政府受"行政院"指挥监督,办理监督县市自治事项,执行省府行政事务,以及其他法令授权或"行政院"交办事项。省政府组织由首长制变为委员制。依"台湾省政府暂行组织规程"的规定,省政府置9 位省政府委员,其中1 人为主席,特任,综理省政业务;1 人为副主席,职务比照简任第十四职等,襄助主席处理业务;其余委员职务比照简任第十三职等,襄理主席督导业务,均由"行政院"院长提请"总统"任命。省政府置秘书长1 人,职务为简任第十三或十四职等,或比照第十三职等,得为政务官或事务官,承主席之命、副主席指导,处理省府事务并指挥监督省府所属员工。另置副秘书长2 人,职务为简任第十二职等至第十三职等,襄助秘书长处理省府业务。省政府则分设业务单位为民政、文教、经建、公共安全、福利服务、卫生行政及行政管理等七组;幕僚单位有人事、会计及政风三室;并特设法规、诉愿、经建及研究、"原住民"4 个专门委员会。

2. 省咨议会

依"台湾省咨议会组织规程"的规定,省咨议会组织如下:①置咨议员。本会置咨议员21 人至29 人,任期3 年,由"行政院院长"提请"总统"任命。②置咨议长。本会置咨议长1 人,由"行政院院长"从咨议员中遴选1 人提请"总统"任命,综理会务;咨议长因故不能执行职务时,

---

① 陈志华著:《中华民国宪法》,台湾三民书局股份有限公司,2005 版,第367—368 页。

由咨议长指定咨议员 1 人代理，并报"行政院"备查。③置秘书长、副秘书长。本会置秘书长 1 人，副秘书长 1 人；秘书长承咨议长之命处理本会事务；副秘书长襄助秘书长处理本会事务。④内部分组。本会设议事组、研究组、行政组三组，分别掌理有关事项。由于省咨议会会期短暂（每年不超过 20 天），职掌限于咨询研发事项，对省预算编制及省施政不能参与，功能有限。依"台湾省咨议会组织规程"，省咨议会的主要职责是：关于省政府业务的咨询与建议事项；关于县市自治监督与建设规划的咨询事项；关于地方自治事务的调整、分析与研究发展事项；其他依法律或"中央"法规赋予的职权。

表 9–1：台湾省在"精省"工程改革后之变化表

影响	"精省"前	"精省"后
是否地方自治团体	省是地方自治团体	省不是地方自治团体
省的主体性	省是地方自治主体	省政府是"中央"派出机关
省的立法权	省有立法权，由省议会行使	省无立法权
省级公职人员的产生	省长及省议员均由选民直接选举产生	省主席及省咨议员均由"行政院长"提请"总统"任命
省的定位	省为自治团体性质的公法人	省为非自治团体性质的公法人
地方事务	28 项自治事项	在"行政院"的指挥监督下办理 3 项监督及执行事项
业务量	各厅处会掌理 233 项业务（"省县自治法"）	各组室掌理 38 项业务（"台湾省政府暂行组织规程"）

资料来源：薄庆玖著：《地方政府与自治》，台湾五南图书出版股份有限公司，1997 年版，第 340—348 页。

四、"精省"工程改革与特殊的"福建省政府"

除台湾省外，台湾地区还设有一个虚设的省级政权单位：即"福建省政府"。"福建省政府"下辖金门、连江两县，管辖金门、马祖、大担、二担等岛屿。其中连江县的行政区域与大陆的福建省连江县有重叠。"福建省政府"机构的存在纯为衬托台湾当局为所谓"中央政府"的需要而虚设，几乎没有什么活动。

1949 年冬，随着国民党政权败退台湾，原"福建省政府"也撤退到金门县，1956 年，国民党当局所谓的"福建省政府"迁往台湾。截至"宪政改革"之前，台湾当局所谓的"福建省"，设有省主席，由"总统"派任，下辖金门、连江两县。金门、连江两县又分别管辖 6 个乡镇和 4 个乡镇，实施"战地政务"，分别隶属于金门防卫司令部和马祖防卫司令部，县长由军方指派军人出任。

1996 年，"福建省政府"重新迁回金门县，结束 40 年在台湾"客居"的历史。依"福建省政府组织规程"，"福建省"设省政府委员会，置委员 7 至 12 人，省主席 1 人，由"行政院院长"，提请"总统"任命。"福建省政府"的职权包括：本省行政事务的督导；"中央"及地方事务的承转；县自治的协调监督；"本省大陆地区各地计划资料的搜集编审和方案设计"等。"福建省政府"下设三组，分别办理前述事项。

较之台湾省在 1997 年"宪政改革"和"精省"工程后才被虚级化，"福建省"则早已被虚置。根据台湾地区有关法律和"司法院"释字第 481 号解释，"福建省"被定位为"辖区不完整之省"。1999 年 4 月 16 日，"立法委员"陈清实等 105 人提出声请，要求"司法院大法官"就"行政院"所订的"福建省政府组织规程"未规定由"福建省"民选举省长及省议员是否有违平等原则"释宪"。"司法院大法官"认为，"福建省"为"辖区不完整之省"，"行政院"依"省县自治法"所订章程为事实上所必需，并未违反平等原则，虽经 1997 年"修宪"和"地方制度法"的颁布，"福建省"的地位仍不受影响。[①]

五、"精省"工程改革对台湾政治发展的影响

台湾"精省"工程改革是台湾地方自治制度史上的重大事件，它对台湾的行政体制（特别是纵向行政体制）产生了重大的影响，概括起来，主要有以下几个方面：

第一，"精省"工程的实行，美其名曰简化行政层级，提高行政效率，实系取消省级地方自治，重新构建"中央"与地方之间的权力博弈关系。"精省"工程改革后，县（市）地位有所提高，"中央"实际上直接与县

---

① 周叶中、祝捷著：《台湾地区"宪政改革"研究》，香港社会科学出版社有限公司，2007 年版，第 283 页。

（市）发生权力划分关系，但地方更加倚赖"中央"，权力向"中央"集中。"中央"可以通过委办事项，号令地方，使得"中央"与地方的权责界限难以明确，"中央"与县（市）之间的冲突与对立，又成为新的政治问题，"中央"与地方的关系依然紧张。

第二，将台湾省由地方自治团体精简为"行政院"的派出机关，省级建制在台湾地区名存实亡。与省的地位的削弱相比，县市地位逐渐上升，尤其在台湾省级建制精简之后，原属台湾省的各县市直辖市化。台湾当局还通过增加县市副职，强化地方自治团体的职权，同时酝酿将乡镇及县辖市从自治团体改为派出机关。县市职权的扩大，客观上有利于台湾民众实现地方自治权。①

第三，对台湾地区的地方制度产生了重要的影响。在 1997 年"精省"工程改革后，省虽然仍是台湾地方制度层级中的一环，但是已非地方自治团体，仅在法律规定或"行政院"授权的情况下，就某些特定事项享有独立的权利能力，为独立的行政主体，为类似公共营造物性质的公法人。但在原则上，即在现行法律和"行政院"并未授权的情形下，省充其量只是台湾行政层级中的一环，为一个不具有公法人地位的"行政区域"。至此，台湾地区的地方制度发生了重大变化——从过去单一性质的地方制度（即地方单位均为自治团体），转变为现在二元性质的地方制度（即地方单位既有自治团体又有非自治团体）。② 换言之，台湾的地方制度从过去的"任何一地方均实施地方自治"，转变为现在的"地方制度层级中，有地方自治团体性质的地方，也有非地方自治团体性质的地方"。

（原载《重庆社会主义学院学报》2011 年第 4 期）

---

① 周叶中、祝捷著：《台湾地区"宪政改革"研究》，香港社会科学出版社有限公司，2007 年版，第 60 页。

② 刘孔中、陈新民著：《宪法解释之理论与实务》（第三辑下册），台湾"中央研究院"中山人文社会科学研究所发行，2002 年，第 91 页。

台湾地区罢免与弹劾"总统"制度之比较分析

罢免与弹劾"总统"制度是让正处于任期内的"总统"提前下台的两种制度管道。"总统"属于公职人员,应依据"宪法"任职,也依据"宪法"承担责任。"总统"负有政治责任与法律责任,如违反责任,则予以罢免或弹劾。长期以来,台湾当局在推行"宪政改革"的过程中,由于缺乏配套的制度设计,使得这两种去职制度带有了诸多瑕疵,从而使得这两种制度成为岛内政治势力相互斗争的工具。那么,我们该如何看待现行台湾地区的这两种制度?各制度分别有哪些"灰色地带"?两种制度有何区别?这两种制度的现实可操作性如何?本文拟就上述问题作尝试性探讨,并以此作为更好地了解台湾地区"宪政改革"以来政治体制的一个窗口。

一、台湾地区罢免"总统"制度

罢免是拥有选举权的人民对于所选出的公职人员,在任期尚未届满前,举行投票,使其去职的制度。[①] 从权利角度来说,罢免权是与选举权相对应的权利,选举权与罢免权是一体两面的关系,"对于政府的官吏,一面可以放出去,另一面可以调回来"。[②] 人民有权选出理想的领导人,议员、政府官员被人民选出后,系受人民委托之人,如果失去了人民的信任,即使在其任期之内,基于人民主权和直接民主原理,人民也可行使罢免权,将其去职,并将赋予其的权力收回。这样一来,当选之人时刻有所顾忌,不敢漠视民意,可以减少权力专断和营私舞弊现象。

依台湾地区现行"宪法",人民拥有选举、罢免、创制、复决的权利。

---

① 萨孟武著:《中国宪法新论》,台湾三民书局,1990年,第454页。
② 林纪东著:《中华民国宪法逐条释义》(一),台湾三民书局,1988年版,第266页。

台湾现行的"总统"罢免制度，是使"总统"在任期内去职的制度之一。从某种意义上说，罢免具有使"总统"重新接受民意检验的功效。选举权虽不一定有罢免权与之相对应，但若在"宪法"中明确规定了罢免权，则理应与选举权相互呼应。故若人民没有选举"总统"的权利，自然也就没有罢免"总统"的权利。人民对"总统"是否享有罢免权，依赖于人民对"总统"是否享有选举权而定。[①] 台湾地区的人民之所以对"总统"拥有罢免权，是因为"总统"是由人民直接选举出来的。

（一）罢免程序

对"总统"的罢免，系基于人民主权的理论，对"总统"政治责任的追究，所以"总统"不必有具体违法的事由，即可对其提出罢免案。为此，"宪法"和"总统副总统选举罢免法"均未规定提起罢免案的原因，而只规定了提起罢免案的机关与程序。依"宪法"本文规定，"总统由国民大会选举产生"，故依"宪法"第 132 条规定："被选举人得由原选举区依法罢免"的规定，"总统"的罢免提议与罢免决定，均由"国民大会"来议决。但因应"总统"直选以及废除"国民大会"的"修宪"决定，"正、副总统"罢免提案权归属于"立法院"，公民则有"正、副总统"罢免案的决定权。现行"宪法"增修条文第 2 条第 9 项规定，"总统""副总统"罢免案，须经全体"立法委员"1/4 提议，全体"立法委员"2/3 同意后提出，并经"中华民国自由地区"选举人总额过半数的投票，有效票过半数同意罢免时，即为通过。"总统副总统选举罢免法"第 70 条第 1 项规定，"总统""副总统"罢免案，经全体"立法委员"1/4 提议，全体"立法委员"2/3 同意提出后，"立法院"应作出罢免案成立的宣告。罢免案通过后，被罢免人应自公告之日起，解除职务；并且被罢免人自解除职务之日起的四年内不得再为"总统""副总统"的候选人。

（二）罢免限制

为了防止罢免权的滥用，台湾地区有关立法在赋予罢免主体罢免权的同时，也对罢免案的提起进行了限制，主要有：①对就职未满 1 年的"总

---

① 林昱梅：《总统之罢免与弹劾》，载台湾《宪政时代》，第 29 卷第 1 期，2003 年 7 月，第 34 页。

统",不得提起罢免案。2000 年,因"行政院"宣布停止执行"核四"预算,引发朝野对立,在野"立委"提案罢免时任"总统"陈水扁。后来以陈水扁就职未满 1 年而作罢。②罢免案如经否决,对于同一"总统",原声请(提议)人不得再为此提起罢免声请。换言之,对于"总统"的罢免案,其任期内只能对其提起一次。

(三) 相关问题探讨

1. 公民是否应该有罢免提案权?

既然"总统""副总统"由人民直接选举产生,也应由人民直接罢免他们,至少应该规定人民拥有罢免"总统""副总统"的提案权。但现行"宪法"增修条文第 2 条第 9 项规定来看,"总统""副总统"的罢免,是由"立法院"提出、通过,始得由全体公民行使罢免投票权决定。若"立法院"不予提出罢免案,或提出罢免案未达到规定的"须经全体立法委员 1/4提议,全体立法委员 2/3 同意",则选民无从罢免"总统""副总统"。为此,有台湾学者对该规定颇有微词,认为在公民可以直选"总统"的情况下,该规定在事实上剥夺了公民的罢免权。那么,公民罢免"总统"为何还要透过"立法委员"去提案才交由公民行使罢免投票权呢?有台湾学者认为,"总统""副总统"既然由人民直接选举,理应由人民来行使对"总统""副总统"的罢免权。选举与罢免均属于人民的参与权,基于直接民权理论,应由人民亲自行使罢免权。为此,建议将来通过立法规定由公民直接连署提出"总统""副总统"罢免案并直接投票行使罢免权,① 以避免"总统""副总统"通过对政党比例代表产生"立法委员"的控制,而使对"总统""副总统"罢免案无法提出。也有台湾学者认为,"总统""副总统"罢免案的程序,既然最后须经由公民决定,那么其在本质上具有一次重新选举的意义,为避免"立法院"提案罢免成为政治斗争的工具,建议将来在"总统副总统选罢法"中增加"立法院提案罢免,经人民投票不同意罢免时,立法院即应解散,且总统任期重新起算"的规定。②

---

① 林昱梅:《总统之罢免与弹劾》,载台湾《宪政时代》,第 29 卷第 1 期,2003 年 7 月,第 37 页。
② 林昱梅:《总统之罢免与弹劾》,载台湾《宪政时代》,第 29 卷第 1 期,2003 年 7 月,第 44 页。

2. "总统"被罢免时，"副总统"是否一并被罢免？

一般说来，如果"总统""副总统"是分别选举，选出来的结果，"正、副总统"有可能隶属于不同的政党，各有自己的民意基础，则罢免"总统"，即不能连同"副总统"一起罢免，反而应该在"总统"被罢免后，由"副总统"继任为"总统"。但是"总统"由人民直选后，依"宪法"增修条文第2条第9项及新的"总统副总统选举罢免法"第21条的规定，"总统""副总统"候选人应联名登记，在选票上同列一组圈选，以得票最多的一组为当选者。在"总统"与"副总统"须联名搭档竞选的情形下，此种政治责任具有连带关系，那么，对"总统"罢免是否也应将"副总统"一起连带罢免？2001年初对陈水扁"总统"酝酿罢免案时，曾发生过是否应该连同罢免吕秀莲"副总统"的争议。对此，有台湾学者依据政治学理论对此作了深入的分析：人民的罢免权既然是与选举权相对应的权利，是人民召回当选人的权利，那么"副总统"是否应该与"总统"一并罢免，应视选举时，是否一起搭档竞选而定。因此，对"总统"有罢免提案，应理解为有一并罢免"副总统"的含义，即使不联名罢免，则"总统"一旦遭到罢免，"副总统"一职也将失去依托，而有一并罢免的效果。[①]

3. 罢免提案表决：记名投票，抑或无记名投票？

"立法院"对"总统"的罢免提案，是否适用"对人秘密，对事公开"这一议事法则？既然罢免系政治责任的追究，且属政治好恶的表示，不必"总统""副总统"有特定的具体的违法事实，且其本质上常用以检验朝野势力的向度，故有台湾学者认为，"立法委员"应以秘密投票为提案较妥，一则避免人情困扰，二则避免政治不当交易。[②] 为此，"立法院"特别于2000年11月7日三读通过修正"立法院职权行使法"第44条规定："……罢免总统或副总统案……全院委员会审查前，立法院应通知被提议罢免人于审查前7日内提出答辩书。前项答辩书，立法院于收到后，应即分送全体立法委员。被提议罢免人不提出答辩书时，全院委员会仍得径行审查。全院委员会审查后，即提出院会以记名投票表决，经全体立法委员2/3同意，罢免

---

① 林昱梅：《总统之罢免与弹劾》，载台湾《宪政时代》，第29卷第1期，2003年7月，第42—43页。

② 李惠宗著：《中华民国宪法概要——宪法生活的新思维》，台湾元照出版有限公司，2008年版，第199页。

案成立，当即宣告并咨复被提议罢免人。"①

二、台湾地区弹劾"总统"制度

弹劾是对于政府官员的违法或失职行为，加以制裁，甚至去职的制度。弹劾制度的理论基础是权力分立与制衡。在实行权力分立的国家或地区，弹劾制度是民意机关控制行政机关的重要武器，是民意代表对政府高级官员的违法失职实行民主监督的制度。

（一）弹劾程序

台湾地区的"宪法"和有关"法律"规定了对"正、副总统"进行弹劾的机关和程序。"宪法"尚未增修之前，全体"监察委员"1/4 以上提议，并经全体"监察委员"过半数之审查及决议，即可向"国民大会"提出"总统"弹劾案。"国民大会"对此弹劾案，以出席"国民大会"2/3 以上代表同意，"总统"即遭罢免。"宪法"增修后，弹劾"总统"的提案权与审理权，分别转移到"立法院"和"司法院"的"宪法法庭"。现行"宪法"增修条文第 2 条第 10 项规定，"立法院提出总统、副总统弹劾案，声请司法院大法官审理，经宪法法庭判决成立时，被弹劾人应即解职"。"宪法"增修条文第 2 条规定，"立法院"对于"总统""副总统"之弹劾案，须经全体"立法委员"1/2 以上提议，全体"立法委员"2/3 以上决议，声请"司法院大法官"审理。这表明，过去系由"监察院"行使"总统""副总统"之弹劾权，② 如今改由作为民意代表机关的"立法院"行使此项职权，只是"立法院"通过此项弹劾案，仍须向"司法院大法官"提出，以判决是否成立及解职。"宪法"增修条文第 5 条第 4 项规定，"司法

---

① 李惠宗著：《中华民国宪法概要——宪法生活的新思维》，台湾元照出版有限公司，2008 年版，第 199—200 页。

② 按照"宪法"增修条文第 6 条第 5 项的规定，"总统""副总统"之弹劾案，应由"监察院"通过后提出，交由"国民大会"行使同意权。事实上，经过三次"修宪"后，监察委员的产生方式已经改变。"宪法"规定，监察委员是由省、市议会选举产生，"监察院"尚带有民意机关的性质，故由"监察院"提出对"总统"、"副总统"的弹劾案，交由"国民大会"行使同意权尚属合理。后来，"监察院"失去了民意机关的性质，"宪法"增修条文又规定监察委员是由"总统"提名，经"国民大会"（后为"立法院"）同意后任命。在这种情况下，由"监察院"行使"总统""副总统"的弹劾权就不合理了。参见谢政道著：《中华民国修宪史》，台湾扬智文化事业股份有限公司，2007 年版，第 311 页。

院大法官"，除依"宪法"第78条的规定外，并组成"宪法法庭"审理"总统""副总统"之弹劾及政党"违宪"之解散事项。

弹劾案通过后，被弹劾人即应解职。总统的弹劾，由于是基于"总统"的个人行为，因此不发生"联名"弹劾的问题，"副总统"不因"总统"的个人行为而同进退。故"总统"解职后，发生"总统"缺位的情形，应由"副总统"继任。

（二）弹劾事由

弹劾系法律责任的追究，所以弹劾案必须有具体的案由。也就是说，"总统""副总统"必须有具体违法失职的事实，方可对其进行弹劾。弹劾责任系属个别责任，应对"总统"或"副总统"分别进行，而法律责任的追究，系属法律问题。法律问题本质上系属于是非对错的判断，必须依照证据认定，不是凭好恶可以决定的，必须遵守一定法律程序，包括起诉事由、对辩过程、证据法则、审理程序、判决等程序。

当然，"总统""副总统"的弹劾事由，与一般公务人员犯罪有本质上的不同。"总统""副总统"的职权，不仅具有政治性，也具有法律性；不仅具有名誉性，也具有实力性。"宪法"第48条有关"总统"誓词的规定，应可援引可以作为弹劾事由的依据，"总统"誓词为："余谨以至诚，向全国人民宣誓，余必遵守宪法，尽忠职务，增进人民福利，保卫国家，无负国民付托。如违誓言，愿受国家严厉之制裁。谨誓。"其中"增进人民福利，保卫国家"系属政治义务的问题；"遵守宪法，尽忠职务"则属法律义务的问题。"总统"弹劾的事由应限于"违反宪法"与"未尽忠职守"两项。如果"总统"行为与"宪法"无关，或与其职务无关，例如职务外发生绯闻事件，则不应提出弹劾案，而系属罢免的问题。所谓违反"宪法"，例如个案干预司法独立、滥用紧急命令权或违反民主原则等。所谓"未尽忠职守"，须与职权的行使或不行使有关联，例如犯与职务有关的罪行、利用职务的犯罪、挪用公款纵容部属利用职权犯罪等。至于政策失误，则不宜采用弹劾制度来追究其责任。[1]

---

① 李惠宗著：《中华民国宪法概要——宪法生活的新思维》，台湾元照出版有限公司，2008年版，第203—204页。

（三）相关问题探讨

1. "副总统"继任后的任期如何计算？

"总统"弹劾案成立后，"副总统"继任"总统"，其任期如何计算？因为"总统"弹劾并不发生"一年条款"的问题，只要"总统"任职期间，有前述事由，皆可予以弹劾。若任期即将届满（例如已满3年6个月）而弹劾"总统"案成立，"副总统"任期仅有半年，是否可视为一任？若"总统"刚上任（例如刚就任6个月）即被弹劾成立，"副总统"继任期间即长达3年半，是否应视为一任？对此，有台湾学者建议：在任期计算上，任职超过法定任期半数者，即可视为一任。"总统"就任未满2年即被弹劾成立，而"副总统"继任"总统"的期间因此而超过2年者，"副总统"其后即应受到仅能连任一次的限制，即仅可以连任一次。①

2. 弹劾事由以何为准？

"总统"被弹劾的原因，"宪法"和有关规定均未明确规定。只是"宪法"笼统地规定，"总统"如犯内乱、外患罪，危害"国家安全"，则不应再予保障，应受刑事上的追诉。2000年4月第六次"修宪"时将"内乱、外患罪"之要件删除，为此，有台湾学者认为，至此"总统""副总统"弹劾案的提出，并不仅限于犯内乱、外患罪，还包括刑事上的重罪。如果该观点成立的话，"总统""副总统"受弹劾的原因较"宪法"原文所规定的更加宽广。到底哪些事由可以构成弹劾案，目前尚不明确。有台湾学者认为，今后应结合学界的观点将弹劾的具体事由，在"立法院职权行使法"中加以明确规定，并且也将弹劾应遵循的程序，在"司法院大法官审理案件法"中加以明确规定。

三、罢免与弹劾制度的比较分析

由上分析不难理解，罢免与弹劾制度并不相同，然而两者的具体区别究竟何在？结合上文的扼要介绍，并参考学界的不同看法，笔者将两者的区别归纳如下：

---

① 林昱梅：《总统之罢免与弹劾》，载台湾《宪政时代》，第29卷第1期，2003年7月，第59—60页。

第一，理论基础不同。罢免"总统"制度的理论基础是直接民主理论，由人民选出的"总统"，如果失去了人民的信任，人民自然可以行使"召回"性的罢免权。而弹劾"总统"，系基于权力分立与制衡理论，由"国会"对拥有行政权的"总统"发挥制衡的力量。而弹劾案之决定带有准司法行为的性质，实质上应有"国会"担任原告角色，另一个"宪法机关"担任审判角色，因此在程序上与诉讼程序较为类似。

第二，权力性质不同。弹劾权是监察机关或民意机关代表人民对于违法或失职的政府官员，所行使的一种控诉权。在西方国家，弹劾权一般是议会机关的司法权，"以济司法之穷"。而罢免权与弹劾权不同的是，罢免权与选举权相对应，两者均为公民权之一，均是人民直接控制议员及官员的重要武器。人民有选举权才能选择他们认为理想的政治人物参与政事，有罢免权则能除去不称职的人员。因此，弹劾权具有司法性，罢免权则具有政治性。民主政治是法治政治，也是民意政治，弹劾权是为了达到法治政治，罢免权则是为了达到民意政治。官员违法须负法律责任，应受法院的制裁或民意机关的弹劾；官员言行违反民意，则由人民将其罢免。[①]

第三，发动事由不同。罢免系对政治责任的追究，而政治责任基本上系总体考察，不需要有特定的事件，特别是现行制度规范下，"总统"在职权上，对于行政事务确有相当程度的介入权，此时"行政院"总体施政的成败，"总统"也应有责任，所以提起罢免案不须有特定的失职事由。罢免案既然系政治责任的追究，交由全民复决也就合乎民主法理。而弹劾系对法律责任的追究，所以弹劾必须有明确而具体的事由。为避免法律责任泛政治化，"立法院"提案弹劾"总统""副总统"，应提出"总统"或"副总统"违法失职的证据。

第四，提案门槛不同。依"宪法"增修条文的规定，罢免"总统"的提案权属于"立法院"，弹劾"总统"的提案权也属于"立法院"。因此，"立法院"同时拥有罢免与弹劾"总统"的双重提案权。但两种提案的"门槛"要求不同，"总统""副总统"之罢免案，须经全体"立法委员"1/4提议，全体"立法委员"2/3同意后提出；而"总统""副总统"之弹劾案，须经全体"立法委员"1/2以上提议，全体"立法委员"2/3以上决议，声请"司法院大法官"审理。

---

① 董翔飞著：《中国宪法与政府》，作者自刊，1997年8月，第528页。

第五，裁决主体不同。依照"宪法"增修条文的规定，"总统"罢免案经"立法院"通过提出后，即交付公民投票表决。罢免是人民的权利，不宜委任由其他机关代为行使。"总统"弹劾案经"立法院"通过提出后，交由"司法院"，由"司法院大法官"组成"宪法法庭"审理。因此说，弹劾案的最终决定权掌握在"司法院"的手中。

第六，对"副总统"的处置不同。由于"总统""副总统"系联名竞选，他们的政治责任连为一体，所以罢免案应将"总统""副总统"一起联名罢免。而弹劾是对"总统"个人违法失职行为的责任追究之举，此与"副总统"无关，因此，"副总统"并非与"总统"一并成为被弹劾的对象。

第七，去职效果不同。罢免"总统"的结果，是"总统"与"副总统"一并去职，由"行政院院长"代行职权，并且依照"宪法"增修条文规定，补选"总统""副总统"。"总统"弹劾案若经过"司法院大法官"组成的"宪法法庭"通过，"总统"即应解职，由"副总统"继任。[1]

为了更清晰地展示"总统"罢免与弹劾制度的上述主要区别，现列表如下：

罢免与弹劾制度之比较表

	"总统"罢免	"总统"弹劾
理论基础	直接民主	权力分立与制衡
权力性质	政治性质	准司法性质
发动事由	追究政治责任（事的责任）	追究法律责任（人的责任）
提案门槛	1/4"立委"提议，全体2/3"立委"通过	1/2"立委"提议，全体2/3"立委"通过
裁决主体	全民投票（1/2公民参与投票，投票人数1/2同意）	"司法院大法官"组成的"宪法法庭"
"副总统"去向	一并处理	个别追究
去职效果	"行政院长"代行职权，重新补选"总统""副总统"	由"副总统"继任

备注：本表参考了林昱梅《总统之罢免与弹劾》一文中的图表（载台湾《宪政时代》，第29卷第1期，2003年7月，第62页），但笔者根据本文需要和客观情况的变化，略作修改。

---

[1] 林昱梅：《总统之罢免与弹劾》，载台湾《宪政时代》，第29卷第1期，2003年7月，第60—61页。

四、评价：罢免与弹劾制度缺乏可操作性

七次"修宪"后，不论是弹劾"总统"的程序还是罢免"总统"的程序，两者都要经过两阶段不同机关的决定，加之两阶段表决的高门槛要求，因此，不管是弹劾或罢免"总统"，都存在着很多环节上的障碍。这主要表现在：

对"总统"的罢免案或弹劾案的提出，规定了很高的门槛要求，即两者都需要全体"立法委员"2/3同意。如此一来，在"立法院"中占有多数席位的政党与"总统"同属于一个政党时，通过罢免或弹劾"总统"提案的可能性非常小；反之，如果"立法院"中占有多数席位的政党与"总统"属于不同党派时，则通过罢免或弹劾"总统"提案的可能性虽较前一种情形有所增加，但就整体说来仍然很小。2006年6月，"泛蓝"曾经因为时任"总统"陈水扁身陷"Sogo礼券弊案"和"国务机要费弊案"，而在"立法院"发动罢免陈水扁。但最后的投票结果，以119票赞成（备注：总票是225票）、0票反对、14票弃权废票，未达2/3门槛而告失败。可见，要罢免"总统"是很困难的。这也是为什么在"国务机要费案"延烧沸腾的时候，民众不再选择采用罢免或弹劾的方式，而选择走上街头发动百万人"倒扁运动"的原因。

就罢免案来说，即使其能够在"立法院"获得通过，还要经选民总数过半数的投票，有效票过半数同意罢免时，方为通过。而如果选民参与投票未过半数，或者选民参与投票而赞同罢免的未超过半数有效票，罢免案就不能通过。就弹劾案来说，即使经过全体"立法委员"2/3以上决议同意提出后，还要声请"司法院大法官"审理。当然，需要说明的是，台湾当局之所以通过"修宪"提高罢免与弹劾"总统"的门槛，主要是为了与"总统"直选制度相呼应，因为从法理上说由直选而产生的"总统"具有很高的民意基础，倘若不设定很高的去职"门槛"，则有以"少数民意"否定"多数民意"之嫌。若仅仅从法理上分析，这也算是说得通，但却忽视了因"门槛过高会影响去职制度的现实可操作性"这一情形。所以，在台湾存在着一个普遍的现象，即罢免或弹劾程序的高度复杂，使得选民"望而生畏"，难以启动。对于他们不满的"总统"，他们只能无奈地选择"下次不选"的处理办法；对于涉嫌刑事犯罪的"总统"，只好等待其换届下台后不

再享有司法豁免权时，再追究其法律责任（陈水扁下台后方才被羁押判刑，便属此种情形）。

由于对"总统"进行罢免或弹劾的机制在事实上难以操作，也就影响了该两项制度对"总统"应有的监督效果。这样一来，"总统"成为一个拥有极大权力，却不承担实际责任，也不接受实际监督的政治角色。如此"权责不符"的制度设计，必将威胁民主本身。在这样的情形下，如何加强对"总统"权力的制衡，成为一个迫切需要研究和解决的问题。

（原载《国际关系学院学报》2011 年第 4 期）

台湾"宪政"改革以来的
政治体制变迁刍议

20 世纪 90 年代以来,台湾当局先后进行了七次"宪政"改革,这些改革对台湾地区的政治体制结构及其功能产生了重大而深远的影响。那么,"宪政"改革究竟给台湾地区的政治体制带来了哪些变化?这些变化会对台湾地区未来的政治体制造成怎样的影响,以及如何看待和评判"宪政"改革所带来的这些变化及影响?关于上述问题的研究,对于我们更好地了解、把握和评价台湾地区的政治民主化及其进程具有重要的意义,可目前两岸学术界却缺乏这样的研究,基于此,本文拟就上述问题作尝试性探讨。

一、台湾地区"宪政"改革的回顾

在第三次世界民主化浪潮的不断推动以及民众的强烈诉求下,1986 年 3 月,蒋经国领导下的台湾当局决定解除戒严,开放党禁、报禁,由此揭开了台湾政治民主化转型的序幕。1988 年蒋经国去世,威权体制解体,台湾民众对民主的渴望更加强烈。1990 年 3 月,蒋经国去世后第一次"总统"换届选举前夕,台湾发生了社会各界十几万人参加的"宪改"请愿运动。在野的民进党也不断发动以"宪改"为诉求的街头抗议运动,从而使政治情势空前紧张。在这种情势压力下,台湾当局为解决自己所面临的"宪政危机",巩固自身的统治基础,于 1990 年 6 月 28 日至 7 月 4 日召集了"国是会议"。这是国民党政权退台四十年来第一次召集的有反对党、无党籍、海外"异议"人士及其他知名人士参加的重要政治协商会议。会议围绕着"国会改革""中央政府体制""宪法修订""地方自治""大陆政策与两岸关系"等五大议题展开了激烈的争论。这五大议题,几乎都涉及"宪改"。这次争论虽然在具体问题上很难达成共识,但在对"宪政"改革的紧迫性这一问题的认识上的确达成了空前的一致。因此,"国是会议"被视为台湾

"宪政"改革的肇因或开端。

从1991年至2005年的十四年间，台湾当局先后进行了七次"修宪"。在"宪法"本文不变的情况下，以增修条文的形式就"合理调整国会结构""省市长民选""总统直选""确立双首长制""推动精省""国大虚级化与建立单一国会""公投入宪""立法院改革"等重大议题进行改革。其结果与核心内容被概括为"一机关两阶段修宪"，一机关即"国民大会"，两阶段即第一阶段进行"程序性修宪"，第二阶段进行"实质性修宪"。为了清楚表达起见，笔者将七次"修宪"的内容加以汇总并列表如下：

台湾地区历次"修宪"要点汇总表

"修宪"次别	修改要旨	影响
第一次"修宪"（1991.4）	①决定第二届"中央民意代表"应选出日期，"中央民意代表"应含"全国"不分区代表； ②重新规范"总统"紧急命令权的行使；③废止"动员戡乱时期临时条款"。	"中央民意代表"定期改选，落实人民主权思想。
第二次"修宪"（1992.5）	①明订"总统""副总统"由"中华民国自由地区"全体人民选举的原则； ②主要赋予"国民大会"对"总统"提名的"监察委员"，"司法院"正副"院长"、"大法官"，"考试院"正副"院长"、"考试委员"等人事任命拥有同意权； ③"总统"与"国民大会"代表任期4年； ④"司法院"设置"宪法法庭"； ⑤调整"考试院"职权； ⑥重新定位"监察院"为"最高监察机关"，而非民意机关； ⑦明订直辖市长及台湾省长，改由人民直接选举；⑧保障残障者与"山胞"权益。	"宪政"机构的功能及互动精致化。
第三次"修宪"（1994.7）	①明订"总统"选举产生方式，改由"中华民国自由地区"全体人民直接选举产生，自第九任"总统""副总统"选举开始实施； ②缩限"行政院长"副署权的范围； ③"国民大会"设置议长，行使职权的程序不由法律规定，改为"国民大会"自行决定； ④"总统""副总统"搭档竞选； ⑤侨民"返国"具有投票权。	"宪政"典范倾向"总统制"。

续表

"修宪"次别	修改要旨	影响
第四次 "修宪" (1997.7)	① "总统"任命"行政院长"，无须经"立法院"同意； ② "总统"经咨询"立法院长"后，得宣告解散"立法院"； ③ "立法院"得对"行政院长"提出不信任案； ④ "司法院长、副院长"改由"大法官"兼任； ⑤司法预算独立； ⑥冻结省级选举，省政府为"行政院"的派出机关，省非自治团体。	政府体制在"内阁制"与"总统制"之间摆荡；省回归了其本来的历史地位。
第五次 "修宪" (1999.9)	① "国大代表"选举依附于"立法委员"选举，以政党比例代表制产生； ②延长第三届"国大代表"及第四届"立法委员"任期； ③ "立法委员"的任期改为4年； ④加强社会救助，以及对军人、少数民族的保障。	"司法院"释字第499号解释宣告本次"修宪"无效。
第六次 "修宪" (2000.4)	① "国民大会"职权大幅缩减，职权以"立法院"发动为前提； ② "国大"虚级化改采300名任务型"国代"； ③ "立法院"职权扩增，掌握"修宪"主动权； ④ "总统"向"立法院"作"国情报告"； ⑤取消"大法官"享有终身职待遇。	"国民大会"功能减退；"五权宪法"基础改变；"单一国会"浮现。
第七次 "修宪" (2005.6)	① "立法委员"人数由225人减为113人； ② "立法委员"任期由3年改为4年； ③ "立法委员"以"单一选区两票制"选举产生，分别选出区域代表与不分区域代表； ④ "修宪"案、"领土"变更案，须由"立法院"提案，经公民投票复决； ⑤废除"国民大会"； ⑥ "总统""副总统"之弹劾案，改由"司法院大法官"审理。	一院制"国会"确立，直接民主进一步落实；"宪法法庭"功能扩大。

（资料来源：作者自制）

　　由以上"修宪"内容可以清晰地看出，台湾地区进行的七次"宪政"改革，主要涉及领域是"国民大会""总统""立法院""行政院"和"司法院"。对于监察和考试两院的改革，除前两次有所涉及外，其余几次"修宪"几乎没有再涉及。

二、"宪政"改革以来台湾地区政治体制的变化

通过七次"修宪",政权机关不复存在,仅由政府五院来独立行使治权,在此过程中,五院在"五权宪法"体制中的角色、地位和功能均发生了重大变化。具体说来,主要表现在以下几个方面:

(一)"国民大会":虚化及被废止

"国民大会"先是通过第六次"修宪"被虚级化,接着通过第七次"修宪"被彻底废止,原属"国民大会"的职权部分转交"立法院"行使,部分归还人民行使,人民可直接对"立法院"所提的"宪法"修正案和"领土"变更案进行复决,加上人民早已享有的"总统""副总统"之选举权和"总统""副总统"罢免案之复决权,人民已经享有大部分"政权",成为行使"政权"的直接主体。自此,台湾地区的政治权力架构进入新时期。尽管以前"国民大会"在台湾的政治体制运行中始终也没有处于权力中心的地位,但它的存在至少表明孙中山先生所主张的"权能区分"的政治架构仍然存在。"国民大会"被废止,表明所谓的"政权机关"已不复存在,没有了"政权机关",与"政权机关"对应而称的"治权机关"也就不再是当初意义上的"治权机关"。没有了"政权机关"节制的"治权机关"在实质上已与西方国家(广义上)的政府机关没有什么实质性的区别。因此,我们说,如果说早期孙中山先生主张的"五权宪法"体制与西方的"三权分立"体制有着本质区别的话,那么,"宪政"改革(特别是"国民大会"被废止)后,"五权体制"与西方的"三权体制"已没有什么实质性的差别了,只不过是形式上的"五权"与"三权"的不同而已。

(二)"总统":重心化

在台湾地区所进行的七次"修宪"改革中,每一次都使"总统"直接或间接地向政治权力中心靠移。第一次"修宪"在废除"临时条款"的同时,保留了"临时条款"关于"总统"在紧急状态下的特权。第三次"修宪"不仅正式确立了"总统"直选的产生方式,扩大了"总统"的民意基础,而且在"总统"和"行政院"的关系方面作出了调整,"行政院长"的副署权被大幅缩限。第四次"修宪"取消了"立法院"对"总统"任命

"行政院长"的人事同意权，"行政院长"在事实上沦为"总统"的幕僚长，"行政院"名义上仍为"最高行政机关"，但"总统"在事实上掌握着"最高行政权"。此外，依据"宪法"增修条文，经"立法院"复议的议案，"行政院长"仅有接受义务，而无辞职义务，"行政院长"向"立法院"负责的规定被架空，"行政院长"实际上转而对"总统"负责。从表面上，第四次"宪政"改革也进行了偏向"内阁制"的制度调整，但事实上，此调整的目的在于使"行政院长"负行政责任，而使"总统"处于相对超然的地位。这种"总统有权无责""行政院长有责无权"的制度设计，其最终目的还是强化"总统"的地位和权力。第六次"修宪"时虽规定"总统"向"国民大会"提"国情报告"，但因"国民大会"被这次"修宪"虚级化，使得这一负责形式徒有其表。第七次"修宪"后，"国民大会"被废止。作为与"治权机关"相对应的"政权机关"不复存在，"总统"成为统合政府"五院"的"最高机关"。总之，经过七次"修宪"，"总统"日益成为台湾地区政治权力结构的重心和政治生活的中心。

（三）"行政院"：幕僚化

按照"宪法"规定，"行政院"本为最高行政机关，但经过七次"修宪"，"行政院"在事实上却变成了"总统"的幕僚机关，"行政院长"成为"总统"的幕僚长。主要表现在：（1）"总统"掌控"行政院"的人事权。具体包括两个方面：首先，"总统"拥有对"行政院长"的任命权。原来"行政院长"的人选经"立法院"同意，意味着"行政院长"取得"立法院"多数的信任，从而使"行政院"向"立法院"负责有一个较扎实的基础。"修宪"后取消"立法院"对"行政院长"人选的人事同意权，而由"总统"直接任命之。在"总统"全盘掌握"行政院长"任命权的情况下，在政治上极可能出现："行政院"只对"总统"负责，而不对"立法院"负责。其次，"总统"在事实上掌握"行政院"的组阁权。"宪法"第56条规定，"行政院副院长"、各部会首长及不管部会的"政务委员"，均由"行政院长"提请"总统"任命。依此规定，组阁权应当在"行政院长"手中。但是，从台湾政治体制的运作来看，组阁权实际上掌握在"总统"手中。①

---

① 阎彤：《论台湾宪政体制改革中的"总统"》，厦门大学法学院学位论文，2002年6月，第21—23页。

（2）"行政院"成为"总统"所决大政方针的执行机关。一方面"宪法"明文规定，"行政院"为"最高行政机关"，另一方面又规定"总统"主持"国家安全会议"，"行政院长"为"国家安全会议"的成员，且"总统"所决定的大政方针由"行政院"执行。这样的规定，必使"行政院"成为"总统"决策的执行机关。

（四）"立法院"：实权化

"宪政"改革以来，"立法院"在台湾政治生活中的地位和作用日益重要，成为拥有实权的民意机关和立法机关。在七次"修宪"中，第四、第六两次"修宪"对"立法院"体制的影响最大。首先，第四次"修宪"中立法权向"立法院"集中的迹象逐渐显现，"立法院"新增对"行政院长"提出不信任案的权力以及弹劾"总统""副总统"等权力。其次，第六次"修宪"后，"国民大会"的绝大多数职权划归"立法院"，"立法院"得享有对"司法院""考试院"和"监察院"三院的人事同意权，并可听取"总统"的"国情报告"，提出"国土"变更案、"宪法"修正案和"总统""副总统"之弹劾案，启动任务型"国大"复决重要事项等，以"立法院"为唯一立法机关的"单一国会"体制初步呈现。第七次"修宪"后，"国民大会"正式走入历史。"国民大会"的职权除了一小部分转归人民直接行使以外，大部分职权由"立法院"接管行使，从而结束了立法权分散的状态，"单一国会"体制正式确立。另外，还值得关注的是"立法院"在"修宪"过程中的地位。虽然经"立法院"通过的"修宪"提案尚需人民复决，但人民的复决权仅具有价值性意义，"修宪"内容由"立法院"掌控，可以说"立法院"实质上享有"修宪"权，为实质上的"修宪"机关。随着"修宪"的逐步推进，"立法院"逐步凝聚了所有立法权，虽然未能掌握"行政院长"的任命同意权，但总的来说，它已经在最大程度上完备了类似西方民主国家"议会"的职权。

（五）"司法院"：中立化

在"戒严时期"，"司法院"政党化、行政化的现象特别明显，它几乎成为国民党政权的"御用工具"。但自20世纪90年代开启的"宪政"改革以来，台湾地区"司法院"的最大变化，就是其地位和角色的变化，其一改过去"御用工具"的身份和地位，而成为台湾地区正义力量的化身，其地位逐渐上升。"司法院大法官"通过"释宪"机制俨然成为台湾政坛的最终裁判者，其通过自身的行动，在民众中树立了较好的"司法公正"形象。首先，"司法院"有权组成"宪法法庭"审理"总统""副总统"弹劾案和政党"违宪"解散案。其次，有权解释"宪法"，"大法官"作成的解释具有普遍的拘束力。截至 2007 年 1 月底，"司法院大法官"已经作成 623 个解释，其中相当部分为"宪法"解释，这些解释对台湾地区"宪政"改革起到了至关重要的作用。[①] 为贯彻司法独立精神，以确保"司法院"及其所属的司法机关依法独立行使职权，而不受其他机关、组织或个人的非法干涉，台湾当局建构了一系列的保障制度。特别值得一提的是司法预算独立制度，即"司法院"所提出的年度司法概算，"行政院"不得删减，只能加注意见，编入"中央政府"总预算案，送"立法院"审议。司法预算独立将有助于实现司法公正，是台湾地区"宪政"发展史上的重要事件。

（六）"考试院"：边缘化

在"宪政"改革过程中，涉及"考试院"的改革措施较其他四院为少。从总体上看，"考试院"在"宪政"改革的过程中不仅没有"获益"，反而有所"损利"，并逐步被边缘化。具体表现在：第一次"修宪"后，"行政院"设"人事行政局"，该机构实际上延续了"动员戡乱时期""行政院"所设的"人事行政局"，将"考试院"铨叙部的大量职权切割至"行政院"。第二次"修宪"时则出现两种弱化"考试院"的改革方案：一是将考试权和人事行政权彻底分开，"考试院"仍为"最高考试机关"，但仅负有考试权，人事行政权完全由行政机关掌有；第二个方案则是将人事权分为法制权和执行权两部分，前者为对人事事项订立法律的权力，为"考试院"享有，后者是指就人事立法具体操办人事事项的权力，由"行政院"享有。当时作为执政党的国民党原本倾向于采用第一个改革方案，[②] 但是在"考试院"的强烈反对下则采用了第二个方案。根据该方案，"考试院"仍为"最高考试机关"。考试和公务人员的铨叙、保障、抚恤、退休等事项由"考试院"掌理，任免、考绩、级俸、升迁、褒奖等事项则划分为法制事项和执

---

① 周叶中、祝捷著：《台湾地区宪政改革研究》，香港社会科学出版社有限公司，2007 年版，第 96 页。

② 李炳南著：《宪政改革与国民大会》，台湾月旦出版社股份有限公司，1994 年版，第 229—230 页。

行事项，前者继续由"考试院"掌理，后者则由"行政院"人事行政局掌理。以上表明，第二次"修宪"后，"考试院"职权被弱化，从享有考试权和完整人事行政权的"最高考试机关"，蜕变为仅享有考试权和部分人事行政权的"最高考试机关"。在"考试院"弱化的同时，"行政院"却因此而扩权，其下辖的人事行政局取得了"宪法"地位，并受"行政院长"的领导，掌理人事行政的执行事项，"行政院长"和"考试院长"，均是人事行政事务的最高首长，台湾学者称之为"人事行政双重首长制"①。以上表明，在"宪政"改革过程中，"考试院"的地位和角色逐渐被边缘化。

（七）"监察院"：准司法化

根据"宪法"的有关规定以及释字第 3 号和第 76 号解释，"监察院"在台湾地区政治体制中相当于"国会"的一部分，与"国民大会""立法院"共同构成所谓的"三国会"体制，特别是其依据"宪法"赋予的同意权，在台湾岛内的政治生活中扮演着极其重要的角色。1992 年第二个"宪法"增修条文将"监察院"从性质上进行了完全的改变，从准民意机关兼司法机关转变为准司法机关。首先，"监察院"的民选性质发生改变。依据"宪法"，"监察委员"由各省市议会、蒙古西藏地方议会及华侨团体选举，具有一定的民意基础。但根据第二个"宪法"增修条文第 15 条，"监察委员"由"总统"提名，经"国民大会"同意任命产生，不再具有民选性质。其次，"宪法"增修条文第 15 条，取消了"监察院"的人事同意权，"监察院"对"司法院长、副院长""大法官"和"考试院长、副院长""考试委员"的产生，不再行使同意权。再次，"监察委员"的立法机关议员属性丧失。为配合"监察院"的"国会"性质，"监察委员"享有言论免责权且不必超脱党派，但"宪法"增修条文明确终止"监察委员"的言论免责权，同时规定"监察委员"必须超脱党派，依法律独立行使职权。1993 年 7 月，"司法院大法官"作成释字第 325 号解释，确认"监察院"已非"中央民意机关"，释字第 76 号解释不再适用于"监察院"②。第四，弹劾对象扩及到了"监察委员"。根据"宪法"增修条文第 15 条第 4 项的规定："监察院对

---

① 许南雄著：《我国人事主管机关的体制形态》，载《人事管理》第 29 卷第 12 期。
② 周叶中、祝捷著：《台湾地区"宪政改革"研究》，香港社会科学出版社有限公司，2007 年版，第 120—122 页。

于监察院人员失职违法之弹劾，适用宪法第 95 条、第 97 条第 2 项及前款之规定。"这是因为在增修条文制定之后，"监察委员"已不再具有民意代表的身份，所以不再享有言论免责权和人身特别保障权，而受"公务员服务法"的约束。所以，"监察委员"本身也成为弹劾权行使的对象。①

三、"宪政"改革以来台湾政治体制的变化分析

由以上（一）至（七）的分析可知，台湾当局的七次"修宪"，可称得上是"量变"加"质变"的变相"制宪"工程，只差没有公开承认"修宪为名、制宪为实"的事实罢了。② 七次"修宪"后，台湾地区的政治体制发生了"质"的变化，可以说，它已经脱离了原来"权能分立"的"五权宪法"架构，而在实质上已趋向"三权分立"体制了。具体分析如下：

（一）"五权体制"演变为实质上的"三权体制"

台湾地区的政治体制，是所谓"权能区分""五权分立"的体制，是从国民党在大陆执政时期即开始按照孙中山先生的构思而实行的一种体制。但经过 1991 年以来的七次"修宪"，已经从根本上动摇了"五权宪法"的基本架构。具体说来，曾经扮演"双国会"角色之一的"国民大会"的角色地位不断变化，最后被虚级化而沦于无形；"总统"的产生方式和职责规定、五院之间的权责关系也都多次改变；"总统"超越于"行政院"成为行政权的主导；"考试院"和"监察院"被边缘化；"司法院"也发生了重大改革，并建立了"宪法法庭"。可见，台湾地区"中央政府体系"结构的变化，无论在形式上还是在内涵上都是相当显著的，"总统"及"行政院"与"立法院""司法院"之间逐渐呈现出三权分立的基本态势。这些变化表明，目前台湾当局虽然在形式上仍然保留"五权宪法"的架构，但在实际内容上已经接近于"三权分立"体制了。正如有学者所描述的："立法院"行使立法权，"总统"和"行政院""考试院"行使行政权，"司法院"（下辖"最高法院"）和"监察院"行使司法权和准司法权。其权力分配与相互制

---

① 谢政道著：《中华民国修宪史》，台湾扬智文化事业股份有限公司，2007 年版，第 271—272 页。

② 谢政道著：《中华民国修宪史》，台湾扬智文化事业股份有限公司，2007 年版，第 527 页。

约的构思，正是"三权分立"的思路，只不过保留了"五权"框架中的考试、监察两院名义上的高位阶而已。①

（二）五院之机关的性质发生"异变"

现行台湾地区的"中央政府"体制，虽设立"行政""立法""司法""考试""监察"五院，但五院人员的产生及权力关系，与孙中山先生"五权宪法"的构思，已截然不同。首先，"立法院"之"立法委员"由人民直接选举产生，对人民负责，且拥有西方国家国会的绝大部分职权，已形同"西方国家的国会"，尤其是第七次"修宪"后，随着"国民大会"走入历史，"立法院"成为名副其实的"单一国会"，与孙中山先生对立法院的定位，即由国民大会选举产生，对国民大会负责，属于治权机关的主张大异其趣；其次，就"监察院"而言，孙中山先生主张的监察院院长、副院长、监察委员都由国民大会选举产生，与立法院相同，都对国民大会负责，也属于纯粹的治权机关。而根据1946年"宪法"规定，"监察院"的组成人员系由地方议会选举产生，拥有一部分类似于西方国家国会的职权，其组织结构与西方国家的国会也有类似之处。经过七次"修宪"，虽将"监察院长、副院长""监察委员"改由"总统"提名经"立法院"同意后任命，将"监察院"改为"准司法机关"，但与孙中山先生主张监察院必须对国民大会负责的理念仍有不同。另外，目前台湾当局的其他机关如"行政院"与"考试院"亦与孙中山先生"五权分立"的政制设计有着很大的不同。总之，现行台湾地区的"五权分立"体制，虽仍维持着孙中山先生"五权宪法"的中央政府机关名称，但机关之间的权力关系已完全不同。②

（三）五院之间的关系由"合作"趋向"制衡"

学界一般认为，"三权分立"体制有两个核心的指标：一是不存在"最高权力机关"，因为最高权力已被一分为三；二是三权之间相互制衡，并且这种制衡是相互的、平行的。而孙中山先生的"五权分立"体制与此很不相同，首先，它有最高权力机关（即国民大会）；其次，它基于追求"万能

---

① 曾宪义主编：《台湾法概论》，中国人民大学出版社，2007年版，第25页。

② "立法院"法制局编：《宪政制度与阳光法案之研究》，台湾"立法院"法制局印行，2004年版，第297—299页。

政府"的理想，强调五权之间的相互配合，反对五权之间的相互制衡，仅有的制衡也是"政权机关"对"治权机关"那种单向的、垂直的制衡。但经过七次"修宪"后，"五院"之间的"合作"关系被打破，不仅五院之间相互制衡的成分大大增加，而且这种制衡还变成了双向的、平行的，即不再是原来"政权机关"对"治权机关"的单向的、垂直的制约关系。如果按照"三权分立"体制的上述两个指标来观察和衡量，目前台湾地区的"五权分立"体制在事实上已变成"三权分立"体制了，只是仍保留着"五权分立"体制的外观而已。

分析至此，需要强调的一个基本事实是，通过"宪政"改革，台湾地区原有的政治体制架构尽管已经被打破，但新的政治体制架构目前尚未形成。因此说，目前台湾地区的政治体制还没有最后趋于定型。对于其发展的方向，岛内民众存有很大的争议。其今后到底如何发展，有待于我们进一步观察。

四、"宪政"改革后的台湾政治体制评价：失范与冲突

七次"宪政"改革，使得台湾地区政治民主化的基础得到进一步的巩固，对此，我们应予以肯定。但是，在"宪政"改革的过程中，台湾当局有时出于政治斗争的需要，有时急于使"政权本土化"的考量，有时急于"法理台独"的需要，使其"宪政"改革并没有完全按照自身的发展规律逐步地向前推进，而是在人为地不断"催进"，因而使得台湾地区的"民主宪政"体制带有"催熟"或"早熟"的症候，这也就不可避免地导致了台湾地区的政治体制目前尚存在着大量失范和冲突之处，主要表现在：

第一，"总统"制度设计权责不符。"宪政"改革后，"总统"的职权不断扩增，而其"宪法"所定义务责任（负责途径方式）却比从前更弱。特别是"国民大会"消亡后，"总统"已经没有负责的对象了。（原"宪法"以"国民大会"为代表人民行使"政权"的机关，能选举和罢免"总统"，则"总统"当然要向其负责。现在没有"国民大会"，则"总统"应向谁负责？）"立法院"只是治权机关，不应是"总统"负责的对象。按现行"宪法"增修条文，"总统"除了象征性地向"立法院"提出"国情报告"以外，几乎无任何其他直接责任义务性规定。从学理上说，直选"总统"应对选举产生其的人民负责，但台湾地区的"宪法"及相关规定上目

前均没有明确规定，更没有关于"总统"向人民负责的方式、途径等制度性规定。这不能不说是台湾地区"宪政改革"后（特别是"国民大会"被废止后）的制度缺失。

第二，对"立法院"的权力膨胀缺乏相应的制衡。首先，七次"修宪"下来，最大的赢家是"立法院"，它接收了"国民大会""监察院"的诸多职权。它可以不限任何理由地弹劾"总统"，不受"总统"只有"犯内乱或外患罪"才可以弹劾的限制；它可以随时利用"倒阁权"及法案、预算审查权制衡"行政院"，又可以利用人事同意权制约"总统"所提名的三院人事任命。除了"行政院长"呈请解散"立法院"外，"立法院"几乎不受其他制约。其次，按照现行台湾地区政治体制，"总统"掌握"行政院长"的任命权，而"行政院长"向"立法院"负责。"立法院"对政策不满，可对"行政院长"提出不信任案，而"行政院长"亦可提请"总统"解散"立法院"，并立即进行改选。若"行政院长"不同意"立法院"的法案，只能经"总统"核可，于该决议案送达"行政院"10日内，移请"立法院"复议。但只要"立法院"1/2维持原议，"行政院长"就必须接受。从这三角关系可以看出，若是"立法院"存心刁难"总统"及"行政院长"，只要完全按照自己的意志立法、通过预算，而不动用不信任案，则"总统"和"行政院长"就完全没有办法应付。① 基于以上情形，人们担心，"单一国会"的职权不断膨胀而又缺乏相应制衡，在此情况下其是否会藉此而遂行各种政治利益的勒索，并继"国民大会"之后成为政治乱源，从而埋下未来的政治隐患，尚有待于我们进一步观察。

第三，形式上的"五权分立"与实质上的"三权分立"之间的矛盾。经过七次"修宪"以后，台湾地区所谓的"五权分立"体制事实上已经瓦解，取而代之的是保留某种"五权"外壳的"三权分立"体制。"国民大会""监察院"二者作为"三国会"中的两个民意机关发生了根本变化："国民大会"消亡，"监察院"取消民意机关性质后，仅为所谓的"准司法机关"。"三国会"只剩下了"立法院"，从而成为"单一国会"。与此同时，"立法院"与"行政院"的关系发生重大改变，"倒阁"和解散机制建立，这种权力安排机制，俨然是"三权分立"体制。但是，为了掩盖"宪

---

① 谢政道著：《中华民国修宪史》，台湾扬智文化事业股份有限公司，2007年版，第448—449页。

政"改革所带来的巨大变化，台湾当局又保留了"五权分立"体制的外壳，保留了监察和考试两院的名称及机制。这样一来，实际上的"三权分立"体制与形式上的"五权分立"体制之间的矛盾就不可避免。譬如，"监察""考试"两院所行使的权力到底属于行政权还是司法权，目前尚难以定位。只要难以定位，就难以纳入行政或司法的正常监督和救济之渠道，其损害相对方的权益时，相对方就难以获得救济。

第四，形式上的"双首长制"与实质上的"总统制"之间的冲突。"宪政"改革后，台湾地区的"双首长制"的形式仍然存在，"行政院长"须代表"行政院"（而不是受"总统"指派或代表"总统"）向"立法院"提出施政方针及施政报告，"行政院长"有权代表"行政院"拒绝或否决"立法院"通过的法律或预算（这一权力不属于"总统"，"总统"仍仅有经"行政院长"副署公布法律命令的权力）。"行政院长"还可以提请"总统"解散"立法院"；"立法院"可以对"行政院长"提出不信任案。这一切均表明台湾地区的行政系统以"行政院长"为"政府首脑"。这样一来，矛盾就不可避免了：原"宪法"设计的没有实际实施行政权力和责任（主要协调五院关系和执行象征性元首权力）的"总统"，通过"修宪"变成了"政府首脑"的直接行政上司，有着极大的人事任命权，从而成为事实上的"政府首脑"，但"行政院长"作为"政府首脑"的"宪法"设计仍然保留，甚至被强化（除"行政院长"由"总统"单独任命这一点以外）。"双首长制"不仅在形式上被保存了下来，而且实质上也在相当大的程度上存在着。"总统"要向"立法院"提出"国情报告"，"行政院长"要向"立法院"提出"施政报告"，二者之间到底有什么差异？①

第五，"总统""行政院长"与"立法院"之三角关系日趋"迷离"。依"宪法"规定，"行政院长"要向"立法院"负责，但"宪政"改革后，"行政院长"由"总统"任命，其在事实上成了"总统"的幕僚长。在这种情形下，"行政院长"究竟是要向"立法院"负责，还是要向"总统"负责？这在实践中便出现了制度面与非制度面之间的严重不一致现象。就行政与立法之间的制衡关系来看，现实政治中极易出现以下政治体制。"总统"面临一个反对党占多数席位的"立法院"，而任命了一位多数"立法委员"支持的"行政院长"，"行政院长"极有可能会基于反对党的立场，而

---

① 曾宪义主编：《台湾法概论》，中国人民大学出版社，2007 年版，第 23—24 页。

不出席"国家安全会议",甚至拒绝执行"国家安全会议"的所谓"大政方针";反之,"总统"若坚持任命一个较易控制的"行政院长",却又可能面临"立法院"的不信任案。虽然"总统"可凭借解散"立法院"来回应,但"宪法"既然规定"行政院长"向"立法院"负责,则何以"立法院"对"行政院长"表示不信任,却要面临遭到被解散的命运?"总统"和"行政院长"反倒不必和"立法院"一起接受选民的"仲裁"。其问题的关键在于,"总统"在实际上既然通过"国家安全会议"取代了"最高行政首长"的角色,则为何不能规定"总统"直接向"立法院"负责,而偏偏要"行政院长"代其负责?反之,"行政院长"在实际上既非"最高行政首长"却又如何向"立法院"负责?目前这种"总统有权无责、行政院长有责无权"的体制,不仅违反了责任政治的基本原理,而且也为今后台湾地区政治体制的正常运作埋下了"宪政危机"的种子。①

第六,缺乏政治僵局的化解机制。"宪政"改革后,台湾地区立法与行政之间的关系还有一个缺陷,那就是:两者关系一旦陷入政治僵局,则缺乏化解僵局的机制。主要表现有二:首先,在内阁制国家由于国会拥有倒阁权,只要政府不被国会多数支持,国会即可通过不信任案迫使内阁辞职。在法国总统拥有主动解散国会权,因此,若出现政治僵局,总统可解散国会,同时政府也可以提出附法案的信任案来推行政策。而反观台湾地区,"总统"没有主动解散"立法院"的权力,只有"被动解散权",即只有当"立法院"进行"倒阁"时,"总统"才能解散"立法院"。此设计虽然是压缩了"总统"行使该项权力的空间,但有损于立法僵局的化解,因为该设计化解僵局的关键在"立法院",若"立法院"不愿"倒阁",改采以其他方式如杯葛法案,或通过使"行政院"难以施行的法案来制裁"行政院",而"总统"却又无法即时解散"立法院",以化解僵局,则僵局必将持续至下一届"总统"或"立法院"改选。其次,台湾地区的"总统"选举采用相对多数制,所以容易产生"少数总统"。由于通过选举赢得"总统"职位十分不易,所以当选"总统"会论功行赏,通过直接任命"行政院长"进而"组阁"安排人事,施行"总统"的政策,不会顾及"立法院"的政治生态,不可能将权力交给多数党,从而产生"少数政府",随之而来的便是"立法院"多数党的杯葛,出现僵局,从而形成所谓的"分立

---

① 谢政道著:《中华民国修宪史》,台湾扬智文化事业股份有限公司,2007年版,第354页。

政府"体制。目前，在"总统"拥有"被动解散权"的体制下，尚缺乏对"分立政府"下政治僵局的协调、化解机制。一旦选举结果发生"总统"多数与"立法院"多数不一致的情形，将没有任何机制可以提前结束这种"共治"的僵局，而只有等到下一届"总统"选举或"立法委员"选举才有可能使两种多数趋于一致。

综合以上分析，笔者认为，台湾地区的"宪政"改革虽然具有不可否认的进步意义，但就其"民主宪政"体制本身而言，目前不仅存在着许多制度面与非制度面的冲突，而且还存在着大量失范之处，这有待于台湾当局及其民众在今后的"宪政"改革过程中逐步地加以改革和完善。

（原载《新视野》2012 年第 2 期）

试析台湾地区行政与立法的制衡关系

在台湾地区所谓"中央"层级,其行政系统主要包括"总统"和"行政院",立法系统主要是指"立法院"。在台湾地区的政治运作中,"总统""行政院"与"立法院"的关系,在几经"修宪"后变得异常复杂起来,其制度设计与实际运行呈现出了巨大落差,这无疑增加了人们研究台湾政治运作的困难。尤其在台湾这样一个蓝绿对抗的社会,立法与行政之间的关系常常被政党对抗所绑架。厘清台湾立法与行政制衡关系的应然面与实然面,有助于我们深刻认识台湾社会的政治体制及其运作。

一、"总统"与"立法院"的制衡关系

(一)"总统"对"立法院"的制衡

其一,"总统"以复议核可权制衡"立法院"。在实际政治运作中,"行政院"已成为"总统"决策的执行机关。如果"立法院"所通过的法律案、预算案、条约案,"行政院"认为窒碍难行,就意味着与"总统"的决策不符。在这种情况下,"行政院"提出复议,"总统"自然会核可。"宪法"增修条文在复议问题上有两个技术性规定:一是限定"立法院"必须在15日内作出复议决议,逾期未议决者,原决议失效;二是复议决议维持原案,必须由全体"立法委员"1/2以上同意。可见,复议核可权是"总统"牵制"立法院"的重要手段。

其二,"总统"以"解散权"制衡"立法院"。"总统""解散权"的行使是以"立法院"通过对"行政院长"的不信任案为前提条件的。也就是说,"总统"只能在法定要件"立法院通过对行政院长不信任案"生效的前提下,才能解散"立法院"。以上表明,"总统"通过"复议核可权"和"解散权"在一定程度上牵制住"立法院"的反对党力量。只要反对党在"立法院"没有占据绝对多数席位,就很难在政治上对抗"总统";而即使

反对党占据多数席位，也不敢轻易启动不信任案的程序。这样一来，"总统"基本上就能通过"行政院"实施自己的决策，而把"立法院"的对抗能力降低到一定程度之下。

（二）"立法院"对"总统"的制衡

"立法院"是由民选的"立法委员"组成，是五院中唯一一个人事权不受"总统"控制的机构。而且权力极大的"立法院"中存在在野党或反对党，所以"立法院"是台湾地区各"中央机构"中唯一能够向"总统"决策（体现为"行政院"施政）挑战的政治力量。

首先，"立法院"有弹劾"总统"提案权。"立法院"有主动提案权；"司法院"有被动审理"总统""副总统"的弹劾权。"立法院"对于"总统""副总统"的弹劾案，须经全体"立法委员"1/2 以上提议，全体"立法委员"2/3 以上决议，声请"司法院大法官"审理。"立法院"提出"总统""副总统"的弹劾案，声请"司法院大法官"审理，经"宪法法庭"判决成立时，被弹劾人应即解职。

其次，"立法院"得罢免"总统"。"宪法"增修条文第 2 条第 9 项规定，"总统""副总统"的罢免案，须经全体"立法委员"1/4 提议，全体"立法委员"2/3 同意后提出，并经"中华民国自由地区"选举人总额过半数的投票，有效票过半数同意罢免时，即为通过。"立法院"有"主动提案权"；"中华民国自由地区"选举人有"被动议决权"。罢免案须经"立法委员"1/4 提议，全体"立法委员"1/3 同意后提出；或者经"中华民国自由地区"选举人总额过半数的投票，有效票过半数同意罢免时，即为通过。

除了上述的弹劾和罢免制度之外，"总统"发布的紧急命令需由"立法院"追认，"立法院"不予认可的，紧急命令为无效。这也是"立法院"制约"总统"的一个重要手段。

二、"立法院"与"行政院"的制衡关系

（一）两者以"倒阁权"和"解散权"相互制约

根据"宪法"增修条文第 3 条的规定，"行政院"向"立法院"负责。"立法院"享有"倒阁权"，而"行政院"享有"呈请解散权"，两者均握

有制约对方的法律武器。根据法律规定，实施"倒阁权"与"解散权"的程式如下：

第一，对"行政院长"提出。所谓对"行政院长"的不信任，等同于对"行政院"整体的不信任。"宪法"虽然未明文规定，"行政院"及其各部会成员及政务委员，共同连带负政治责任，但近年来，内阁一体的"宪政"惯例，通过"司法院"释字第387号解释，已经获得确立。

第二，"倒阁案"的连署。须有1/3以上"立法委员"连署提出。这一连署门槛与"立法委员"声请"释宪"的门槛相同，具有尊重少数的意义。

第三，强制决议。不信任案提出72小时后，应于48小时内以记名投票的方式作出表决。"倒阁案"将使中枢行政发生重大的变化，应急速处理。故全案应在5天内作成决定。若未在此期间内作成，视为"不信任案"未通过，一年内不得对同一"行政院长"再提"不信任案"。

第四，记名表决。一般议会议事规则系采"对人秘密、对事公开"原则作出决定。对"行政院长"的不信任，不但是对人，也是对政策的不同意，故以记名方式表决。这一规定，似可弥补"立法院"对"行政院长"出任所丧失的同意权，但"立法院"也必须冒被"总统"解散的风险。

第五，不信任案的表决。须经全体"立法委员"1/2以上赞成，始得通过不信任案。对"行政院长"的"不信任案"，是否须先经全院委员会的决定，再提至"立法院"院会作出决定，"宪法"增修条文并无规定。但学界一般认为，提出不信任案不必经过"立法院"院会的决定，因为"立法院"院会有出席开议人数的问题，并且不信任案不同于法案，故无须有三读的程序，仅在48小时内，以记名方式投票表示即可，"立法院"不必以开院会的方式进行议决。"不信任案"须以当时仍在职的全部"立法委员"以过半数的绝对多数，方可获得通过。若有"立法委员"死亡，应不计入总额。若现仍在职，但因案逃亡或被羁押，仍应算入总数。

第六，"行政院长"提出总辞。虽然只规定"行政院长"应于10日内提出辞职，但基于"行政院"一体化原则，应由"行政院长"率阁员向"总统"提出总辞，"总统"应无慰留之权。此时"行政院副院长"应暂行代理"行政院长"而形成所谓的"看守内阁"。

第七，解散"立法院"。"行政院长"率阁员总辞时，并得同时呈请"总统"解散"立法院"。但是否要解散"立法院"，由"行政院长"决定。如果"行政院长"不呈请"总统"解散"立法院"，"总统"不能主动解散

"立法院"，此称之为"总统"的被动解散权。"总统"发布解散"立法院"的命令，无须"行政院长"的副署。"总统"解散"立法院"的命令，具有"形成处分"的性质，但其效果并非使"立法委员"丧失其职位。"立法院"经"总统"解散后，在新选出的"立法委员"就职前，只是视同休会而已。故解散"立法院"只是使"立法院"暂时不能运作，"立法委员"的身份，在新"立法委员"未选出就职前，并未消灭。"宪法"增修条文规定，"立法院"被解散后，应在60日内举行"立法委员"选举，并在选举结果确认后10日内自行集会，其任期重新起算。

"总统"在"立法院"解散后如发布紧急命令，"立法院"应在3日内自行集会，并在开议7日内追认，但在新任"立法委员"选举投票日后发布者，应由新任"立法委员"在就职后追认。如"立法院"不同意时，该紧急命令立即失效。这一紧急命令，仍应由"立法院"在3日内自行集会，并在开议7日内追认。"立法院"此时是否可不予追认？理论上似无不可，但事实上，如对"总统"的紧急命令不予追认，将使该过渡期间呈现"合法性真空"的状态。学界的主流观点认为，此种规定不妥当。由于"立法院"既已被解散，故无法再行使职权，只待新任"立法委员"尽快选出，而这一过渡期间，"总统"宜权衡情势，直接作成有效的处分，似不必由被解散的"立法院"再行追认。但紧急命令若"于新任'立法委员'选举投票日后发布者，应由新任'立法委员'于就职后追认之。如'立法院'不同意，该紧急命令立即失效"，则属于正确的规定，藉此"立法院"可以暂时性的监督"总统"。①

（二）"行政院"以移请复议权制衡"立法院"

"宪法"增修条文第3条第2项第2款，有关复议制度的规定如下："行政院对于立法院决议之法律案、预算案、条约案，如认为有窒碍难行时，得经总统之核可，于该决议案送达行政院10日内，移请立法院复议。立法院对于行政院移请复议案，应于送达15日内作成决议。如为休会期间，立法院应于7日内自行集会，并于开议15日内作成决议。复议案逾期未议决者，原决议失效。复议时，如经全体立法委员1/2以上决议维持原案，行政院院长应即接受该决议。"

---

① 李惠宗著：《宪法要义》，台湾元照出版公司，2008年版，第493—494页。

　　此项修正，将复议制度作明确的限制与合乎民主原则的改进。首先，限定"行政院"移请"立法院"复议者，以法律案、预算案、条约案为限，排除"立法院"得以决议要求"行政院"改变政策，从而"行政院"不必对此改变政策的决议要求复议。其次，"立法院"对于"行政院"移请复议案，应于送达"立法院" 15 日内作成决议，明确规定决议的期限。再次，"立法院"只须1/2 以上"立法委员"决议维持原案，"行政院长"应即接受该决议。"宪法"第 57 条原定"立法委员"须 2/3 多数支持始能维持原决议，与法案只需议会过半数同意即通过的民主原则（多数决）不合。"宪法"增修条文的规定较"宪法"规定更为合理。最后，"宪法"增修条文规定，一旦"立法委员" 1/2 以上决议维持原案，"行政院长"必须接受原案并执行。其所以不再维持"宪法"第 57 条"行政院长"除接受"立法院"原议案外尚有辞职一途，是"宪法"增修条文明确规定了"立法院"可对"行政院"通过不信任案的缘故。①

三、立法与行政的制衡关系评议

（一）理论争议

　　如前所述，1997 年台湾第四次"修宪"时，赋予"总统"解散"立法院"的权力。虽然"总统"解散"立法院"的权力是属于被动的，即只有当"立法院""倒阁"成功后，"总统"才有解散"立法院"的机会，但这其中仍有一个争议存在，那就是根据"宪法"增修条文第 2 条第 5 项以及第 3 条第 2 项第 3 款的规定，"总统"解散"立法院"是否须以"行政院长"的呈请为要件。换言之，这两个条文究竟是要合并解释（"立法院""倒阁"后，经由"行政院长"呈请"总统"始能解散"立法院"），还是可以单独分别解释（"立法院""倒阁"后，"总统"在咨询"立法院长"后便能自行宣布解散"立法院"；而"行政院长"也可斟酌是否呈请"总统"解散"立法院"）。学界对于这个问题的看法是有分歧的。主要有以下两种观点：

　　秉持"总统"解散"立法院"须以"行政院长"的呈请为要件的学者

① 陈志华著：《中华民国宪法》，台湾三民书局股份有限公司，2005 年版，第 185—187 页。

认为，"倒阁"和"解散"两权行使的机制，其意旨为在行政与立法两权相持不下时，以人民为终极的裁判者，因此"行政院"和"立法院"分别为拥有解散权和"倒阁权"的主体，而"行政院长"呈请"总统"宣告解散"立法院"解散的程序只可视为"总统"发布命令的形式动作，"总统"的意志不应在"行政院"与"立法院"之间的这种（"解散－倒阁"）的牵制互动中随意介入。再者，"总统"仅由相对多数选出，是否具有代表人民裁决"行政院"重组抑或"立法院"解散的正当性，也令人质疑。况且，"宪法"对于"总统"行使该权力也没有设置任何制衡机制，若称"总统"对于是否解散"立法院"具有裁量权，不论"总统"是决定令内阁重组还是解散"立法院"，岂不都是凭自己的好恶为之，却不必向任何机关或"全体人民"负责？因此若让"总统"介入"立法院"和"行政院"之间的这种互动关系，容易引发"宪政"危机。[①]

而秉持"总统"解散"立法院"不须以"行政院长"的呈请为前提要件，可以在咨询"立法院长"后自行宣告解散"立法院"的学者认为，依照"宪法"第 44 条，"总统"有院际争执调解权，因此当行政与立法之间出现重大争执时，"总统"可以自行斟酌情势，以决定是要单纯由"行政院长"辞职，另组新"内阁"，或是同时解散"立法院"，以求改变"立法院"政治生态，彻底解决僵局。"总统"平时固然不能主动解散"立法院"，不过在院际争执之时，"总统"自然可以第三者比较客观的立场，来解决政争。[②]

"总统"解散"立法院"是否须以"行政院长"的呈请为要件，对于台湾地区的政治运作会造成不同的影响。一般而言，如果"行政院长"是"总统"的人马，一旦"倒阁案"通过，"行政院长"应该会呈请"总统"解散"立法院"，"总统"通常也会解散"立法院"。但是在"共治期间"，"行政院长"可能与"总统"属于不同政党，如果"立法院"因多数党或多数联盟内部发生权力变化以致通过"倒阁案"，这时发动"倒阁"的"立法院"甚至是"行政院长"本身，可能会希望将"倒阁"的效果局限于"茶杯内的风暴"，也就是说只是执政党或执政联盟内部的政争，而不是

---

① 杨世雄著：《宪政改革中的理论与实践》，台湾五南图书出版公司，1998 年版，第 177—178 页。

② 杨日青：《中央政府体制之变迁》，载《中华民国行宪五十年》，台湾"国民大会"编印，1997 年 12 月，第 301 页。

"总统"与"立法院"之间的政治纷争，因为毕竟此时"立法院"所推翻下台的并不是"总统"的人马，在这种情形下，"总统"能否趁此"立法院"多数党或多数联盟内部发生纷争之际，又行介入直接解散"立法院"，增加政治上的不确定性，自然引起争议。[①] 显然，台湾学界对于这个问题的看法是极为分歧的。[②]

（二）"倒阁"制度的意义及局限

台湾地区"倒阁"制度的设置具有以下意义：其一，弥补了删除阁揆任命同意权后的制度缺陷。"立法院"对阁揆任命的同意权原是其监督"行政院"的重要机制，在规定"总统"由公民直接选举以后，该项同意权已经因"修宪"而被删除，"立法院"如能适时运用不信任投票制，应可弥补丧失同意权后的制度缺陷。其二，具体而明确的指引责任政治的轨道。该制度要求"立法院"的反对党，应在不信任案提出 72 小时后，应在 48 小时内以记名投票的方式作出表决，且必须有 1/2 以上"立法委员"支持，不信任案始能成立。这种"建设性不信任投票"的体制，限定于提案后第四天或第五天以记名投票，并要求提案者至少应具备民意支持的组合能力，铺陈运作责任政治的道路。其三，审慎运用对抗手段维护政局安定。"倒阁权"与"解散权"可以同时应用，行政、立法两权可能玉石俱焚，故必须谨慎行事。而且不信任案如未获通过，一年内不得对同一"行政院长"再提不信任案，均有助于维护政局安定。从政治学理论上说，"解散权"具有探求民意，使"内阁"不致成为"立法院"的奴役；使"立法院"不滥用"倒阁"权，以安定政局；使同党从政者团结一致，以巩固政府团队。[③]

但是，我们也应该注意到，"解散权"虽然是"立法院"牵制"行政院"的重要手段，但在台湾地区的现行政治体制下，对"行政院长"不信任，就意味着对"总统"决策的不信任。"立法院"在提出不信任案时，必须考虑到自己被解散的连带后果。这样一来，"解散权"反过来变成了"总统"牵制"立法院"自身的手段。对此，台湾学者汤德宗指出，由于"立

---

① 黄昭元：《厘清修宪后中央政府体制的解释争议》，载《律师杂志》第 215 期，1997 年 8 月，第 4 页。

② 苏子乔：《台湾当前体制中的总统、行政院院长与立法院之三角关系——应然面与实然面的分析》，载台湾《宪政时代》第 27 卷第 3 期，2002 年 1 月，第 96—97 页。

③ 陈志华著：《中华民国宪法》，台湾三民书局股份有限公司，2005 年版，第 184—185 页。

法院"在享有不信任投票权的同时享有复议权，且"行政院长"对于"立法院"的复议结果仅能接受，而不能提请解散"立法院"，也无须辞职，所以"立法院"大可利用复议权逼迫"行政院"接受其法律案、预算案或条约案，没有必要采行玉石俱焚式的不信任案投票方式，因而不信任投票制度形同虚设。①

（三）"双行政"与"单国会"的三角关系：另一种视角

"双行政"（即"总统""行政院长"）与"单国会"（即"立法院"）除了在制度设计层面存在着相互制衡关系之外，在非制度层面的现实政治运作中，"总统""行政院长"与"立法院"之间还存在着一种特殊而微妙的三角权力关系。

台湾当局在"修宪"时为避免出现"行政院长"人选屡决不下的情形，断然取消"立法院"对"行政院长"人选的同意权，决定由"总统"直接任命"行政院长"。但是，当"总统"基于现实政治的考量而任命"行政院长"之后，便会涉入"立法院"，从而形成"双行政"与"单国会"的三角权力关系。可参见下表。

表："总统""行政院长"与"立法院"之三角关系

"总统"的任命权	"立法院"的过半数支持	"行政院长"
√	√	"行政院长"获得"总统"的任命上台，且因拥有"立法院"过半数的支持，所以比较容易推行政策，而不易"倒阁"。
√	×	"行政院长"获得"总统"的任命上台，但因缺乏"立法院"过半数的支持，所以比较不易推行政策，而容易"倒阁"。
×	√	不存在此种状况
×	×	不存在此种状况

资料来源：谢政道著：《中华民国修宪史》，台湾扬智文化事业股份有限公司，2007年版，第448页。

从上述列表可以看出，"总统"直接掌握"行政院长"的任命权，在政治上可能出现这么两种情形：第一，如果"总统"尊重"立法院"中的政

---

① 汤德宗：《九七宪改后的政府体制》，载汤德宗编著：《权力分立新论》，台湾元照出版有限公司，2000年版，第121页。

党生态的实际情况，任命的"行政院长"被"立法院"实际接受，"行政院长"就比较容易推行其政策，那么就会减少"行政院"与"立法院"的摩擦。第二，如果"总统"不尊重"立法院"政党生态的实际情况，强行任命"行政院长"，"行政院长"因缺乏"立法院"过半数的支持，就不易推行其政策，容易引发"立法院"与"行政院"的矛盾。出现第二种情形时，意味着丧失了"行政院"向"立法院"负责的基础，破坏了台湾地区现行政治体制的基本架构。"行政院"也就不可能向"立法院"负责，"行政院"只能是对"总统"负责，成为"总统"的幕僚机构。

（出席"多民族社会的民主制度——第八届中俄经济社会发展比较论坛国际研讨会"会议论文，中央编译局，2011 年 5 月 17 日至 18 日，北京）

论台湾地区的政体形式及其走向

  我国台湾地区政体形式几经演变，已发展成为一种颇具区域特色的"双首长制"。该政体形式是台湾各方政治力量在"宪改"过程中相互协商、相互妥协的产物，其在台湾政治运行过程中有积极正向的一面，也暴露出了许多问题。针对目前台湾地区"双首长制"所存在的问题，最近国民党人士朱立伦提出了通过"修宪"来改行"内阁制"的主张。该主张在岛内外引起广泛关注和讨论。那么，目前台湾地区的政体形式有何特色，其利弊价值和正负功效如何，台湾地区政体形式的未来走向如何，究竟需要做哪些"修宪"工作方可使台湾政体形式转向"内阁制"，朱立伦的"内阁制"主张究竟有多大的可行性，等等，这一系列问题亟待学界认真研究并作出研判。基于此，本文特作如下探讨。

一、台湾地区政体形式的历史演变

  考察台湾地区"政体"形式演变，需要回溯到 1946 年《中华民国宪法》（简称"1946 年宪法"）关于政体形式的规定。众所周知，1946 年"宪法"并未明确规定"中华民国政府体制"属于何种政体，故目前学界对于1946 年宪法所规定政体形式的看法不尽一致，但多数学者认为，1946 年宪法所设计的政体形式在精神上更趋近于内阁制，主要体现在："总统"由"国民大会"代表间接选举产生，真正掌有行政实权的是"行政院长"，"总统"有权提名"行政院长"，但须得到"立法院"的同意。"总统"颁布法令需要"行政院长"的副署，均表明"总统为虚位元首"。尽管 1946 年"宪法"所设计的政体在精神上属于内阁制，但因其带有某些"总统制"色彩，故其亦并非纯粹的内阁制。为此，1946 年"宪法"主要起草人张君劢

将这种"非纯粹的内阁制"称为"修正式内阁制"。① 从历史上看，1946 年
"宪法"所设计的"修正式内阁制"从未在台湾地区真正实施过。1948 年
国民党政权基于"戡乱"需要，颁布了"动员戡乱时期临时条款"（简称
"临时条款"），这在事实上"冻结"了"宪法"的实施。"临时条款"赋予
"总统"在"动员戡乱时期"近乎没有限制的权力，特别是"总统"享有
广泛的紧急命令权，取消了"总统"连任次数的限制，"总统"可凭借"战
时权力"建立"国家安全体制"，使"总统"权力无限扩增。在此情势下，
"宪法"原初偏向内阁制精神的制度设计也大打折扣，甚至使"内阁制"形
同虚设。1988 年李登辉担任台湾地区领导人以后，由于其不具备"两蒋"
时代政治强人的独特魅力，便急欲通过在"宪法"中正式确认"总统权力"
以巩固自己的地位，于是在台湾地区随后开启的"宪政改革"中，其开始
引导政体形式向着强化"总统"权力的方向倾斜。1991 年第一次"修宪"
在废除"临时条款"的同时，保留了该"条款"关于"总统"在紧急状态
下的特权。其中规定，"总统"得经"行政院"颁布发布紧急命令，"行政
院"在紧急状态下被置于"总统"权力之下，在"宪法"上（"宪法"增
修条文在法理上也是"宪法"的组成部分）凸显了"总统"的权力和地位。
1992 年第二次"修宪"后，台湾地区的政体形式开始明显地向着"半总统
制"或"总统制"方向倾斜，其中最重要的举措是以预告"修宪"的方式
宣布"总统"将由"国民大会"选举改为选民直选。1994 年第三次"修
宪"不仅正式确立了"总统"直选的产生方式，而且对"总统"和"行政
院"的关系作出了重大调整："行政院长"的副署权被大幅缩限，"总统"
得向"国民大会"作"国情报告"，这些均进一步彰显并巩固了"总统"
的权力和地位。1997 年第四次"修宪"时，根据朝野协商所达成的仿效法
国半总统制的共识，藉由赋予"总统"实权、压制立法权来稳定政局，取
消了"立法院"对"行政院长"的人事同意权，改由"总统"可直接任命
"行政院长"，且赋予"总统"于"倒阁"后解散"立法院"的权力，"行
政院长"在事实上成为"总统"的幕僚长或政策执行长。自此，台湾地区
的政体形式转向"总统"和"行政院"均掌有部分行政权的"双首长
制"。②

① 张君劢著：《中华民国民主宪法十讲》，台湾洛克出版社，1997 年版，第80 页。
② 王英津著：《台湾地区政治体制分析》，九州出版社，2010 年版，第431—432 页。

二、台湾地区政体类型界定（一）：
形式上为"双首长制"

就台湾地区政体形式的选择来说，究竟该实行以"行政院长"为核心的"内阁制"，还是"总统"与"行政院长"分享行政权的"双首长制"（或"半总统制"），抑或以"总统"为核心的"总统制"？一直是这些年来台湾岛内争论不休的一个重要话题。

若单单从理论上或形式上来看，台湾地区的政体形式应该属于"双首长制"。所谓"双首长制"（亦称"半总统制"）是指法国式的政权组织形式，该政体形式兼具"总统制"和"内阁制"双重元素，其基本特点是：总统掌握实权，而不是虚位的元首；国家元首与政府首脑同为行政首长；行政部门对国会负责。因为"双首长制"下的总统由人民选举产生，所以其比内阁制有更高的正当性。尽管"双首长制"是 20 世纪 50 年代才产生的新型政体，但与"总统制""内阁制"存在着明显差别，存有自己独特的运作方式，故其为一种独立的政体类型。至 2009 年，世界上至少有 50 个国家采行"双首长制"，而且大多数为新兴民主国家。① 从国外政治实践来看，"双首长制"颇为复杂，各国的具体实践模式和制度也千差万别，这无疑增加了我们研究"双首长制"的困难。

台湾自 20 世纪 80 年代中期开启民主化之后，先后进行了七次"修宪"。"修宪"后，台湾地区的政体形式并未趋向纯粹的"总统制"或"议会制"。因"中央政府体制"原本即兼有"总统"和"行政院长"的制度设计，在与民主转型的政治情势相互激荡之下，采行"双首长制"就成为台湾各方政治力量虽不满意但可接受的妥协方案。台湾自 1997 年第四次"修宪"后，其政体形式在外观上具有"双首长制"的特征，主要表现在以下几个方面：其一，"总统"享有对"行政院长"的任命权和组阁权。根据第四个"宪法"增修条文第 3 条的规定，"行政院长"由"总统"任命，且无须经"立法院"同意。其二，"总统"和"行政院长"同为行政首长，共掌行政权。"总统"依"宪法"增修条文享有紧急处分权并有权决定"国

① 沈有忠、吴玉山主编：《权力在哪里？——从多个角度看半总统制》，台湾五南图书出版股份有限公司，2012 年版，第 459 页。

家安全"大政方针，可组织"国家安全会议"和"国家安全局"，"行政院"移请"立法院"复议须经"总统"核可；"行政院"仍为"最高行政机关"，"行政院长"负有普通的行政职权，有学者将"总统"和"行政院"之间的分工关系概括为"总统"享有特定、被动与紧急的行政权，而"行政院"有一般、主动的行政权。其三，"行政院"对"立法院"负责。第四个"宪法"增修条文第3条延续1946年"宪法"第57条的精神，规定"行政院"对"立法院"负责，但负责的形式有所变化。依1946年"宪法"，"行政院"移请"立法院"复议的议案若再次被"立法院"通过，"行政院长"应接受该议案或辞职，但第四个"宪法"增修条文第3条第2项仅规定"行政院长"必须接受，没有规定"行政院长"必须辞职。其四，"立法院"可对"行政院"进行不信任投票。依据第四个"宪法"增修条文第3条第3项的规定，"立法院"可以经1/3以上"立法委员"连署对"行政院长"提出不信任案，如经全体"立法委员"1/2以上赞成，"行政院长"应于10日内提出辞职。第三个"宪法"增修条文所规定的"建设性不信任投票制度"被废止。其五，"行政院"得提请"总统"解散"立法院"。若"立法院"依不信任投票方式迫使"行政院长"辞职，"行政院长"可以呈请"总统"解散"立法院"。由于台湾地区特殊的"总统"选举方式，容易导致出现"总统"和"立法院"多数席位分属两个党派的局面，在此情况下，"立法院"对"总统"任命的"行政院长"投不信任票而迫其辞职，必然遭"总统"经"行政院长"的呈请而被"总统"解散。①

三、台湾地区政体类型界定（二）：
实质上趋近"总统制"

目前台湾地区政体形式尽管在形式上具有"双首长制"的某些特点，但从实质内容上看，更倾向于"总统制"。主要表现在：

第一，"行政院长"改由"总统"直接任命，无须经"立法院"同意，使得"行政向立法负责"徒具形式。按法国式"双首长制"（即"半总统制"）的建制原理，行政应向立法负责。"负责"表现在：首相（或总理）

---

① 周叶中、祝捷著：《台湾地区"宪政改革"研究》，香港社会科学出版社有限公司，2007年，第37—38页。

作为政府首脑须由国会推选（或经国会同意）产生，并以获得国会信任作为持续执政的前提（国会可随时通过不信任案而"倒阁"，被"倒阁"的首相或总理得呈请虚位国家元首"解散国会"，进行改选以探求民意）。台湾地区的"宪法"采行"修正式内阁制"，按"宪法"第57条规定，"立法院"既不能立即"倒阁"，"行政院"也不能解散"立法院"，"行政院"之所以还能勉强地向"立法院"负责，系依赖于"宪法"第55条第1项规定的"立法院对于行政院长的同意权"（相当于"行政院长"就任的"信任投票"）。1997年"修宪"后，"行政院长"由"总统"直接任命，且无须经"立法院"同意。这样一来，"宪法"增修条文虽仍保留"行政院对立法院负责"等字样，但这种负责已徒具形式，不再有实质意义。在实际政治运作中，"立法院"对"行政院"的制约相当有限，"行政院长"在事实上须向"总统"负责。

第二，"总统"直接任免"行政院长"，使其能够在实质上直接控制和指挥行政。"行政院长由总统任命"，此一制度规定不仅切断了"行政向立法负责"的关系，而且还确立了"总统"掌握实质行政权的核心地位。在此以前，台湾地区的政体形式之所以被称为"双首长制"，主要是因其具备"总统与行政院分享行政权"①"行政院向立法院负责""总统的存立与立法院无关"等特点。在这种情势下，"总统"与"行政院长"分享行政权的情形，大致处于一种"水平分工"的状态。1997年"修宪"后，一方面增订了"行政院长由总统任命之"的规定，另一方面继续维持了1994年"修宪"时增订的"总统发布依宪法经国民大会或立法院同意任命人员之任免命令，无须行政院长之副署"的规定。这些规定确立了"总统"任免"行政院长"的全权。"总统"与"行政院长"之间的水平分工关系便微妙地转化为垂直分工（委托授权）的关系。虽然1997年"修宪"后"行政院"在法律上仍为台湾地区的"最高行政机关"，的确与"总统制"下所常见的"一人行政"有所区别，但总统制的建制原理即为"行政与立法分立""彼此利益分殊"，则只需"总统指挥行政"（如台湾现制），即可称之为"总统制"。②

① "两蒋"时代，"总统"握有行政实权，是因为那时实行党国体制，他们二人身兼国民党领袖（总裁或主席），而国民党始终执政的缘故。但上述两个条件若有任何一个改变，行政权势必由"行政院长"掌握。

② 汤德宗著：《权力分立新论》（卷一），台湾元照出版有限公司，2005年版，第165页。

第三，"行政院长"复议失败无须辞职，也证明台湾地区政体形式倾向于"总统制"。关于"宪法"第57条第3款规定的法案复议制度，"宪法"增修条文除增列"立法院"限期复议的期限，并降低复议表决门槛（由原出席"立法委员"2/3的"特别多数决"，降为全体"立法委员"1/2以上的"普通多数决"）外，并规定复议失败后，"行政院长"只应接受该决议，无须辞职。在"宪法"本文设计的"修正式内阁制"下，为求政局稳定，不致立即"倒阁"，其第57条第3款规定复议失败的"行政院长"，可以选择接受"立法院"的决议或辞职。现增修条文删除原有"或辞职"三字，复议失败的"行政院长"仅可立即接受"立法院"的决议即可，无须辞职。此一修改进一步证明，"行政院长"只就其施政对"总统"负责，而非对"立法院"负责，故而无须辞职。

第四，不信任投票欠缺制度诱因，乃形同虚设。为配合"总统"直接任免"行政院长"的规定，1997年"修宪"规定了"立法院"对"行政院"拥有"不信任投票"的权力，即"立法院"得经全体"立法委员"1/3以上连署，对"行政院长"提出不信任案，并得以全体"立法委员"1/2以上赞成，通过不信任案，迫使"行政院长"辞职。但"行政院长"既然已由"总统"全权任免，无须经"立法院"同意，那么，即使迫使"行政院长"辞职，也不能确保"总统"将任命"立法院"所赞同的新"行政院长"。况且，同一增修条文又规定，"行政院长"于提出辞呈后，"并得同时呈请总统解散立法院"。表面上看，"立法院"可以正式"倒阁"，似乎是一大制度突破，但从实际上看，这种只许"舍身倒阁"，不许"挺身组阁"的反诱因设计，使得"不信任投票"机制几乎没有什么意义。①

第五，从台湾地区"总统"与"立法院"的关系来看，"总统"与"立法院"的权力正当性分别来自于选举，分别对其选民负责，这与西方总统制下的总统与议员的选举制度和责任制度基本相同。台湾地区的"总统"所拥有的复议核可权源自于总统制下的总统否决权，成为行政权牵制立法权的工具。在对"总统"的监督方面，"立法院"可对"总统"提出罢免案、弹劾案，与西方总统制下，国会可弹劾总统，对总统进行监督、制衡具有相同的法理。台湾地区"立法院"每年集会时，可听取"总统"的"国情报

① 汤德宗著：《权力分立新论》（卷一），台湾元照出版有限公司，2005年版，第170—173页。

告"，西方总统制下的总统也需要向国会陈述国情咨文。另外，从台湾地区"行政院"与"立法院"的关系看，行政权与立法权界限分明，"宪法"有"立法委员"不得兼任行政官员的规定，也与西方总统制下的有关规定相类似。[①]

以上分析表明，台湾地区所谓的"双首长制"，虽其名为"双首长"，但在事实上却以"总统"为权力运作的核心。正因为如此，有台湾学者指出，目前台湾地区的政体形式是"貌似半总统制的总统制"，也有台湾学者将台湾地区的政体形式描述为"倾向于总统制"。笔者认为，这两种表述都较准确地描述了目前台湾地区政体形式的特质。[②]

四、目前台湾地区"双首长制"的制度缺陷

虽然台湾地区的"双首长制"是台湾"宪改"过程中各方政治力量相互博弈、相互妥协的结果，并在台湾政治运行过程中发挥了不可否认的正面功效，但由于"宪改"是一项被人为地中止的"未竟工程"，从而使台湾地区的政体形式带有"演化过程中"痕迹，这种尚未完全定型的政体形式也就难免存在许多制度缺陷。概括起来，这些制度缺陷主要有：

第一，"总统"权力扩增但缺乏制约。"宪政"改革后，"总统"的职权不断扩增，而"宪法"所定义务责任（负责途径方式）却比从前更弱。特别是 2000 年第六次"修宪"和 2005 年第七次"修宪"，使"国民大会"由"虚"到"废"，至此"总统"负责的对象不复存在。具体言之，"宪法"以"国民大会"为代表人民行使"政权"的机关，能选举和罢免"总统"，则"总统"当然要向其负责。现在没有"国民大会"，则"总统"应向谁负责？"立法院"只是治权机关，不应是"总统"负责的对象。按现行"宪法"增修条文，"总统"除了象征性地向"立法院"提出"国情报告"以外，几乎无任何其他直接责任义务性规定。从学理上说，直选"总统"应对选举产生它的人民负责，但台湾地区的"宪法"及相关法律目前均没有明确规定，更没有关于"总统"向人民负责的方式、途径等制度性规定。

---

① 阎彤：《论台湾宪政体制改革中的"总统"》，厦门大学法学院学位论文，2002 年 6 月 30 日，第 37—38 页。

② 王英津著：《台湾地区政治体制分析》，九州出版社，2010 年版，第 435—437 页。

这不能不说是台湾地区"宪政改革"后(特别是"国民大会"被废止后)的制度缺失。① 在行政权由"总统"和"行政院长"分享的体制下,尽管依规定"总统"以领导"国防""外交"为主,而"行政院"以内政相关事务为主,但一旦出现行政究责事件,"行政院长"通常会成为"替罪羔羊",这也是台湾地区"行政院长"频繁更换的重要原因。

第二,政体规范不明,权责不清。台湾地区的"双首长制"相较于总统制和内阁制更富有弹性,可以根据最新选情所代表的当下民意而调整执政当局的权责,然而,也因其弹性而存有许多模糊地带,出现权责不清问题。"行政院长"由"总统"任命,"行政院长"势必成为"总统"的幕僚长。但这种情形下,"行政院"要对"立法院"负责。于是,倘若"行政院长"与"总统"分属不同政党时,则可能出现法国"左右共治"的情形(备注:事实上,台湾没有出现过),然而"左右共治"运作的顺畅与否,其主要关键乃取决于两位行政首长("总统"与"行政院长")的主观作为,而非客观的制度安排。换言之,双方或其中一方必须具有成熟而稳健的妥协性,便成为制度成败的关键,故不论就学理或政治现实而言,"左右共治"的情形是极其复杂且不稳定的制度安排。此外,即使"总统"与"行政院长"属于同一政党,但"立法院"党团若与"总统"分属同党异派时,"行政院长"不论是否受到"立法院"多数席次的支持,"总统"皆可随时单方面地任免"行政院长",而无须经"立法院"同意,且"总统"在免除"行政院长"后,甚至可以不任命新的"行政院长",而由"行政院副院长"无限期地"暂行代理",而暂行"代理院长"的"行政院副院长"与"立法院"之间的责任关系如何,也未作明确规范。至于"行政院长"与"立法院"之间的关系,则由于"行政院长"作为"最高行政首长"的法律地位在实际上已被"总统"所取代,因此"立法院"即使主张"行政院长"应当对其负政治责任,也失去了实际意义,所以"倒阁"完全违反责任政治的基本规范。何况,"立法院"虽有"倒阁权",但"总统"可以先发制人地解散"立法院",由于"行政院长"及"总统"均不必参加"大选",无须同"立法委员"一样诉诸民意考验,倘若解散"立法院"之后的重新选举结果是,反对党仍占"立法院"多数席位,亦不去追究"行政院长"及"总统"任何政治责任,这更促使"总统"有恃无恐地运用解散"立法院"的

---

① 王英津著:《台湾地区政治体制分析》,九州出版社,2010年版,第439—440页。

职权。①

第三，行政与立法之关系日趋"迷离"。依"宪法"规定，"行政院长"要向"立法院"负责，但"宪政"改革后，"行政院长"由"总统"任命，在事实上成了"总统"的幕僚长。在这种情形下，"行政院长"究竟是要向"立法院"负责，还是要向"总统"负责？这在实践中便出现了制度面与非制度面之间的严重不一致现象。就行政与立法之间的制衡关系来看，现实政治中极易出现以下政治体制。"总统"面临一个反对党占多数席位的"立法院"，而任命了一位多数"立法委员"支持的"行政院长"，"行政院长"极有可能会基于反对党的立场，而不出席"国家安全会议"，甚至拒绝执行"国家安全会议"的所谓"大政方针"；反之，"总统"若坚持任命一个较易控制的"行政院长"，却又可能面临"立法院"的不信任案，虽然"总统"可凭借解散"立法院"来回应，但"宪法"既然规定"行政院长"向"立法院"负责，则何以"立法院"对"行政院长"表示不信任，却要面临遭到被解散的命运？"总统"和"行政院长"反倒不必和"立法院"一起接受选民的"仲裁"。其问题的关键在于，"总统"在实际上既然通过"国家安全会议"取代了"最高行政首长"的角色，则为何不能规定"总统"直接向"立法院"负责，而偏偏要"行政院长"代其负责？反之，"行政院长"在实际上既非"最高行政首长"却又如何向"立法院"负责？目前这种"总统有权无责、行政院院长有责无权"的体制，不仅违反了责任政治的基本原理，而且也为今后台湾地区政治体制的正常运作埋下了"宪政危机"的种子。②

第四，缺乏"分立政府"的僵局化解机制。当台湾地区行政与立法部门分属于不同政党而产生对立时，容易形成政治僵局。一旦陷入僵局，则缺乏化解僵局的机制。主要表现有二：首先，在内阁制国家由于国会拥有倒阁权，因此只要政府不被国会多数支持，国会即可通过不信任案迫使内阁辞职。在法国，总统拥有主动解散国会权，因此，若出现政治僵局，总统可解散国会，同时政府也可以提出附法案的信任案来推行政策。反观我国台湾地区，"总统"没有主动解散"立法院"的权力，只有"被动解散权"，即只有当"立法院"进行"倒阁"时，"总统"才能基于"行政院长"的呈请

---

① 谢政道著：《中华民国修宪史》，台湾扬智文化事业股份有限公司，2007年版，第369页。

② 谢政道著：《中华民国修宪史》，台湾扬智文化事业股份有限公司，2007年版，第354页。

而解散"立法院"。该制度设计虽压缩了"总统"行使该项权力的空间,但不利于立法僵局的化解,因为通过该制度来化解僵局的关键在"立法院",若"立法院"不愿"倒阁",改采以其他方式如杯葛法案,或通过使"行政院"难以施行的法案来制裁"行政院",而"总统"又无法即时解散"立法院"来化解僵局,则僵局必将持续至下一届"总统"或"立法院"改选。其次,台湾地区的"总统"选举采用相对多数制,所以容易产生"少数总统"。由于通过选举赢得"总统"职位十分不易,所以当选"总统"会论功行赏,通过直接任命"行政院长"进而"组阁"安排人事,施行"总统"的政策,不会顾及"立法院"的政治生态,不可能将权力交给多数党,从而产生"少数政府",随之而来的便是"立法院"多数党的杯葛,出现僵局。在目前"总统"拥有"被动解散权"的体制下,尚缺乏对"分立政府"下政治僵局的协调、化解机制。一旦选举结果发生"总统"多数与"立法院"多数不一致的情形,将没有任何机制可以提前结束这种僵局,而只有等到下一届"总统"选举或"立法委员"选举才有可能得到解决。[①]

第五,议事和行政工作效率迟缓。由于台湾地区的"总统"与"立法院"分别由人民沿循不同选举制度产生,故其有不同的选民基础,因此"总统"所属的政党与"立法院"的多数党经常不一致。一旦出现不一致情形,就会形成"分立政府"。尽管"分立政府"并非一定导致政治僵局,但在台湾蓝绿对抗的格局之下,"分立政府"常常是导致政治僵局的重要诱因。在"分立政府"下,由于行政部门("总统"和"行政院")未在"立法院"拥有多数议席,其施政政策可能面临着"立法院"的严重牵制,如 2000 年至2008 年民进党执政期间,由于无法掌控"立法院"多数议席,在此"分立政府"的情势下,由于蓝绿严重对抗,有些"行政院"的提案在程序委员会即被拒绝,根本无法进入"立法院"的正式议程;有些提案即便在程序委员会得以通过,也可能在立法过程的某一个阶段被阻隔;即便有些法案被勉强通过,通常也会被做大幅修改。[②] 另外,"分立政府"状态下的"立法院"内,朝野政党常常争执不断,甚至爆发肌体冲突。以上这些现象严重影响了"立法院"的议事工作效率,也影响了行政部门的工作效率。

---

① 王英津著:《台湾地区政治体制分析》,九州出版社,2010 年版,第443—444 页。
② 黄秀端等著:《转型中的行政与立法关系》,台湾五南图书出版股份有限公司,2014 年版,第23 页。

五、未来台湾地区"双首长制"的可能改革方向

目前台湾地区的政体形式尚处于"演变过程中的未定型"状态，原本可以通过"修宪"将其完成"定型"，但第七次"修宪"时规定的"修宪之高门槛限制"，使得未来"修宪"工作难以启动，也就使得台湾地区的政体形式停留在"非典型政体"的样态，这有待于在未来台湾地区的政治发展中不断地加以改革和完善，使其逐步走向完备和规范。

最近朱立伦提出了通过"修宪"实行"内阁制"的主张，在岛内外引发了广泛的热议，也由此使台湾地区的"宪政改革"及政体形式走向问题备受各界关注。从理论上说，台湾地区政体形式的未来走向无非有三个选项，即"内阁制""总统制"抑或"双首长制""总统制"。从总体上说，台湾地区政体形式的未来走向主要取决于台湾地区行政与立法的关系。"内阁制"强调立法与行政的融合，"总统制"强调权力分立，"双首长制"则呈现出复杂的双轨关系。① 为了更好地理解和把握台湾地区政体形式的特点及改革走向，现将台湾地区的政体形式与域外三种典型政体形式加以比较分析，参见下表：

台湾地区"双首长制"与相关政体形式比较表

	内阁制	总统制	双首长制	台湾地区"双首长制"
掌行政权者	内阁，以总理（或首相）为内阁领导者。	总统，由总统任命部会首长为幕僚并领导施政。	总统通常负责外交、安全事务；内阁总理负责内政及行政事务。	"总统"负责"外交"安全及两岸事务；"行政院长"负责内政事务及行政事务。
国家元首	由世袭君主或另选一位总统担任虚位元首。	由总统兼任国家元首，元首握有实权。	由总统兼任国家元首，元首握有部分实权。	由"总统"兼任所谓"中华民国元首"，握有部分实权。
总统来源	若无世袭君主，则须民选一位总统，有任期限制，得连任一次。	由人民选举，有任期限制（一般四或五年），得连任一次。	由人民选举，有任期限制（一般四或五年），得连任一次。	由人民选举，任期为四年，得连任一次。

① 黄秀端等著：《转型中的行政与立法关系》，台湾五南图书出版股份有限公司，2014 年版，第 18 页。

续表

	内阁制	总统制	双首长制	台湾地区"双首长制"
总统权责	担任国家象征性的代表,不拥有政治上的实权。	①扮演国家代表的角色。②拥有完整的行政权,包括人事任免权、决策权、执行权、预算权。③对议会通过的法案具有否决权。	①扮演国家代表的角色。②拥有部分行政权,包括安全事务方针决定权、内阁人事任免权、主持部长会议及国安会议。③解散国会权。④对议会通过的法案具有否决权。	①有部分行政权,包括"外交"、安全及两岸大政决定权、"行政院长"任命权、"四院院长"提名权、主持"国安会议"。②应"行政院长"之请解散"立法院"。③对"立法院"通过的法案具有否决权。
议会来源	由人民选举,有任期限制(通常四或五年),但可能提前解散,无连任限制。	由人民选举,有任期限制(通常四或五年),无连任限制。	由人民选举,有任期限制(通常四或五年),无连任限制。	"立法委员"由人民选举,任期四年,无连任限制。
议会权责	①有质询内阁之权、对内阁所提预算有审查权、法案提案权。②有提出不信任案倒阁之权。	①有人事同意权、审查总统所提预算之权、法案提案权。②对总统及行政部门有调查权及弹劾权。	①有质询内阁之权、对内阁所提预算审查权、法案提案权。②有权提出不信任案。	①"立法院"拥有"四院院长"的人事同意权、质询"行政院长"权、对"行政院"所提预算有审查权、法案提案权。②对"总统"及行政部门有调查权及弹劾权。③提出不信任案权。
内阁来源	内阁总理通常由议会多数党领袖担任,内阁成员由总理任命。	总统幕僚亦称为内阁,由总统提名、经议会同意后任命。	内阁总理由总统直接任命,依惯例为议会多数党领袖担任。内阁成员由总理任命。	"行政院长"由"总统"直接任命、"副院长"及其他成员由"行政院长"任命。
内阁权责	①拥有完整的行政权,包括决策权、执行权、预算权。②当内阁与议会意见僵持不下时,有解散议会提前大选之权。	主要依总统命令实施行政领导和管理。	拥有部分行政权,包括内政事务的决策权、执行权、预算权、法案提案权。	①"行政院"拥有部分行政权,包括内政事务的决策权、执行权、预算权、法案提案权。②有权提请"总统"解散"立法院"。

（一）续行"双首长制"？

继续实行"双首长制"，应该是台湾地区未来政体形式最有可能的发展方向，这是因为：在可预见的未来，蓝营在"立法院"中可能会持续处于优势地位，而且能够比较容易地获得"立法院"过半席次。"立法院"既然成了蓝营可以轻松固守的"根据地"，在未来"宪政"体制的改革和选择上，蓝营自然会尽量维持或扩大"立法院"在"宪政"体制中的地位。"立法院"多数组阁、恢复"立法院"的"阁揆"同意权、强化"行政院"向"立法院"的负责等偏向"内阁制"的制度设计，应该是以国民党为主的蓝营基于利益考量而会声张的诉求。与此相反，绿营在未来"立法院"中获得过半数的难度大幅提高，相比之下，"总统"职位反而较有机会一搏，自然也不可能接受由"立法院"多数组阁的纯粹"内阁制"，而会认为"立法委员"选举有失公平，唯有"总统"选举才公平正义，因此会强调"总统"的"宪政"角色而倾向采取"总统制"的制度设计。在双方僵持拉锯的情况下，既存在"行政院"对"立法院"负责的精神，又强调"总统"之角色和地位的"双首长制"，应该是台湾地区"宪政"体制在可见的未来会采行的制度。①

如果台湾地区的政体形式继续沿循着"双首长制"的路径向前发展是可以预期的趋势，那么，台湾地区的政体形式会走在（界于"总统制"和"内阁制"之间的）"双首长制"的哪一端呢？换言之，是接近于"总统制"一端，还是"内阁制"一端？有台湾学者借用西方学者将"双首长制"进一步区分为"总理总统制"（接近内阁制）和"总统议会制"（接近总统制）的观点，② 认为目前台湾地区的政体形式属于"总统议会制"。那么，台湾地区未来的政体形式是否持续走在"双首长制"路径中的"总统议会制"的分道？有无可能折回"总理总统制"的分道？③ 从各种分析来看，未来转向"总理总统制"分道的转折动力亦有增加的可能。不过，台湾地区

---

① 沈有忠、吴玉山主编：《权力在哪里？——从多个角度看半总统制》，台湾五南图书出版股份有限公司，2012 年版，第 332—333 页。

② Shugart, Matthew S. and John M. Carey. Presidents and Assemblies: Constitutional Design and Electoral Dynamics. Cambridge：Cambridge University Press，1992，pp. 18 – 27.

③ 沈有忠、吴玉山主编：《权力在哪里？——从多个角度看半总统制》，台湾五南图书出版股份有限公司，2012 年版，第 333 页。

过去长期以来"总统"依照个人意志任命"行政院长"的举措，亦已形成一股"宪政"体制在"总统议会制"分道上持续迈进的"惯性力量"。此一转折"动力"与过去长年以来"总统"持续依照个人意志任命"行政院长"的"惯性力量"之大小，将决定未来台湾地区政体形式变迁的具体走向。[1]

（二）迈向"总统制"？

尽管台湾地区的政权组织形式在实质上倾向于"总统制"，或者正在向"总统制"的方向发展，但就其目前的性质来说，还不是"总统制"。其与典型的"总统制"相比较，仍有一些差别，主要表现在：①虽然台湾地区的政体形式在实质上已接近"总统制"，但与典型的总统制相比较，仅堪称为"弱势总统制"。所谓"弱势总统制"，并非指台湾地区的当选"总统"仅需相对多数通过，而无须绝对多数通过，而是指台湾地区的"总统"与典型总统制下的总统相比，其制衡"国会"的力量相对较小。②台湾地区的"总统"对"立法院"具有"被动解散权"。所谓"被动解散权"，是指只有在"立法院"通过对"行政院长"的不信任案后，"总统"方可行使解散"立法院"的权力。这与典型总统制也有所不同，因为在典型总统制下，总统不能解散国会。③在总统制国家中，立法与行政两权相互分开，议会议员不得兼任内阁阁员；但台湾地区的"立法委员"虽然也不得兼任行政官员，但与典型总统制却有两点不同：其一，在总统制下，内阁阁员并无主动出席议会、陈述意见的权力；而台湾地区现行"宪法"第71条规定："立法院开会时关系院院长及各部会首长得列席并陈述意见"，这与总统制下的规定有所不同。其二，在总统制下，总统及内阁阁员均无提案权，而台湾地区现行"宪法"第58条规定："……行政院长、各部会首长，需将应行提出于立法院之法律案、预算案、戒严案、大赦案、宣战案、媾和案、条约案及其他重要事项，或涉及各部会共同关系之事项，提出于行政院会议议决之"，即"行政院"有提出法案及预算权。综上所述，台湾地区现行政体形式既不是纯粹"双首长制"，也不是"总统制"，而是介于"双首长制"与"总统制"之间的独特体制，兼具"双首长制"和"总统制"的双重特

---

① 沈有忠、吴玉山主编：《权力在哪里？——从多个角度看半总统制》，台湾五南图书出版股份有限公司，2012年版，第334页。

点。但这种体制又不是处于"双首长制"与"总统制"的中间地带，而是偏于或接近于"总统制"一端。

从政治学的角度分析，如果台湾地区的政体形式要发展到典型的"总统制"，仍需完成以下"修宪"工作，才能满足"总统制"的构成要件：①"总统"必须以绝对多数制的方式来产生。②"总统"可以否决"立法院"通过的法案，但不能解散"立法院"；"立法院"要维持被"总统"否决的法案，必须2/3多数通过。③"行政院长"向"总统"负责，而不必向"立法院"负责。④"立法院"无权对"行政院长"提出不信任案，而"行政院长"也无权提请"总统"解散"立法院"。①

（三）转向"内阁制"？

倘若台湾地区的政体形式要转向"内阁制"，其正向意义是，立法与行政部门的意见较为一致，更容易沟通合作以确保法案通过，使"行政院"的施政较为顺利。即便出现行政部门与立法部门僵持不下的倾向，亦可诉诸不信任案与解散"立法院"的制度设计来解决政治僵局。实行"内阁制"对于缓和蓝绿对抗、化解"分立政府"下的政治僵局、解决权责不清等问题均具有一定的积极意义。但是，转向"内阁制"也面临着一系列挑战，这些挑战会直接影响台湾实行"内阁制"的可行性。具体分析如下：

第一，从"修宪"门槛来看，"修宪"程序难以启动。依照"宪法"增修条文第12条规定，"宪法"的修改，须经"立法委员"1/4提议，3/4出席，及出席"立法委员"3/4决议，提出"宪法"修正案。并于公告半年后经"中华民国自由地区"选举人投票复决，有效同意票过选举人总额的半数，即为通过。按照这一规定，启动"修宪"程序的门槛已经相当高，只有在台湾社会达成高度共识的情况下，方能启动这一程序，但从目前台湾社会内部的政治生态来看，要在短期内达成这样的高度共识，困难相当大。

第二，从科学性角度来看，不符合主流政制发展方向。从世界范围来看，三权分立体制的结构的重心已由"议会"转移到了"行政"。换言之，三权分立体制由"议会主导型"转向"行政主导型"是西方国家通行的做法。台湾地区如若改行"内阁制"，则有违这一发展趋势。从政治实践看，由内阁制改为半总统制或总统制的国家较多，而由半总统制或总统制改为内

---

① 谢政道著：《中华民国修宪史》，台湾扬智文化事业股份有限公司，2007年版，第450页。

阁制的国家却较少，后者成功的典型案例仅有二战后的德国和 20 世纪 80 年代后的芬兰。这两个国家早期均在特殊历史条件下采行过半总统制，后来在具备了政体转型条件（即具备稳定的政党体系和缩限了总统的权威，以及安全的外部环境等）的情况下，适时完成了由双首长制向内阁制的政体转型。[①] 从这两个国家完成政体转型所需要的环境和条件来看，目前台湾并不具备这样的环境和条件。

第三，从技术经验的角度来看，台湾地区历来没有实施过"内阁制"，缺乏"内阁制"的实践经验和操作技术。从"内阁制——双首长制（半总统制）——总统制"这一制度光谱来看，目前台湾地区的政体形式正处于"双首长制"和"总统制"之间，且偏向于"总统制"一端的位置。倘若台湾社会各界要将现行政体形式修改成"内阁制"，相较于修改成"总统制"而言，其工作量和困难度均十分巨大。

第四，从政府能力的角度来看，目前台湾当局可谓一个"弱势政府"，缺乏应有的管治能力，不能很好地适应现代管治的需要。倘若再改成"内阁制"，其"政府能力"必定更加弱化，难以应对岛内外复杂多变的局势。至于解决权责不符问题，并非只有通过改行"内阁制"一途，而通过进一步完善"双首长制"或者向"总统制"方向迈进也可以解决这一问题，并且改革成本和风险均相对较低。

第五，从目前"立法院"的权限来看，缺乏应有的监督。七次"修宪"之后，最大的赢家是"立法院"，它接收了"国民大会""监察院"的诸多职权。除了"行政院长"可呈请"总统"解散"立法院"外，"立法院"几乎不受其他制约。因此，在"立法院"职权不断膨胀而又缺乏相应制衡的情况下，倘若再改行"内阁制"，"立法院"就更加不受约束。

第六，从蓝绿阵营博弈的角度来看，民进党不可能支持该动议。历次"修宪"均是国、民两大政党在"立法院"内积极协商、达成共识、联手作业的结果，没有民进党的参与、同意和配合，单单国民党推动，根本无法通过"修宪"议案。从这些年来国、民两大政党在"立法院"所占席次来看，国民党历来都是多数党，民进党是少数党。依次推断，将来推行"内阁制"，就目前席次分布而言对国民党更为有利。倘若没有其他配套制度（如

---

① 黄秀端等著：《转型中的行政与立法关系》，台湾五南图书出版股份有限公司，2014 年版，第 326—327 页。

选举制度的改革）能让民进党有机会成为"立法院"中的多数党，民进党必会反对改行"内阁制"。

台湾地区政体形式果真要改行"内阁制"，需要完成如下"修宪"工作，才能满足"内阁制"的构成要件：其一，将"行政院长由总统无须经过立法院同意而直接任命"改为"行政院长由立法院中多数党的领袖出任，行政院主要成员由行政院长任命"。其二，取消"总统"的实质性权力，"总统"仅为象征性的虚位代表。其三，"行政院"拥有完整的行政权，包括决策权、执行权、预算权。其三，当"行政院"与"立法院"的意见僵持不下时，"行政院"有权直接散"立法院"而提前举行"大选"，而不需要再提请"总统"解散"立法院"。

结　语

通过以上分析不难看出，倘若台湾地区继续采行"双首长制"，在"双首长制"的框架内通过制度完善来解决目前存在的问题，是成本最低且"手术"最小的方案，也是最为切实可行的方案。倘若在现行"双首长制"的基础上，继续向前迈进一步而实行"总统制"，需要作出的"宪改工程量"亦非很大，且也符合当前强化行政主导的政治发展趋势，故为次选方案。但需要指出的是，改行"总统制"虽然距离目前状态仅"一步之遥"，但"总统制"与"双首长制"毕竟是两种不同的政体类型，仍会引发一系列的制度变化，需要有一定的心理预期。倘若突破现行"双首长制"而转向"内阁制"，需要做出的"宪改工作量"则很大，并会引发其他相关领域内的制度变革。另外，转向"内阁制"与强化行政主导的政治发展趋势亦存在某些逆向性。基于以上分析，笔者认为，未来台湾地区的"宪政改革"中，三种政体形式的改革走向之可能性的大小是："半总统制"大于"总统制"，而"总统制"大于"内阁制"。因此，笔者预断，朱立伦意欲通过"修宪"来推动"内阁制"的主张，缺乏可行性。即便将来在特定情况下存在某些可行性，也需要一个漫长的政治过程。

（原载《台海研究》2015 年第 2 期）

第四编

"一国两制" 探微

20 年来的"一国两制"研究：
回顾与展望

    自邓小平 20 世纪 80 年代提出"一国两制"构想以来，至今已有 20 余年。在这 20 余年的时间里，国内外学者对制度设计的研究热情始终不衰，并发表了相当数量的学术论文和研究报告，也有不少专著问世。这些研究不仅扩大了"一国两制"的影响，也有助于人们对有关"一国两制"问题的各种研究进行全面的思考。香港和澳门虽已顺利回归，但这并不意味着对"一国两制"的研究可以告一段落。对我们来说，"一国两制"由理论变为实践，更需要花大力气、下大功夫去研究。何况，现在香港和澳门特别行政区在实施"一国两制"的过程中，也暴露出来了许多问题，这更需要我们对其进行全面、深入和系统的研究，并对有关问题加以认真地解决，以确保"一国两制"的顺利实施。另外，虽然我们已经按照"一国两制"模式解决了香港、澳门问题，但如何运用"一国两制"模式来解决好台湾问题，又有许多新问题需要进一步研究。即使台湾问题也用"一国两制"模式得到了解决之后，仍存在一个"一国两制"如何在台湾具体实施的问题，以及未来港、澳、台三地与大陆的互动发展和政治整合问题。可见，"一国两制"在目前和今后很长一段时期内仍是我国社会科学理论界，尤其是政治学界所面临的一个重大课题。为今后对"一国两制"构想及其实施问题作更好的探索，我们在此对 20 余年来有关"一国两制"的研究作一回顾、梳理和分析。

一、"一国两制"研究现状综述

（一）关于"一国两制"的涵义

    其一，"一国两制"涵义的主流表述。什么是"一国两制"？它的内涵究竟是什么？根据邓小平的论述，学术界通常将其涵义概括为：在统一的中华人民共和国内，以大陆的社会主义制度为主体，台湾、香港、澳门地区现行的资本主义的社会、经济制度和生活方式不变，并且在一个相当长的时期内保持这两种社会制度同时并存，共同进行和平建设。① 《中国大百科全书·政治学卷》指出："一国两制"即"一个国家，两种制度"的简称，是在统一的中华人民共和国内，在国家主体实行社会主义制度的前提下，允许香港、澳门和台湾实行资本主义制度。② 也有的学者从"一国两制"内容的角度，将其涵义所包括的基本点概括为：一个国家，两种制度，高度自治。应该说，这些都是符合邓小平"一国两制"思想的原始精神的表述。

其二，"一国两制"的涵义在台湾问题上的新表述。在最近几年，大陆官方为将"一国两制"适用于台湾问题，对"一国两制"中的"一国"的涵义作了进一步的发展。认为"一国"既非大陆的中华人民共和国，也非台湾的"中华民国"。这与"一国两制"在港澳问题上的涵义是不同的。在港澳模式中，"一国"是指一个中华人民共和国。对于解决台湾问题来说，"一国"的涵义已由"一个中华人民共和国"变为"一个中国"，不再坚持"一国"即中华人民共和国的表述。典型的例证是，根据九届全国人大五次会议《政府工作报告》的精神，"一国"的涵义是三句话：世界上只有一个中国；台湾和大陆同属一个中国；中国的主权和领土不容分割。这是国家为实现台湾问题的和平解决，对"一国"的涵义所作的超出一般政治概念的新解释，从而使"一国"的涵义变得更加宽泛。③

其三，大陆学者对"一国两制"涵义的发挥表述。如北京大学青年学者王丽萍女士认为，在某种意义上，"一国两制"中的"两制"还可以解释为单一制和联邦制。她认为，"一国两制"和"一个中国"的原则并不排斥以联邦制实现国家统一。她论述到："在相关'一国两制'的研究中，一些学者往往急于在'一国两制'与联邦制之间划清界线，甚至对联邦制草率地加以否定。这一方面体现了对联邦制的误解，另一方面则出于在国家结构形式问题上的僵化思维。实际上，国家结构形式没有优劣之分，单一制国家

---

① 吴大英主编：《有中国特色的社会主义民主政治》，社会科学文献出版社，1999 年版，第304 页。

② 《中国大百科全书·政治学卷》，中国大百科全书出版社，1992 年版，第433 页。

③ 王英津著：《国家统一模式研究》，台湾博扬文化事业有限公司，2004 年版，第279—280 页。

为实现国家主权和领土完整吸收（获得）联邦制国家的某些特征，虽然模糊了国家结构的两种基本形式之间的界线，但其价值在于有利于实现国家的统一和主权的完整。"①

（二）关于"一国两制"的提出

邓小平的"一国两制"思想是否是人类历史上史无前例的构想？在这个问题上主要存在着以下几种观点：

其一，"一国两制"是邓小平同志的伟大创造。早在 20 世纪 70 年代末、80 年代初，他就解决国家统一问题发表谈话时多次指出，中国有香港、台湾问题，解决这个问题的出路何在呢？我看只有实行"一个国家，两种制度"，就是说，香港和台湾在实现同祖国的统一后，那里可以继续实行资本主义制度。"一国两制"构想是邓小平理论的重要组成部分，是一个全新的概念。在古今中外的历史上没有这方面的实践先例。大陆学术界基本上坚持这一个观点。

其二，"一国两制"在中外历史上早已有之，不算今日伊始。持这种观点的学者是美籍华人黄仁宇，他列举四例来论证其观点：第一例是中国元朝，《元朝食货志》记载，北方采用租庸调制，南方采用两税制。第二例是南北战争前的美国，北方禁止奴隶买卖，而南方不禁止。第三例是 16 世纪至 17 世纪的荷兰，由 7 个国家组成邦联。第四例是 17 世纪的英国，衡平法体系和普通法体系并存。②

其三，"一国两制"产生于西藏和平解放时期。该观点系台湾学者所提出，他们认为，"一国两制"不是什么新东西，中共早在 1950 年解放西藏时就提了出来。在中华人民共和国建国初期，中央政府与西藏地方政府达成了十七条协议，实现了西藏的和平解放。当时，在我国广大地区实行社会主义制度，而在西藏地区保留了农奴制度。并认为，当时西藏的"一国两制"后来还是变成了"一国一制"。今天的"一国两制"无非是当年毛泽东、周恩来制定的"和平解放战略"的一个翻版，其实质就是西藏模式。③

---

① 王丽萍著：《联邦制与世界秩序》，北京大学出版社，2000 年版，第 216—217 页。
② 黄仁宇著：《放宽历史的视界》，中国社会科学出版社，1998 年版，第 419—437 页。
③ 黄嘉树著：《两岸风云冷眼观》，中国言实出版社，1997 年版，第 3 页。

（三）关于"一国两制"下的国家结构形式

在这个问题上，学术界的共识是：实施"一国两制"后，中国仍是一个单一制国家。典型的论述是，大陆法学家王叔文教授从授权与分权相区分的理论来解析中央和港澳特区的关系，认为授权反映的是单一制下的权力关系，而分权则反映的是联邦制下的权力关系。在授权的情况下，被授权者应当按照授权的规定行使权力，权力主体对被授权者是否按规定行使权力有监督权。而在分权的情况下，两个或两个以上权力主体各自按照分权的规定独立行使其权力，如果发生权力争议，各权力主体之间的争议通常由独立的第三方来协调解决。① 并认为，授权与分权的这种区分，对于界分单一制和联邦制的特点以及单一制与联邦制的区别具有重要意义，对于正确认识港澳特区高度自治权，正确处理中央与港澳特区之间的关系，至关重要。依此认为，"一国两制"下中央与港澳的关系是单一制下的中央与地方关系。

但在我国单一制的国家结构性质仍没有改变的共识之下也存在分歧，主要表现在对"一国两制"下的单一制是否带有联邦制的某些特征存在着不同的看法。

支持者的主要理据是：其一，单一制国家宪法对各地方职权不详列，对未列明的权力一般归属中央。但港、澳基本法改变了这一安排，把有关权力分为高度自治范围的权力和不属于高度自治范围的权力两类。对于高度自治范围内未明列的权力，特别行政区也可享有。由此认为基本法的这种权力规定方式，与联邦制国家宪法中对联邦权力与成员单位权力的规定方式有很大的相似性，进而认为"一国两制"使我国的单一制带有了联邦制的某些特点。其二，特别行政区享有的高度自治权类似于联邦制国家成员邦所享有的权力，在某些方面如成立单独关税区、单独发行货币、司法终审等，甚至超过了联邦制国家成员邦所享有的权力，于是有人就认为特别行政区与中央的关系已经超出了单一制的范畴而带有了联邦制的某些特点。

反对者认为，"联邦制特点说"存在着两个理论误区：其一，它将基本法与宪法等同了起来。事实上，二者不属于同一位阶的法律，既不相同，也不相似。其二，该观点误将"中央与地方的权限划分是否由宪法作出"当

① 王叔文主编：《香港特别行政区基本法导论》，中共中央党校出版社，1990年版，第83—90页。

作单一制和联邦制的划分标准。该观点还指出，"联邦制特点说"错误地将第二级实体所享有自治权的大小当作了划分单一制和联邦制的标准。事实上，单一制下的二级实体也可以享有高度的自治权，而联邦制下的二级实体也可以享有较小的自治权，二级实体享有自治权的大小或自治程度的高低不是衡量某一国家结构形式是否带有联邦制特点的依据和标准。判断是否带有联邦制的特点，关键是看自治权的性质和来源。港、澳特区享有的自治权是中央授予的，属于授权性自治权。从权力的层次理论来看，中央与特别行政区之间仍是过程性权力层面上的授权关系而不是本源性权力层面上的分权关系，特别行政区所享有的高度自治权是授权性自治权而不是分权性自治权。至于特别行政区所享有的高度自治权比联邦成员单位所享有的自治权还要大，那是自治程度高低或自治权大小的问题，并不涉及自治权的来源和类型。由此认为，"一国两制"并没有使我国中央与港澳特区的关系带有联邦制的特点。[1]

（四）关于"一国两制"具体模式的比较研究

其一，"一国两制"在香港和澳门实施的比较。学术界从相同和不同两个方面进行了比较，将它们的共同之处概括为以下几个方面：①解决问题的依据相同（即均以基本法为依据）。②法律隶属关系相同。均直属于全国人民代表大会及其常务委员会和中央人民政府的领导，同时两个特别行政区均拥有高度自治权。③政治制度架构相同。均包括行政长官、特区政府、立法会和司法机关等部分，主要官员的任职资格和年限亦大致相同，行政机构的权限划分与职能配置也大体相同或近似。④政治运行模式相同。均是行政主导型的政治运行模式，实行行政长官负责制。⑤政治交替机制相同。行政长官的选举产生、任命、任期，立法会议员的产生、任期，法院法官推选和产生方式等大致相同。[2] 以基本法为分析对象，将它们的不同之处概括为：序言部分存在着不同；总则部分存在着不同；居民的基本权利和义务部分存在着不同；政治体制部分存在着不同；经济部分存在着不同；香港和澳门的

---

① 王英津著：《国家统一模式研究》，台湾博扬文化事业有限公司，2004 年版，第 294—304 页。

② 陈道华主编：《"一国两制"与国家理论》，中共中央党校出版社，2002 年版，第 73—74 页。

"平稳过渡"和"政权顺利交接"所遇到的挑战和主要矛盾也有着较大不同。① 还有学者单就"一国两制"下香港与澳门的政治体制进行了比较，并将其不同归纳为：行政长官资格存在着差异；主要官员资格存在着差异；立法机关组成规定方面存在着差异；司法体制方面存在着差异；对行政长官的职权规定存在着差异。②

其二，港澳和台湾实施"一国两制"的背景条件比较。有的学者将台、港、澳三地实施"一国两制"的相同背景条件概括为以下四点：①都是中国领土不可分割的部分；②都因外国势力的染指而造成与祖国内地的长期分割；③都存在着与大陆不同的政治、经济和法律制度；④三地的主体都是中国人，他们与大陆同文同种，历史文化一脉相承。③ 还有的学者将台湾问题与港澳问题的不同概括为：①问题的性质不同。香港和澳门问题所要解决的是因外国入侵而遗留下来的领土主权问题，属于收复失地的范畴；而台湾问题则是历史上国共内战遗留下来的问题，属于中国内政问题。②问题的难易程度不同。首先，香港和澳门多年来没有特别提倡某一种主流意识形态，他们不排斥"一国两制"；而台湾当局拒斥"一国两制"。其次，香港、澳门没有"独立"的诉求，没有人想搞分裂，对一个中国的原则没有异议。而台湾当局反对一个中国原则，以"分裂分治"作为两岸关系的定位。③对大陆依赖程度不同。香港、澳门紧邻内地，对祖国内地依赖极强；而台湾经济不仅门类比较齐全，而且经济结构颇为完整，具备较强的独立性。④制度特征不同。港澳没有国家特征，港澳过去的政权是殖民政权，是外人治理下的政权，香港、澳门两地的居民从来不具备"国家"的意识。而台湾问题则不然，由于历史的原因，它有自己的"宪法"、行政、立法、司法和军队、政党等组成的"中华民国宪政体制"，④ 台湾人民逐渐形成强烈的"国家意识"，拥有一套完整的"国家机器"。

（五）关于"一国两制"的特点

其一，有的学者认为"一国两制"具有以下特点：和谐性、统一性、

---

① 高炜：《港、澳"一国两制"模式之比较》，载《统一论坛》，1999 年第 2 期。
② 钱进：《港澳"一国两制"政治体制之异同》，载《贵州教育》，1999 年第 12 期。
③ 李家泉：《港澳回归话台湾》，载《统一论坛》，2000 年第 1 期。
④ 严安林、严泉：《港澳与台湾地区"一国两制"异同剖析》，"两岸关系（深圳）论坛"研讨会论文，2002 年 3 月。

共处性、主次性和科学性。所谓和谐性是指它既符合当今时代和平与发展的世界性要求，又反映了中国政府在实现国家和平统一问题上所持的和平立场和追求；所谓统一性是指 "一国两制" 的核心目的在于实现国家的统一；所谓共处性是指 "一国两制" 以两种制度共存的现实为基础；所谓主次性是指两种制度在一国之内的相互并存不是平分秋色，而是有主次之别的。所谓科学性是指 "一国两制" 是自觉尊重社会经济发展的不平衡规律并用来解决这种不平衡状况的科学构想。

其二，也有香港学者将 "一国两制" 的特点概括为：矛盾性、压倒性和过渡性。所谓矛盾性 "是'一国两制'的本质之一"，如果 "没有相互矛盾的两种制度在一国之内同时并存，也就没有必要谈什么'一国两制'了"；所谓压倒性就是 "两制" 之间大小轻重地位不相称、不均衡、不平等，致使其中之一有随时被另一方压倒或吃掉的可能性；所谓过渡性是指 "时间有限" 和 "结论无法避免"，50 年之后两种制度要变成一种制度。[①] 概而言之，该学者的意思说，社会主义和资本主义总是存在着矛盾，大陆的政治经济实力对台湾具有压倒的优势，大陆的社会主义制度终归要吃掉台湾的资本主义制度。这位学者认为，上述 "三性" 是 "一国两制" 的消极面，应设法谋求改进，千万不要视而不见。

其三，还有学者从国家结构理论和主权理论的角度来说明 "一国两制" 特点。他们指出："一国" 就是讲国家主权的不可分割性和中华民族的统一性。在解决民族分裂问题时，如果回避了主权问题，不谈主权的统一，便不可能有民族的统一，任何模式都失去了存在的前提和基础。据此，他们认为，"一国" 是 "一国两制" 的立足点，这不仅阐明了一个中国的原则，还强调了国家的单一制。国家主权属于中央，而实行不同制度的地区则可享有中央授予的高度自治权，但应当注意的是，在 "一国" 之下，"两制" 并非对等。因为，一方面是以主权为转移的体制，另一方面是部分地区以治权为根据的体制。进而认为，"一国两制" 既不是一个国家、两个政府、两个席位或一个民族、两个国家、两种制度，也不是联邦式的复合制国家结构形式。[②]

---

① 翁松燃：《"一国两制" 刍论——概念、性质、内容、困难和前景》，载林衡哲：《台湾问题讨论集》台湾前卫出版社，1988 年版87—121 页。

② 王邦佐、王沪宁：《从 "一国两制" 看主权与治权的关系》，载《政治学研究》，1986 年第2 期。

（六）关于"一国两制"的意义

政治学界认为，"一国两制"的贡献主要体现在：一是对和平共处理论的贡献。这主要体现为将处理国与国之间关系的和平共处原则创造性地用于解决国内问题，创造出了两种不同的社会制度在一个单一制国家内长期共处的政治形式。这一贡献使和平共处原则成为一个更具有普遍意义的价值与原则。二是对马克思主义国家学说的贡献。"一国两制"这个概念虽然是针对国家统一问题提出的，但由于概念的内涵涉及国家基本理论的各方面，如国家的阶级性和社会发展阶段性相统一的问题、国家阶级属性与民族属性相统一问题、国家相对自主性问题、国家制度与社会制度关系问题、人民民主专政的新发展问题、国家职能的性质、内容和实行方式的变化与发展问题、国家结构形式的丰富与发展问题等，因而它所表达的实际上是一种新的国家观念和国家理论，是对马克思主义国家学说的新贡献。[①]

还有的学者从港澳的回归方面来论证"一国两制"的意义，认为香港和澳门的顺利回归以及回归后保持繁荣与稳定的事实，说明邓小平"一国两制"构想的科学性和正确性，并认为"一国两制"已经在香港和澳门实施成功了。[②] 可以说，大陆学者基本上持这一观点。但也有学者对此持不同的看法，认为"一国两制"成功与否，不是取决是否能用其将香港和澳门成功收回，而是还取决于将香港和澳门收回以后，在未来的很长一段时间内能否继续保持香港和澳门的稳定与繁荣。[③]

（七）关于"一国两制"的国外研究

在中国提出"一国两制"的构想，特别是在香港和澳门回归以后，韩国有些学者开始研究中国式的"一国两制"模式是否适用于朝鲜半岛的统一。他们认为，朝鲜南北双方在领土、人口、经济、政治和军事等方面的特点和差异决定了朝鲜半岛的统一不可能完全照搬中国式的"一国两制"。这是因为：

---

① 林尚立等：《一个国家，两种制度》，上海人民出版社，1998 年版，第 143—179 页。

② 傅金珍：《论"一国两制"构想在港澳的成功实践》，载《福建论坛》（经济社会版），2001 年第 8 期。

③ ［美］戴维·W·张著：《邓小平领导下的中国》，法律出版社，1991 年版，第 196—212 页。

　　"一国两制" 是中国政府在新形势下，从国家和民族的根本利益和台湾的现实出发而提出的创造性模式。它的前提基础是一个中国，即中华人民共和国，包含两方面的内容，一方面是国家的主体制度是社会主义，13 亿人口的大陆实行社会主义，港、澳、台只能是从属于主体的既享有不损害统一国家利益的特别权力又不同于内地省、市、自治区的特别行政区；另一方面是国家实行两种制度，港、澳、台地区人们原有的生活方式等不变，两种制度长期并存，共同发展。朝韩两国在人口上虽有 2.5 倍的巨大差距，但这不可能构成像中国对港、澳、台地区一样具有绝对优势的主从关系，双方在人口和社会制度上不会出现主从关系，只能是两个对等的人口和制度实体。从政治上来看，台湾问题一直是中国的国内问题，虽然有外国势力插手，但不可能改变台湾是中国的一部分的现实，中国对台湾拥有无可非议的主权，是国际社会所认可的。而朝韩问题从一开始就是国际问题，朝韩国建国后均宣布对对方拥有主权，后又加入只有独立主权国家才能参加的国际组织—联合国，分别得到国际社会的认可，在国际社会上是两个主权独立的国家。从经济上来看，中国大陆是一个拥有巨大潜力的经济实体。港、澳、台经济虽然起步早，发展快，国民生产总值有大幅度提高，但由于地域、人口等条件的限制，经济扩展空间小，无法与大陆保持同一水平，抗衡大陆。韩朝两国经济上虽有较大差距，但受地域、人口、市场等客观因素制约，两国经济都有对等发展的潜力，进而促成双方政治上的均衡。[1]

　　更多的学者认为，中国式的 "一国两制" 是基于两制的非均衡性而做出的制度安排，朝鲜半岛的南北双方基本上保持着均衡的态势，能否适用中国式的 "一国两制" 的确是一个值得进一步深入研究的问题。如果按照中国式 "一国两制" 的初始设计精神来解释，答案应该是否定的。但如果按照我们所宣传的 "一国两制" 不但适用于香港、澳门和台湾，而且为解决其他国际争端提供了一种范例，那么，在理论上，"一国两制" 应该适用于大小对称、轻重均衡、地位平等的朝韩。[2]

　　① 黎云皎等：《试论世纪之交的朝韩关系与统一之路》，载《文山师范高等专科学校学报》（哲学社会科学版），2002 年第 1 期。
　　② 翁松燃：《"一国两制" 刍论——概念、性质、内容、困难和前景，载林衡哲：《台湾问题讨论集》，台湾前卫出版社，1988 年版，第 98 页。

二、"一国两制"研究现状评议

（一）20 年来"一国两制"研究的成就与贡献

20 多年来，经过学者们的努力，我们在"一国两制"的研究方面取得了丰硕的成果，这主要表现在以下几个方面：

第一，科研成果比较丰硕。①大陆学者的主要成果。除了散见于各种报纸杂志上发表的大量论文之外，20 年来出版的有关"一国两制"的著作超过 20 本。如：林尚立等著的《一个国家，两种制度》、程林胜著的《邓小平"一国两制"思想研究》、王叔文编的《香港特别行政区基本法导论》和《澳门特别行政区基本法导论》、肖蔚云编的《一国两制与香港基本法律制度》和《一国两制与澳门特别行政区基本法》、杨奇著的《香港概论》、陈道华编的《"一国两制"与国家理论》、严正编的《"一国两制"理论与实践》，等等。另外，还有许多有关中国政治制度和政治发展的著作，也都涉及对"一国两制"的研究。②港澳学者的研究成果。据统计，港澳学者 20 年来有关"一国两制"的研究成果有 70 余本，有代表性的如香港宋小庄著的《论"一国两制"下中央和香港特区的关系》、黄炳坤著的《"一国两制"法律问题面面观》、胡春惠主编的《中台港三地选举制度和民主发展》、澳门吴志良著的《生存之道——论澳门政治制度与政治发展》、《澳门：政治制度沿革、现状和展望》、《澳门政治社会研究》、余振主编的《双城记——港澳的政治、经济及社会发展》、杨允中著的《一国两制与现代宪法学》，等等。这些研究成果在"一国两制"的理论建设和指导实践方面做出了积极的贡献。

第二，完成了两部基本法的制定。在我国政府确定用"一国两制"的方针来解决香港和澳门问题以后，大陆、港台的法学家和政治学家们，按照"一国两制"的精神，进行了深入而认真的研究，先后完成了《香港特别行政区基本法》和《澳门特别行政区基本法》的制定，确立了香港特别行政区和澳门特别行政区的基本政治架构，确保了香港和澳门的顺利回归以及"一国两制"的顺利实施。应该说，这两部基本法是大陆、港台学者集体智慧的结晶，是在"一国两制"研究方面所取得的最突出成就和贡献。这两部基本法是"一国两制"构想的具体化，是现在和今后实施"一国两制"

的最重要法律依据和保障。

（二）目前研究中存在的不足和问题

从前面对"一国两制"研究的综述中，我们可以发现，目前学术界（特别是大陆学术界）对"一国两制"的研究还存在着诸多的不足。概括起来，主要有以下四个方面：

第一，对"一国两制"研究的学术性不足。在很长一段时间以来，我国学术界没有处理好"一国两制"研究的政治性和学术性之间的关系。这反映在研究风格上存在着过于政治化的现象，过多地侧重了"一国两制"的正面宣传。从大陆学者研究的情况来看，大多研究成果侧重了对"一国两制"的高歌颂扬，竭力去挖掘"一国两制"的理论意义和现实意义，而忽视了或牺牲了"一国两制"研究的学术性，至今有些研究仍停留在对邓小平的"一国两制"构想作科学性论证上面，意识形态色彩较浓。缺乏研究的学术性，则很难有研究的超然性、中立性、创造性，这影响或限制了我们对"一国两制"构想的丰富和发展。

第二，对"一国两制"研究的前瞻性不足。理论研究必须要具有"超前性"，通过研究去对事物的未来发展趋势进行前瞻性地预测，针对预测的结论来制定解决问题的应对策略。反观 20 年来对"一国两制"的研究，我们在"一国两制"未来的、长远的、本质的问题上缺乏准确的把握，这是因为我们在很大程度上忽视了对"一国两制"在实施过程中可能会出现的相关问题的前瞻性研究，以致于不能提出避免问题出现的防御性措施。纵然有些研究是围绕着实践中可能出现的重大问题展开的前瞻性研究，但由于受到了诸多因素的影响，其前瞻程度也不够高。

第三，对"一国两制"研究的应用性不足。目前仍有相当多的学者对"一国两制"研究仍局限于哲学、科学社会主义、中共党史、邓小平理论等学科或专业之中，这种"形而上"式研究或解读式研究，常常导致研究成果与具体实践的联系不够紧密，使"一国两制"研究的应用性受到限制。其他学科和专业领域对"一国两制"的研究，也不同程度存在着经验性研究和对策性研究不足的现象。"一国两制"是为解决实际问题而提出来的构想，应用性是该构想的生命力之所在，现在的很多研究已脱离了这个基点。

第四，对"一国两制"研究的创新性不足。"一国两制"思想的提出和发展固然与邓小平理论是紧密地联系在一起的，也可以说，邓小平理论是"一国两制"今后发展的方向性保证。但是，我们在研究的过程中存在着极端化的做法，集中表现在：有些研究只是对邓小平"一国两制"思想的简单重复，凡事均在邓小平的论述中寻找依据和答案，注解多于创见，简单地套用邓小平经典著作中的某些词句，而不是以邓小平"一国两制"思想的核心精神为指导，积极地通过实践去推动邓小平"一国两制"思想的进一步丰富和发展，这也是理论脱离实际的一种表现。

三、今后"一国两制"研究应关注的问题

针对目前学术界在"一国两制"研究方面所存在的不足，笔者认为，今后学术界应着重加强对以下几个问题的研究：

第一，应加强对"一国两制"具体实施问题的研究。科学研究要为现实服务，科学发展的动力之一就在于不断回答现实提出的问题和挑战。科学研究是否有生命力，根本标准就是看现实社会有没有需要，而社会需要的具体表现就是看它能否解决实际问题。"一国两制"研究的生命力最终取决于它在多大程度上能够解决现实问题。"一国两制"作为解决问题而提出的方案，更在于其实际应用价值。因此，"一国两制"的研究不能游离于现实政治生活之外，不能仅停留在对"一国两制"的解释、宣传和赞颂方面，必须积极参与"一国两制"在实施过程中所遇到的现实政治问题的研究，用学术的眼光，研究实施中所遇问题及其解决方案或对策，研究港澳基本法的具体实施及其进一步细化完善问题，并且注重研究"一国两制"在实施过程中可能会出现的各种问题，从而为执政党和政府的决策提供理论依据和具体指导，这是今后研究"一国两制"问题必须坚持和发展的基本方向。

第二，应加强对"一国两制"台湾模式的研究。众所周知，按照大陆的构想，"一国两制"不仅适用于香港、澳门，也同样适用于台湾。但台湾和港澳的情况不同，决定了我们在台湾问题上不能照搬港澳的做法，必须有特殊的台湾模式。要建构"一国两制"的台湾模式，一方面必须在现有港澳模式的基础上，最大限度地去深挖"一国两制"的可供资源，同时吸收和借鉴其他各种模式或构想中的一切积极合理因素；另一方面要认真分析港澳特区在实施"一国两制"的过程中所出现或遇到的问题，总结其经验，

吸取其教训，以便在设计"一国两制"的台湾模式时能够扬长避短。这要求我们必须有创新的思维。在未来很长的一段时间内，这可能是我们两岸及港、澳的中国人以及期盼国家统一的海外华人所必须面对的一个重大理论和现实问题，这也是考验我们中国人和海外华人智慧的一道时代命题。

第三，应加强对"一国两制"的创新研究。按照现在的解释，"一国两制"中的"两制"是社会主义制度和资本主义制度。但随着经济全球化的发展，两种制度会日益交融，当两种制度的界限变得更加模糊时，"一国两制"中的"两制"应作何种解释？对此，我们需要有前瞻性的研究，特别是前瞻性的基础理论研究。事实上，任何研究，如果没有深厚的基础理论研究的支撑，其应用研究和创新研究的成果肯定不会太丰富，发展也不会太持久。由于人们对"一国两制"研究的历史比较短，仅有 20 多年，所以基础研究相当薄弱。只有通过加强对"一国两制"基础理论的研究，才会有理论上的创新和制度上的创新，从而才能谈得上对"一国两制"去加以丰富和发展。

第四，应加强对"一国两制"下的国家整合研究。"一国两制"在香港和澳门已经成为现实，这对我国国家结构形式产生了重要影响，我国的整体和局部关系出现了新的状态。在目前，我国的单一制存在着三种实践模式，即中央与普通行政区、民族自治区和特别行政区的关系模式。在未来的时间里，这三种关系模式会怎样发展？大陆与港澳会在经济发展和政治发展方面出现怎样或多大程度的互动与整合？这需要我们突破传统的国家结构形式的框架，研究"一国两制"下的国家整合与共同发展问题，特别是要研究"一国两制"条件下国家整合的基础、过程、模式、条件等问题。这种整合既包括制度层面的整合，也包括思想和文化层面的整合；既包括政治层面的整合，也包括经济层面和社会层面的整合。因此，研究难度较大，需要加大投入、重点突破。

第五，应加强对"一国两制"下港澳地区的政治与社会发展研究。作为"一国两制"战略思想具体实施的香港和澳门特区，在回归以后政治和社会发展状况如何，直接关系到港澳民众对这两个特区发展前景的信心，直接影响到台湾问题的解决。因此，对港澳特区政治与社会发展问题进行研究，防止出现不必要的社会不稳定，具有重要的现实意义和深远的历史意义。今后研究的重点是，港澳特区的政党或社团发展问题，港澳特区的政治民主化进程和模式问题，港澳特区的社会差异及其对政治发展的影响问题，港澳特区经济发展与政治发展的关系协调问题，港澳特区"中产阶级"的发展及其对未来特区政治的影响问题，港澳特区的政治和社会稳定问题，以及如何进一步协调好国家整体与港澳特区这两个局部之间的关系问题。

（原载《山东大学学报》（哲学社会科学版）2004 年第 3 期）

"两德模式"与"一国两制"之比较研究

近些年来,台湾方面一直有人主张用"两德模式"来处理两岸关系并完成统一,为认清"两德模式"的实质及其在两岸关系上的不可行性,本文通过比较研究的方法,对所谓"两德模式"作如下分析。

一、"两德模式"的由来及发展

"两德模式"是指东德和西德在和平基础上实现国家统一的模式。早在二次世界大战结束后不久,世界强权国家硬把一个主权德国切割为二,即东德和西德。在当时冷战格局下,新出现的两个德国严重对峙,后经过各自独立发展,双方关系从政治对立发展到外交上的相互承认。至 1972 年 12 月 21 日,双方签署《德意志联邦共和国与德意志民主共和国关系基础条约》,简称《两德关系基础条约》。在此条约基础上,两德关系进一步缓和,1990 年 10 月 3 日两德最终实现了国家统一。国际社会就把东、西德关系历经 40 余年的嬗变,最终通过和平方式完成统一的模式,称为"两德模式"。

"两德模式"在台湾并不是一开始就倍受推崇的,从台湾方面接受其过程来看,可以将"两德模式"在台湾的发展,划分为以下三个阶段:

第一个阶段为全面否定时期,时间大致为 20 世纪 70 年代初至 80 年代初。尽管"两德模式"被台湾方面用作对抗大陆"一国两制"的手段是近些年的事情,但"两德模式'在台湾的提出,却是很早以前的事。早在 20 世纪 70 年代初中美关系正常化时,就不断有亲国民党的美国学者和政客提出以"东西德模式"解决中国海峡两岸关系的主张。1976 年,美国乔治城大学战略研究中心主任克莱恩,在美国国会作证时,就曾主张以所谓的"两德模式"来解决海峡两岸关系正常化的困局。1978 年美国宣布和台湾当局"断交"时，美国参议员高华德再次提出"德国模式"，他认为效仿 1972 年东西德双方签署"基本条约"的方式来解决海峡两岸关系是可行的。这个主张抛出后，不仅遭到了大陆方面的坚决反对，而且台湾方面也予以拒绝。这个时段，"两德模式"在台湾岛内被禁止宣传，更谈不上有存在市场。

第二个阶段为部分接受时期，时间大致为 20 世纪 80 年代中至 90 年代初。20 世纪 80 年代以后，随着大陆"一国两制"构想的提出和香港、澳门问题的相继解决，台湾方面在两岸关系和对外关系上日益陷入困境。为扭转这一被动局势，摆脱"外交"困境，反制大陆的"一国两制"，台湾当局在比较和权衡各种处理两岸关系的模式之后，认为"两德模式"既可以用来应付大陆、美国和岛内的政治压力，又可以给台湾当局的分裂政策披上"合法性"外衣。至此，台湾当局对"两德模式"的态度发生了变化。但是，由于"两德模式"主张直接涉及"承认中共""终止动员戡乱"等一系列敏感而复杂的重大问题，所以在当时的历史条件下，"两德模式"虽然被台湾当局在一定程度上所接受，但并未在岛内产生多大的社会影响。

第三个阶段为接受宣传时期，时间大致为 20 世纪 90 年代初至今。随着蒋经国的逝世和冷战格局的结束，台湾方面主张"两德模式"的人数越来越多，甚至个别核心决策人士也公开主张要借鉴和效仿运用"两德模式"来处理两岸关系以及未来统一问题。随着李登辉主政地位的不断巩固，"两德模式"得到了李登辉的认可。1990 年 5 月 6 日，李登辉公开声称："对话必须在一个中国，政府对政府和双方地位平等的基础上进行，一个国家、两个政府，这是现实。"特别是两德在 1990 年 10 月实现统一后，岛内主张以"两德模式"来处理两岸关系的论调陡然升高。1991 年 8 月 23 日，李登辉在接见一批学者时称："两岸统一需要一个漫长的过程，从德国统一过程来看，双方首先经由交流互动，在人民之间建立了某种程度的共识，并且在国际社会上形成对等的政治实体"，"德国的统一经验显示，两个政府进行统一并不容易，对等政治实体的架构必须先确立。"1992 年 5 月 10 日，台湾当局"总统府"副秘书长邱进益在一次座谈会上，以个人身份主张，海峡两岸应效法东、西德签署"基础条约"的做法，签署"互不侵犯协定"，双方相互约束不使用武力，藉以达到"双方相互承认对方为对等政治实体，共存于国际社会，两岸关系即可由近程阶段进入中程阶段（即可以'三通'），推动中国统一。"宋楚瑜也明确表示："分裂国家的发展模式值得我们参考","要选择统一的方式，但不是越南方式。"1998 年 4 月，台湾海基会秘书长许惠祐也强调："两德模式中的相互承认对方为政治实体，在国际上互不代表对方，应该是当前处理一个中国争议的重要方式"。就这样，经过一段时间的酝酿和思考后，台湾当局不仅在理论上接受了"两德模式"，而且还在实践中不断修补和发展这一模式，在对两岸政治关系定位问题上，逐步由"一国一府"演化为"一国两府""一个中国，两个对等政治实体""阶段性两个中国"，直到"特殊国与国"。由此可见，"两德模式"是台湾当局借以实现"台独"的模式。

二、台湾所谓"两德模式"主张及其实质

通过以上对"两德模式"的由来及其在台湾社会发展演化的历史考察，并结合台湾学界、政界、媒体界及有关政党的表述，可以将台湾方面所谓"两德模式"的基本主张，概括为以下几个方面的内容：其一，在国家统一问题上，主张先分后统，在统一以前，双方要正视当前的国家分裂状态，彼此相互承认和尊重对方的对等地位，彼此以"对等的独立政治实体"或"主权国家"身份并立于国际社会，等条件具备时，两岸再实现统一；统一为长期目标，分裂为现实状态。其二，两岸双方在外交上接受双重承认，在国际社会分别奉行各自的"外交政策"，双方都可以与他国建立"大使级外交关系"，双方均可以成为联合国"成员国"。其三，两岸双方应遵守联合国宪章揭示的和平解决争端的原则，坚决反对大陆采用武力手段达至统一的意图。其四，"两岸双方应互相承认各自在有效管理领土上拥有主权"，主张中华人民共和国政府对大陆拥有主权，"中华民国政府对台澎金马拥有主权"。其五，两岸双方通过签订和平条约或协定来规范和约束彼此的行为，在条约或协定约定的框架内积极发展两岸关系。

由上分析可见，台湾方面的"两德模式"主张，无非围绕着以下两个基点：其一，"主权"原则。两岸各有自己"独立的主权地位"。从表面上看，台湾当局不再坚持己方政权为"中国唯一合法政府"，开始承认大陆政权的合法性，但这是其"以退为进"的策略。台湾方面仍坚持自己在国际上是一个"主权独立的国家"。其二，"对等"原则。认为两岸双方应是"对等的政治实体"关系，而不是"隶属"或"主从"关系。中华人民共和国管辖中国大陆，"中华民国"管辖"台、澎、金、马"，平起平坐，隔

海而治，均具有合法性。

从表面上看，台湾方面主张以"两德模式"来处理两岸关系并实现统一，相较于过去单方面声称己方政权的"唯一法统地位"，似乎更加面对现实，既承认"中共政权的合法性"，也没有放弃两岸统一的长远目标。其实则不然，台湾方面主张"两德模式"，其真正目的是在"先分后统"的招牌下，实现"先分后独"的图谋，前者是假，后者是真，这正是台湾方面主张"两德模式"的真正用意所在，所以台湾方面主张"两德模式"的实质是搞"两个中国"。

三、"两德模式"与"一国两制"的比较

台湾方面主张"两德模式"，除了企图达至"两岸分裂分治永久化""两个中国"的目的外，还有一个重要用意就是反制大陆方面提出的"一国两制"。为进一步认清"两德模式"的实质意涵，现将上述两种国家统一模式作如下比较。

首先，原因和背景不同。"两德模式"是国际社会冷战格局的产物。二战结束后，苏、美、英、法四国根据《雅尔塔协议》，对德国分区占领。1948年6月，美、英、法三国对德占领区合并为西德，而苏联占领区则建立了东德。可见，德国的分裂主要由国际外力因素所造成，换言之，一个完整德国之所以被分割为两个德国，是冷战时期美苏争霸的产物。因而其统一问题在很大程度上受制于国际因素。事实上，如果没有华约和苏联的趋于解体，美、苏、英、法和东西德的"2＋4外长会议"也就不可能达成一致意见，德国统一问题可能被无限期搁置。从这一角度来看，德国统一是冷战时期的两极格局趋于解体的结果。而两岸关系与东西德关系并不相同。二战后，中国是战胜国，根据《开罗宣言》和《波茨坦公告》，台湾在1945年被归还中国，两岸"分裂分治"状态，是中国内部的国共内战遗留下来的问题。因此，两岸统一是在一个中国内部结束两个政权分治的问题。

其次，内容和性质不同。二战后的德国是完全分裂国家的典型，整个国家主权被一分为二，变为两个主权独立国家，东、西德国相互承认，均具有独立的国际法人资格，并于1973年9月同时加入联合国，从而形成了两个德国并存的局面，因此，"两德模式"的要义是一个民族，两个国家，德国统一实际上是两个德国的"合并"。而海峡两岸分裂的性质则完全不同，从

根本上说，两岸分裂并不是国家主权的分裂，而是在主权统一之下治权的暂时分裂，它涉及的只是一个国家内部的关系问题。台湾也不像东西德的任何一方是一个主权独立国家，而是中国领土不可分割的一部分，其非主权实体地位已是国际社会所公认的事实。1971 年 26 届联大 2758 号决议在恢复中华人民共和国在联合国的合法席位时，使用的即是"恢复"而不是"加入"一词。该决议是国际社会确认中华人民共和国政府是代表全中国的唯一合法政府的有力证据。因此，中华人民共和国政府理所当然地具有对台湾行使主权的合法资格。

再次，方式和手段不同。"两德模式"主张先分后统。分裂是统一的前提和条件，"分裂是现实目标，是走向统一的道路"，"暂时的分裂并不必然地导致国家的永久分裂"。而按照大陆的"一国两制"论述，其主张的一个中国并不是在完成统一之后才具有，而是在统一之前就存在，并且一个中国也是完成国家统一的基石。任何两岸统一的方案都要具体落实一个中国原则，该原则在任何时候的任何方案中都不能动摇，大陆坚决反对所谓的"先分后统""阶段性两个中国""一个中国未来式"的"台独"言论。另外，"两德模式"坚决反对采用武力手段来达至国家统一的目的，其主张通过和平谈判来解决国家统一问题。诚然，通过和平谈判实现国家统一，是众心归向，也是大陆方面最盼望的方式，但是，如果仅仅靠和平谈判，就等于使两岸的统一失去了保障。因此，大陆的"一国两制"论述虽亦主张和平谈判，但不承诺放弃使用武力。因为正如邓小平所说，如果我们承诺我们根本不使用武力，那就等于将我们的双手捆绑起来，结果只会促使台湾当局根本不跟我们和平统一，这反而只能导致最终使用武力解决问题。[①] 因此，不承诺放弃对台使用武力，是为了有效地避免出现武力统一这一两岸人民都不愿看到的选项。

第四，影响和结果不同。"两德模式"是台湾当局从自身利益出发，力图使其与中华人民共和国平起平坐、分别拥有独立自主的"国际法人"资格的设想，其结果必然会导致"两个中国"，其所谓的"先分后统""先两国后一国""先两国两制，后一国一制"，仅仅是个幌子，其真正目的在于"先分后独"，使台湾从中国领土中永远地分裂出去。表面上，它貌似是一个国家统一的模式，实际上是一个分裂国家领土的模式。而大陆坚持"一

---

① 《邓小平同美国广播界雷诺兹的谈话》，1979 年 1 月 3 日，载《世界知识》1979 年第 5 期。

国两制"，实际上就是坚持"一个中国"，这是两岸和平统一的前提。在该前提下，什么问题都可以谈，包括谈判的方式，参加的党派、团体和各界代表人士以及台湾方面关心的一切其他问题。

上述两种国家统一模式的比较清楚地表明，两德关系与两岸关系，在背景、原因、性质等方面均具有"质"的不同，这就决定了两者实现统一的方式也不会相同。如果简单地套用"两德模式"来解决两岸关系问题，势必会否定现实中的一个中国原则，这就从根本上动摇了两岸关系向前发展的政治基础。倘若如此，"这是对历史的反动，因为它无视了台湾问题的由来；这是对现实的背叛，因为它无视国际社会和两岸人民均承认一个中国的事实；这是对将来的误判，它要把解决台湾问题的最终结果虚幻化。"① 所以，"两德模式"不适于用来解决两岸统一。

四、"一国两制"是两岸统一模式的最佳选择

"一国两制"作为邓小平同志首创的伟大构想，已经成功地适用于香港问题和澳门问题的解决，大陆方面希冀继续通过"一国两制"模式来实现两岸最终统一。通过对各种统一模式的比较来看，"一国两制"是目前解决两岸统一的唯一可行的最佳模式，这除了上述模式比较中所隐含的原因外，还有以下几方面的原因：

第一，它反映了海峡两岸人民的根本利益。对于两岸统一问题，统一方案当然是倍受两岸民众关注的核心内容。但是，任何一个两岸统一的方案，都必须满足三项条件：一个中国；共同繁荣；双方接受。在此三项条件之中，"一个中国"是基础，"共同繁荣"和"双方接受"必须服从第一个条件。放弃"一个中国"，则不可能实现"共同繁荣"；不讲"一个中国"，也不可能做到"双方接受"，那么既定的以和平谈判为手段的达至两岸统一的方式就要改变。因此，"一个中国"是完成两岸统一的基石。"一国两制"之所以是实现两岸统一的最佳模式，就是因为它既能保证中国国家主权和领土完整，又能充分体现和能够满足上述三项基本条件。因此，两岸统一的"一国两制"方案只能在一个中国原则的基础上，通过和平谈判的方式来共同设计。任何背离一个中国原则的设想和模式在实践中均行之不通。

---

① 江水：《一个中国并非未来式》，载《台湾周刊》，1999年9月15日。

第二，它体现了原则性与灵活性的统一。通过对目前国内外各种两岸统一模式的比较可以发现，"一国两制"模式是最佳选择。它一方面它凸显了中国国家主权的完整性和唯一性，另一方面又肯定了两种制度的差异性，且用"两制并存"和"高度自治"的方式来解决这种差异性。这既尊重了现实，又照顾到了历史；既坚持了原则性，又坚持了灵活性；既能达到实现两岸统一的目的，又能保持台湾地区的经济繁荣和政治稳定；既能体现整个中华民族的国家利益，又能体现台湾民众的地区利益，所以它是一个务实的、具有生命力的统一模式。其他有关国家统一模式主张并不具有"一国两制"模式的优势，往往将原则性与灵活性割裂开来，难以用来完成两岸统一。

第三，它有利于台湾未来的政治前途、经济发展和军事安全。首先，有利于提高台湾的国际地位。近些年来，尽管台湾当局极力扩大所谓"国际活动空间"，但由于其"身份不明"，使得它在国际舞台上的活动倍受冷遇，"活动空间"也变得日益狭小。如果按照"一国两制"模式来达至两岸统一，台湾就可以名正言顺地以"台湾特别行政区"的名义同世界各国发展非官方的经贸、文化、科技等交流，这不仅有利于台湾更好地开展国际交往，也有利于提高其国际地位和扩大其国际影响。这方面，香港特别行政区已向台湾作出了良好的示范。其次，有利于台湾的经贸发展。据统计，从1979年到1998年，两岸贸易总额累计达1369.1亿美元，其中台湾对大陆出口达1148.6亿美元；而大陆对台湾出口仅为220.5亿美元，台湾对大陆贸易顺差达928.1亿美元，已成为影响台湾对外贸易增长乃至经济增长的最关键因素。[1] 目前，大陆是台湾的第三大贸易伙伴与第五大出口市场。据台湾"经建会"分析，如果两岸经贸往来中断，台湾经济增长率将降低近两个百分点。两岸如若在"一国两制"模式下实现统一，这势必会促进两岸的经贸发展，特别是促进台湾的经贸增长。再次，有利于台湾的军事安全。五十年来，台湾当局把自身安全寄托在美国等外来势力的保护上，其实这样不仅得不到真正的保护，反而得到了外国军事势力的控制。对于2300万台湾民众来说，应该清醒地认识到，最可靠最安全的保障是通过"一国两制"模式与大陆实现统一，时刻得到大陆的保护和支持，任何外来势力都是靠不住的。

---

① 张子凤：《两岸经贸关系二十年来的回顾与前瞻》，载《台湾研究》，1999年第3期。

以上分析表明，"一国两制"是未来两岸统一的最佳模式选项。我们坚信：随着"一国两制"在香港和澳门的实施，不断积累经验，总结教训，最终一定会通过"一国两制"使台湾问题得到解决。

（原载《新视野》2001 年第 3 期）

从"两德模式"看"一国两制"
港澳模式：优势、特色及评价

"一国两制"港澳模式是大胆的、富有创造性的国家统一的模式。现在，它已在香港和澳门变成了现实。对于该模式的特点及其积极作用，我们应当予以充分地认识和肯定，但也应认识到它的某些局限性。下面我们结合该模式与两德模式的比较，来对该模式作简要分析，以便从中吸取有益的经验，从而为更好地设计未来两岸的统一模式提供借鉴思路。

一、"两德模式"：联邦制、激变性与一国一制

第二次世界大战后，德国在国际势力操纵下分裂成两个国家。尔后，东、西德经由对立到缓和，由隔绝到接触，直至双方相互承认，确立了正常的睦邻关系，开始了人员往来和各个领域的广泛合作，密切了彼此的联系，遏制了分离意识，最终以国际形势变化和东德内部动乱为契机，以东德加入西德的形式，于 1990 年 10 月 3 日和平地完成了两个德国的统一。学术界通常把上述两个德国由分裂走向统一的模式，称之为"两德模式"或"德国模式"。从两德完成统一的结果来看，它是典型的吸纳统一模式，即一方吸收或吞并另一方的模式。具体说来，这主要表现在以下两个方面：

（一）东德以联邦制的形式加入西德

从国家结构形式上看，德国分裂为两部分后，联邦德国汲取了魏玛共和国实行联邦制的成功经验和被希特勒篡权的教训，制定了宪法性质的《基本法》，确立了比较完善的联邦制。民主德国在二战以后废除了联邦制，于 1952 年被划分为 14 个行政区，实行单一制的国家结构形式。在统一前夕的 1990 年，两德政府为了顺利实现德国统一，彼此除了建立货币、经济和社会联盟以外，还着手建立两德统一后的制度框架。只有先确立这样的制度框

架，东德才可能顺利地加入西德，因为东德的政治体制和国家机构的设置与
西德完全不同，统一后必须按照西德的模式重新改造。为此，根据 1949 年
5 月 23 日通过的《德意志联邦共和国基本法》第 23 条规定："德国的其他
领土合并后，本法亦将生效"，① 即德意志民主共和国（即民主德国）合并
到德意志联邦共和国后仍适用该基本法。这意味着统一后的德国仍采用联邦
制的结构形式，"自由、法权和统一"是这个联邦国家的宪政原则。基于
此，东德先行恢复了其州级行政建制，这样，就废弃了原东德的中央集权体
制，建立了与西德相同的联邦分权体制。东德在 1990 年 3 月 28 日由自由选
举产生了人民议院，这是过渡性的、有许多政党参加的议会，其任务是保证
原东德井然有序地过渡到联邦共和国。人民议院于 1990 年 7 月 23 日通过了
一项关于恢复 5 个州的法律，开始了恢复联邦制的工作。这项工作的完成以
1990 年 10 月 14 日 5 个州议会选举结束为标志。因此，东德是以一个联邦制
国家的五个州的身份加入统一的德意志联邦共和国的。

（二）对东德的原有体制进行彻底地资本主义改造

根据两德统一条约，德国统一的方式是根据西德《基本法》第 23 条，
即东德按照五个州的建制分别加入西德。也就是说，东德自加入西德之日
起，就开始全面接受西德的一切制度，东德由社会主义社会变为资本主义
社会。

在经济体制方面，要将东德的社会主义全民所有制和计划经济体制变成
资本主义私有制和市场经济体制。自从德国分裂成两个国家之后，东、西德
各自建立了不同的经济体制，走上了不同的发展道路。西德建立的是私有制
基础上的社会市场经济体制。就其实质而言，这是一种改良的、有国家干预
与社会协调的资本主义市场经济。而东德则按照马克思主义关于社会主义经
济的理论原则，建立起以生产资料公有制为基础的经济制度，并不断提高了
经济的公有化程度。以此为依托，在资源配置机制方面，仿效苏联的经济体
制（斯大林模式），实行高度集权的计划经济。这种经济体制在 40 余年的
运动过程中虽有所改革和调整，但其基本制度框架和运行规则并没有实质性

---

① 肖蔚云、王禹、张翔编：《宪法学参考资料》（下册），北京大学出版社，2003 年版，第
1036 页。

的变化。① 德国统一后，按照西德经济的模式对东德的上述经济体制进行了彻底改造。

在政治体制方面，按照西德的模式重新改造东德的公共管理机构，包括立法、行政、司法等各个系统：第一，在立法机构方面，东德加入西德后，各议会党团都相应地调整了自己的领导机构；联邦参议院的席位也进行了重新分配，根据基本法第50条规定："各州通过联邦参议院，参与联邦的立法和行政。"② 第二，在行政管理机构方面，改变原东德中央集权型的行政管理体制，以恢复州建制的行政管理体制；将与计划经济相适应的直接管理方式变为与市场经济相适应的间接管理方式；同时对东德的政府机构和公务员队伍进行了改造。第三，在司法机构方面，为了使联邦法律在东部各州真正发挥效力，在法律体制建设方面也需要实施许多过渡时期的规定。由于在东部没有与西德相对应的司法体制，所以必须在现有司法组织的基础上建立与西德相对应的新的司法机构，包括宪法法院、普通法院、劳工法院、行政法院、福利法院、财政法院等；其他与司法有关的机构，如检察院、律师事务所、公证处等也都在东部各州得以建立和完善。

从德国模式来看，统一前没有（也不可能）安排一个过渡期，统一后又立即用一种体制去改造另一种体制，所以两德统一既是一场政治制度、经济制度的大转换，又是一次利益关系的大调整。况且，这种改造、转换和调整都是在短期内完成的，因而呈现出了激变式统一的特点。

二、港澳模式：单一制、渐进性与"一国两制"

准确地说，港澳模式是主权国家收复失地的模式，它所解决的是主权行使权同主权所有权之间的国际被动分离问题。港澳问题的解决是中英、中葡两国政府分别通过外交谈判的方式来完成的，其目的是为了结束英、葡分别在港、澳的殖民统治，从而恢复中国对港澳地区的主权行使权。

与两德统一的激变性过程相比，港澳回归的过程则带有渐进性的特点，这主要表现在香港和澳门回归祖国之前，都经历了一个过渡期，即实施

① 姚先国等著：《两德统一中的经济问题》，科学技术文献出版社，1996年版，第46页。
② 肖蔚云、王禹、张翔编：《宪法学参考资料》（下册），北京大学出版社，2003年版，第1040页。

"一国两制"的准备期。从香港的情况来看，其回归的过渡期为 12 年，期间完成了《香港特别行政区基本法》的起草、制定，为香港特别行政区的筹建和"一国两制"的实施准备了法律基础。从 1990 年开始，依照香港特别行政区基本法和全国人民代表大会的决定，筹组了香港特别行政区的政权机构。从澳门的情况来看，其回归的过渡期为 11 年，在过渡期内完成了《澳门特别行政区基本法》的制定和澳门特别行政区政权机构的筹组，为"一国两制"在澳门的实施作好了准备。从港澳回归后的国家结构和制度安排来看，该模式主要体现为以下两个特点：

1. 单一制结构

首先，从政治学的角度讲，"一国两制"的港澳模式是在坚持单一制国家结构形式的前提下展开的。尽管在"一国两制"下，特别行政区享有很大的权力，如立法权、财政独立权、货币发行权和司法终审权等，但这些权力从根本上讲，都是中央政府授予的，因而，它再怎么特别，都只是单一制国家下的一个地方行政区域。认清"一国两制"下港澳特别行政区的这一性质，对于认识"一国两制"下中央政府与港澳特别行政区的关系十分重要。有人依据香港特别行政区享有立法权、行政权、独立的司法权和司法终审权，就认为香港特别行政区享有的权力与联邦制下成员国享有的权力在性质上是相同的。这种观点是不对的。判定地方享有的职权究竟是否属联邦制下的成员国的权力，可从形式和实质两方面判定。在形式上，联邦制下成员国的权力是固有的，而联邦政府的权力，则是成员国让与的结果；在内容上，联邦制下成员国是享有一定的国家主权的。[①] 根据这两方面判定，可以清楚地看到，特别行政区与联邦中的成员国有本质不同：首先，它没有固有权力，它的权力来自中央政府的让与；其次，它不享有国家主权，尽管它有很大的权力。因此，在"一国两制"下，中央政府与特别行政区政府的关系，并不像联邦制下，联邦与成员政府之间的关系，它在本质上是单一制下中央政府与地方自治政府的关系。

2. 异质同体结构

"一国两制"是一种异质同体结构。所谓"异质"是指不同地区在经济、政治、文化、制度等方面具有性质上的差异；所谓"同体"是指性质不同的各地区结合于一个共同的政治架构，服从于同一主权。通常在一个国

---

① 肖蔚云主编：《一国两制与香港基本法律制度》，北京大学出版社，1990 年版，第 319 页。

家里，地方行政区实行的政治、经济制度，与整个国家的政治、经济制度是相同的，充其量是在某些具体做法上，允许地方行政区根据实际情况做灵活处理。我国所有的地方行政区，包括民族自治地方在内，都实行社会主义制度。在设立经济特区的地方行政区，虽然在经济上可以实行特殊政策，如减免关税，集中引进外资等等，但这些措施都属于具体制度的范围，在根本制度上，民族自治地方也好，经济特区也好，都是实行社会主义，实行以人民代表大会制为标志的政治制度，同全国完全一致。而港澳特别行政区与此不同，港澳特别行政区不实行生产资料公有制，也不搞人民代表大会制，而是继续保持其原来的资本主义经济制度和政治体制，继续保持其原有的法律制度和司法制度。异质和同体本是一对矛盾，而"一国两制"完美地处理了一个主权国家内部异质和同体的关系，既容许和保证了异质的存在，尊重制度差异，为港澳按自己的特色去发展提供了空间，又能够在保持国家政权稳固的情况下，实现国家的统一，从而实现异质政体在统一政治架构下的和平共处与共同发展。这种异质同体结构的出现不仅没有改变我国单一制国家结构形式的性质，反而扩大了它的包容性和适应性。概括起来，这种异质同体结构具有三个突出的特点，那就是：

第一，统一性。这是"一国两制"具有决定意义的质的规定。解决历史遗留问题，实现国家的完全统一，是大陆方面提出"一国两制"构想的根本目的和宗旨。正如邓小平所说："问题的核心是祖国的统一"，[①] 就是强调"一国两制"的"质"的规定性在于它的统一性。为了实现国家统一，"一国两制"承认和不急于去改变港、澳的资本主义制度的现实，而是让这几个小地区、小范围的资本主义制度同大陆的社会主义制度包容于"一国"之内。在国家统一的前提下，"两制"和平共处，双方求同存异。"一国"是"两制"的前提和政治基础，没有"一国"，"两制"便无从谈起。这表明：统一性是"一国两制"中的具有决定性的方面，或者说本质的方面。

第二，主次性。所谓主次性，就是"一国两制"中并存的"两制"之间有主次之分，而不是一半对一半、平分秋色。在"一国两制"下，"12亿人口的内地坚定不移地实行社会主义，这是主体。香港只有500多万人、澳门约40万人、台湾约2000万人，是小地区和局部地区。"[②] 正如邓小平

---

① 《邓小平文选》第三卷，人民出版社，1993年版，第30页。
② 肖蔚云主编：《一国两制与香港基本法律制度》，北京大学出版社，1990年版，第8页。

所指出："中国的主体必须是社会主义。大陆十亿人口实行社会主义制度，但允许国内某些区域实行资本主义制度，比如香港、台湾。"① 这种主次之分，不是任何人的强行规定，而是尊重历史发展的客观现实。这种主次有别的制度设计，"影响不了大陆的社会主义"。如果上升到哲学的高度来分析，大陆的社会主义是矛盾的主要方面，港、澳、台的资本主义是矛盾的次要方面，我国社会制度的性质是由矛盾的主要方面决定的，港、澳、台实行资本主义，不会改变统一后整个国家的社会主义性质。

第三，渐进性。从统一的现实结果来看，"一国两制"是国家统一后的制度安排，属于结果模式的范畴。但从统一的最终结果来看，"一国两制"本身不是目的，它仅仅是为早日实现国家统一以及保持统一后的稳定与繁荣而作出的一种制度设计。在实现统一后，通过"一国两制"的安排，让两种不同性质的制度在几十年（至少50年）内自然互动、自然融合、自然趋同。从当初对"一国两制"的设计目的来看，尽管没有预设"一国两制"在50年或更长一段时间之后，如何向"一国一制"过渡，但从人类社会发展的政治规律来看，最终出现由"一国两制"向"一国一制"的转变，是历史发展的必然趋势，只不过这种转变不是人为的，而是自然的而已。也就是说，"一国两制"虽是一个高超的政治设计，但这并不能改变它的过渡性。笔者强调"一国两制"模式的过渡性，并不是说五十年之后，立即取消特别行政区的资本主义制度，而是说一国一制是一个主权国家的常态制度，"一国两制"是一个主权国家的非常态制度。由非常态制度过渡到常态制度是政治发展的必然逻辑，这是不以任何人的意志为转移的政治法则。

三、从"两德模式"看"港澳模式"：优势、特色及利弊

战后40多年中，"德国的分裂一直被认为是维护欧洲和平与稳定的重要前提。但从1989年起，由于东西方关系特别是美苏关系的进一步缓和，以及苏联东欧发生深刻变化，德国统一问题迅速提上议事日程，西德总理科尔则抓住时机，在不到一年的时间里实现了统一"。② 两德实现统一，对于

① 《邓小平文选》第三卷，人民出版社，1993年版，第59页。
② 世界知识出版社编：《德国统一纵横》，世界知识出版社，1992年版，第1页。

德国人民来说自然是一件好事，这是德国人民几十年来梦寐以求的目标。但是，统一的速度之快，又是所有德国人都没有预料到的。这种激变式统一使本来应该在统一前考虑和解决的问题没有得到及时解决，从而留给了统一后的德国政府。德国统一后，出现了诸如失业率居高不下，债务包袱沉重，高额的税收和社会福利负担，经济增长乏力等一系列社会经济问题。更重要的是，德国统一后要对东德进行体制改造，即将东德经营了40多年的社会主义体制改造成为资本主义体制。但是，这种改造并非轻而易举。虽然两个德国同属于一个民族，有着共同的语言和文化传统，有着共同的民族心理，但两国人民毕竟在两种不同的社会制度和意识形态下生活了几十年。在统一前就有专家警告说："由于存在重大的结构和精神方面的制度性差别，不要对很快就能完成适应过程抱有幻想。"两个"国家"的观念冲淡了德意志民族固有的共同属性。正如西德的一位历史学家所指出：虽然"从60年代开始实行德意志东方政策"，两国各自"着手推进双方之间的旅行"，但毕竟"他们在各自的祖国已经构成了一个新的存在"，"两个德意志国家或多或少已铸造了各自的国家传统"。① 这个"国家"传统不是轻易就能消失的，德意志民族的共同属性也不是轻易就能恢复的。由于两种体制之间长期存在的对立，以及经济发展水平的悬殊和受两种不同的熏陶所产生的民族情感之间的裂痕，要使东、西德之间能很快地融合在一起是完全不可能的。政治上的统一和转轨比较容易实现，但经济的彻底改造却是一个比较复杂的制度整合过程，不可能随着政治的统一而自然地得到发展。1990年10月中旬，联邦政府委任戈尔纳出任民主德国托管局局长。戈尔纳当时还很乐观地带着四年合同，接受了对东部德国近八千家企业进行改造的任务。然而，还不到一个月，他就被迫在11月辞去了这一职务。他无可奈何地解释说："情况比我原来想象的还要糟。我们面临的是无法用正常办法解决的混乱，问题一个接着一个。"② 还应当指出的是，人们思想情感及精神上的完全融合则更难。德国著名经济家卡尔·马滕·巴尔夫斯在1994年指出："德国人在统一过程中和今后若干年必须面对的后果是，在东德社会生活的广阔领域中存在着体

---

① ［德］托马斯·埃尔魏恩、沃尔夫冈·布鲁德尔编：《联邦德国：重大事件及分析》，联邦德国弗赖堡/维尔茨堡，1984年德文版，第12页。转引自吴友法等：《当代德国——命运多舛的世界新秀》，贵州人民出版社，2000年版，第162页。

② 转引自吴友法等著：《当代德国—命运多舛的世界新秀》，贵州人民出版社，2000年版，第163页。

制转轨危机。对此，至今还没有一个能够很快克服这种危机的有效方案。"①
因此，要使东、西德国之间完全融合在一起，需要一个较长时间的艰难的
磨合过程。国家统一目标的完成并不等于从前分裂两部分冲突的结束。统一
可能只解决政治和法律层面的冲突，而不能完全解决经济、心理和文化方面
的冲突。这些方面的冲突还需在统一之后去努力化解。

两德以激变式的过程模式完成统一，尽管给统一后的德国带来了一系列
的社会问题，但这并不意味着德国的选择是错误的。相反，它是西德政府英
明的抉择。当时西德国内外各种力量的相互碰撞、组合，造就了德国重新统
一的机遇。西德政府和人民能够以极大的热情抓住这一历史机遇，促成国家
统一，这完全是合乎逻辑的行为，正如科尔总理所说："我们德国人获得统
一的机遇仅仅在四至五个月的时间里。过了这段时间，机会肯定失去了。"②
所以，当时西德政府除了当机立断没有任何其他选择。

与两德的激变式统一相比较，港澳回归后不是立即用一种制度去改造另
一种制度，而是让两种制度同时并存，靠两种制度的自然融合，最后趋同。
因而表现出了渐变式统一的特点。中国政府之所以做出这样的模式设计和安
排，主要是出于维护港澳地区社会稳定的考虑。邓小平曾说过："香港要稳
定。在过渡时期要稳定，中国恢复行使主权以后，香港人执政，香港也应该
稳定。这是个关键。"③ 目前国内外对港澳模式都给予了高度的评价，认为
实施"一国两制"避免了用一种体制去改造另一种体制所带来的痛苦和混
乱。从政治实践来看，港澳模式的优点是显而易见的。对此，我们应当予以
充分地肯定。

但是，对于渐变式统一的正面功效，我们也不应无限地加以扩大。如前
所述，正因为它是过渡模式，所以，它也留下了制度的区际冲突和二次融合
问题。香港、澳门相继回归，依照各自的基本法实现了高度自治，保持原有
的资本主义制度和生活方式长期不变。我们不得不承认，这种最佳的统一模
式也不是完美无缺的，它也存在着一些瑕疵。从终极目标上说，中国的统一
应当是实现政治、经济、文化、社会生活、法律制度等方面的完全统一。这

---

① ［德］乌尔里希·罗尔主编：《德国经济：管理与市场》，顾俊礼等译，中国社会科学出版
社，1995年版，第57页。

② 转引自姚先国等著：《两德统一中的经济问题》，科学技术文献出版社，1996年版，第
292页。

③ 《邓小平文选》第三卷，人民出版社，1993年版，第267页。

也是整个人类社会发展的一种必然趋势。法国法学家巴蒂福尔等人从法学的角度指出："经验表明，政治主权的统一实际上也要求立法的统一；在同一国家内存在多种立法是一种反常现象，会导致一种往往是错综复杂的局面。事实上，多种立法的存在一般来说表明对各地地方主义的尊重，在刚刚实现国家统一的情况下，对地方主义的这种尊重在政治上是审慎的，但是，事态的发展会取消这种地方主义的；在所有欧洲大国中，人们都看到了这种现象。即使地方主义非常强烈的美国，统一的演变也是不可否认的。"① 尽管巴蒂福尔等人所谈的是一种法律制度现象，但他们的分析也适用于政治制度和经济制度。应该说，统一的国家，必然有统一的政治、经济和法律制度，这是中国政治发展的基本走向。从某种意义上说，没有制度的统一，国家就不是真正的统一。考虑到香港、澳门的特殊历史和现实，为了保持香港、澳门的繁荣和稳定，在相当长的一段时期内不可能要求香港、澳门特别行政区实现与大陆地区制度上的完全统一。但从中华民族的整体利益和人类历史发展的必然趋势来看，这又应当是全体中国人民必须努力的方向。② 香港、澳门特别行政区的资本主义制度与大陆地区的社会主义制度必将不断磨合、逐步趋同，最终实现完全统一，这是一个自然的历史过程，人为的强制和顽固的拒绝，都将会最终损害祖国的真正统一。

我们分析港澳模式的过渡性和渐进性，并不是否认它们的价值和意义。而只是想借此来说明，任何一种模式都是利弊共存的。其适用与否，取决于诸多主客观条件。渐进式统一对于中国解决港澳问题是正确的选择，而对于德国统一则未必合适。同时，我们也不应一概地否定德国激变式统一的功效，而应当予以辩证地分析。可以说，激变式统一的功效在不同时期有不同的表现形式。这种功效并不是始终都呈现消极性的。在统一以后的最初几年里，用于体制改造的支出会大量增加，这种支出并不会立即增加总产出，反而急剧的制度变换还会使社会产生大震荡，并常常伴随着经济衰退、失业严重、通胀加速、社会秩序混乱产生。只有经过一段过渡时期以后，这些不利影响才会逐渐消失，统一的积极效应就会逐渐显示出来。因此，激变式统一的功效是以迂回曲折的形式表现出来的。当体制改造完毕，转入正常发展后，统一对德国的正向积极效应就会出现并呈现恢复性增长，即呈现出通常

---

① ［法］巴蒂福尔等著：《国际私法总论》，中国对外翻译出版公司，1989 年版，第 358 页。

② 陈道华主编：《"一国两制"与国家理论》，中共中央党校出版社，2002 年版，第 162 页。

所说的"J 型曲线"现象。这一点已为德国统一后的现实所证明。

通过对港澳模式与两德模式的特点比较可以说明，抽象地谈论哪种统一模式"好"与"坏"，是没有什么意义的。不同的统一模式具有不同的适应性。可以这样概括：实现国家统一的模式是可以选择的，但选择是有条件的。关键问题是对客观情势和现实可能性要有清醒的认识和把握，找到能结束本国分裂状态且双方都愿接受的统一模式。

（原载《学术探索》2012 年第 10 期）

大陆涉台"一国两制"宣传及研究中的问题与建议

"一国两制"最早是为实现两岸统一而提出来的构想，它从提出迄今已有三十多年了，期间我们运用它成功地解决了香港和澳门问题，在国家统一大业道路上向前迈进了重大一步。虽然目前两岸尚未统一，但大陆方面一直表示也将运用"一国两制"来解决台湾问题，实现国家的完全统一。为此，大陆在涉台"一国两制"宣传和研究方面也做了大量的工作，着实功不可没，对此我们应予以充分的肯定。然而，我们也应该看到，迄今多数台湾民众仍不接受"一国两制"，其原因固然是多方面的（其中台湾方面不愿意跟大陆统一是根本原因），但不可否认的是，这与我们在"一国两制"宣传和研究中的某些做法也有着一定程度的关联。为让更多的台湾民众接受"一国两制"，并以此推动和实现两岸的最终统一，我们有必要对以往大陆涉台"一国两制"宣传和研究中存在的问题进行必要的检视和反思。

一、涉台"一国两制"宣传中存在的不足

概括起来，大陆在涉台"一国两制"宣传中存在的不足，主要有以下三个方面：

第一，在某种程度上将"一国两制"意识形态化。从学理角度来看，"一国两制"的确是一个非常伟大的创造性构想，但由于我们不适当地夸大"一国两制"的正面宣传，自觉或不自觉地使得"一国两制"带有浓厚的意识形态色彩。在大陆地区内部，"一国两制"被意识形态化，是适合大陆发展需要的，也是无可厚非的；但在两岸关系中，"一国两制"被意识形态化则未必是可取的做法。回顾在"冷战"时代和两岸"统独"对抗时代，"一国两制"在很大程度上是因被台湾民众贴上了意识形态的标签而遭到反对或抵制的。当下仍有部分台湾民众视"一国两制"为两岸"统独"对抗和

大陆意识形态宣传的一部分，所以对其逆反和抵触心理特别强，故而出现了
"逢'一国两制'必反"的现象，根本没有心思去了解"一国两制"的真
正内涵和具体内容。诚然，大陆意识形态化宣传的主观愿望是好的，但事实
证明，这种做法在客观上有时会起到了相反的效果，走向了大陆主观愿望的
反面，我们对此应该有所反思。

第二，因过于强调宣传口径的一致而在一定程度上影响了"一国两制"
的创新性研究。以前大陆官方存有一个观念，认为台湾问题是一个政治问
题，不是一个纯粹的学术问题，所以大陆官方在涉台宣传方面，十分强调宣
传口径的一致，担心某些学者的观点被台湾方面解读为含有官方"意图"。
这种做法虽然有其合理的、积极的一面，但也在一定程度上影响了涉台
"一国两制"研究的创新性，使得大部分研究成果属于低水平重复。众所周
知，学者的使命就是前瞻性地研究一些政府尚未来得及思考或没有时间思考
的东西，而不是一味地对现行政策做注脚或合理性论证，那就偏离了学者应
担负的使命和职责。在两岸统一模式方面，特别是在"一国两制"台湾模
式方面，两岸学界应积极地进行相互交流和方案设计，了解彼此的诉求和底
线，然后进一步改进设计，力争能够建构一个被两岸同胞所能共同接受的统
一方案，这是一个两岸学界共同探讨未来统一模式的可行路径。可事实上，
大陆曾在很长的一段时间内并没有适度放开（当然，这与当时两岸关系比
较紧张有关），直到近几年胡锦涛总书记在几个场合反复强调两岸学界要
相互交流之后，这一问题才基本上得到解决。

第三，没有明确强调"一国两制"与其具体实践模式的区别。在涉台
"一国两制"宣传中还存在一个突出的问题，就是将"一国两制"与其具体
模式混同起来宣传（至少没有明确地区分开来加以宣传），使人们误解了
"一国两制"的真正内涵，认为"一国两制"就是目前香港、澳门的情形。
众所周知，"一国两制"是一个原则，一个政策，是一个框架性的结构，而
不是一个具体模式，我们通常所说的港澳模式不是"一国两制"本身，而
是在实践中落实"一国两制"这一原则或政策的具体制度和内容，两者不
是一个层次的东西。事实上，"一国两制"港澳模式也有两个版本，这两个
版本也并非完全相同，香港与澳门在贯彻"一国两制"原则或政策的过程
中也根据两地的具体情况而有所不同。台湾问题与港澳问题的性质、原因、
背景等均不相同，"一国两制"台湾模式也就不可能等同于港澳模式，究竟
"一国两制"台湾模式有哪些内容？目前尚不得而知，须等待两岸通过未来

的政治谈判来协商确定。反思大陆以往的涉台"一国两制"宣传,虽然也论及"一国两制"与其具体模式的不同,但很不充分、很不凸显,这也是台湾民众将"一国两制"等同于其港澳模式的原因之一。

二、涉台"一国两制"研究中存在的缺憾

目前,除了大陆在"一国两制"的宣传方面存在着上述不足之外,大陆学界对"一国两制"的研究也存在着一些不足。概括起来,主要有以下四个方面:

第一,研究的学术性不足。在很长一段时间以来,学界没有处理好"一国两制"研究的政治性和学术性之间的关系。这反映在研究风格上存在着过于政治化的现象,过多地侧重了"一国两制"的正面宣传。从大陆学者研究的情况来看,大多研究成果侧重于对"一国两制"的高歌颂扬,竭力去挖掘"一国两制"的理论意义和现实意义,而忽视了或牺牲了"一国两制"研究的学术性,至今有些研究仍停留在对邓小平的"一国两制"构想作科学性论证上面,意识形态色彩较浓。缺乏研究的学术性,则很难做到研究的超然性、中立性、创造性,这影响或限制了我们对"一国两制"构想的丰富和发展。

第二,研究的前瞻性不足。学术研究必须要具有"超前性",通过研究去对事物的未来发展趋势进行前瞻性的预测,针对预测的结论来制定解决问题的应对策略。反观三十多年来大陆的涉台"一国两制"研究,我们在"一国两制"未来的、长远的、本质的问题上缺乏准确的把握,这是因为我们在很大程度上忽视了对"一国两制"在适用于两岸的过程中可能会出现的相关问题的前瞻性研究,以致于不能提出避免问题出现的防御性措施。纵然有些研究是围绕着实践中可能出现的重大问题展开的前瞻性研究,但由于受到了诸多因素的影响,其前瞻程度也不够高。

第三,研究的应用性不足。目前仍有相当多的学者对"一国两制"研究仍局限于哲学、科学社会主义、中共党史、邓小平理论等学科或专业之中,这种"形而上"式研究或解读式研究,常常导致研究成果跟具体实践的联系不够紧密,使"一国两制"研究的应用性受到限制。其他学科和专业领域对"一国两制"的研究,也不同程度存在着经验性研究和对策性研究不足的现象。"一国两制"是为解决实际问题而提出来的构想,应用性是

该构想的生命力之所在，现在的很多研究已脱离了这个基点。

第四，研究的创新性不足。"一国两制"思想的提出和发展固然与邓小平理论是紧密地联系在一起的，甚至可以说，邓小平理论是"一国两制"今后发展的方向性保证。但是，我们在研究的过程中存在着极端化的做法，集中表现在：有些研究只是对邓小平"一国两制"思想的简单重复，凡事均在邓小平的论述中寻找依据和答案，注解多于创见，简单地套用邓小平经典著作中的某些词句，而不是以邓小平"一国两制"思想的核心精神为指导，积极地通过实践去推动邓小平"一国两制"思想的进一步丰富和发展，这也是理论脱离实际的一种表现。

三、涉台"一国两制"宣传和研究工作的改进建议

针对上述不足及其产生的原因，建议大陆涉台"一国两制"宣传和研究工作应从以下几个方面来加以改进和完善：

第一，应加强对涉台"一国两制"的创新性研究。按照当初的解释，"一国两制"中的"两制"是社会主义制度和资本主义制度（这与当时的国际背景有着密切的关系，"一国两制"提出之初，国际社会处于"冷战"状态，资本主义与社会主义的对抗还非常激烈），但随着全球经济一体化的进程，两种制度不断融合，当今后两种制度的界限变得日趋模糊时，"一国两制"中的"两制"应作何种解释？可以说，如果当前仍在强调"一国两制"的"两制"是社会主义和资本主义，那么，这种解释的意义已变得不大了。这需要我们及早赋予"一国两制"新的内涵与内容。笔者认为，"一国两制"实质是一种隔离政策，通过隔离达到"井水不犯河水"的目的，其重点是通过隔离以保障作为"少数"的台湾同胞的利益不受大陆"多数"的损害，实行"一国两制"可以解除台湾同胞因担心统一会使他们的利益受到损害的顾虑。简言之，"一国两制"的核心思想是最大限度地维持原来的现状，以保护台湾民众的利益不会受损。我们只要把握了这一点，就可以根据时代的发展，不断地赋予"一国两制"新的涵义，并在此基础上对其创新。因此，在涉台"一国两制"研究中，只有提倡理论联系实际的学风以及勇于创新的学术品质，提倡大胆而富有创意的设计，才能使"一国两制"具有更强的时代感和生命力。

第二，要加强对涉台"一国两制"的基础理论研究。任何研究，如果没有深厚的基础理论研究来支撑，其应用研究和创新研究的成果肯定不会太丰富，发展也不会太持久。由于学界对"一国两制"研究的历史比较短，仅有三十多年，所以基础研究尚相当薄弱。只有通过加强对"一国两制"基础理论的研究，才会有理论上的突破和制度上的创新，从而才能谈得上对"一国两制"去进行进一步的丰富和发展。"一国两制"涉及的是一个国家内部的不同部分之间的关系及制度安排，说到底，这与政治学、宪法学上的国家结构形式理论、主权理论等理论范畴密切相关。所以，欲实现"一国两制"的创新性研究，不能仅仅就"一国两制"本身进行研究，必须对与"一国两制"相关的政治学、宪法学理论进行研究和创新。众所周知，主权理论、国家结构形式理论均形成的比较早，这些理论反映了当时的政治现实，但随着时代的发展，它们已经不能很好地解释或反映当今的政治现象，所以如果我们仍用这些理论来"裁量"现实，用它们来作为我们解决台湾问题的理论参考，那就犯了"削足适履"的错误。理论来自于现实，应随着现实的发展而不断地修正、补充和完善，这才是理论发展的正确逻辑。对于"一国两制"这样一个前所未有的制度框架，不能仅仅根据传统的政治学理论来解读。

第三，应加强对"一国两制"台湾模式的设计研究。众所周知，台湾和港澳的情况不同，决定了我们在台湾问题上不能照搬港澳的做法，必须有特殊的台湾模式。要建构"一国两制"的台湾模式，一方面必须在现有港澳模式的基础上，最大限度地去深挖"一国两制"的可供资源，同时吸收和借鉴其他各种模式或构想中的一切积极合理因素；另一方面要认真分析港澳特区在实施"一国两制"的过程中所出现或遇到的问题，总结其经验，吸取其教训，以便在设计"一国两制"台湾模式时能够扬长避短。从学术的角度来讲，完成这一任务，需要研究者在坚持一个中国原则的前提下，站在实现和维护两岸统一的立场上，以严谨的学术思维，对国家主权、国家结构形式等重大理论进行更深入的探索，努力建构一个更能诠释两岸现状，同时又能被两岸同胞所共同接受的统一模式框架。

第四，改进"一国两制"的宣传方式，并提高其效果。由于"一国两制"能否适用于两岸统一，其主要障碍不在于大陆方面，而在于台湾方面，所以涉台"一国两制"宣传的重点和目的在于让台湾民众了解、认同并接受"一国两制"。那么，怎样才能让台湾民众了解、认同并接受"一国两制"？首先，在向台湾民众宣介"一国两制"时，不要将其意识形态化，使"一国两制"回归到其初始意义上来，避免使其成为两岸"统独"对抗的牺牲品，这要求我们必须改进原来宣传"一国两制"的方式，力求做到中性、客观，防止对"一国两制"进行过于夸大的美化宣传，否则容易使人感到虚假。其次，要借助于一定的中介力量。很显然，大陆方面不可能（事实上也无法）自己跑到台湾岛内去进行"一国两制"宣传，只能对来大陆的台湾同胞进行了一些宣传，即使宣传，效果也未必理想。针对台湾民众目前对"一国两制"有抵制的情绪，我们应借助于一些中间媒介的力量来进行"一国两制"的宣传，做好台湾民众的工作。譬如，海外华侨、台湾岛内的"拥统"组织等等，就是我们在海外和岛内宣传"一国两制"的重要依靠力量，可以通过它们，在岛内组织两岸学者开展"一国两制"学术研讨会、辩论会等活动，通过大陆学者与台湾学者及民众面对面地辩论、讨论，以及回答台湾民众就"一国两制"所提出的问题和质疑，也可以从另一面起到扩大宣传"一国两制"的效果，从而让更多的台湾民众了解"一国两制"。

结　语

两岸目前正处于和平发展时期，统一事宜尚未被提上议事日程，很自然，对于作为统一之后的制度安排的"一国两制"，目前也就很少有人去顾及、研究。但是，我们必须明白，统一是我们的最终目的，我们应当未雨绸缪，应当及早地、前瞻性地解决一些两岸统一道路上的问题。两德在统一之前，西德总理科尔去苏联访问，当有记者问他何时两德有可能实现统一时，科尔回答说大概需要30年，但此后仅仅过了一年零几个月，两德就出现了统一的契机，西德及时地抓住了这一历史机遇，促成了两德的统一。两岸之间是否会出现统一的历史契机？倘若出现了这样的契机，我们该如何抓住并不失时机地促成两岸统一？我们应当未雨绸缪，不能因为现在两岸处于和平发展时期，认为统一是未来的事情，目前可以暂不关注、研究"一国两制"台湾模式。我们应意识到，一个好的统一模式，倘若能够被两岸同胞所共同接受，可以对未来两岸统一形成相当大的感召力，从而有利于促进两岸及早地迈向统一。现在台湾不愿意跟大陆统一的原因是复杂的，其中之一是目前缺乏一个让两岸共同接受的统一模式或方案。如果设计出来了这样一个模式或方案，赞成统一的民众一定会大幅度增加。所以，关于"一国两制"台湾模式的研究、宣传不能淡化，不能拖沓，那种借口目前两岸处于和平发展阶段而淡化对未来统一及其模式的研究，是非常有害的。

（原载《重庆社会主义学院学报》2012年第2期）

"一国两制"与两岸统一刍议

"一国两制"本来是为解决台湾问题而提出的创造性构想，却首先用之于解决香港问题，继而用之于解决澳门问题，从而形成了"一国两制"的香港模式和澳门模式（通常称之为"港澳模式"）。大陆方面也一贯表示，将"一国两制"继续适用于台湾问题的解决。可是，曾有一段时间，大陆官方在一些正式场合里却较少提及"一国两制"，以至于有人认为大陆方面已经放弃了将"一国两制"作为未来两岸统一的方案，甚至有人认为大陆的"一国两制"在台湾问题上已经失败了。鉴于台湾方面对"一国两制"的各种误解和歪曲言论，以及当时台湾政局的基本情势，2014年9月26日习近平总书记会见台湾和平统一团体联合参访团时重申了大陆方面的"一国两制"主张。那么，该如何看待"一国两制"的未来生命力呢？

笔者认为，当前，两岸关系的主题是和平发展，但对于大陆来说，和平发展的目的指向是最终实现两岸和平统一，或者说，和平发展仅仅迈向和平统一的一个过渡阶段，大陆方面从来没有把和平发展与和平统一割裂开来。在大陆方面看来，尽管两岸和平统一是目标，但目前跟台湾商谈统一的时机尚不成熟。在当下的台湾岛内，赞成跟大陆统一的民众尚属少数，即使是主张"统"的政治人物为了选举也不敢言"统"，统一问题在岛内成为一个令人忌讳的字眼，在此情形下大陆方面倘若过多地提及作为两岸统一方案的"一国两制"，不仅于事无补，反而了不利于两岸关系和平发展。所以，大陆官方的有关论述便更多地集中到了两岸关系和平发展方面，而较少在公开场合提及"一国两制"了。但毋庸质疑，大陆从来没有放弃"一国两制"，其较少论及"一国两制"，既是权宜之计，亦是策略之举。笔者坚信，当两岸经过一段时间的和平发展，俟统一问题被提上议事日程的时候，对于"一国两制"的关注和研究肯定会有一股新的热潮。笔者亦认为，在未来两岸和平统一模式中，"一国两制"仍是最佳选择，此论断绝非系意识形态的话语表述，而是笔者在将各种统一方案进行比较研究后所得出的基本认知。

一、"一国两制"相较"德国模式"的独特优势

从时间上看，邓小平是在 20 世纪 80 年代（早在德国统一前）就提出了"一国两制"构想，所以说，尽管"一国两制"的提出并非基于两德统一后的经验及教训之总结，但后来德国统一后出现的经济动荡，以及西德的不堪重负，均反衬出"一国两制"的优越性。众所周知，德国统一是以西德吸纳或吞并东德的方式来实现的，在两德统一后的最初几年里，用于体制改造的支出大量增加，这种支出并没有立即增加总产出，反而急剧的制度变换还使社会产生大震荡，并伴随着经济衰退、失业严重、通胀加速、社会秩序混乱产生。在经过一段过渡时期以后，这些不利影响才逐渐消失，统一的正面积极效应才逐渐显示出来。与德国吸纳或吞并式统一模式相比，"港澳模式"不是立即用一种制度去改造另一种制度，而是让两种制度同时并存，共同发展。它通过最大限度地"维持现状"，来减少统一后因制度差异而产生的制度碰撞，从而避免社会动荡。在此，需要澄清的一个问题是，2014年香港出现的"占中"事件，很多人误认为是"一国两制"在香港的失败，其实这是严重误解，"占中"事件并非由"一国两制"所导致。

目前海内外对"港澳模式"都给予了高度的评价，认为实施"一国两制"避免了用一种体制去改造另一种体制所带来的痛苦和混乱。从政治实践来看，"港澳模式"与德国的吸纳式统一模式相比较，不仅风险小，而且成本低，其优点是显而易见的。众所周知，"一国两制"本身不是目的，它仅仅是为早日实现国家统一，以及保持统一后的稳定与繁荣而作出的一种制度设计。在实现统一后，通过"一国两制"的安排，让两种不同性质的制度在几十年（至少 50 年）内并存互动、自然融合。至于将来（特别是 50 年之后）的制度状况，取决于两种制度的自我演化过程，究竟是内地体制影响港澳体制，还是港澳体制影响内地体制，抑或两者相互影响并逐步共同演变为一种新的体制，那是一个自然的历史演化过程，不是人为强制的结果。

二、"一国两制"台湾模式会有区别于港澳模式的独特设计

笔者认为，"一国两制"仍是未来两岸实现统一的模式选择，只不过其

模式内容与"港澳模式"有所差别，以更体现两岸关系的特殊性。大陆方面并未将"一国两制"凝固化，非要台湾方面接受港澳版本的"一国两制"，而认为，"一国两制"是一个政策，是一个原则，是一个方案，是一个开放的体系，其具体内容与操作模式，需要与台湾方面协商。大陆官方曾在不同场合多次声称，两岸统一的事宜（包括国名等政治符号）需要由两岸协商来解决。台湾问题与港澳问题的最大不同在于，港澳与中央政府之间不存在主权争议，所以，港澳就较容易接受"一国两制"，而台湾与大陆之间存在着主权争议，在主权争议没有得到解决的情况下，台湾方面很难接受大陆方面提出的"一国两制"。笔者认为，倘若"一国两制"要顺利并成功地运用于台湾，需要同时解决两岸之间的主权争议，只有在双方的主权争议得到妥善解决的同时，"一国两制"才有可能被台湾所接受。

"一国两制"之于港澳，其关键在于"两制"。因为港澳居民担心回归后，他们的利益会受损，他们希求通过"两制"来保障他们的既有利益和生活水平，在"一国"问题上，港澳居民从来没有挑战过（备注：现在所谓的"港独"，其实是个假概念），也从来没有人提出过港澳是主权国家或中央政府之类的言行，港澳居民从来不具备"国家"的意识，因而对于港澳回归，他们认为是自然而然的事，"一国两制"正好满足了两地居民维持现状的愿望。而"一国两制"之于台湾，其关键在于"一国"。由于历史的原因，台湾政权具有一定的主体性，台湾有自己所谓的"中央政府"架构和"宪法""国旗""国徽""国歌"等一整套的政治符号，台湾民众有强烈的"国家主体意识"。在两岸之间，自1949年以来一直存在主权行使权争议，甚至部分台湾人士还主张台湾是一个"主权独立的国家"。所以，"一国两制"在台湾问题上，难点是如何解决两岸之间的"一国"问题。这也是"一国两制"适用于台湾的最大困难之所在。

三、"一国两制"模式在台湾被意识形态化

"一国两制"是就国家统一之后的制度安排而言的，大陆方面的完整表述是："和平统一，一国两制"，即在"统一"之后，在"一个国家"的框架内，两岸实行"两制"；而不是先"两制"，然后经由两制的不断融合再逐步实现"一国"。正如邓小平所说："问题的核心是祖国的统一"，就是强调"一国两制"的"质"的规定性在于它的统一性。在国家统一的前提下，

"两制"和平共处，双方求同存异。"一国"是"两制"的前提和政治基础，没有"一国"，"两制"便无从谈起。这表明，统一性是"一国两制"中具有决定性的方面，或者说本质的方面。

笔者发现，有海外学者和台湾学者将"和平统一，一国两制"反过来解读为"一国两制，和平统一"。秉持这种观点的学者认为，两岸关系的现状就是"一国两制"，解决两岸统一问题，首先将"一国两制"就地合法化，先"一国两制"，再实现"和平统一"。实际上，这种解释已经与大陆方面原初意义上"一国两制"的含义有了重大差异。对此，大陆学者黄嘉树分析道，"一国两制，和平统一"的论断表面上看是对大陆"一国两制"的引申解释，其实是一个新范畴，类似于"一国两府两治"或"主权重叠下的治权分立"之类的论述。对于台湾学者对"一国两制"的解读，虽然与大陆"一国两制"的精神不尽一致，但其维护一个中国框架的精神以及追求统一的心态，值得肯定。

大陆提出的"一国两制"之所以在台湾遇到了很大的阻力，原因是多重而复杂的。但笔者认为，主要有二：一是台湾不愿意跟大陆统一。"一国两制"作为实现统一的手段，是基于统一的目的而设计出来的制度安排。如果一方没有统一的意愿，另一方提出再好的统一方案也会被拒绝。这是"一国两制"在台湾遭到冷落的主要原因。"一国两制"从提出至今已经三十多年，台湾当局主要领导人对其均秉持坚决反对和拒绝的态度。二是"一国两制"在台湾被意识形态化。台湾当局长期以来的误导宣传及其他一些客观原因，使一些台湾民众对"一国两制"产生了刻板印象和种种误解，认为"一国两制"是"吞并台湾""矮化台湾"的统一方案。当然，这也存在着大陆方面对"一国两制"宣传力度不够的问题，特别是没有大力宣传"一国两制"会给台湾人民带来的好处，使得台湾民众不了解"一国两制"的真相。所以，对台湾民众来说，首先要区分意识形态化了的"一国两制"和原初意义上的"一国两制"。只有将意识形态化了的"一国两制"还原为原初意义上的"一国两制"之后，方能以客观、冷静、中立的态度来审视"一国两制"，只有这样，才能发现"一国两制"的真正意义和价值。

四、两岸应共同参与"一国两制"台湾模式的设计

尽管两岸目前尚处于和平发展阶段，但作为学界应该未雨绸缪，提前为

未来的和平统一进行规划，设计出力争使两岸人民都能接受的统一模式方案。在两岸学界，已有不少学者尝试从不同角度对"一国两制"台湾模式进行丰富、发展和创新，以使其具有更大的包容性和适用性。譬如，大陆方面，学者黄嘉树曾提出过由"一国两府两制"到"一国一府两制"的构想；青年学者王丽萍曾将"一国两制"扩大解释为单一制和联邦制，认为"一国两制"和一个中国原则在理论上并不排斥以联邦制实现国家统一；笔者也曾设计过具有联邦精神但不同于搞联邦制的"一国两制"台湾模式。台湾方面，纪欣曾提出了"一国两制"在台湾实施的六条建议；王晓波、杨开煌以及加拿大籍华人学者郑海麟等曾提出过"一国两制，和平统一"方案；江炳伦曾提出过介于"一国两制"和"一国两体"之中间地带的折衷方案。两岸学者的学术努力，尽管目前尚没有达成共识，但这种创新的精神值得肯定，况且，两岸之间在这一问题上面有重大分歧，也是很正常的，因为两岸毕竟隔绝了六十余年。

后续的工作仍仰仗两岸学界来共同努力。大陆官方也多次表示要在一个中国框架下来考虑台湾民众的政治要求，那么，如何在一个中国框架下，运用"一国两制"方案来解决两岸的分歧，以最终实现两岸的统一，成为摆在两岸学者的一项重大历史使命。为此，建议两岸学者应加强交流与对话，在总结现有"港澳模式"经验的基础上，最大限度地深挖"一国两制"的可供资源，同时吸收和借鉴其他各种模式或构想中的积极合理因素，为共同完成"一国两制"台湾模式的探索、设计和建构而努力。笔者坚信，凭借着两岸中国人的政治智慧，只要大胆构思，敢于创新，就一定能够在一个中国框架下找到让两岸双方都能接受的"一国两制"台湾模式。

（原载《统一论坛》2015 年第 2 期）

关于"一国两制"台湾模式的新构想

"一国两制"最早是邓小平同志为解决台湾问题而提出来的构想，后来却首先应用于解决香港和澳门问题，从而形成了"一国两制"的港澳模式。大陆方面也一直表示继续用"一国两制"来实现两岸的统一，可是台湾方面拒不接受"一国两制"，因为在台湾方面看来，"一国两制"属于"垂直统一模式"，该模式把台湾变成了香港、澳门一样的地方行政单位，这与他们所一贯主张的"两岸对等"相差甚远。所以，他们明确表示不接受大陆的一国两制方案。那么，在"一国两制"的框架下，有没有一种既能体现"一个中国"原则，又能体现"两岸对等"，同时还在整体上不改变中国单一制国家结构形式的统一模式呢？基于解决这一问题的需要，本文对"一国两制"的可供资源进行进一步的挖掘和开采，对"一国两制"的台湾模式进行新的理论设计，以期能够建构一个让海峡两岸的中国人都能接受的未来统一模式。

一、"一国两制"台湾模式：现行构想及实施阻力

由于两岸政治谈判没有正式启动，所以到目前为止，大陆方面没有一个具体地宣布两岸统一后台湾方面应享有哪些权力的法律文书，大陆官方的"一国两制"构想拟赋予台湾方面的权限，通常反映在大陆领导人发表的一系列谈话和官方所颁布的有关规范性文件之中。按照大陆官方的表述，"一国两制"的台湾模式与港澳模式具有很大的相似性，只是台湾比香港、澳门特别行政区所享有的自治权限更大而已。邓小平在 1983 年的《中国大陆和台湾和平统一的设想》一文指出，"统一后，台湾特别行政区可以有自己的独立性，可以实行同大陆不同的制度。司法独立，终审权不须到北京。台湾还可以有自己的军队，只是不能构成对大陆的威胁。大陆不派人驻台，不仅军队不去，行政人员也不去。台湾的党、政、军等系统，都由台湾自己来

管。中央政府还要给台湾留出名额。"① 邓小平在这里所说的"高度自治"的"度"显然高于香港、澳门特别行政区所享有的"度"。但是，大陆方面反对台湾"完全自治"，因为"自治不能没有限度，既有限度就不能'完全'。'完全自治'就是'两个中国'，而不是一个中国"。②

由于台湾问题不同于港澳问题，大陆在将"一国两制"适用于台湾问题时，具体表述就与港澳模式有些不同。就"一国"来说，在香港模式和澳门模式中，它是指一个中华人民共和国，香港和澳门都是中华人民共和国领土不可分割的一部分。对于解决台湾问题来说，"一国"的涵义已由"一个中华人民共和国"变为"一个中国"，不再坚持"一国"即中华人民共和国的表述。这里的"一个中国"，既不等于中华人民共和国，也不等于"中华民国"，而是两岸同胞共同缔造的统一的中国。典型的例证是，根据九届全国人大五次会议《政府工作报告》的精神，"一国"的涵义是三句话：世界上只有一个中国；台湾和大陆同属一个中国；中国的主权和领土不容分割。全国人大是全国人民的最高代表机关和最高立法机关，经全国人大全体会议通过的《政府工作报告》对"一个中国"的涵义所作的表述，是具有法律效力的。这表明了国家为实现台湾问题的和平解决，对于"一国"的涵义作了超出一般政治概念的新解释，从而使"一国"的涵义变得更加宽泛。这是根据时代发展和情势变化的需要而赋予"一国"的新涵义。

概而言之，按照大陆官方现行"一国两制"台湾模式的设计，未来统一后台湾的法律地位基本上等同于现在香港、澳门特别行政区的法律地位。它与中央政府的关系，也如同香港、澳门特别行政区与中央政府的关系一样是单一制下的地方与中央关系。

但是，台湾方面认为大陆的"一国两制"构想不可行，他们认为"一国两制"模式将台湾降到了省一级的地位，不能保证"台湾与中华人民共和国的对等地位"。这实际上是在矮化台湾，降低台湾的国际人格，如果接受大陆的"一国两制"方案，等于向中共递交了投降书。诚如台湾当局"行政院"陆委会 1994 年 7 月 5 日发表的"台海两岸关系说明书"所称："明确地说，一国两制之目的，是要中华民国向中共全面投降，要台湾地区人民在一定时间后放弃民主自由制度。因此，中共的这项主张，客观上并不

① 《邓小平文选》第三卷，人民出版社，1993 年版，第 30 页。
② 《邓小平文选》第三卷，人民出版社，1993 年版，第 30 页。

可行，主观上我们也绝不接受。中华民国政府认为，就政治现实而言，中国目前暂时分裂为两个地区，分别存在着中华民国政府与中共政权两个本质上完全对等的政治实体。虽然双方所管辖的土地、人口与所推行的制度不同，但两者在互动过程中自应平等对待，并各自在其所管辖的区域内，享有排他的管辖权，任何一方并无法在对方地区内行使治权，也不应该将其意志假主权之名强加于另一方。"① 类似的观点在台湾有相当的市场。由于台湾方面秉持上述看法，使得大陆方面提出的"一国两制"构想在适用于两岸统一问题时一直受阻。

二、拓宽思维：来自联邦主义的启示

为了照顾和满足台湾同胞的"平等诉求"，以便顺利推进国家的统一大业，我们该如何在未来两岸的和平统一中既要体现"一个中国"，又要体现两岸在某种程度上的对等呢？笔者认为，在单一制的框架内已很难寻找到能够支撑这一制度安排的理论资源，为此我们应放宽视野，跳出单一制思维的局限，借鉴联邦制的某些经验和做法。学界认为，单一制和联邦制均是良好的国家结构形式，无优劣之分。② 我们在设计"一国两制"台湾模式的时候，尽管不可以去搞联邦制，但这并不妨碍我们借鉴和吸收联邦制的某些经验和做法，更不必对联邦制的某些经验和做法敬而远之。对此，早有学者指出："在相关'一国两制'的研究中，一些学者往往急于在'一国两制'与联邦制之间划清界线，甚至对联邦制草率地加以否定。这一方面体现了对联邦制的误解，另一方面则出于在国家结构形式问题上的僵化思维。"③ 况且，"这个时代一个有趣的趋势是单一制努力向稍带联邦制的方向转变，而联邦制国家则向更加单一的方向缓慢演进"。④ 因此，我们在设计"一国两制"台湾模式的框架时，应立足于现行的单一制，同时借鉴联邦制的有益经验，进行制度创新，使统一架构具有更大的包容性。笔者认为，联邦制的以下特

① 陈志奇主编：《台海两岸关系实录》（上册），台湾"国家建设基金会"、台海两岸关系研究中心，1998年版，第361—362页。
② 童之伟著：《国家结构形式论》，武汉大学出版社，1997版，第359—361页。
③ 王丽萍著：《联邦制与世界秩序》，北京大学出版社，2000年版，第216—217页。
④ ［美］迈克尔·罗斯金等著：《政治科学》，林震、王锋等译，华夏出版社，2001年版，第274页。

点和做法值得我们借鉴：

（一）联邦制下的分权关系

分权是联邦制区别于单一制的一个重要特征和手段。分权是对应于授权而言的概念。两者的主要区别在于：首先，授权是权力主体将原属于它的权力授予被授权者，被授权者的权力范围以授予的权力为限，未授予的权力仍保留于权力主体。被授权者原本无权，因授权者的授权而享有权力。一般说来，它反映的是单一制下的权力关系。而分权则是两个或两个以上权力主体分割权力，除明确划分归属各权力主体的权力外，需要解决"剩余权力"的归属问题，一般说来，它反映的是联邦制下的权力关系。其次，在授权的情况下，被授权者应当按照授权的规定行使权力，权力主体对被授权者是否按规定行使权力有监督权；而在分权的情况下，两个或两个以上权力主体各自按照分权的规定独立行使其权力，如果发生权限争议，各权力主体之间的争议通常由独立的第三方来协调解决，而不存在一方对另一方的监督。① 联邦制的分权特征和手段，对于我们正确地理解单一制与联邦制的区别以及进一步挖掘"一国两制"的可供资源具有重要的意义。

针对我们的上述观点，可能有人会提出反问：单一制下是否也存在着分权？我们的回答是肯定的，譬如我国单一制下就存在着通过基本法来实现中央与港澳特别行政区之间的分权，但这种分权不同于联邦制下的分权。笔者以为，理解这一问题的关键是，必须将作为职权划分意义上的"分权"与联邦意义上的"分权"区分开来。作为职权划分意义上的"分权"，其所分之"权"属于派生性权力，而作为联邦意义上的"分权"，其所分之"权"属于本源性权力。一般说来，单一制下中央与地方之间的分权属于在派生性权力层面进行的分权，而联邦制下联邦与成员单位之间的分权则属于在本源性权力层面上进行的分权。

（二）联邦制下的自治性质

联邦制国家的成员单位（州、邦、共和国）的自治属于分权性自治，认为成员单位的自治权是天赋的，是人民所固有的，是原始的而非派生的，

① 王叔文著：《香港特别行政区基本法导论》，中共中央党校出版社，1990 年版，第 83—90 页。

先于国家而存在。国家出现后，成员单位这种固有的自治权仍然存在，国家不但不能干涉，而且还应予以保护。联邦制国家成员单位的自治机关行使由宪法确认的自治权时，联邦政府一般不得过问或干预，成员单位的自治机关形式上独立于联邦政府之外。成员单位自治机关的官员直接或间接地由当地居民产生，他们只具有区域性政府官员的身份，联邦政府不得撤换他们。联邦政府对成员单位自治机关的监督以宪法监督为主，一般不对其发布强制性的指令。

联邦制下的分权性自治不同于单一制下的授权性自治。单一制国家的地方自治大多是基于民族、历史等原因，为了更好地维护国家统一和民族团结或其他特定目的，中央政府授权一定范围内的人民可以自己选举产生自己的代议机关和地方政府，自主管理本地方的地方性事务，中央政府一般不再干预。但人们通常认为地方的自治权不是天赋的，不是地方人民所固有的，而是由中央政府所赋予的，是派生的，中央政府也可以收回这些权力。中央政府对地方自治机关的监督以法律（而非宪法）监督和行政监督为主。

若从分权与授权的角度来看，联邦制下成员单位所享有的自治权在性质上是分权性自治权，这种自治权的内容就是享有部分主权权力（或主权行使权）。而单一制下地方政府所享有的自治权在性质上是授权性自治权，不属于主权权力。

（三）　联邦制下的平等关系

单一制与联邦制的根本区别，在于主权权力是由全国性政府独享还是由其与区域性政府分享；由全国性政府独享主权权力的是单一制国家，由全国性政府同区域性政府分享主权权力的是联邦制。① 那么，如何判断主权权力（或主权行使权）是由全国性政府独享还是由其与区域性政府分享呢？笔者认为，关键是看该国家的区域性政府权力的性质和来源。首先，如果区域性政府的权力是由全国性（中央）政府授予的，是继受的、派生的而不是原始的，区域性政府从属于全国性政府，而全国性政府的权力则是第一位的，是正统的，先于区域性政府而存在，倘若属于这种情况，不管区域性政府享有的权力有多大，这个国家也是一个单一制国家。其次，如果区域性政府先于全国性政府而存在，其享有的权力和全国性政府享有的权力都直接来源于

---

① 童之伟著：《国家结构形式论》，武汉大学出版社，1997 年版，第 146 页。

人民，二者是平行的，在宪法规定的各自的职责范围内分别直接对人民负责，双方的关系是平行的、明确的"分权"关系，没有绝对的上下级隶属关系，那么这种结构就是联邦制。因此，在联邦制下，成员单位与联邦的关系是平等关系，它们各自在宪法规定的权限范围内来行使权力，若一方超越权限来行使权力，另一方无权直接纠正对方的过错，也无权直接追究对方的责任，只可启动违宪审查程序，通过第三方来追究对方的责任。另外，成员单位政府不对联邦政府负责，只对其辖区内的选民负责。

三、超越"港澳版本"的另一种构想

从目前学术界的研究来看，海内外的学者，特别是国内学者也从不同的角度对"一国两制"的台湾模式进行了认真的构想和设计，但这些构想和设计大都没有脱出"港澳版本"的原形，只是认为未来台湾的自治程度或行政地位更高一些而已。正因为如此，这些模式也均被台湾方面所否定。

我们要构建能被两岸同胞所共同接受的"一国两制"新模式，必须在现有港澳模式的基础上，最大限度地进一步深挖"一国两制"的可供资源，同时吸收和借鉴其他各种模式中积极合理的因素。这就要求我们必须有创新的思维。倘若我们转换一下研究视角，从联邦主义的角度来审视"一国两制"，就会大大拓宽我们的思路和视野。我们可以设想安排统一后的台湾享有部分主权行使权①或分权性自治权，那么由此而产生的制度安排就会大不相同。倘若安排统一后的台湾享有部分主权行使权或分权性自治权，这实际上是在中央与台湾之间贯彻联邦主义的分权原则。这一新构想的一个重要特点，就是它使我国的单一制国家结构形式在真正意义上具有了联邦制的某些特点。② 下面从两个方面来进一步分析新构想的基本特点。

---

① 承认台湾享有部分主权行使权，并不意味着承认台湾拥有主权，更不意味着承认台湾是一个主权国家。关于该问题的详细分析，请参见黄嘉树、王英津：《主权构成研究及其在台湾问题上的应用》，载《台湾研究集刊》2002 年第 2 期。

② 多年来学术界有个共识性观点，认为"一国两制"的香港模式和澳门模式使我国的单一制带有了联邦制的某些特点。笔者认为，这一观点不成立，是一个学术误解，是错误地将二级实体所享有自治权的大小作为单一制和联邦制的划分标准所导致的结果。详见王英津著：《国家统一模式研究》，九州出版社，2008 年版，第 279—281 页。只有按照本文所设计的制度框架，"带有联邦制特点说"才能真正成立。

（一） 统一后的制度安排

新构想主张，不再按"一国两制"的传统解释，像"一国两制"的香港模式和澳门模式那样，将台湾方面的有关权力收回大陆中央，再由大陆中央以基本法的形式授权给台湾特别行政区，然后让台湾特别行政区实行高度自治；而是照顾现实，承认或认可台湾方面目前正在掌握和运用的权力是其2300万人民所固有的本源性权力（即主权行使权）。在此基础上，两岸通过协商，台湾方面向中央政府交还能体现国家统一的部分主权行使权（如外交权等），其余未交还的部分由台湾方面作为"剩余权力"予以保留。也就是说，在中央和台湾之间在本源性权力层面上实行"分权"，而不再是中央对台湾在派生性权力层面上实行"授权"。

倘若转换为自治权的话语来表述上述思想，那就是：通过某种法律方式，让台湾享有分权性自治权，而不是像香港、澳门一样享有授权性自治权。这样的制度安排的结果是，台湾方面在其自治范围内的事务不必向北京的中央政府负责，而只需向台湾岛内的人民负责即可。因为台湾方面行使的权力既然属于主权行使权范畴，那么他们怎样行使权力，那是他们自治范围内的事情。就像联邦制国家内的成员单位（州、邦等）一样，他们在自己的权限范围内并不向联邦政府负责，只向其辖区的人民负责。这样一来，未来台湾地区领导人就不必像香港、澳门的行政长官一样每逢年底就要来北京向中央政府述职，以示对中央政府负责。另外，在这一模式下，统一后的"台湾基本法"（注：具体名称可能要由两岸协商，笔者在此暂用）不再像香港基本法和澳门基本法一样由中央立法部门制定，而应由台湾人民自己制定。

（二） 中央与台湾特别行政区的关系

按照联邦主义原理，"在联邦制国家中，国家整体与其组成部分之间的关系不是中央与地方的关系，而是权限范围不同的中央与中央的关系。国家整体与其组成部分的权限范围由联邦宪法规定，它们各自在规定的权限范围内享有最高权力，并直接行使于人民，相互间不得进行任何干涉。在法理上，组成部分的权力并非整体所授予，而是作为政治实体所固有的权力"。[①]

---

① 《中国大百科全书（政治学卷）》，中国大百科全书出版社，1992年版，第206页。

按照新构想，在中央和"台湾特别行政区"之间实行联邦分权原则后，中央和"台湾特别行政区"的关系，就不再是一般意义上的中央与地方关系，但也不是联邦整体与成员单位意义上的中央与中央的关系，而是一种中央与"准中央"的关系。换言之，这种关系仅仅带有联邦（中央）政府与成员单位政府关系的某些性质，但它本身还不是联邦（中央）政府与成员单位政府的关系。在这种关系框架下，两岸之间基本对等，没有单一制下那种绝对的上下级隶属关系，在宪法或宪法性文件规定的各自的职责范围内分别直接对人民负责。所以说，新构想下的中央与台湾特别行政区之间的关系，不再是传统"一国两制"下（像中央与香港、澳门特别行政区之间）的中央与地方关系，而带有了联邦制的某些特点。

需要特别指出的是，笔者在此主张借鉴联邦制，但并非主张要通过联邦制来实现两岸统一。[①] "借鉴联邦制"与"实行联邦制"有重大区别。譬如，在联邦制模式的框架下，联邦（中央）政府是由两岸重组的政府，而不是现行的中华人民共和国政府。由于该新构想不同于联邦制，所以新构想中的中央政府还是统一前的大陆中央政府。这一点很重要，它是新构想与通常所说的联邦制模式的根本不同之处。假如这里不是"借鉴"联邦制的某些经验，而是"实行"联邦制的话，新构想中的中央政府就不再是统一前的大陆中央政府，而是由两岸重组的"联邦（中央）政府"。理解这一问题的关键是从理论上将"借鉴联邦制"与"实行联邦制"区分开来。

四、新构想的独特之处与现实考量

笔者认为，新构想是在传统"一国两制"的基础上进一步借鉴联邦主义的某些经验而形成的一种新的统一模式方案。它的独特之处主要表现在：

首先，新构想能给予台湾方面一定程度的对等地位。如前所述，在这一构想下，中央政府与台湾的关系，不再是一般意义上的中央与地方关系，而

---

① 前些年，台湾方面曾有人主张用联邦制模式实现两岸统一，笔者曾对此撰文做过反驳。笔者认为，从理论上说，两岸通过联邦制实现两岸统一无非有两种具体的模式。第一种模式的做法是，将大陆现有的省级地方行政区域与台湾都变成地位平行的联邦成员单位，或者将目前中国所有的省级行政单位（包括台湾）重组，再分成若干个联邦成员单位。第二种模式的做法是将大陆与台湾作为法律上对等的两个联邦成员实体。这两种模式都不具有可行性。详见王英津：《联邦制模式不适用于中国统一》，载香港《中国评论》2004 年 3 月号。

是带有联邦（中央）政府与联邦成员单位关系的性质。这样一来，大陆方面不再把台湾定位为一般意义上的地方行政单位，台湾方面也不再把台湾定位为同大陆对等的政治实体。通过这种构想，可以模糊地处理两岸关系定位问题上的纷争。在这里，模糊是一种"刻意"，是一种政治艺术。实际上，"单一制国家为实现国家主权和领土完整吸收（获得）联邦制国家的某些特征，虽然模糊了国家结构的两种基本形式之间的界线，但其价值在于有利于实现国家的统一和主权的完整"。① 加之，该方案意味着大陆方面认可台湾方面拥有并行使部分"剩余主权权力"，即部分主权行使权，这在一定程度上给予了台湾方面某种对等感，避免了"矮化"之嫌，并在一定程度满足台湾方面多年来对有关"尊严"的政治诉求。从一定意义上说，它是一个界于大陆的"中央—地方"方案与台湾的"中央—中央"方案之间的折衷方案。

其次，新构想仍能体现一个中国的原则。新构想不是"统合"（integration，其意为"统而不一"）意义上的模式，而是真正"统一"（unification）意义上的模式。它贯彻了一个中国原则，体现了世界上只有一个中国，中华人民共和国政府是代表中国的唯一合法的政府，台湾是中国的一部分。在国际上，台湾特别行政区不具备主权国家的地位。在该模式下，"一个中国"不是虚拟化了的历史、地理、文化、血缘上的"理念性国家"，而是一个拥有实体性制度架构的"实在性国家"。

尽管新构想在理论上有上述积极的一面，但这并不等于说，新构想在现实中就一定具有可行性。有时一种统一模式的可行性或生命力并不完全取决于其自身，更主要的可能取决于新构想之外的其他政治因素。就目前海峡两岸的基本态势来看，新构想在现实操作性方面或许尚有其困难之处，主要表现在：

首先，从大陆方面来说，新构想与官方"一国两制"的传统表述不尽相同。对于这些不同，尽管从理论上可以将其解释为是对原来"一国两制"的进一步丰富和发展，但这毕竟涉及对台湾问题有关理论上的新解释以及权力关系的复杂变化。现实中，台湾问题不纯粹是一个理论或学术问题，更是一个政治性很强的现实问题。对此，大陆方面或许会作谨慎考量。

其次，从台湾方面来说，新构想仅仅认可台湾方面享有部分主权行使

_____

① 王丽萍著：《联邦制与世界秩序》，北京大学出版社，2000年版，第217页。

权，但对于台湾方面的"绿营"来说，他们目前所追求的却不仅仅是掌握和运用台湾领土的部分主权行使权，而是要拥有台湾领土的主权所有权；对于"蓝营"来说，这种设计所提供给台湾的政治地位与他们所主张的"两岸对等"仍有差距。也就是说，该构想所提供的政治架构或许仍不能满足台湾方面的政治诉求，这也可能会影响新构想的可行性。

但是，需要指出的是，不管新构想的可行性大小与否，新构想应是对"一国两制"资源的最充分挖掘。单就"一国两制"模式本身的包容性来说，该模式应是"一国两制"模式的最大容量。

五、需要进一步探讨的几个问题

问题之一：台湾地区的名称。在上述构想下，笔者使用的是"台湾特别行政区"这一称谓，但今后到底是继续沿用这种称谓，抑或使用其他称谓（如"台湾省""台湾自治区""台湾特别政治区"甚至其他更敏感的政治名称等等），需要通过双方的协商谈判来解决。笔者认为，这个问题不难解决，因为前国务院副总理钱其琛曾公开表示过，只要坚持"一个中国"这一原则，什么问题都可以谈，"谈判的议题是开放的，谈判的地位是平等的，即使是敏感的政治问题，也都可以充分讨论，以找到双方均可以接受的解决办法。"[①] 海协会已故会长汪道涵先生曾讲道：一个中国并不等于中华人民共和国，也不等于"中华民国"，而是两岸同胞共同缔造统一的中国。根据各方面的情况分析，和平统一后的国家很可能重新确定国名，我们对此应留有法律空间。笔者认为，鉴于两岸关系的复杂性，对于涉及一个中国原则的问题，我们大陆方面绝不让步。但是，对于在一个中国原则下的具体问题，我们要作辩证地分析。就未来两岸统一后台湾的称谓而言，关键在于其实质，不在于其名称。

问题之二：中央与台湾地区产生冲突后的解决机制。从中央与香港、澳门两个特别行政区在这个问题上的现行做法来看，它是通过全国人大常委会"释法"的途径来解决双方争执的，也就是说，中央最终掌握着解决问题的主导权。从实践来看，这一做法有利有弊。在上述"一国两制"台湾模式

---

① 海峡两岸关系协会编：《两岸对话与谈判重要文献选编》，九州出版社，，2003 年版，第42 页。

的新框架下，是继续实行中央与港、澳特别行政区的冲突解决模式？还是借鉴联邦主义的有关做法，将冲突诉诸第三方来解决？这就涉及一系列问题，譬如，怎样设立解决冲突的第三方机构？这个第三方机构的成立是由双方共同组成专门司法机构，还是成立由双方共同组成的专门协调和解决双方的政治机构？等等。这些问题有一定的复杂性，需要学界继续研究。

回顾过去，展望未来，21世纪中国人的智慧所面临的最大考验，就是如何促使海峡两岸实现和平统一。笔者认为，设计两岸和平统一的模式是一项艰巨而复杂的政治工程，这不仅因为设计本身会涉及方方面面的事情，还因为我们无法预料两岸在互动中随时可能会出现的各种"变数"。然而，笔者坚信，凭借着十三亿中国人的政治智慧，只要我们大胆构思，敢于创新，就一定能够在一个中国的框架下找到让两岸双方都能接受的解决政治分歧的办法和途径。

（原载《台湾研究集刊》2009年第2期）

第五编
香港回归跟踪

比较视野中的港澳政治体制：
特色与评价

港澳特别行政区的政治体制（以下简称"港澳政治体制"）是在"一国两制"框架下实施的一种新型地方政治体制，是历史上未曾有过的体制，它既不同于内地的人民代表大会制，[①] 也不同于西方国家的三权分立制，具有鲜明的自身特色。为更好地理解两个特别行政区的政治体制，本文从比较的视野对港澳政治体制进行以下探讨。

一、港澳政治体制的总体特点分析

两个基本法以"一国两制"为指针，从港澳的实际情况出发，建构了一个创新性的地方政权组织形式，其特点是"行政主导，行政与立法既相互制约又相互配合，司法独立"。

（一）特点之一：行政主导

所谓行政主导就是在行政、立法和司法的关系中，行政处于主导地位。港澳政治体制中的行政主导不是一般的行政集权，也不是一般的个人集权。两个基本法虽然没有明确规定行政主导原则，但在其多处规定中却体现了这一原则，[②] 具体表现在以下三个方面：

第一，行政长官具有高于行政、立法和司法机关的法律地位，其不仅拥有重要而广泛的职权，而且在港澳特区的政治生活中发挥着关键作用。根据两个基本法，行政长官处于特别行政区政治体制中的权力核心地位，具有双重身份，既是整个特别行政区的首长，又是特别行政区政府的首长。作为特

---

① 肖蔚云主编：《香港基本法与一国两制的伟大实践》，海天出版社，1993年版，第174页。
② 肖蔚云著：《论香港基本法》，北京大学出版社，2003年版，第829页。

别行政区的首长，其地位高于立法、行政和司法机关；作为特别行政区政府的首长，其领导政府主要官员和所有公务人员。行政长官将特区的代表权与特区政府的行政权集于一身。

第二，在行政和立法的关系中，行政处于优势地位。具体说来，其一，行政长官和行政机关参与并影响立法，主要表现在政府享有专属提案权；行政长官对立法机关通过的法律拥有相对否决权；[①] 对政府提案和议员提案规定了不同的表决程序，政府的议案更容易通过。其二，行政长官与立法会议员分别由不同的渠道产生，使得立法会对行政长官缺乏人事制约。特区政府的主要官员，均是由其行政长官提名并报请中央人民政府任命后产生，立法会对政府主要官员的产生几乎没有影响。其三，行政机关向立法机关负责的范围较小，仅限于基本法规定的四项事务。立法会只是听取施政报告，议员可向行政机关提出质询，但并没有向政府提出不信任案的权力。其四，行政长官有权决定政府公务人员是否向立法会作证。以上四个方面均体现了港澳政治体制中的行政主导原则。

第三，行政长官在司法领域发挥着重要作用。具体表现在：其一，行政长官任命产生司法人员推荐委员会（或推荐法官的独立委员会）。其二，行政长官在司法领域中享有人事任免权。终审法院的法官和高等法院首席法官的任命，除依照法定程序外，还须由行政长官征得立法会同意，并报全国人大常委会备案。其三，行政长官就国家行为的事实问题所发出的证明文件对法院具有约束力。其四，行政长官依法享有赦免或减轻刑事罪犯的刑罚的权力。其五，行政长官在检察机关中也发挥重要作用。[②] 行政长官在司法领域中（除审判活动之外）的上述作用，是行政主导的又一个重要体现。

（二）特点之二：立法与行政既相互制约又相互配合

港澳政治体制与西方三权分立体制的重要不同在于，后者通常只注重各机构之间的相互制衡，不注重各机构之间的相互配合；而前者却在注重相互制约的同时，更注重行政与立法之间的相互配合，并通过制度保障来体现和实现这种配合。

---

① 北京大学宪法与行政法研究中心编著：《宪法与港澳基本法理论与实践研究》，北京大学出版社，2004年版，第358页。
② 肖蔚云主编：《论澳门特别行政区行政长官制》，澳门科技大学，2005年版，第175—182页。

第一，立法与行政①相互制约。其一，立法对行政的制约。为了使行政长官更好地行使职权，避免其独断专行，造成社会和经济的不稳定局面，两个基本法均规定了立法对行政的制约，具体包括：行政机关对立法会负责；立法会有权迫使行政长官辞职；立法会有权弹劾行政长官；立法会有权拒绝通过政府提出的财政预算案和有关法案。其二，行政对立法的制约。具体包括：行政长官有权拒绝签署立法会通过的法案；行政长官有权解散立法会；立法会议员行使职权时要受到行政长官的限制。

第二，立法与行政相互配合，且重在配合。按照香港（或澳门）基本法的设计，可以通过行政会议（或行政会）实现行政与立法之间的互相配合，并达到着重配合的目的。行政会议成员（或行政会委员）有的是来自政府的主要官员，也有的是来自立法会的议员，这就使行政长官决策时，既能听到来自行政机关和立法会之间相同的意见，也能听到来自它们之间不同的意见。这有助于行政与立法之间相互沟通，便于行政长官对不同意见进行协调，以消除分歧，从而达到立法与行政相互配合的目的。

（三）特点之三：司法独立

港澳特区的司法独立是指司法机关独立于行政、立法之外，其活动不受任何机关、团体或个人的干涉。香港基本法第85条规定："香港特别行政区法院独立进行审判，不受任何干涉，司法人员履行审判职责的行为不受法律追究。"② 澳门基本法第83条规定："澳门特别行政区法院独立进行审判，只服从法律，不受任何干涉。"③ 独立审判是港澳特区共同确认的一项基本原则，虽然在行文表述上有所不同，但这项原则均包含以下内容：其一，法院是行使审判权的唯一机关，其他任何机关、团体和个人都不得行使该项权力。其二，特区法院独立于特区的行政机关、立法机关，不受任何机关、社会团体和个人的非法干涉，只服从法律。其三，法官只服从法律，依照法律独立行使自己的职权，不受任何机关、团体和个人的非法干涉，不服从任何

---

① 此处的"行政"包括"行政长官"和"行政机关"两大机构，不单指基本法中所列指的"行政机关"。

② 全国人大常委会香港基本法委员会办公室编：《中华人民共和国香港特别行政区基本法》，中国法制出版社，2011年版，第20页。

③ 全国人大常委会澳门基本法委员会办公室编：《中华人民共和国澳门特别行政区基本法》，中国法制出版社，2011年版，第19页。

命令或指示。其四，上级法院对下级法院、一法院对另一法院的审判活动也不得加以干涉。其五，在案件审理过程中，非主审法官（包括法院院长）不得干预主审法官的独立审判；独任制法官一人独立作出裁判；合议庭法官按照程序法实行合议投票决定审判事项，非合议庭法官（包括院长）都不得参与合议或决定审判事项。在港澳特区的政治体制中，司法机关在体制上独立于立法机关、行政机关，在职权上也与立法权、行政权完全分立。即使行政长官，也不能干涉法院和法官的独立审判。

二、港澳政治体制与内地省级政治体制的比较

港澳特区与内地各省、自治区、直辖市一样，都是中国单一制下的地方行政单位。就它们的共性来说，两者都是依据宪法设置的，均受全国人大及其常务委员会和中央人民政府的统一领导。但因港澳特区实行"一国两制""高度自治"，决定了其与内地的省级地方政治体制存有很大差异。

（一）与内地省级立法体制的比较

在我国的立法体制中，特区立法会与内地省级人大及其常委会都是地方性立法机关，它们所立之法都具有从属于中央立法的性质。其一，从立法权限的来源看，不论是特区立法会，还是内地省级人大及其常委会，其立法权都是国家最高权力机关授予的，实际上是中央立法权的延伸。正因如此，它们都是我国地方行政区域政权机构中拥有立法权的机关，其立法活动均要受全国人大及其常委会的监督。其二，从立法的范围看，特区立法会只能就特区自治事务进行立法，而不能涉及国防、外交等中央事务，也不能涉及中央与特区关系的事务。内地省级人大及其常委会在行使地方立法权时，要受全国性法律的制约，不能就刑事、民事、社会经济制度、国家机构、公民的基本权利和义务等中央专属立法权限范围内的事项立法。其三，从立法的依据看，特区立法会制定的法律必须同基本法保持一致，而内地省级人大及其常委会在制定地方性法规时，必须以宪法、法律和行政法规为基础。其四，从制定规范性文件的效力范围看，不论是特区立法会制定的法律，还是内地省级人大及其常委会制定的地方性法规和自治性法规，均只在本行政区域内实施，超越本行政区域就没有约束力。

虽然特区的立法体制与内地省级立法体制之间存在着上述相近（甚至

相同）的地方，但它们之间仍存在着很大的差异，具体表现在以下三个方面：

第一，立法权限方面的不同。其一，立法权的性质不同。特区享有立法权是享有高度自治权的重要体现，这种立法权本质上虽是中央授予的地方立法权，却是严格意义上的"立法权"。在我国，仅有宪法在规定全国人大及其常委会的职权和基本法在规定特区的自治权时使用了"立法权"的概念，就可证明这一点。特区立法会的立法称"法律"，反映了特区立法对于国家整体立法的相对完整性。而在省级立法机关中，省、直辖市人大及其常委会，有权制定地方性法规；民族自治区的人大及其常委会有权制定自治条例和单行条例。内地省级立法机关所享有的规范创制权并非严格意义上的"立法权"，而只能是广义上的立法权。它们制定的地方性法规、自治条例和单行条例，无论是从内容、效力，还是从职能关系上来说，都应看作是从属于法律的规范性文件，其效力低于宪法和法律。① 其二，立法范围不同。特区立法会的立法权限覆盖了本特别行政区的各个领域，它有权制定属于特区自治范围内的任何法律，包括选举法、民法、刑法、商法、诉讼法等。只要这些法律不与宪法和香港基本法相抵触，不涉及有关国防、外交事宜，均合法有效。而内地省级人大及其常委会只能制定地方性法规，不能制定民法、刑法、诉讼法等属于全国人大立法权限的法律。具体说来，省级人大及其常委会的立法范围包括：为在本地区实施法律或行政法规而制定的实施细则或实施办法；根据本地区的实际需要和特殊情况，为解决本行政区域内政治、经济、文化等各项工作中的重大事项而进行的立法；根据全国人大常委会的授权，在特定事项范围内进行的立法试点，即通常所谓的授权立法。民族自治区的人大虽然可以制定自治条例和单行条例，甚至单行条例对国家法律有部分的变通执行权，但也不能制定民法、刑法、诉讼法等方面的法律。以上表明，特区立法会的立法范围比内地省级人大及其常委会的立法范围要广泛。②

第二，立法机关方面的不同。其一，法律地位不同。特区立法会只是作为立法机关而存在，具有立法和监督职能，而不兼有权力机关的职能。不论

① 肖蔚云、杨允中、饶戈平主编：《依法治澳与稳定发展》，澳门科技大学、澳门基本法推广协会，2002年版，第109—110页。
② 肖蔚云主编：《一国两制与香港基本法律制度》，北京大学出版社，1990年版，第142—144页。

是否休会，皆不设常设机关。立法会没有超越行政机关和司法机关之上的主导性地位，它与（狭义上的）行政机关、司法机关在法律地位上是并列的平等关系。虽然特区政府要向立法会负责，但这种负责的含义不同于内地省级人民政府对同级人大及其常委会负责的含义。而内地的省级人大既是立法机关，又是权力机关。它在地方国家机关体系中处在凌驾于行政机关和司法机关之上的主导性地位，省级人民政府、人民法院、人民检察院由省级人大选举产生，对省级人大及其常委会负责并报告工作，并接受省级人大的监督。其二，职权范围不同。首先，特区立法会的立法范围十分广泛，除国防、外交以及其他属于中央管理的事务外，它有权就特区自治范围内的一切事务进行立法。而内地省级人大及其常委会的立法范围比特区立法会小得多。其次，特区立法会对特区政府的重要人事任免没有决定权，而只对终审法院法官和高等法院首席法官的任命有表示同意或不同意的权力。但省级人大及其常委会的人事决定权大于特区立法会的人事决定权，省级人大享有选举和罢免省级人大常委会组成人员、省级人民政府首长、省级人民法院院长和省级人民检察院检察长以及上一级人大代表的权力。再次，特区立法会享有的决定税收、批准由政府承担的债务、提出基本法的修改议案、传召和要求有关人士作证和提供证据等方面的权力是内地省级人大及其常委会所没有的。①

第三，立法程序方面的不同。特区立法和内地省级地方立法的具体运作制度有较大差异，主要表现在：其一，提案权主体。在立法会立法过程中，只有政府和立法会议员才有权提出法律草案。而在内地省级地方立法过程中，法律草案提案权主体除省级政府和人大代表外，还包括省级人民法院、人民检察院、省级人大及其常委会的内部机构（省级人大主席团、常务委员会、专门委员会和省级人大常委会主任会议）。其二，提案范围和方式。首先，立法会议员提案的范围有一定限制，即凡不涉及公共收支、政治体制或政府运作的法案可自由提出，凡涉及政府政策的法案在提出前必须得到行政长官的书面同意；而在内地省级地方立法中对人大代表或常委会提出法案的范围没有限制。其次，在香港特区立法中，没有对议员的提案方式作出限制，既可联名提出，也可个人提出；而在内地省级地方立法中，对人大代表

① 肖蔚云、杨允中、饶戈平主编：《依法治澳与稳定发展》，澳门科技大学、澳门基本法推广协会版，2002年版，第112—113页。

或常委会委员的提案方式有限制，即必须达到法定人数联名提出。其三，法案表决方式。立法会立法的表决方式依法案性质不同而有所区别，即一般法案以全体议员过半数通过，重要法案须经全体议员 2/3 多数通过；而内地地方性法规的表决则以全体代表或全体常委会委员过半数同意通过。其四，公布实施。特区立法会通过的法案，须经行政长官签署、公布，方能生效；而内地省级人大及其常委会通过的地方性法规不需要由同级行政首长签署，其公布一般以省级人大常委会的名义进行，生效日期则视情况而定。民族自治区人大制定的自治条例和单行条例，须报全国人大常委会批准后由民族自治区人大常委会公布生效。其五，立法生效规则。内地省级人大及其常委会制定的地方性法规应同时报全国人大常委会和国务院备案，而特区立法会制定的法律只需报全国人大常委会备案，不报国务院备案。民族自治区人大制定的自治条例和单行条例，须报全国人大常委会批准后才能生效；按照基本法的规定，特别行政区制定的法律只需报全国人大常委会备案，并不需由全国人大常委会批准后生效。"批准"与"备案"不同，备案并不影响法律的生效。其六，立法失效规则。按照宪法和法律的规定，内地省级人大及其常委会制定的地方性法规，如同宪法、法律和行政法规相抵触，全国人大常委会有权撤销；国务院也有权改变或撤销地方各级行政机关的不适当的决定和命令。而根据基本法，特区立法会制定的任何法律如不符合基本法关于中央管理的事务及中央和特区关系的条款，全国人大常委会有权将有关法律发回，但不做修改，经发回的法律立即失效。全国人大常委会行使发回权应事先征询基本法委员会的意见，但国务院却没有发回特区立法会通过的条例的权力。①

（二）与内地省级行政体制的比较

从权力运行的角度看，特区行政体制与内地省级行政体制有某些共同之处，譬如两者都要对中央人民政府负责，两者均实行地方行政首长负责制，即特区实行行政长官负责制，内地的省级行政体制实行省长、自治区主席和直辖市市长负责制。但是，两种行政体制之间却存在着重大差异，主要体现在以下三个方面：

①　肖蔚云、杨允中、饶戈平主编：《依法治澳与稳定发展》，澳门科技大学、澳门基本法推广协会版，2002 年版，第 114—115 页。

第一，行政体制的框架构成方面的差异。主要包括：其一，特区行政长官是由当地一个具有广泛代表性的选举委员会推选或协商产生，并不是由立法会选举产生的；而内地的省长、自治区主席和直辖市市长，则是由省级人大选举产生的。其二，特区政府设有对行政长官负责的、独立行使职权的廉政公署、审计署和自上而下的咨询机构及各类非政权性质的区域组织；而内地省级行政体制则没有设立专门对省级行政首长负责的廉政机构和审计机构，省级行政机构的决策咨询部门也不发达。其三，特区政府尽管是中央政府领导下的地方政府，但由于享有高度自治权，其更多地体现为决策和领导机构；而内地省级行政机构更多地表现为中央政府的执行机构。

第二，运行机制及政体组成部分相互关系方面的差异。其一，特区行政长官拥有比内地的省级地方政府首长更广泛的行政领导权、人事任免权、事务处理权和其他权力。其二，特区行政长官作为特别行政区政府首长，与立法会是相互制约与相互配合的关系。在互相制约方面，行政长官可以依法解散议会，立法会则可依法迫使行政长官辞职；而内地的省级地方政府首长则由省级人大选举产生或罢免，对省级人大负责并且是其行政执行机关。

第三，行政首长的法律地位不同。特区行政长官具有特区最高地方长官的地位，是特区的全权代表，其法律地位较之于内地的省级地方行政区域的政府首长更高。① 而内地省级行政区域的省长、自治区主席和直辖市市长则不同，它们只具有本行政区域政府首长的地位，而不具有本行政区域最高地方长官的地位，具体说来有二：一是他们不是行政区域内的全权代表或唯一代表，他们只负责本省、直辖市和自治区的政府管理，领导本地方政府工作。他们无权如特区行政长官那样提请中央人民政府任命政府主要官员，无权赦免或减轻刑事罪犯的刑罚等。二是他们由省级人大产生，受省级人大及其常委会的监督并对其负责，而不是像行政长官那样，先由当地选举或协商产生，然后再由中央人民政府任命。

（三）与内地省级司法体制的比较

港澳特区拥有独立的司法权和终审权，实行与内地各省、自治区、直辖市不同的司法和法律制度。概括起来，两者主要有以下不同：

第一，司法权限不同。其一，特区法院享有独立的司法权，除了对外

---

① 李昌道著：《香港政治体制研究》，上海人民出版社，1999 年版，第 162—163 页。

交、国防等中央人民政府管理的事务无司法管辖权外，对在特区内发生的所有民事、刑事、商事和行政等诉讼案件均有管辖权。特区设立高度自治的终审法院，享有特区的终审权。特区法院依法独立行使审判权，即使中央国家机关中的最高人民法院、最高人民检察院对特区的司法活动也没有任何指导、监督的权力。而内地省级人民法院不享有独立于中央国家机关的司法权和终审权，可见特区法院的司法权高于内地省级人民法院所享有的司法权。其二，特区法院享有司法解释权。全国人大常委会授权特区法院在审理案件的过程中对基本法有关内容包括特区自治范围内的自治条款和其他条款自行解释，这是港澳特区享有高度自治权的又一重要表现。而内地省级人民法院不享有司法解释权，内地的司法解释权由最高人民法院统一行使。

第二，组织体系不同。内地省级司法机关是建立在议行合一架构之下的。首先，根据宪法和法律规定，内地法院的组织体系包括最高人民法院、地方各级人民法院和专门人民法院。省级人民法院在级别上属于地方人民法院的范畴，它由省级人大产生，对省级人大及其常委会负责。省级人大有权选举和罢免省级人民法院院长，省级人大根据省级人民法院院长的提请，任免省级人民法院副院长、庭长、副庭长、审判员、审判委员会委员。其次，内地的人民检察院是国家的法律监督机关，设有最高人民检察院、地方各级人民检察院和专门人民检察院。省级人民检察院也同省级人民法院一样由省级人大产生，对省级人大负责。省级人大有权选举和罢免省级人民检察院检察长，但须报经最高人民检察院检察长提请全国人大常委会批准。省级人大常委会根据省级人民检察院检察长的提请，任免省级人民检察院副检察长、检察委员会委员、检察员，检察院系统实行垂直领导，省级人民检察院领导地方各级人民检察院的工作。然而，特区司法机关是按照三权分立的原则（尽管它与三权分立有区别）建构的，其不必向立法会负责。司法组织体系与人员产生方式均与内地有着很大差异。从香港来看，其法院系统由终审法院、高等法院、区域法院、裁判署法庭和其他专门法庭组成。从澳门来看，其法院系统由初级法院、中级法院和终审法院组成。特区各级法院法官由推荐法官的独立委员会推荐，由行政长官任命。各级法院院长由行政长官从法官中选任，终审法院法官和院长的任免须报全国人大常委会备案。另外，香港没有独立的检察院设置，其检察职能由行政机关下辖的律政司行使。澳门特区设立了独立的检察院，但也没有像内地一样分四级设置，而是采取了"一级设置，三级派任"的模式。其检察官经检察长提名，由行政长官任命，检察长由行政长官提名，报中央人民政府任命。

第三，司法机构的称谓不同。内地法院均被称为"人民法院"，而特区法院的前面没有"人民"二字，直接称为"法院"。该称谓背后隐含着深刻的政治文化背景。内地实行社会主义制度，按照马克思主义国家学说来建构政治体制。马克思主义认为，国家是一个阶级压迫另一个阶级的暴力机器，而国家包括军队、警察、法庭、监狱等基本要件。在马克思主义经典作家看来，法院是国家机器的重要组成部分，是工具性的机构。社会主义国家的法院与剥削阶级国家的法院的根本区别无非是这个机器由谁来掌握和运用。前者之所以具有合法性，是因为它是"人民"（多数人）镇压"敌人"（少数人）的工具，法院不是政治中立的，而是站在人民一边的，是为了维护人民利益的司法机构。所以，内地法院均被称为"人民法院"。然而，香港和澳门一直实行资本主义制度，按照西方国家的法治理论，法院在国家的社会和政治生活中充当正义的化身，扮演居间裁决的角色，既不代表人民，也不代表国家（或政府），它是政治中立的。所以，特区法院前面没有冠以"人民"二字，直接被称为"法院"。

第四，司法独立的内容不同。特区司法机关与内地省级司法机关都在司法活动中坚持司法独立的原则，但两者之间有着重大的区别，具体表现在：其一，理据不同。尽管港澳政治体制与三权分立体制有所区别，但其司法独立的理念和制度还是根据三权分立原则建构起来的，法院组织机构独立，自成体系。而内地的司法独立并非按照三权分立原则建立的，而是按照议行合一原则建立的，是在国家权力机关监督之下的司法独立，司法机关由人大产生，对人大负责，受人大监督。当然，内地虽然不实行三权分立，但亦有国家权力的划分和科学分工，立法权由权力机关行使，行政权由行政机关行使，司法权由司法机关行使，一个机关不能代替另一个机关行使权力，这正是内地司法机关实行司法独立的重要依据。其二，范围不同。特区的司法独立不仅包括法院独立（即外部独立），还包括法官独立（即内部独立）。其外部独立表现为法院独立于立法机关、行政机关和其他社会团体；其内部独立表现为法官在独立行使审判权的过程中，只服从法律。除了法律，法官没有其他"上司"，那些所谓的院长，也只是他们审判活动之外的行政性领导。而在内地，宪法第126条规定："人民法院依照法律规定独立行使审判权，不受行政机关、社会团体和个人的干涉。"① 该规定表明，司法机关只独立于行政机关，而不能独立于立法机关（充其量是一种相对独立），并且在法院内部不实行法官独立，法官在对重大疑难案件做出裁判时，需经审判委员会讨论决定，对审判委员会做出的决定，法官、合议庭原则上必须服从。其三，保障不同。在司法独立的保障上，港澳特区已建立起了一套较为完善的保障体系，如法官高薪制、终身制、专职制和豁免制等。而内地的法官既不实行高薪制、豁免制，也不实行终身制，人民法院的院长要随着同级人大的换届而换届。

三、港澳政治体制与西方政治体制的比较

港澳政治体制是单一制国家结构形式下的地方政治体制，虽然它在本质上与中央政府体制不同，但就其组织结构和运行机制来说，可以通过与西方国家中央政府政体的比较，来更好地认识其作为地方政治体制的许多特色。

（一）区别于英国议会制

英国是世界上实行议会制的典型国家。港澳政治体制却不同于英国议会制，② 具体表现在：其一，英国内阁首相必须是下议院成员，其他内阁大臣必须是下议院或上议院成员。如果内阁首相需要一个不属于议会成员的人入阁，他可请求委任有关人员为上议院议员（即贵族）或设法让其在下议院选举中获胜。而按照基本法，接受政府委任而担任公务人员的人士不得成为立法会议员。换言之，立法会议员不能兼任政府官员。其二，英国内阁没有独立的任期，其随着下议院的换届而变动。如果在下议院大选中原组阁政党不能取得多数议席，则要由取得多数议席的执政党组阁。内阁首相也可以决定解散议会，提前举行大选，以便继续执政。但是，特区行政长官的正常任期为5年，可竞选连任一次。特区立法会的正常任期为4年。行政和立法循由不同的途径产生，立法会的选举结果对行政长官的选举结果不产生直接影响。其三，英国内阁大臣不能与议会分离，内阁不妨被视为领导议会的委员

① 《中华人民共和国宪法》，中国法制出版社，2004年版，第23页。
② 宋小庄著：《论"一国两制"下中央和香港特区的关系》，中国人民大学出版社，2003年版，第86—87页。

会。若执政党在竞选中失去下议院的多数议席，则发生倒阁危机，政府政策的连续性未必得以维持。而特区立法会虽有权弹劾行政长官，但无权弹劾政府主要官员，这样有利于保持政府政策的连续性。不称职的政府主要官员只能由行政长官安排调职或向中央人民政府提出免除其职务。其四，英国内阁不由选民直接或间接选举产生，而是由取得下议院多数议席的执政党推举产生，内阁只有在得到下议院多数支持时，才能维持有效管治。倘若内阁失去下议院的支持，则必须解散议会，举行新议会选举，把争议交由选民决定。然而，特区行政长官在当地通过选举或协商产生，然后由中央人民政府任命，而不是由立法会选举产生。行政长官产生的具体办法根据实际情况和循序渐进的原则，最终达到由具有广泛代表性的提名委员会按民主程序提名后普选产生的目标。其五，英国强调议会至上，内阁要对议会负责，受议会监督。行政权属于内阁，一切政策由内阁决定，当内阁的政策和行为得到议会多数赞同时，就可以继续执政；如果议会通过对内阁的不信任案或否决内阁的重要提案时，内阁应总辞职，或提请解散议会，重新选举议员。港澳基本法虽然规定了行政机关要对立法会负责，但负责的内容仅限于基本法规定的内容。立法会尽管可以听取行政长官的施政报告，议员可向行政长官提出质询，但立法会无权对特别行政区政府提出不信任案。其六，英国内阁由议会选举产生，并对议会负责，但只要内阁控制了议会的多数席位，其实际权力就大于法律权力。在该体制下，形式上是政府对议会负责，事实上是政府控制议会。所以，英国的内阁主导是通过控制议会多数席位的方式来实现的。但港澳的行政长官主导体制要求既要取得立法会的配合，又不能完全受制于立法会。所以，基本法规定行政长官由一个特别的选举委员会选举产生，而非由立法会选举产生，这与英国内阁制有所不同。既然行政长官不由立法会选举产生，立法会也就不能对行政长官及其领导的政府投不信任票。[1]

（二）区别于美国总统制

美国是世界上实行总统制的典型国家。港澳政治体制与美国总统制有某些相似之处，[2] 主要表现在：其一，美国总统具有双重身份，既是国家元

① 骆伟建著：《"一国两制"与澳门特别行政区基本法的实施》，广东人民出版社，2009年版，第188页。

② 宋小庄著：《论"一国两制"下中央和香港特区的关系》，中国人民大学出版社，2003年版，第88—90页。

首，对内对外代表国家；又是联邦政府首脑，领导整个国家的行政管理。而特区行政长官也具有双重身份，其既是特别行政区的首长，对外代表特别行政区；又是特别行政区政府的首长，对内领导特别行政区政府。所以，在政治角色方面，两者非常相似。其二，美国总统与国会议员是通过不同的选举程序由选民定期选举产生，并且两种选举在时间安排上是不同步的，他们分别向选民负责。行政长官和立法会也是按照不同的选举程序分别由选民定期选举产生，两种选举在时间安排上也是不同步的，彼此不发生影响。从理论上说，立法会作为特别行政区的民意机构，也对选民负责。其三，美国的政府官员不得兼任国会议员。美国宪法第 1 条第 6 项规定："凡在合众国政府下供职者，在其任期内，不得为国会任何一院的议员。"① 对于该规定，美国执行得非常严格，不能有例外情形。香港基本法第 79 条、澳门基本法第 81 条也有类似明文规定，凡接受政府委任而出任公务员的人士不得成为立法会议员，反之亦然。其四，美国国会可以对总统进行弹劾。美国宪法第 2 条第 4 项规定："合众国总统、副总统和所有文官，因叛国罪、贿赂罪或其他重罪轻罪的弹劾及其有罪的判定时，应予免职。"② 港澳基本法明确规定，立法会经法定程序，可以提出对行政长官的弹劾案，报请中央人民政府决定。弹劾理由仅限于有严重违法或渎职行为的情形，其他理由不能成立。其五，美国总统有权依照法定程序随时撤换、任免各部部长，联邦政府各部部长均向总统负责。港澳特区也是如此，根据基本法的规定，行政长官有权提名并报请中央人民政府任命政府主要官员，也有权建议中央人民政府免除这些主要官员的职务。特区主要官员均向行政长官负责。

尽管港澳政治体制与美国总统制存在着以上共同之处，但也存在着较大的差别，表现在：其一，美国是典型的三权分立体制，行政权、立法权和司法权是三权鼎立，分别行使其权力的总统、国会和联邦最高法院是法律地位平行的机关。其不仅有明确的分权，而且还特别强调三权之间的相互制衡。而在港澳特区，尽管也分设立法机关、行政机关和司法机关，但行政长官的法律地位高于这三个机关。特区行政机关和立法机关之间不仅有制衡的关系，而且还有配合关系，并且重在配合关系。其二，美国的政党制度与特别

① 肖蔚云、王禹、张翔编：《宪法学参考资料》（下册），北京大学出版社，2003 年版，第 1004 页。
② 肖蔚云、王禹、张翔编：《宪法学参考资料》（下册），北京大学出版社，2003 年版，第 1007 页。

行政区的政党制度有显著区别。按照美国的政治逻辑，在总统大选中获胜的政党之领袖，出任美国总统。政党政治与总统选举密切相关。而目前澳门尚无政党组织，因而无政党政治可言。就香港来看，尽管已出现了政党政治，但目前还不存在执政党的问题。香港立法会既有各政党成员，也有非政党成员。根据香港基本法第23条的规定，香港的政治组织（包括政党）不得与外国的政治组织建立联系，[①] 即使行政长官和主要官员要经办中央政府授权的对外事务，接触外国政要，他们也不能具有政治组织（包括政党）领袖的身份。其三，美国总统是由选民选举产生的，其要向选民负责，不必向国会负责，但总统应向国会作国情咨文报告。而行政长官负责的对象却有所不同，其既要对中央人民政府负责，又要对特别行政区负责。由于目前行政长官尚未由选民直选产生，所以行政长官目前并不直接对选民负责。其四，美国政府各部长由总统提名经参议院同意后任命，只对总统负责，而不对国会负责，总统有权随时撤换政府成员。特区政府主要官员的产生办法和负责对象均与美国总统制不同，他们由行政长官提名报中央人民政府任命，不必经立法会同意。但基本法要求特区政府对立法会负责。其五，美国总统虽然对国会的法案拥有相对否决权，但无权解散国会。而特区行政长官不仅对立法会通过的法案拥有相对否决权，而且还可以依照法定程序解散立法会，这是美国总统所没有的权力。

（三）区别于法国半总统制

港澳政治体制与法国半总统制的不同之处主要表现在：[②] 其一，法国既设总统，又设总理，两个职位分别由不同的人担任。法国总统和议会由选民分别选举产生，但总理却不由选举产生，而由总统任命。总统是国家元首，总理是政府首脑，但总理却是总统的下属，大权归于总统。而在港澳特区，行政长官却可以直接掌握行政大权，直接而不必经过政务司司长（或行政法务司司长）来领导特区政府，特区没有设置类似法国总理一类的职务来处理公共行政事务。特区政务司司长（或行政法务司司长）作为主要官员并没有凌驾于其他主要官员之上的绝对权力。只有在行政长官短期不能履行

---

① 全国人大常委会香港基本法委员会办公室编：《中华人民共和国香港特别行政区基本法》，中国法制出版社，2011年版，第8页。

② 宋小庄著：《论"一国两制"下中央和香港特区的关系》，中国人民大学出版社，2003年版，第91—92页。

职责时，政务司司长（或行政法务司司长）才能优先临时代理行政长官职务。其二，法国总统领导下的政府对议会负责，但总统不对议会负责。议会有权对政府投不信任票，迫使政府官员辞职，但总统无须辞职，总统如果支持政府则可以解散议会。议会还有权对犯有叛国罪、渎职罪和危害国家安全罪的国家元首、政府首脑或政府部长进行控告、惩戒和处分，如议会两院绝对多数通过，则可将"犯官"移送由国民议会和参议院选出的议员所组成的特别高等法庭审判。特区立法会虽然可对行政长官提出指控乃至弹劾，但不能提出对政府的不信任案。其三，法国总统可以绕过议会，通过公民投票来表决法律，总统可将有关修改宪法、组织公共权力机构、批准共同协定以及影响现行政治体制运行的任何法律草案，交由公民投票表决。而在港澳特区，立法会享有依照法定程序制定、修改和废除法律的职权；行政长官有权决定政府政策和发布行政命令，但绝不能绕过立法会来制定法律，也不能将有关法律草案交由全体居民表决。

四、港澳政治体制的总体评议

以上比较表明，港澳政治体制作为我国的地方政治体制，既不同于内地的人民代表大会制，也不同于西方的议会制、总统制和半总统制，其有自己的特点。可以说，它是在保留其原有政治制度的有益传统的基础上，兼收并蓄西方国家政治体制中的有益经验而创造的一种新型地方政权组织形式。

首先，港澳政治体制吸取了议会制中的合理内核。借鉴议会制的优点，规定行政长官可以解散立法会，立法会可以迫使行政长官辞职，行政长官领导的政府须向立法会负责等，既弥补了原香港、澳门政治体制中总督独裁和专制的不足，又避免了总统制下行政与立法相互对峙的问题，有助于及时化解矛盾，提高工作效率。但也并非照搬议会制，与议会制又有所不同，譬如特区政府虽然向立法会负责，但其负责的范围和内容与议会制的有关作法并不相同。按照基本法的规定，政府向立法会负责有其特定的范围，而且基本法也没有规定政府向立法会负连带责任。

其次，港澳政治体制借鉴了总统制和半总统制的某些有益作法。具体包括：行政长官具有双重身份和较高的法律地位，行政长官和立法会分别由不同途径和程序选出，任期不同；政府官员由行政长官提名或任命，政府官员和议员互不兼任；行政机关和立法机关分别行使行政权和立法权，并互相制约，立法机关有权通过对行政长官的弹劾案；立法会不得对行政长官和政府投不信任票或进行罢免；实行行政主导等。这些都是吸收了总统制中高效稳定的优点，既符合香港和澳门的政治现实，又适应了当今行政权力日益扩大和集中的趋势，以及确保两个特别行政区的稳定和繁荣。但港澳政治体制中的有些地方也不同于总统制，譬如行政长官向中央人民政府和特别行政区负责、政府向立法会负责、行政与立法之间相互配合等制度则是总统制所没有的。①

由此可见，在三权运作方面，港澳政治体制吸收了总统制和议会制的优点。在政治决策方面，港澳政治体制兼具首长制和合议制的长处。就首长制来说，其优点是责任明确、指挥灵敏、行动迅速、效率较高，但其缺点是易导致集权和专制。就合议制来说，其优点是以法定多数的形式通过决议，便于集思广益、发扬民主，反映多数人的意志和愿望，但其缺点是对事件的处理反应迟缓、效率较低。港澳特区的决策体制，单就行政系统来说，行政长官的决策体制属于首长制；但由于行政会议（或行政会）的设置，则避免了首长制的不足。而单就议会系统来说，立法会表决机制属于合议制。但由于港澳特区实行行政主导、行政与立法既相互制约又相互配合的体制，避免了合议制的弊端，更好地发挥了体制效能。

但是，港澳政治体制在运行的过程中也出现了一些问题。例如，以行政长官为核心的政府主要官员与立法机关的监督关系问题。行政长官领导特区政府，政府主要官员的产生与立法会无关，但要求特区政府对立法会负责。因此，既要处理好行政长官与政府主要官员的关系，也要处理好特区政府与立法会的关系，尤其在特区政府的产生不受立法会控制的情况下，如何保证特区政府向立法会负责？同时，如何才能真正实现立法与行政的配合，切实落实行政主导原则？诸如此类的问题均需引起学术界的关注和研究。

（原载《学海》2016 年第 1 期）

---

① 北京大学宪法与行政法研究中心编著：《宪法与港澳基本法理论与实践》，北京大学出版社，2004 年，第 364—365 页。

"双普选"对香港政治发展的影响探析

　　香港"双普选"指香港特别行政区（以下简称香港特区）的行政长官和立法会由普选产生。尽管从理论上说"普选"与"直选"是不同意涵的两个概念，但"双普选"语境下所谓的普选，其在涵义上等同于直选。2007 年 12 月 29 日，十届全国人大常委会第三十一次会议通过决议，2017 年香港特区第五任行政长官可以由普选产生，另于 2020 年立法会亦由普选产生。至此，"双普选"时间表得以正式确定。"双普选"是香港政治发展史上的里程碑，在不久的将来，它将付诸政治实践；那么，"双普选"实施后将对香港政治发展产生怎样的影响？我们该如何看待和应对这些影响？本文拟就这些问题进行初步探讨。

一、行政长官普选的政治影响

　　行政长官在香港特区的政治体制中处于核心地位，其未来普选制度的实施对于香港特区的政治体制及其运行，乃至中央政府与香港特区的关系，均会产生重大而深远的影响。从理论上分析，行政长官普选有可能带来如下政治影响：

（一）行政长官候选人提名制度会相应改变

　　现行行政长官候选人由选举委员会中不少于 100 名的选举委员提名。行政长官实行"普选"，内在地要求行政长官候选人提名制度要发生相应的改变。作为行政长官普选的配套制度，行政长官候选人提名制度最后究竟如何修改，目前还没有明确方案，但围绕着适应普选的行政长官候选人提名制度的设计及争议却早已开始，概括起来，为适应普选而设计的行政长官候选人提名制度大致包括以下内容及争论观点：其一，关于提名委员会的组成。香港目前主要有两种意见，一种是以民主党为代表的"立法会"提名制；另一种是特区政府及建制派为代表的"选举委员会提名制"。其二，关于行政长官提名委员会的组成人数。立法会内不同党派及独立议员支持由800人或多于800人组成；而民意调查显示，较多市民主张提名委员会的人数应多于800人。其三，关于候选人的人数。多数香港民众认为以2至4名为宜，但究竟如何确定，可留给香港社会作进一步讨论。其四，关于提名门槛。关于提名门槛以多少人为宜，香港社会意见分歧很大。针对不同提名委员会的组成，提名人数各不相同。即使针对按现在的800人的选举委员会组成提名委员会的方案，各派主张的提名人数也不一样，泛民主派主张50人，政府坚持维持现有的100人。① 虽然行政长官候选人提名制度还没有确定，但应该肯定的是，该制度一定要在2017年行政长官普选之前确立并开始运行。

（二）罢免行政长官制度需要增设

罢免权是与选举权相对应的权利，是人民召回当选人的权利。罢免行政长官的理论基础是直接民主理论，由人民选出的行政长官，若其失去人民的信任，人民自然可以行使"召回"性的罢免权。由于目前行政长官并非由选民直接选举产生，所以基本法没有规定选民拥有直接罢免行政长官的权利。由于2017年以后行政长官将由普选方式产生，与此相适应，应在香港基本法中增设"罢免"行政长官的条款。

从学理上说，对行政长官的罢免是对其政治责任的追究，而政治责任基本上系总体考察，不需要有特定的事件，特别是现行制度规范下，行政长官在职权上，对于行政事务确有相当大实权，此时特区政府总体施政的成败，行政长官应负重要责任，所以提出罢免案不须有特定的失职事由和具体违法事实。为此，基本法既应规定提出罢免案的原因，也应规定提出罢免案的机关与程序。在此，笔者特意设计了拟在香港基本法中增加的罢免条款的内容如下："行政长官的罢免案，须经全体立法会议员1/3提议，全体立法会议员2/3同意后提出，并经香港特区选举人总额过半数的投票，有效票过半数同意罢免，即为通过"。"罢免案通过后，被罢免人应于公告之日起，解除行政长官职务；并且被罢免人自解除职务之日起的5年内，不得再提名为行政长官的候选人"。罢免案既然是对政治责任的追究，交由全体香港居民表

① 郝建臻著：《香港特别行政区行政与立法的关系》，法律出版社，2011年版，第135页。

决也就合乎民主法理。为了防止罢免权的滥用，基本法在赋予罢免主体罢免权的同时，也可对罢免案的提出进行限制，主要内容可设计为："对就职未满 1 年的行政长官，不得提起罢免案；罢免案如经否决，对于同一行政长官，原提案人不得再为此提出罢免案。换言之，对于行政长官的罢免案，其任期内只有一次。"

（三）行政长官的政党身份限制可能被取消

香港特区政治体制设计之初，并未考虑政党因素对其之影响。其后随着政党在香港的产生和发展，为了避免香港行政系统出现政党化倾向，1996年香港特区筹备委员会通过的第一任行政长官人选的产生办法中规定："具有政党身份的人在表明参选意愿前必须退出政治团体"。这表明，行政长官不得具有政党身份。2001 年通过的《行政长官选举条例》规定，任何有政党背景的人当选行政长官后，必须脱离原属政党，行政长官在任期内也不得加入任何政党组织。这些限制性规定的初衷是使行政长官超然于各党派和利益群体之上，但这在实际上也切断了政党对行政长官的支持。同时，政府为游说议员支持政府法案，不得不承担大量本应由执政党来协调的工作，这又降低了政府工作效率。[①] 从政治学的角度来看，政党政治是连接立法和行政的一个重要渠道，但目前香港行政机关和立法机关以两种完全不相关的方式产生，而且没有政党政治的配合，行政机关与立法机关便缺少了连接的渠道，立法会为了体现自己的权威和赢得民意的支持，必定会采取反对政府政策的方式。立法会内只有亲政府的政党，没有执政党，也没有占多数席位的政党，各党派既不能主导政府的政策，自然也就不会完全与政府站在同一阵线。

2017 年实施行政长官普选，是否允许行政长官有自己的政党背景，实为一个非常关键和敏感的问题。笔者认为，香港若想继续维持并完善行政主导体制，则需将政党纳入政治架构，不能单纯沿用抑制政党发展的政治设计。具有政党身份的行政长官自然会得到同一政党的立法会议员的鼎力支持，且政党的支持更为持久、稳定。因此说，处理好政府与政党的关系，获取政党的支持，是确保香港今后维持行政在政治运行中主导作用的重要环节。从香港政党政治发展的实际情况来看，普选之后，有政党背景的成员很

---

① 黄庆华：《应对香港面临的挑战》，载《战略与管理》，2004 年第 3 期，第 61 页。

可能被选为行政长官。当然，香港不会出现执政党，但有可能会出现类似俄罗斯的"政权党"。香港不仅关于行政长官的非政党背景的规定有所松动，就是政府官员非政党背景的规定也明显松动。随着政治委任制的推行，更多的政党人士会在特区政府担任要职。在现时的政治委任制度下，不论是司长、局长、副局长或是政治助理的职位，都可吸纳具政党背景的人士。①

（四）中央与地方关系将面临新挑战

可以预见，行政长官普选后，中央政府与香港之间的紧张关系将得到某种程度的缓解，因为以前中央政府与香港之间一度出现了许多不和谐，主要是香港民主派倡导在香港特区尽早实现"双普选"，这与中央政府循序渐进发展香港民主的设计相冲突。随着普选问题的解决，香港民主派反对中央政府的最大理由没有了。但是，机遇与挑战并存，旧的挑战没有了，新的挑战又来临了。行政长官普选后，中央政府与香港的关系又有可能面临如下新挑战：

其一，行政长官的任命问题。目前行政长官没有普选，由选举委员会选举产生的行政长官基本上能"爱国爱港"，其能跟中央政府保持一定的和谐关系。2017 年普选后，所选出来的行政长官候任人有可能是一个不"爱国爱港"的民主派人士，对于中央政府来说，尽管拥有拒绝任命权，但其毕竟是香港居民经由普选产生的人选，中央政府拒绝任命就等于跟香港的主流民意发生了直接对抗，这一方面显得中央政府不尊重香港市民的选举结果，使中央政府陷于反民意、反民主的不义地位，另一方面还可能会引发香港地区的政治不稳定；若明知其是一个不"爱国爱港"的人士，仍任命其为行政长官，无疑将为以后香港特区与中央政府的不合作埋下了隐患。可见，行政长官普选有可能带来的最大挑战就是"香港挟民意以令中央"，将中央对行政长官的任命权由实质性权力架空为形式化的权力。② 事实上，这里隐含了一个宪政危机，未来一旦出现这种危机，通过一个什么样的机制来化解危机，成为摆在中央政府面前的一个重要问题。

其二，中央与香港之间的"权力连接点"问题。按照现行体制，行政

---

① 朱世海：《论香港的政党演进与政治发展的关系》，载《中央社会主义学院学报》，2010 年第 3 期，第 78 页。

② 张千帆、葛维宝编：《中央与地方关系的法治化》，译林出版社，2009 年版，第 396 页。

"任命权"是中央政府与香港特区之间的重要"权力连接点",但实现了行政长官普选后,中央政府与香港之间的"权力连接点"必将大大弱化,显得十分脆弱。届时中央政府与香港特区之间将依凭什么来维持应有的连接?这确是一个值得我们关注和思考的理论和现实问题。有的学者敏锐地观察到了行政长官实施普选有可能对中央政府与香港特区的关系所带来的影响,并提出了解决问题的个人建议,主张取消香港特区的完全司法终审权,或者说是对香港特区的完全司法终审权进行限制。[①] 上述学者的初衷无疑具有一定的积极意义,但笔者认为,如上建议可能面临实施上的困难,因为中央政府的许诺是"一国两制"的方针50年不变,虽然如此修改基本法也算不上是改变"一国两制"方针,但至少难以避免让人产生诸如此类的嫌疑。对此,中央政府不可能不作慎重考量。总之,如何在行政长官实施普选后继续保持中央政府对香港的有效管治,已成为摆在政府和学界面前的一个新课题。

二、立法会普选的政治影响

从理论上分析,未来立法会普选将对香港立法会的组织机制、实际运行及政治地位产生如下几个方面的影响:

(一)功能界别制度的存废之争日趋激烈

功能组别制度在香港政治发展史上曾发挥过积极的功效。香港特区成立后,中央政府出于循序渐进、均衡参与的考量,保留了功能组别。但随着香港选举政治逐渐走向普选,功能界别选举备受批评和争议,出现了功能组别的存废之争,[②] 主要有以下两种代表性观点:一种观点认为功能组别不能简单地予以废除,应经过"适应性改造"后予以保留,其主要理由是按照均衡原则,香港作为一个商业城市,为香港贡献了约计九成生产总值的工商界、金融界等功能界别应该享有充分的代表权;另一种观点则认为功能界别和普选不相适应,应该予以废除,其主要理由是功能界别的选民同时拥有直选的权利,违反《公民权利和政治权利国际公约》第25条所规定的"一人一票"原则,这与权利平等原则相违背。就实际而言,功能界别的产生和

① 郭殊著:《中央与地方关系的司法调控研究》,北京师范大学出版社,2010年版,第298页。
② 张定淮:《香港政治发展的逻辑》,载《南风窗》第14期,第48页。

存在虽有其合理性的一面（即有利于保持均衡参与），但其所蕴涵的理念已不合时宜，现代民主在法理上不认同这种"均衡"的理念，而认同"一人一票"的民主原则。那么，在功能界别的去向问题上，怎样才能设计出一种既能防止行政和立法关系割裂又不违反基本法规定的方式呢？有人认为，普选实施后欲继续体现均衡原则，保障工商、金融等界别的充分代表权，不应再单纯地依靠功能界别制度，而应逐步有意识地支持与自身利益诉求契合的政党，或者组建新的政党以反映自身利益诉求。但鉴于功能界别在香港所发挥的独特作用，在落实立法会普选的过程中，可以对功能界别依据普选原则加以改善，以继续发挥其部分功能，但这也仅是一个过渡性的权宜之计，它最终应由政党完全替代。政党政治成熟的过程就是功能界别消失的过程。

（二）立法会议员将趋向专职化

从香港立法会议员的情况来看，专职议员具有非常明显的特点，一是大多数由地区直选产生，与功能界别相比，通过普选方式当选的议员职业化倾向更强，他们没有原有职业利益的牵绊，更能全身心投入到议员职责中去，全职议员是地区直选议员的理性选择；二是大都具有政党背景，只有个别功能界别的议员没有政党背景。有政党背景的议员会得到政党的资金、组织等方面的支持，更加政治化，更倾向于将政治当作终身事业，也有条件将立法会议员作为自己的全职职业。因此，立法会普选之后，议员专职化必将成为一个趋势。这是因为：首先，立法会普选后功能界别的人数可能会逐步减少，直至最后逐渐消失，议员将以地区普选的方式产生，同时选举政治将促进政党政治的发展，绝大多数的议员都将具有政党背景，得到政党的支持，议员政治化将成为普遍现象。其次，普选之后，香港立法会的政治角色将更加重要，议员的工作必将更加繁重，同时人们对立法会议员期望也更高，选民不希望他们选举出来的议员只是个兼职议员，而希望他们将全部时间和精力投入到立法会的事务中。立法会议员的专职化将使议员的议政时间和议政能力得到一定程度的保障，有利于提高立法会的议事效率和议事质量，有利于立法会议员得到香港居民的更广泛的认同。[①]

---

① 袁林：《香港"双普选"的政治影响分析》，中国人民大学 2012 年学位论文，第33—37 页。

（三）　议案表决中的分组计票机制将受冲击

目前的议案表决制度规定，由议员提出的议案（但根据第（1）款所提述的例外议事规则或《基本法》条文动议的议案除外）或法案，或议员对任何议案或法案提出的修正案，须分别获下列两部分出席会议议员各过半数票，方为通过。（a）功能界别选举产生的议员（第Ⅰ部分）；及（b）地方选区直接选举产生的议员（第Ⅱ部分）。也就是说，议员提出的议案需经功能界别议员和地区直选议员分别通过才可生效，而政府的提案则只需出席会议议员的过半数票即可通过，此即分组计票机制。该机制的用意在于使特区政府提出的议案更容易地通过，而增加了议员个人议案通过的难度，很明显，这是加强行政主导体制的制度安排。从实际运行效果来看，分组计票机制起到了预期作用。然而实行普选之后，随着功能界别议席的逐步减少甚至取消，分组计票机制也将受到挑战和冲击，届时立法会对特区政府制衡的作用将更加强大，行政主导的运作将更加困难。①

（四）　立法会的作用将进一步提升

首先，随着香港选举政治的发展，香港立法会议员中有政党背景者将越来越多。当香港立法会普选之后，对功能界别制度的质疑会进一步加剧，从大势来看，功能界别制度逐渐走向萎缩已在所难免，由普选产生的议员将会增多，而由普选产生的绝大多数议员将具有政党身份，其立场和政治主张必受其所属政党的支配或影响。在这种情况下，立法会必成为各个政党角逐的重要舞台，其重要性必将进一步增加。其次，立法会普选之后，立法会议员政治化倾向为香港议会党团的形成提供了良好的条件，绝大多数议员有着各自不同的政党背景，其政治主张和立场不同，自然会进一步分化与组合，以达致自己的政治目标。另外，立法会的议案表决机制也促使议员结成党团。众所周知，议案表决机制对议员个人提出的议案进行了限制，放宽了政府提出议案通过的条件，因此议员若想提高自身议案通过的概率，或者阻止某项议案的通过，则唯有结成党团才有可能达成。由此可以断言，立法会普选之

---

① 姚秀兰：《"普选"目标下香港行政主导体制的发展分析》，载《深圳大学学报》（哲学社会科学版），2010年第3期，第101页。

后议员的政治化倾向可能导致香港议会党团的出现。①

三、"双普选"对行政与立法关系的影响

"双普选"之后，随着香港政治生态的变化，行政和立法的关系也可能会发生一些变化，主要表现在以下两个方面：

（一）行政主导体制受到冲击

所谓行政主导体制，就是在行政与立法关系中，行政长官的法律地位高于立法机关的法律地位，行政长官的职权重要而广泛，行政长官在香港特别行政区的政治生活中起着主要作用。香港基本法政制设计中对行政与立法关系的规定是"既相互制衡，又相互配合"，条文中对二者的制衡规定较为充分，但是有关配合的规定不是十分充分。一直以来，香港特区政府与立法会始终没有形成良好的互动，具体表现在：一是立法会不断扩张自己的权力，立法会半数议员由直选产生，往往挟"民意"随意批评甚至越权阻碍政府施政，这直接冲击香港特区行政主导模式的有效运行；二是行政长官的非政党化与立法会的政党化形成了巨大张力，立法会内"民主派以反对政府为能事，不按规则'出牌'；亲政府派与政府'亲密度'天然不足，在政府最需要支持时反而疏离，进而使行政主导限于困境"。②

立法会普选后，其民意基础以及合法性会大大增强，其对抗行政长官的力量也会相应地增强。立法会普选之后，各个政党之间的竞争更加激烈。与特区政府处于不合作状态的民主派政党可能会在直接选举中得到更多的席位，倘若其在立法会选举中获得一半或一半以上的议席，这将在极大程度上掣肘行政长官和政府日后的施政。在这种情况下，行政主导体制必然受到冲击，进而直接影响香港基本法所设计的行政主导架构的运行。对此，有人预测，"政党政治最终必臻至西式部长制，肯定会出现立法主导的局面，或至少是与行政机关拉平的态势"。③ 当然，该预测仅仅是学者个人的观点。不过，如何看待"双普选"后政党发展对行政主导体制的影响，确实是今后

---

① 袁林：《香港"双普选"的政治影响分析》，中国人民大学 2012 年学位论文，第 33 页。

② 张定淮主编：《面向二〇〇七年的香港政治发展》，香港大公报出版有限公司，2007 年版，第 47 页。

③ 宋立功：《论行政与立法的结构性紧张关系》，载《信报财经》，2000 年第 2 期，第 17 页。

香港政治发展过程中需要进一步观察和思考的问题。

需要强调的是，行政主导体制的利弊问题在普选实施之后需要重新审视。此前，基本法设计的行政主导体制，主要基于行政长官与中央政府保持和谐一致的前提性假设，这时的行政主导体制对中央政府来说，自然是有利的；但落实普选后，一旦当选的行政长官是一个与中央政府不合作的泛民主派人士，这时的行政主导体制对中央政府来说，则是不利的。所以，未来香港的政治发展中，究竟是行政主导抑或立法主导，何者对中央政府更为有利，需要具体问题具体分析。既然如此，今后似乎不必人为地去维护行政主导体制，倒不妨听任香港政治体制自然演化、发展与整合，即使未来出现立法主导体制，那也是香港政治发展的正常逻辑。

（二）行政与立法的紧张关系或有所缓解

普选隐含着这样一种理念，即"人民的公意是政治权威合法性的惟一基础"。[①] 选举是合法性的重要来源之一，部分香港民主派人士对现行行政长官选举制度之所以不满，主要是因为，他们指责现行选举委员会选举是"小圈子选举"，其组成不具有代表性，由其选出来的行政长官，在更大程度上体现了中央政府的"官意"，而不是香港的"民意"；是"中央政府的代言人"，而不是香港居民的代言人，于是对行政长官选举方式的"合法性"提出质疑，并主张普选。在这样的背景下，立法会成为香港民意的凝聚舞台，成为政党间角力和争斗的场所，成为香港政治活动的中心，民主派人士利用立法会挑战甚至对抗行政长官的权威。造成这种状况的原因之一就是行政长官和立法会的产生渠道不同，缺乏共同政治基础。一方面，行政长官非经由普选产生，其合法性不足，加之行政长官缺乏政党身份而得不到政党的支持，势单力薄；而另一方面，立法会因部分议员经由地区直选产生而拥有较强的合法性，加之有政党介入，使立法会成为对抗或牵制行政长官的重要力量。"双普选"将改变行政长官和立法会议员的产生方式，二者都将由直选产生，行政和立法都将拥有各自的民意基础，必将改变二者现有的关系结构。目前立法和行政有着不同的政治基础，而"双普选"之后，选民就成为立法和行政的共同权力来源，成为二者共同的政治基础。从理论上说，这种共同的政治基础有助于改善目前立法和行政之间的紧张对立关系，

---

① 卢梭著：《社会契约论》，商务印书馆，1980年版，第114页。

至少将使二者关系走向规范化。

　　与目前广受民主派人士诟病的选举委员会选举相比，2017 年实施普选后，行政长官将由选民"一人一票选出"，因而其具有更广泛的民意基础。为此行政长官也会更加注重选民的利益和诉求，并根据选民的意愿施政。所以，普选会增强香港居民对行政长官的政治认同度。另外，实施"双普选"之后，参选行政长官候选人的政党背景无从避免，较为现实的情况是参选人很可能具有政党背景，即使当选后宣布退出政党，原有政党也会选择支持该行政长官，同一政党的立法会议员也会成为政治同盟。总体说来，"双普选"将改善立法和行政之间的紧张对立关系。

四、"双普选"对香港政党政治的影响

（一）政党舞台扩大

　　就目前来说，香港的政党组织及其活动离成熟的政党政治还有相当一段距离，因为从目前来看，香港特别行政区的政治架构并没有为政党和政党政治的发展提供太大的空间。① 众所周知，当选的行政长官不能有任何党派色彩。这种规定使香港的所有政党均是在野党，而非执政党，各个政党之间的角逐，都是在野党之间为争夺议席的竞争。因此，香港政党可以通过选举进入、影响和控制立法会，但却不能执掌最高行政权力，这在一定程度上限制了政党政治的发展。

　　2017 年行政长官普选后，香港政党政治可能会有较大的发展，并有可能迎来第三次建党的高潮。其一，就行政长官而论，到目前为止，香港特区行政长官是由一个选举委员会选出来的，政党基本上没有介入。伴随着行政长官普选的实施，行政长官的提名和选举必将成为政党的角逐的目标。不仅如此，行政长官当选后，必将本政党成员延揽入政府内任职，施政时也将考虑本党利益和政策取向。其二，从立法会来说，香港政党日常主要活跃于区议会选举和立法会地区直选，这两大政治空间已被香港政党牢固占领。但香港还有很多限制政党政治空间的因素，这些因素导致香港政党一直在一个较为狭小的政治空间里生存和发展。然而，立法会普选之后，如果功能界别议

---

　　① 周平著：《香港政治发展》，中国社会科学出版社，2006 年版，第 280—281 页。

席逐步走向萎缩，届时政党可以角逐的议席将扩大一倍，普选后的香港立法会将成为政党角逐的重要政治舞台。

（二）政党角色凸显

政党是现代政治中不可或缺的政治角色，是连接政府和社会的中介。如果一个政治系统缺乏政党这一中介，那么该政治系统就存在结构性缺失，这不可避免地会导致政府和社会之间的沟通不畅。随着"双普选"实施后功能界别议席的逐步取消，立法和行政之间的配合和制约在很大程度上将通过政党来实现。如果缺乏政党这一桥梁，也会导致政治系统内部立法和行政之间的沟通不畅。因此，随着"双普选"实施后香港政党政治的日益发展和成熟，政党将在香港政治和社会生活中扮演日益重要的中介角色，成为政府和社会之间、立法和行政之间的"连接桥梁"。虽然普选后政党在立法会和特区政府都将有更大的政治空间，但就目前情况来看，香港政党的居民认同度并不高。有调查显示，香港逾 60% 的居民不认同政党代表他们的利益，接近一半的受访者认为香港政治人物参政主要是为了自己的利益。[1] 因此，政党应注重提高香港居民对其认同度，不仅仅推出有魅力的政治人物，更要以实际行动证明自身是居民利益的代表，以赢得居民的政治信任和支持。

（三）政党功能完善

目前，香港政党具备了部分政党功能，如推动选举、争夺议席；利益整合、反映民意；监督政府、影响决策；培养人才、造就领袖；动员选举、引导参与；以及促进政治社会化等，但香港的政治舞台并没有对政党完全开放，尤其是行政长官一职，仅有立法会中的直选议席对政党开放。立法会议席的开放，虽然满足了政党执掌部分公共权力的要求，但它们仍然是"功能缺失性政党"，不能问鼎公共权力的执行权，使得行政与立法之间在政治上严重失衡。[2] "双普选"将意味着香港的立法和行政对政党全部开放，包括立法会所有议席和行政长官一职，政党事实上可以问鼎立法权和行政权，理论上甚至可能出现"执政党"。因此"功能缺失性政党"之称谓在"双普

---

① 张定淮主编：《面向二〇〇七年的香港政治发展》，香港大公报出版有限公司，2007 年版，第 166 页。

② 张定淮主编：《1997—2005：香港管治问题研究》（序），香港大公报出版有限公司，2005年版。

选"实施后将不再适用于香港政党，无法问鼎行政权致使政党功能缺失的情形将得到彻底改变。

（四）政党立法完备

实施"双普选"后，可以预见政党数量将大幅增加，政党活动会日趋活跃，为此，有必要对政党的成立及其活动加以规范和管理。目前香港法律体系中，并没有专门规范政党组织及行为的法律，使得政党只能按照《社团条例》或《公司条例》进行注册和登记。《社团条例》规定按社团条例申请注册登记的社团，必须接受政府的严格政治审查。为了规避政府依据社团条例规范和管理政党，目前香港的大多数政党政团都按《公司条例》以公司名义注册登记成立，因为在香港注册公司极为简便。[1] 所以，选择以公司形式成立政党是香港的一个特有现象。但是，政党毕竟不同于一般的社团或公司，对其进行规范管理也应具有特殊性。面对有关政党以《公司条例》规避《社团条例》规管的做法，使得其政党行为没有其他规范适用，尤其是公司的角色与"政党"的政治角色发生冲突，不利于香港的政治稳定。因此，特区政府必须在综合考虑、全面协调的基础上制定行之有效的法律来规制政党行为。[2]

结　语

虽然香港基本法已对中央政府和香港特区的权限划分作了明确规定，但是这种法律和理论上的划分在具体政治实践中仍会出现争议和问题。在"双普选"实施后，中央政府和香港特区的关系所面临的最大挑战亦即有可能出现香港民意和中央的对抗。邓小平同志曾讲，基本法的制定宜粗不宜细，就是为将来政治形势的变化预留空间，而"双普选"正是这样的政治变化，有待中央进一步研判未来的政治形势，将从前的模糊地带进一步明晰化。

为了保证普选的顺利进行，一些配套措施必须事先完成，这些措施没有

---

[1] 周建华著：《香港政党与选举政治》（1997—2008），中山大学出版社，2009年版，第42页。

[2] 傅思明著：《香港特别行政区行政主导政治体制》，中国民主法制出版社，2010年版，第253—254页。

制定，普选就很难取得成功。① "实行'双普选'之前，香港一定要落实一系列措施，保证中央政府的地位得到巩固，而不被削弱。"② 普选前必须建立相关法制，要善于依靠法治来预防和解决香港双普选后可能会出现的各种问题，因为香港历史上大部分时间虽没有民主的经历，但却一直有法治的传统，香港居民的法治观念较强。完善立法，依靠法制应是维持香港稳定和繁荣的重要手段。在中央与香港关系的协调中，法治手段起着特殊的功效，对此应注重加强普选前的相关配套立法。从当前来看，急需为国家安全立法，制定政党法、政治捐献法等。在这些法律之中，国家安全立法尤为为重要，有必要将 2003 年押回二读的国家安全立法重新提上议事日程。有了国家安全立法，即使一个不"爱国爱港"的人士当选，相信其也不敢"以身试法"。③

（原载《探索与争鸣》2012 年第 6 期）

---

① 刘廼强：《普选须先有配套措施》，载《紫荆》，2006 年第 8 期，第 23 页。
② 刘廼强：《香港要落实行政长官普选要考虑的问题》，载《中国评论》，2006 年 9 月号，第 19 页。
③ 郝建臻著：《香港特别行政区行政与立法的关系》，法律出版社，2011 年版，第 138—139 页。

论香港立法会功能界别议席的
未来改革及其走向

　　功能界别议席是香港立法会的重要组成部分，其在香港政治运行中发挥了积极作用，但近些年来，香港社会对功能界别议席存有不同的看法，特别是在"双普选"议题下，功能界别议席的改革走向成为中央政府和香港各界共同关注的焦点之一。为了加深对这一问题的认识，我们有必要对功能界别议席改革问题进行全面、系统和深入地研究。

一、香港立法会功能界别议席的由来和发展

　　所谓功能界别（Functional constituency），又称为功能组别或功能团体，是指通过从香港社会各行各业中挑选代表进入立法会，以实现政治参与、表达民意的目的，从而影响政府政策制定的一种制度。[1] 目前香港立法会的组成，主要分为两大部分，一是地区直选议席，二是功能界别议席。功能界别议席由功能界别按比例选举产生，占立法会议席的二分之一。横观当今国外议会制度，依据行业界别（类似于香港功能界别）来划分议席、产生议员的情形并非鲜见，只是其并未直接称"功能界别"而已。功能界别议席实质是职业代表制的一种具体形式。[2]

　　从历史上看，回归前港英政府时期的立法局就存在功能组别议席。1985年9月港英政府的立法局举行了有史以来的第一次选举，以选举团和功能组别方式选举产生了24名非官守议员，其中"按照社会功能划分的选民组别"共选出12个议席。1988年，港英政府将立法局内"按社会功能划分的

---

　　[1]　张定淮、李墨竹：《香港功能界别制度：性质、困境与前景》，载黄卫平等编著：《当代中国政治研究报告》（第10辑），社会科学文献出版社，2013年版，第297页。
　　[2]　郝建臻著：《香港特别行政区行政与立法关系》，法律出版社，2011年版，第142页。

选民组别"正式更名为"功能组别",此后,功能组别议席不断增加,直至占据立法局全部议席60个席位的一半即30个议席。[①] 至1997年回归时,鉴于功能组别议席在香港社会中的独特作用,中央政府将其改造后保留了下来。[②] 当时中央政府之所以决定保留功能组别议席,主要基于两方面的考虑:一方面是,功能组别议席是港英政府时期行之有效的制度。香港是一个资本高度密集的商业社会,在经济发展过程中形成了不同的利益团体或界别,这样一来港英政府在推行其代议制改革过程中就要根据香港的实际情况,通过设置功能组别议席来平衡不同阶层、不同行业之间的利益。从实际治理绩效来看,该制度设置在港英政府时期的确产生了良好的效果。有鉴于此,回归后中央政府也就将这一制度经改造后保留了下来。正如前国务院副总理钱其琛所说:"过去的实践已经证明功能组别选举模式是一种确保社会各阶层人民均衡参与政治生活的有效方式。因此,这应该被完整地保留。"[③] 另一方面是,保留功能界别议席有助于保障香港社会各阶层的均衡参与。香港社会的28个界别所创造的财富,占香港生产总值的90%以上,作为香港利益集团的重要代表和香港经济发展的重大贡献者,各个界别的利益和主张应当在立法会中有所体现。故中央政府依据回归前的做法将香港社会划分为不同的功能界别,并在此基础上由不同功能界别按比例选举产生议员进入立法会,以促使立法会更好地体现香港社会各阶层的利益,防止以简单的"多数主义"侵犯少数人的利益。

自1997年回归以来,香港立法会的功能界别议席均保持在30席,其中2012年第五届立法会时又增加了5个区议会功能议席。功能界别议席的具体发展和变化情况如下表:

香港功能组别议席在香港政治发展史上具有独特的地位和影响,特别是回归以来的实践表明,立法会功能界别议席为香港各界团体的利益表达发挥了非常重要的积极作用,并得到相关各界的广泛认同。

---

① 李晓惠:《香港普选保留功能组别的法理依据与可行模式研究》,载《政治学研究》,2012年第5期,第80页。

② 需要注意的是,在称谓上,回归前更多地称为"功能组别",回归后更多地称为"功能界别",但其实质涵义并未发生变化。

③ Christine Loh, Civic Exchange, eds. Functional Constituencies: *A Unique Feature of Hong Kong Legislative Council*, Hong Kong University Press, 2006, p. 62.

1997 年后香港立法会议席变化情况表

年份	届别	选举产生方式			
		功能组别	分区直选	选举委员会选举	区议会功能组别
1998—2000	第一届立法会	30	20	10	
2000—2004	第二届立法会	30	24	6	
2004—2008	第三届立法会	30	30		
2008—2012	第四届立法会	30	30		
2012—2016	第五届立法会	30	35		5

资料来源：作者自制

二、关于立法会功能界别议席改革的争议

长期以来，香港各派政治力量对立法会功能界别议席改革所持的态度颇有分歧，各方围绕立法会普选模式展开激烈论争，其核心是立法会功能界别议席的改革或存废问题。基于此，各派政治力量还提出了不同的改革主张及方案。

（一）早期关于"两院制"的改革方案及其终结

主张香港立法会实施"两院制"的论调，并非始自当下。事实上，"两院制"方案在香港基本法起草之初就曾被讨论过，但当时起草小组考虑到香港仅是一个城市，设立两个议院无甚必要，于是修改成直选议席与功能组别议席分别投票的制度。随着香港回归后行政与立法关系紧张局面的出现，以及对于将来议员全部普选后关于功能界别议席存废问题讨论的深入，"两院制"方案再次"浮出水面"。① 这些"两院制"方案的主要内容，可概括为如下三点：一是关于两院的结构。参照西方两院制议会机构，主张将香港分区直选议席改为带有西方"下议院"性质的议席，并将设置这些议席的机构称为"地区院"，将功能界别议席改为带有西方"上议院"性质的议席，并将设置这些议席的组织机构称为"功能院"。② 二是关于两院的产生方式。参照西方两院制下议员的选举方式，结合香港既有的功能界别选举作

① 郝建臻著：《香港特别行政区行政与立法关系》，法律出版社，2011 年版，第 152 页。
② 陈咏华：《香港功能组别几种改革方案的利弊分析》，载《一国两制和基本法》（内刊），2013 年第 1 期，第 125 页。

法，主张"地区院"由分区直选产生，而"功能院"则继续由功能界别选举产生。① 与此同时，也有人对"功能院"选举提出新的方案，即不单包括由功能界别选举产生，还包括由行政长官委任产生、普选产生等。② 三是关于两院的权力配置。参照西方国家议会中上议院和下议院的关系，不难推知，假如香港实行"两院制"，"功能院"的权限会小于"直选院"的权限。尤其在立法权上，通常认为"功能院"不能否决"直选院"通过的法案，但可延缓其生效。但从实践来看，延缓其生效的运作，通常要受到延缓时限、次数等规定的限制。③

从上述"两院制"方案来看，它能在一定程度上满足部分香港政党和居民全面实现普选的诉求，也永久性地保留了功能界别议席，是结合西方两院制和香港功能界别议席选举的一种折中方案，能够满足代表的广泛性和均衡性的要求。但它也暗含着两个方面的弊端：一是它名义上以"功能院"方式保留了功能界别议席，实际上由于"直选院"的权限大于"功能院"的权限，这会限制功能界别议席积极功能的正常发挥。二是功能界别议席的积极功能受到限制，就意味着行政长官施政的协同力量将减少，这既不利于行政长官依法施政，也不利于维护行政主导架构。有鉴于此，2007 年香港《政制发展绿皮书》明确指出不再将"两院制"方案作为立法会改革的讨论对象。④

（二）普选情势下关于功能界别议席的存废之争

虽然"两院制"改革方案已被特区政府摒弃，但围绕着立法会功能界别议席问题的改革论争从未停止过。尤其随着香港立法会逐步走向普选，关于功能界别议席的存废之争日趋激烈。从总体上看，目前存在以下两种对立的观点。

1. "废除论"

主张废除立法会现存的 60 个功能界别议席，将其全部交由分区直选产生。这种主张得到泛民人士和少数建制派人士的支持。概括起来，"废除

---

① 《工商专联倡两院制推动普选》，载香港《明报》，2005 年 3 月 5 日。
② 刘廼强：《两院制时间表和路线图》，载香港《信报财经新闻》，2005 年 8 月 16 日。
③ 陈咏华：《香港功能组别几种改革方案的利弊分析》，载《一国两制和基本法》（内刊），2013 年第 1 期，第 125 页。
④ 陈咏华：《香港功能组别几种改革方案的利弊分析》，载《一国两制和基本法》（内刊），2013 年第 1 期，第 126—127 页。

论"的主要理据如下：其一，功能界别议席是一种"特权制度"。香港反对派强烈诋毁功能界别议席制度，认为这是一种"特权制度"。根据 2004 年香港特区政府的统计数字，香港 28 个功能界别的选民数字为 19 万 2374 人；与选民数字为 320 万的分区直选相比较，功能界别议席选举被指责为"小圈子"选举。其二，功能界别议席片面配合行政长官施政。在立法会中，功能界别议席是与中央政府和行政长官的相协同的主张力量。正因如此，泛民人士视功能界别议席为"眼中钉"，坚决主张将其废除。其三，功能界别议席违背"一人一票"选举原则。由于功能界别议席的存在而使香港选举制度中出现部分人拥有"一人两票"的现象。按规定，由于只有本界别成员才具有功能界别选举的投票权，而在分区直选中功能界别成员也具有投票权，这就使得立法会选举中存在着选举权不平等现象，泛民人士指责这违背了"一人一票"的平等原则。其四，功能界别议员缺乏应有的议事能力。由于功能界别议员是以界别分组选出来的议员，因而功能界别议员在讨论社会整体事务时，未必能从社会整体的宏观角度来议事。他们会先照顾界别选民的利益，使社会趋向分化、甚至对抗。其五，功能界别议席制度还存在其他一些问题，例如现实功能界别议席的代表权在香港社会是否最大限度地体现了均衡性的问题，机构代表的设置是否真实反映了其所代表行业的投票意愿的问题，功能选区内部选举的民主程度与分区直选相比是否相对较低的问题，功能界别议员在立法会中的绩效表现是否缺乏公共性的问题，等等。①概而言之，在泛民人士和部分香港居民看来，功能界别议席制度与普选理念及实践有些"背道而驰"。

2. "保留论"

立法会功能界别议席制度目前是香港特别行政区代议民主制度的重要组成部分，其为香港社会的繁荣与稳定，以及中央对香港的有效管治发挥了积极的作用。中央政府、特区政府和建制派均一致肯定功能界别议席在香港回归以来为香港稳定所做出的贡献，于是主张在 2020 年立法会普选实现之后，仍继续保留功能界别议席。按照均衡参与原则，香港作为一个商业城市，为香港贡献了约计九成生产总值的工商界、金融界等功能界别应该享有充分的代表权。普选是指立法会中的所有议席均由香港居民直接选举产生，需要废

---

① 张定淮、李墨竹：《香港功能界别制度：性质、困境与前景》，载黄卫平等编著：《当代中国政治研究报告》（第 10 辑），社会科学文献出版社，2013 年版，第 304 页。

除的是当下功能界别议席仅由功能界内部分选民和选民团体选举产生的办法，但这与立法会继续保留功能界别议席并不冲突，只需要将功能界别议席的选举方式由过去依据功能界别选举产生变为由普选产生，即可使功能界别议席制度与普选之间的冲突得到协调。从维护行政主导架构和便于中央政府有效管治香港的角度看，继续保留功能界别议席确有必要。如果立刻废除功能界别议席，有可能对香港的行政主导架构产生巨大冲击。同时，功能界别议席往往是建制派争取立法会议席的重地，取消功能界别议席将严重削弱建制派的影响力。

由上可见，各方在立法会功能界别议席存废问题上的意见分歧很大，且短期内难以取得突破性共识。但需要指出的是，根据香港基本法的原则，对于功能界别议席的存废问题，中央政府拥有主导权和最终决定权。争议各方若能在分歧中寻求到共识性方案，那无疑是解决该问题的最佳方案；但如若不能达成共识性方案，那么最后只好由中央政府来决定功能界别议席的改革走向。

三、未来处理立法会功能界别议席的
理性选择："保留＋改造"

笔者认为，鉴于香港基本法对于功能界别议席制度所做出的原则性规定，以及该制度在目前香港社会和政治运行中所发挥的实际作用，必须继续保留这一制度。但保留之后，应适时加以"适应性改造"，使其符合立法会普选的需要。

（一）今后应继续保留功能界别议席的理据和意义

1. 继续保留功能界别议席的正当法理

第一，符合香港基本法的原则和规定。"普选"并非意味着全部议员均由分区直选产生，也并非意味着要最终取消功能界别。"一人一票"的地区直选固然是普选，但却不是普选的唯一形式。现行的功能界别选举中那些以团体票或公司票为基础的间接选举，当然不能称为普选，但按照普选要求改造后具有广泛性和代表性的功能界别选举，亦是普选的形式之一。所以，基本法并没有否定功能界别在普选后的立法会中所扮演的适当角色。只要功能界别能够在改造后按普选方式产生议员，达至普选的要求，就不存在所谓违反基本法的问题。事实上，有些功能界别（如教育界、法律界、会计界、医学界、卫生服务界、工程界、建筑测量及都市规划界、社会福利界等）已经实现了界别内的普及性直接选举。至于那些仍然采用间接选举的功能界别，则可以按普选要求进行改造。①

第二，并非违背《公民权利和政治权利国际公约》。泛民人士指责未来实行立法会普选后仍然保留功能界别，会违反《公民权利和政治权利国际公约》（以下简称《人权公约》）第 25 条 b 款关于"普遍和平等"的规定。从法理上看，保留功能界别与《人权公约》中"普遍和平等"原则并不冲突。这是因为：其一，《人权公约》的规定仅仅是对落实选举权的一般价值的指引，而非要将任何一个既定的政治模式强加于任何地方，联合国认同没有一个适合所有人和所有国家的政治制度或选举模式。其二，"普遍"所强调的是：不能不合理地限制选举权，但并不排除法律对于选举权的合理限制；"平等"首先强调人人拥有平等的选举权，但是"平等"并不等于形式上的"一人一票"，"一人一票"未必能实现普选的实质平等。其三，当前各国对《人权公约》25 条存在着不同的理解，有些国家根据本国国情和宪法、法律规定对 25 条予以了保留。在实践中，各国落实 25 条的具体制度也具有多样性。

第三，香港普选的法律根据是香港基本法，而非《人权公约》。1976 年《人权公约》被引入香港时，英国对第 25 条涉及普选的 b 项条款做出了保留，直至香港回归前，英国并未撤销这一保留。中国政府已经通过香港基本法对因英国保留而无法在香港适用的公约第 25 条 b 项的实质内容，做出了明确的承诺并予以法律保障。《人权公约》的各项规定已经在香港基本法和相关法律中得到充分体现。未来香港的普选将通过基本法而非借由《人权公约》来实现。既然香港普选的法律依据是香港基本法而非《人权公约》，按照普选的要求改造后保留功能界别也就不存在违反《人权公约》的问题。② 国际法是不能用来对抗、压制甚至凌驾于基本法之上的，这种做法旨在对抗和削弱基本法赋予中央对香港政制发展的主导权。③

---

① 李晓惠：《香港普选保留功能组别的法理依据与可行模式研究》，载《政治学研究》，2012 年第 5 期，第 81—82 页。

② 李晓惠：《香港普选保留功能组别的法理依据与可行模式研究》，载《政治学研究》，2012 年第 5 期，第 84 页。

③ 饶戈平：《人权公约不能构成香港普选的依据》，载《中外法学》，2008 年第 3 期，第 456 页。

2. 继续保留功能界别议席的现实意义

第一，有助于维护香港行政主导架构。行政主导是香港特区政治体制的最大特点，而最能体现行政主导原则的规定，就是所谓分组点票机制：政府提出的法案，只需获得出席会议的全体议员的过半数票即为通过；立法会议员个人提出的议案、法案和对政府法案的修正案，均须分别经功能组别和地区直选议员各半数通过。分组点票机制的最大特点，就是政府的议案可以在较低门槛下通过，议员的议案则需经过较高门槛才能通过。这是确保公共行政效率的重要制度。然而，在分组点票机制中，功能界别议席制度扮演着关键角色，如果废除了功能界别议席，分组点票机制也将随之消失，立法会对政府的制衡作用会大大加强，这会对行政主导体制造成巨大冲击，从而使行政主导架构的运作更加困难。①

第二，有助于中央政府有效管治香港。实践证明，功能界别议员在中央管治香港的过程中发挥了不可替代的重要作用，并对中央与香港关系产生了积极的重要影响。保留功能界别议席有助于建制派赢得更多的立法会议席。如果继续保留功能界别议席，无疑对建制派更为有利。倘若废除功能界别议席，最大的受害者则是大部分建制派政党，他们在立法会中的议席将会减少，实力将被大大削弱。从目前来看，建制派能够更多地配合中央管治香港。事实上，只有当行政长官取得立法会中建制派力量的有效配合后，其才能更有效地配合中央政府依法管治香港。

第三，有助于行政长官有效施政。因为根据相关规定和解释，行政长官必须是"爱国爱港"、与中央保持一致的人士，行政长官的这一立场决定了其施政必然会遭到泛民派的抵制和制衡。泛民派向来擅长分区直选，由此不难预知：立法会普选之后，泛民派的议席会进一步增加，这就更需要保留立法会功能界别议席，以限制泛民派在立法会中的势力扩张，从而减少行政长官依法施政的阻力。因此，保留立法会功能界别议席，可以保持立法会中同行政长官相协同的政治力量，平衡或减少立法会中泛民力量对行政长官施政的掣肘。

第四，有助于社会各阶层的均衡参与。香港工商界对于香港经济发展的影响举足轻重，但他们人数较少。如若只采取单一的地区直选方式，人数较

① 李晓惠：《香港普选保留功能组别的法理依据与可行模式研究》，载《政治学研究》，2012年第5期，第84页。

少的工商界就会在政治参与方面明显处于劣势，进而导致实质上的不平等。因此，所谓"均衡参与"主要是指如何确保工商界人士在香港政治发展中的必要而适当的参与。保留功能界别议席正是确保香港工商界实现均衡参与的制度保证。[①]　均衡参与是香港政制发展的一项基本原则，在探讨香港立法会的普选模式时仍须遵循。如果全面废除功能界别议席，全部改为地区直选议席，均衡参与原则将从此消失，兼顾香港独特政制发展史以及有利资本主义发展的要求将无从体现，最终会损害香港的传统优势及国际商业中心的地位。

第五，有助于压缩政党（特别是泛民派政党）活动的空间。在西方政党政治中，议会是政党竞争和角逐的重要舞台，政党提名和支持其党员参与议会议员选举；政党通常在议会内组成议会党团，用以协调本党议会议员；政党是法律和政策草案制定的主体，并将法律和政策草案提交给议会予以合法化，从而发挥政党政策制定的功能。可以发现，西方政党在议会内的活动方式在香港表现得并不充分，其主要原因就在于立法会功能界别议席的设置限制了香港政党的活动空间。在立法会中设有功能界别议席的情况下，香港政党仅能角逐分区直选议席，而不能角逐功能界别议席。这样一来，香港政党的活动就受到了很大限制，避免香港出现因政治参与膨胀而导致的政党恶性竞争，有利于香港社会的长期繁荣与稳定。

（二）应在保留基础上加以"普选化"改造

尽管保留功能界别议席存有上述法理依据和现实意义，但也存在一些问题，这就需要我们按照普选要求对其加以改造和完善。针对功能界别议席中存在的"选举权的不平等性"和"行业代表产生的欠民主性"等问题，学界提出了各种解决方案，代表性方案如下：

1. 全港"一人一票"制方案

有学者认为，在保留功能界别议席的前提下，可以通过"单一登记"即避免选民重复登记投票就可以解决部分人士"一人两票"问题。按照这种思路，凡是参加了功能界别选举登记投票的选民，就不可再参加分区直选的登记投票；反之，凡是参加了分区直选登记投票的选民，就不可再参加功

---

①　李晓惠：《香港普选保留功能组别的法理依据与可行模式研究》，载《政治学研究》，2012年第5期，第82页。

能界别选举的登记投票。这样可以解决部分人士的"一人两票"问题，从而实现"一人一票"的平等投票权原则。①

毋庸置疑，"一人一票"制方案是就如何实现普选制度与功能议席制度的相互衔接问题所进行的积极探索，其在一定程度上既可以解决功能界别议席的保留所受到的挑战问题，又可以解决投票权的不平等问题。但若从"普遍"和"平等"这两个原则来审视，该方案着重解决的是部分选民"一人两票"的不平等问题，体现了投票权的平等性。但该方案在落实"普遍"原则方面却存有瑕疵，因为其是以"限制一部分选民投票"（即要么参加分区直选登记投票，要么参加功能界别登记投票）的方式来实现"一人一票"，这实际上仅是"部分选民"的"一人一票"，而非所有选民的"一人一票"，这与"普遍"原则的要求存有落差。

2. 全港"一人两票"制方案

有学者积极探讨功能界别议席的普选化方案，典型观点有以下两种：第一种是"先界别提名后普选"方案，即先由原来的功能界别选民提名该界别的人士作为候选人，然后再交由全港选民普选。具体做法是，每个选民在选举地区直选议员的同时，也选出所有28个界别的35位功能界别议员。在建制派看来，这是"双普选"实施后的可行选择。原有功能界别提名并由部分人选举的方式与"普选"的价值理念有所冲突，确实难以继续维持，因此他们尽力捍卫现有的功能界别议席和立法会议员候选人提名权，并且将候选人的提名权掌握在功能界手中。② 从中央的角度来看，这个方案既照顾了未来立法会全面普选的情势又保留了功能界别议席，亦不失为可行的选择。对于温和泛民派来说，大多数愿意接受这种"改良版"功能界别议席模式。第二种是"界别直接普选"方案，该方案目的在于全面扩大功能界别选举的选民基础。首先，将28个界别的选民全面改为个人票；其次，将全港所有选民分别纳入不同的界别，使功能界别的选民基础与地区直选一样扩大至全港选民。全港每位选民将以"一人两票"制，分别在地区直选及功能界别选举中投票，以达致普选的要求。③ 尽管上述两种方案存有不同，

① 张定淮、李墨竹：《香港功能界别制度：性质、困境与前景》，载黄卫平等编著：《当代中国政治研究报告》（第10辑），社会科学文献出版社，2013年版，第308页。
② 陈丽君著：《香港政党政治与选举制度研究》，中国社会科学出版社，2013年版，第353页。
③ 李晓惠：《香港普选保留功能组别的法理依据与可行模式研究》，载《政治学研究》，2012年第5期，第89页。

但并不存在不可逾越的障碍，均可以作为实现功能界别普选化的选择。在功能界别议席普选中，不采用分区直选中政党主导的提名方式，由各功能界先提名，然后再交由香港居民普选，这可以减轻泛民派对功能界别议席的反对，更有效地让"爱国爱港"人士得到功能界的提名。全港"一人两票"制可以为保留立法会功能界别议席和立法会普选提供折衷方案。这些方案中的合理因素值得中央政府在具体制定立法会普选方案和功能界别议席改革方案中加以考虑和借鉴。

从整体来看，"一人两票"制既符合基本法关于立法会全面普选的规定，又能够在既有立法会结构不变的前提下保留功能界别议席，应该是一种较好的折衷方案，其被中央政府和香港各方政治力量所共同接受的概率较大。但是"一人两票"制在某些情况下也有其缺点：一是依据基本法，单纯扩大选民基础或改变功能界别的划分，只需要特区本地立法即可，特区可以规避中央在香港政制发展问题上的主导权；二是各方可能会在如何划分功能界别问题上产生新的无休止争论；三是普选情势下投给功能界别的选票有可能成为概念上的"虚票"，并非能达到保护各团体利益的初衷。可见，倘若要实施"一人两票"制，尚有许多具体问题需要进一步解决。①

四、余论

在一定意义上说，香港功能界别议席的设置是香港政治生态逐步演进的结果，属于渐进性的民主政治安排，有其独特的价值。从中央有效管治香港角度看，在立法会实施普选后的一段时期内仍有必要保留功能议席，以便保持立法会中与中央政府和行政长官相协同的力量。从香港泛民派政党和部分居民的角度看，他们认为继续保留功能界别议席的立法会普选并非真正意义上的普选，进而可能继续为此纠缠、对抗中央政府，继续主张废除功能界别议席。那么，功能界别议席能否作为一个过渡性的权宜之计，保留一段时间之后最终将其废除？就目前来看，这是一个很难回答的问题。因为这个问题的解决并非单单取决于功能界别议席自身，还取决于香港社会特殊的政治生态背景和一系列复杂的政治因素。从政治发展的角度来看，未来立法会功能

---

① 陈咏华：《香港功能组别几种改革方案的利弊分析》，载《一国两制和基本法》（内刊），2013年第1期，第128—132页。

界别议席的走向乃至存废取决于以下两个关键要素：

第一，香港的政治生态是否会得到改善。香港在政治发展过程中，其社会政治生态出现了严重的异化现象，主要表现在两个方面：一是民主工具主义。民主被用来作为反对特区政府和中央政府的工具，泛民派要求废除功能界别议席的"醉翁之意"很大程度上在于借民主来扩大活动舞台，借直接"民意"来增强其对抗中央和特区政府的"合法性"。二是社会撕裂与对抗。回归后，香港社会一直存在着泛民主派和建制派两大对抗阵营，两者各自动员民众，互相攻击。香港政治发展过程中出现的上述问题或现象，反过来又会对香港功能议席的走向产生不可低估的影响，在一定程度上增大了中央政府在决定功能界别议席去留问题上的顾虑。

第二，是否要放开香港的政党政治。功能界别议席的产生和存在虽有合理性的一面，但其蕴涵的理念与现代民主也略有偏差。那么，在功能界别议席的去向问题上，怎样才能设计出一种既能防止行政和立法关系割裂而又不违反基本法规定的方式呢？有人认为，普选实施后欲继续体现均衡参与原则，保障工商、金融等界别的充分代表权，不应再单纯地依靠功能界别议席制度，而应逐步有意识地支持与自身利益诉求契合的政党，或者组建新的政党以反映自身利益诉求。从理论上说，这个思路没有问题；但从现实层面看，这个问题却关涉到是否允许香港实行政党政治的问题，[①] 而后者又涉及香港社会的政治生态能否改善的问题。从选举与政党政治的关系来看，在未来条件成熟时，即香港社会的政治生态得到完全改善后，逐渐取消功能界别议席也并非一个不可协商的问题。但这个问题的协商和解决又主要取决于香港社会政治生态的改善状况和民主政治的成熟程度。就目前香港的政治生态和民主发育水平而言，这个问题不具有协商的空间，因为在目前香港社会充满民粹性和对抗性的撕裂状态下，倘若贸然废除功能界别议席制度，则只能增加香港社会的混乱。

由上可知，香港政治生态能否得到改善、是否放开香港政党政治与立法会功能界别议席的存废有着紧密的关联，三者互为因果，相互影响。在一定意义上说，三者是同一个问题的不同侧面。因此，香港社会应全面地、客观地、冷静地看待这一问题，深刻反思和检视自身在政治发展过程中出现的问

---

① 王英津：《"双普选"对香港政治发展的影响与应对》，载《探索与争鸣》，2012年第6期，第71页。

题及原因，然后认真地、及时地对这些问题加以解决，从而为解决功能界别议席之争议创造良好的政治环境和条件。倘若香港的政治生态环境没有得到根本改善，政党政治便不会被解禁，功能界别议席也就不会被废除。因此，可以预见，立法会在实现普选后的很长一段时间内会继续保留功能界别议席。至于在继续保留功能界别议席一段时间后，是否会逐步废除功能界别议席，最终全面实现分区直选，这有待于中央政府届时依据未来香港政治生态的改善状况和政治发展的具体情况作出具体判断和决定。

（原载《国外理论动态》2016 年第 1 期）

香港行政长官政党身份限制问题刍议*

香港回归后，中央为了维护行政主导架构和香港社会繁荣稳定，不希望香港政治朝着政党政治的方向发展，为此而采取的举措之一即限制行政长官的政党身份。1996 年全国人大香港特别行政区筹委会通过的《中华人民共和国香港特别行政区第一任行政长官人选的产生办法》第四条规定："有意参选第一任行政长官的人应以个人身份接受提名。具有政党或政治团体身份的人在表明参选意愿前必须退出政党或政治团体。"① 这表明，退出政党或政治团体是参选行政长官的前提条件。2001 年香港立法会通过的《行政长官选举条例》规定："准许政党成员竞逐行政长官，惟他们须在获提名时声明他们是以个人身份参选。倘若有政党成员当选，必须在当选后七个工作日内，公开作出法定声明，表明不再是任何政党的成员，并书面承诺，不会在任期内加入任何政党，也不会受任何政党的党纪所规限。"这表明，退出政党是香港行政长官候任人出任行政长官的前提条件。香港回归近二十年的实践证明，中央限制行政长官政党身份的举措为中央有效管治香港和香港社会的长期稳定发挥了重要而积极的作用，但也出现了一些问题。随着"双普选"的实施，这些问题可能会进一步凸显。那么，究竟应该如何对待"双普选"条件下限制行政长官政党身份问题，这需要深入分析。

一、中央限制行政长官政党身份的初始考虑

香港作为中央政府下辖的特别行政区，香港政治发展必须立足于三个基本点：国家主权统一、中央政府有效管治香港和香港社会繁荣稳定。中央限制香港行政长官政党身份是综合考虑上述三个基本点的结果。具体分析

　＊　本文系笔者与李龙博士的合作研究成果。
　　①　全国人大常委会香港基本法委员会办公室编：《全国人民代表大会香港特别行政区筹备委员会文件汇编》，中国民主法制出版社，2011 年版，第 225 页。

如下：

第一，减少政党组织对行政长官的掣肘。经过综合权衡，中央在香港确立了行政主导型政治架构。行政主导型政治架构要得以顺畅运作，就必须减少香港社会内部各种政治力量对行政长官的掣肘，尤其是政党组织。从西方国家政党政治的实践可以推知，如果行政长官存在政党身份，那么作为政党组织代言人的行政长官就必定会受到其所在政党的制约，同时也会受到所谓"反对党"的掣肘。中央认为，这不符合行政主导原则，不利于行政长官依法施政，同时还会导致负责机制的多元化，即由过去单纯地对中央政府和香港特别行政区负责，变为除此之外还要对其所属政党负责。在很多情况下，对政党负责与对中央负责可能会发生冲突，行政长官依法施政的独立性就会受到制约，中央在香港确立的行政主导架构也就难以有效运行。总之，限制行政长官政党身份有助于行政长官保持独立性，也有助于增加行政长官与中央的协同性。

第二，不希望香港政治朝着西式政党政治模式发展。邓小平在1987年会见香港基本法起草委员会委员时提出："香港的制度不能完全西化，不能照搬西方的一套。香港现在就不是实行英国的制度、美国的制度，这样也过了一个半世纪了。现在如果完全照搬，比如搞三权分立，搞英美的议会制度，并以此来判断是否民主，恐怕不适宜。"① 鉴于邓小平的指示和中央政府对西方政党政治所存问题的认知，中央在香港政党与特区政府的关系上，反对香港特区搞西式政党政治，认为这对香港特区的政治稳定会产生不利影响。当时的认识逻辑是，如果不限制行政长官政党身份，就意味着政党组织可以角逐行政长官选举，这必然会加剧各政党和整团对行政长官选举的染指和角逐，从而使香港走向西式政党政治。此外，香港有"亲中央"和"反中央"的政治力量划分，倘若不限制政党的活动空间，则可能扩大"反中央"政党的活动空间，加上外部反华势力利用香港"反中央"政党干涉中国内政，这势必冲击中央有效管治香港。所以，有必要限制包括行政长官政党身份在内的政党政治发展。

第三，避免香港出现"执政党"与"反对党"之分。香港政党及政党活动产生时间较短，发展尚不成熟。主要表现为：香港政党处在发展初期，很多政党精英和个人政治参与积极性极高，对政党政治比较狂热；香港部分

① 《邓小平文选》（第三卷），人民出版社，1993年版，第220页。

居民的政治态度存在非理性和极端化特征，香港政党活动出现异化，不是以香港经济社会发展为主，而是以"亲中央"还是"反中央"为主。因此，中央有必要依据基本法中规定的循序渐进原则，以"限制"来达到"引导"香港政治发展的目的。依据西方政党政治的理论和实践，如果允许行政长官有政党身份，那么行政长官所在的政党自然被视为"执政党"，从而出现"执政党"与"反对党"的分野；与行政长官选举相对应，立法会中同样也会出现"执政党"立法会议员与"反对党"立法会议员的划分。由于香港出现"亲中央"和"反中央"两大政党阵营，但只有"亲中央"的"爱国爱港"人士才能得到中央任命。如果"亲中央"行政长官所在政党被认为是"执政党"，那么"反中央"政党将会处处刁难行政长官，行政长官的对抗力量就势必会增加，行政主导架构就会被削弱。通过对行政长官政党身份的限制，可以避免香港出现"执政党"与"反对党"的分野，增加政党及其参与的立法会与行政长官的协同力量。

二、限制行政长官政党身份的实际效果

香港回归以来，中央政府限制行政长官政党身份的举措在管治香港过程中发挥了重要作用，主要表现在保证香港政治发展有序可控、减少政党对行政长官掣肘等方面：

首先，避免因政治参与膨胀而导致政治不稳定。通常而言，在民主化初期，精英和大众的政治参与热情往往较高，可能出现政治参与膨胀，然而政治参与膨胀必须有与其相适应的政治制度化水平，倘若政治制度化水平不能满足政治参与的需要，就容易产生政治不稳定。香港回归以后，香港政治精英和居民的政治参与热情普遍较高，然而香港的政治制度化水平却较低，出现政治不稳定的可能性较大。中央政府限制行政长官政党身份的举措在一定程度上有效控制了香港政治参与的发展速度和程度，避免香港社会因制度化建设不足而可能导致政治不稳定。

其次，避免因恶性党争而导致社会混乱。依据落后国家和地区的政治发展经验可知，在民主化初期，西方竞争性选举和政党轮替等选举和政党政治往往会冲击这些国家和地区的政治稳定。原因在于，这些国家和地区的实际情况往往要复杂得多，社会比较分裂，缺乏同质性，完全照搬西方选举和政党政治的结果往往是恶性党争和社会分裂的"恶性循环"。香港社会分裂较

为明显，包括政治观念、贫富差距、身份认同等，中央通过限制行政长官政党身份等有限政党政治措施有效控制了香港政治发展进程，避免香港社会因为恶性党争陷入混乱。

最后，减少了政党组织对行政长官的掣肘。由于行政长官无政党身份，一方面，香港政党就难以对行政长官形成掣肘，也难以通过政党控制的立法会对行政长官形成掣肘，这有助于行政长官自主依法施政；另一方面，更为重要的是，政党及其控制的立法会对行政长官掣肘的减少有助于行政长官与中央保持协同性。香港回归近二十年的实践表明，由于无政党身份，在治港大政方针上，历任行政长官董建华、曾荫权、梁振英基本都能与中央保持一致性。

行政长官无政党身份固然有利于免受所属政党的牵制，进而有利于其同中央保持一致，但也使行政长官失去了政党的支撑和依托，这是行政长官难以有效施政的重要原因之一。在香港，泛民派及其支持者将行政长官看成中央政府的"代言人"，在立法会中处处与行政长官为难，即便建制派政党及其支持者也难以完全做到把行政长官看成"自己人"，这就造成行政长官在香港政治社会中成为"孤家寡人"。在政府中，行政长官难以有效指挥行政机构，例如在曾荫权担任行政长官时期，行政机构不配合行政长官，致使曾荫权不得不启用香港政党领袖担任行政机构部门首长，以增加行政机构内部的协同性。在立法会中，泛民派处处与行政长官为敌，利用立法权制衡行政权，即便建制派也在经济社会议题上为难行政长官。民建联在 2003 年区议会选举失败后就表示，不会盲目支持政府，当认为政府施政不符合民意，就不会支持。[①]

三、取消行政长官政党身份限制的利弊分析

如上文所说，限制行政长官政党身份整体实际效果比较积极，但也出现了一些问题。在这种背景下，"双普选"又将逐步落实，"双普选"条件下行政长官有效施政的难度可能进一步增大。因此，对于中央来说：其一，应该如何应对这些负面影响，是对限制行政长官政党身份做出局部调整，还是就此放开行政长官政党身份？其二，部分香港政党和居民表达出了政党政治

---

① 陈丽君著：《香港政党政治与选举制度研究》，中国社会科学出版社，2013 年版，第136 页。

诉求，其中包括放开行政长官政党身份。那么，我们该如何看待这些诉求？中央政府又该做出怎样的选择？为此，我们需要对取消行政长官政党身份限制的"利"与"弊"进行全面分析。

通过取消行政长官政党身份限制一定程度上有助于缓解行政和立法的紧张关系，[①] 行政长官在依托力量的支持下可以有效施政。有学者也认为，"在这样一种设想之下，是否可以考虑在对香港具有政党性质的政治组织进行规范的前提下，逐步放开对行政长官政党属性的限制，以增强行政长官的施政能力。这对于解决香港回归后行政主导体制弱化问题不乏为一种思路。"[②] 同时，长远来看，中央可以通过放开行政长官政党身份等举措逐步从香港内部的缠斗中解脱出来，避免香港内部两大政治派别之间的矛盾被简单地转嫁给（甚至等同于）中央与香港特区的矛盾，从而造成部分香港居民和政党将中央作为攻击的对象。

然而，需要注意两点：其一，虽然取消行政长官政党身份限制可能具有上述积极意义，但是一段时间内，由于泛民派政党及其支持者坚持对抗中央，就需要权衡取消行政长官政党身份限制的积极意义和消极影响，而不应只关注积极意义；其二，取消行政长官政党身份限制的确有积极意义，但能否总体超过消极影响，实现"利"大于"弊"，这可能需要相当长一段时间，并非当下就具备条件。目前以及未来一段时间内，取消行政长官政党身份限制可能产生如下一些消极影响：

第一，可能会在短期内出现政治不稳定现象。一方面，从政党对政局的影响来看，当下香港社会的民主政治尚不成熟，如果中央政府放开行政长官政党身份限制，香港政治很可能在短期内出现新一轮的组党高潮，随之而来的即是政党组织的分化、整合和重组，在这个过程中难免出现政治和社会不稳定，甚至对抗中央局面的加剧。另一方面，从香港居民对政局的影响来看，其他国家或地区的民主化经验表明，在民主化初期，公民的政治参与热情会出现空前膨胀的局面，政治投票率会很高。但是，香港民主政治尚不成熟，且其主导议题有异化倾向，加上政党政治下香港居民政治参与的制度并不完善，公民政治参与制度化的观念也不强，因此可能会因为短期内的政治

---

① 缓解行政和立法关系并非指立法将配合行政，而是指立法会中泛民派政党仍将继续公开牵制行政长官，但建制派政党也可以公开支持行政长官。
② 张定淮、甘长山：《论香港政党政治的发展空间和限度》，载《深圳大学学报》（人文社会科学版）2013 年第 5 期，第 56 页。

参与膨胀而出现政治不稳定局面。比较政治的经验表明，这种不稳定局面在短期内往往难以避免，但随着政党政治走向成熟，会逐渐消除这种现象。

第二，可能会在香港重演"台湾版本"的两大政党阵营对抗格局。当下台湾主要形成以国民党为首的"泛蓝"和以民进党为首的"泛绿"两大政党阵营格局，在两岸关系特殊背景下，台湾政党政治发生异化，即不以台湾经济和民生社会议题为导向，而是以"与大陆的关系"议题为导向。这种两大政治力量对抗的格局对于台湾社会内部的稳定，以及台湾的经济发展极为不利。同时对中国国家主权的统一和领土完整产生了冲击。以此分析，如果放开对香港行政长官政党身份限制，香港社会在目前建制派和泛民主派的基础上，很快会形成类似台湾社会的两大对抗性政党阵营，这两大阵营以"亲中央"或"反中央"来划界。这种局面一旦出现，短期内会激化香港内部的社会矛盾，不利于香港社会的政治稳定和持续发展。

第三，出现形式上的"执政党"与"反对党"之分，激化香港政党对立和竞争。由于行政长官有了政党身份，那么行政长官所在的政党就不单单是"支持性政党"，而是形式上的"执政党"，与其相对应的政党理所当然成为"反对党"。可见，在行政长官无政党身份背景下政党之间的对立和竞争会在行政长官有政党身份之后趋于台面化、公开化，建制派和泛民派直接的对立和冲突会因为谁是"执政党"、谁是"反对党"变得更加激烈，这可能会给香港社会的稳定造成冲击。泛民派可能在短期内主打"民主政治牌"，以反对中央政府插手香港事务为口号争取香港居民支持，这种政治宣传和竞选口号会进一步强化香港居民"反中央"的意识。台湾政党政治的实践表明，"民意"可能会对中央政府管治香港的合法性产生最大的冲突。在香港政党或政治精英挟"民意"对抗中央政府的情况下，中央政府的管治往往会陷入两难的境地，如果不按照所谓香港"民意"来治理香港，则会遭到违背"民意"的指责；如果按照所谓香港"民意"来治理香港，则会影响中央政府对香港的有效管治。

第四，可能给外部势力插手香港事务提供可乘之机。外部势力一直存在利用香港政党尤其是泛民派政党来插手香港事务，但在限制香港政党政治出现和发展的背景之下，政党的作用和影响力十分有限，其被利用来反华的政治价值也就大打折扣。但一旦放开对行政长官政党身份的限制，香港政党活动的舞台立即变大，其对香港社会的影响力也大大增强，香港政党在香港政治活动中的地位和角色变得空前重要和突出，这时外部势力可能会趁机利用香港政党（尤其泛民派政党）这一重要政治角色和力量来对抗中央，达到它们积极反华的目的，这将对中央政府有效管治香港甚至我国的国家安全形成挑战。因此，在此情势下必须认真研究放开政党政治后如何防止外部反华势力利用香港政党政治从事反华活动的对策。

四、短期内继续限制行政长官政党身份的必要性

由于目前及未来一段时间内条件还不成熟，取消行政长官政党身份限制的消极影响大于积极意义。一方面，目前及一段时间内不宜取消行政长官政党身份限制；另一方面，除非在未来条件成熟之后，才可以考虑逐步取消对行政长官政党身份的限制。

（一）未来一段时间内应继续限制行政长官政党身份

除上述取消行政长官政党身份限制的消极影响之外，需要结合"双普选"分析香港政治发展是否出现了新的变化，这些变化是否发展到需要取消行政长官政党身份限制的程度。就目前来看，香港政治发展尚未出现根本性的变化。

第一，中央管治香港政治发展的思路和能力没有发生根本变化。中央通过的"8·31"行政长官普选决定仍然可以有效确保行政长官候选人是"爱国爱港"人士，一定意义上可以说，行政长官普选并未对行政主导架构造成实质影响，行政长官仍然是中央有效管治香港的重要依托力量。因此，行政主导架构仍然需要维持。虽然"双普选"条件下维持行政主导的难度可能更大，实际效果也可能会受到影响，但相较而言，该架构仍然是较有效的治港方略。所以，当面对行政长官难以有效施政问题时，目前不宜因此考虑取消行政长官政党身份限制，而应该思考如何通过其他对策强化行政主导架构。此外，既然中央能够有效确保行政长官是"爱国爱港"人士，那么就不宜取消政党身份限制，以免造成在"双普选"条件下中央进一步被贴上仅支持建制派行政长官候选人的标签，增加不必要的麻烦。

第二，香港政治生态没有发生根本变化，泛民派及其支持者对抗中央的程度反而有所加强。泛民派政党及其支持者长期以来坚持对抗中央，在中央公布"8·31"行政长官普选决定后，其对抗的程度进一步增强。在这种严峻的背景下，实际上中央、香港政府和泛民派就进入一种"博弈"状态，

在这个关键点上，中央理应态度坚决，明确底线，在香港政党政治发展（包括放开行政长官政党身份）问题上保持应有的审慎，更不宜考虑取消行政长官政党身份。未来除非香港泛民派改变对抗中央的态度，坚持"爱国爱港"，真心致力于香港民主政治发展，回归到基本法框架下来与中央开展积极对话，否则中央不宜考虑取消行政长官政党身份限制。

第三，香港政党和居民还尚未将取消行政长官政党身份作为香港政治发展的主要诉求。目前来看，泛民派政党及其支持者与中央对抗的焦点主要集中在行政长官提名上，即反对由行政长官提名委员会提名，主张公民提名、政党提名等方式。可以预测，在 2020 年立法会普选方案中，他们还会继续将立法会功能组别议席及其提名方式作为斗争的焦点。可见，目前尚未出现要求全面放开行政长官政党身份的诉求，因此目前还尚未紧迫到需要取消限制。但是，需要前瞻性地注意到，这可能成为未来泛民派及其支持者下一步争取的目标。

"双普选"条件下，部分香港政党和居民将中央歪曲为在香港实行"假普选"，因此其对抗中央的程度在未来一段时间内可能更加激烈，行政长官的施政阻力可能会更大，未来泛民派可能在取消行政长官政党身份等政党政治问题上不断有新的诉求。只要泛民派及其支持者对抗中央的态度没有发生根本改变，中央就需要保持审慎，目前及一段时间内，就不宜取消行政长官政党身份限制。

（二）条件成熟时可渐进有序地放开香港政党政治

所谓未来条件成熟时可考虑取消行政长官政党身份限制，具体包括泛民派坚持"爱国爱港"，坚决贯彻基本法，香港民主真正回归到香港内部民生社会议题，而非以对抗中央为议题指向，切断和外部势力的联系等。在这种成熟的条件下，如果香港政党和居民有放开行政长官政党身份的诉求，那么依据"一国两制"方针，中央可以考虑放开香港行政长官政党身份，这既有助于中央从香港内部政治中脱离出来，在大政方针上有效管治香港，又可以更大范围地满足香港居民的诉求。不过，这可能需要相当长一段时间。同时，即便未来条件成熟，可以考虑放开香港政党政治，也需要注意如下几个问题：

第一，逐步有序放开。放开行政长官政党身份限制意味着放开了政党政治，香港政党的活动空间将进一步扩大。一方面，香港可能在短期内出现政治参与膨胀而导致的政治不稳定现象；另一方面，香港社会可能出现恶性党争，尤其是政党"挟民意"对抗中央的情况。为了减轻政治参与膨胀对香港政治稳定的冲击，避免香港政党政治异化为与中央政府对抗，中央政府需要逐步有序放开行政长官政党身份限制。一方面，这有助于中央政府控制香港政治发展进程，确保香港社会的政治稳定；另一方面，逐步放开意味着中央政府可以视香港政治发展的具体情况决定在什么条件下放开、什么时间放开和以什么方式放开等。如果香港政治发展得比较平稳，中央政府能够有效管治香港，那么可以考虑及早放开行政长官政党身份的限制；反之，中央政府可以考虑推迟放开的时间。

　　第二，处理好放开行政长官政党身份与取消立法会功能组别议席的先后关系。放开行政长官政党身份必须要和取消立法会功能组别议席结合起来通盘考虑，在"双普选"实现后，先放开谁，后放开谁至关重要。我们的建议是，先逐步放开行政长官政党政治身份限制，后逐步取消立法会功能组别议席。这是因为：其一，行政长官逐步拥有政党身份早于全面放开立法会选举，可使行政长官以政党为依托，在行政长官选举时宣传组织竞选，争取选民的支持，减少香港社会对行政长官施政的限制。同时，选民支持的增加也同时会对反对派对行政长官的掣肘形成"反制"，迫使反对派因民意而不得不在大多情况下选择与行政长官合作。其二，立法会逐步放开政党的全面介入，且晚于行政长官全面放开政党政治，就短期而言，不会对行政主导架构产生剧烈冲击（但以后不可避免）。由于继续保留功能组别议席，那么可以有效增加立法会中行政长官的协同力量，帮助香港普选和政党政治平稳过渡，稳妥有序推动香港民主发展。否则，倘若取消立法会的功能组别议席早于放开对行政长官的政党限制，原来功能组别立法会议员在很多情况下能支持行政长官的势力将会减少，行政长官"孤家寡人"问题将更严重，故不仅 2020 年立法会普选时应该保留功能组别议席，并且要在较长一个时间段内（20 年或更多）继续保留功能组别议席，并逐步减少。这种做法具有法理依据和现实必要，"按普选要求保留功能组别，是香港政治体制发展的实际需要，不仅符合基本法的原则，不存在违反《公民权利与政治政权国际公约》的问题，而且是可能争取社会各方面接受的最大公约数"。①

---

　　① 李晓惠：《香港普选保留功能组别的法理依据与可行模式研究》，载《政治学研究》，2012 年第 5 期，第 80 页。

第三，完善政党立法。放开行政长官政党身份的前提是完善香港政党立法。未来香港政党立法的作用主要有两个方面：其一，从表面上看中央政府"放开"了对香港政党政治的管治，但放开的前提是必须香港政党政治纳入法治化、公开化和规范化的轨道，即通过法治的方式对香港政党及其活动加以规范，这种约束符合西方国家对政党进行规制的通行做法，也可以应对当下香港政党活动无序的现状。其二，可以作为一种预案机制，即如果香港政党有接受非法资助、勾结外国反华势力、分裂国家等情况，可依照政党立法依法查处，重者依法予以解散。由西方国家的政党政治实践可知，政党立法符合西方惯例，对政党精英和政党活动都有规范和约束作用。

（成稿于 2014 年 11 月 2 日）

未来香港政党政治的前景：
限制抑或放开[*]

  "双普选"是香港回归以来选举政治的重大变化，依据西方选举政治和政党政治关系的实证研究可知，"双普选"将对香港政党活动产生影响，刺激香港未来实现政党政治的诉求。在"双普选"条件下，面对香港实现政党政治诉求的增强，一段时间内中央可以（且应该）利用其权威拒绝回应这种诉求，暂时不宜放开香港政党政治。从长期来看，中央有必要在放与不放之间做出权衡，如果条件成熟时需要放开，那么该放什么，怎么放？本文专门就这些问题进行如下探讨。

一、限制香港政党活动的现行规定

  从香港基本法等相关法律法规可以看出，香港政党活动的空间受到严格限制，尤其是在介入香港政治方面。依据西方政党政治的标准来看，虽然香港有政党，但并没有真正意义的政党政治，当今香港是有限政党政治局面。具体来看，主要表现在如下几个方面：

  其一，香港政党不能提名行政长官候选人。香港回归后，香港行政长官选举委员会一直从四大功能界别产生，人数从 400 人发展到 800 人再到1200 人，行政长官提名也由选举委员会中的 50 人发展到 100 人。行政长官普选后，2014 年 8 月 31 日《全国人民代表大会常务委员会关于香港特别行政区行政长官普选问题和 2016 年立法会产生办法的决定》指出："须组成一个有广泛代表性的提名委员会，提名委员会的人数、构成和委员产生办法按照第四任行政长官选举委员会的人数、构成和委员产生办法

---

  * 本文系笔者与李龙博士的合作研究成果。

而规定。"① 可见，即便香港行政长官实现普选，行政长官提名权也并不在香港政党，而在提名委员会手中。西方政党政治的核心之一是政党提名本党候选人参与国家元首或政府首脑竞争，政党据此介入政府，实现政党政治。然而，依据基本法和全国人大常委会通过的其他决定，香港政党显然不能提名行政长官候选人，政党介入政府的最主要渠道被中央强行"截断"了，香港也就不可能出现政党政治。政党不能提名行政长官候选人的制度设计价值在于，中央可以保证选举产生的行政长官是爱国爱港人士，并在此基础上建立行政主导架构。

其二，香港行政长官不能有政党身份。1996 年全国人大香港特别行政区筹委会通过的《中华人民共和国香港特别行政区第一任行政长官人选的产生办法》第四条规定："有意参选第一任行政长官的人应以个人身份接受提名。具有政党或政治团体身份的人在表明参选意愿前必须退出政党或政治团体。"② 可见，退出政党或政治团体是参选行政长官的前提条件。2001 年香港立法会通过的《香港特别行政区行政长官选举条例》规定："准许政党成员竞逐行政长官，惟他们须在获提名时声明他们是以个人身份参选。倘若有政党成员当选，必须在当选后七个工作日内，公开作出法定声明，表明不再是任何政党的成员，并书面承诺，不会在任期内加入任何政党，也不会受任何政党的党纪所规限。"可见，退出政党是香港行政长官候任人出任行政长官的前提条件。西方政党政治的另一个核心要素是国家元首或政府首脑具有政党身份，并据此有执政党和反对党的划分，出现竞争性政党政治。然而，依据现行相关规定，香港行政长官不能有政党身份，自然行政长官就无所谓是哪一个政党的代表，也无所谓哪个政党是执政党，哪个政党是反对党。在行政长官选举时，政党与政党之间的关系就不是公开的竞争关系，也就不会出现西方竞争性政党政治。行政长官不能有政党身份有利于行政长官在香港保持超然独立地位，免受政党掣肘，维护行政主导架构。

其三，香港政党不能全面介入立法会选举。回归以来，香港立法会的议席总数和议席分配在不断发生变化。但是，无论立法会议席怎么变化，香港政党始终未能全面介入立法会选举。香港立法会议席可以分为政党可以介入

① 强世功编：《香港政制发展资料汇编》（二），香港三联书店有限公司，2015 年版，第709—710 页。

② 全国人大常委会香港基本法委员会办公室编：《全国人民代表大会香港特别行政区筹备委员会文件汇编》，中国民主法制出版社，2011 年版，第 225 页。

和政党不能介入两大类。其一，政党可以介入的议席主要是分区直选议席，分区直选议席与西方议会选举基本类似，由政党主导，对所有政党开放。香港历次立法会选举改革后，分区直选议席的总数和比例均有所上升。其二，政党不能介入的议席主要是功能界别议席和选举委员会议席。功能界别议席选举中，政党的影响力十分有限，它并不对政党开放，功能界别议员是依据功能界选举产生。之所以立法会不全部对政党开放，原因在于功能界别议席设置有助于增加行政长官的协同力量，维护行政主导架构。从香港回归以来立法会议席变化情况来看，选举委员会选举议席的取消和分区直选议席的增加实际上是给政党提供了更大的活动空间，政党可以直接角逐的议席数量和比例都在增加。可以预测，在立法会普选之后，香港政党要求（逐步）取消功能界别议席，实现全面政党政治的诉求将进一步增强。

总之，西方政党政治下政党介入政治的主要途径在香港并不完全存在，中央通过制度设计将香港政党政治限制在非常狭小的政治空间内，故香港不能算是完全意义上的政党政治，换言之，香港是有限政党政治而非完全政党政治。

分析至此，必引出一个问题，那就是为什么香港没有走向政党政治？香港政党有其他地区性政党不具备的特殊性，它产生于回归前的港英政府时期，自始至终处在一种特殊的政治生态当中，并且经历了从英国殖民地向中华人民共和国特别行政区的转变，这对香港政党的机构和功能都具有决定性的影响，香港政党赖以生存的特殊政治生态导致了香港政党在公共权力诉求上的所谓缺失。[①] 也就是说，中央出于有效管治香港和维护香港政局稳定两方面的考量而对香港政党政治的发展空间加以限制是香港不能走向政党政治的主要原因，同时，这也与香港政党发展情况相关。具体分析如下：

首先，中央不希望香港实行三权分立政体。邓小平早在 1987 年回见基本法起草委员会委员时提出："香港的制度不能完全西化，不能照搬西方的一套。香港现在就不是实行英国的制度、美国的制度，这样也过了一个半世纪了。现在如果完全照搬，比如搞三权分立，搞英美的议会制度，并以此来判断是否民主，恐怕不适宜。"[②] 基本法制定之初，中央认为，如果允许香港政党全面介入香港政治，香港会走向西方竞争性政党政治，进而演变成西

---

① 张定淮、甘长山：《论香港政党政治的发展空间和限度》，载《深圳大学学报》（人文社会科学版）2013 年第 5 期，第 55 页。

② 《邓小平文选》第三卷，人民出版社，1993 年版，第 220 页。

方三权分立政体。西方竞争性政党政治和三权分立政体可能给香港政局稳定产生冲击，也不利于中央有效管治香港。

其次，中央为维护香港的行政主导架构，不希望其走向政党政治。避免香港走向三权分立政体实际上就是维护中央在香港确立的行政主导架构。中央认为，如果允许香港政党全面介入香港政治，政党将在香港政治中发挥主导性作用，这与中央通过行政主导架构希望行政长官在香港政治中发挥主导性作用发生冲突。如果香港实行政党政治，一方面，行政长官必须要依托政党力量才能参与竞选，政党就可以直接通过行政长官提名、行政长官选举、行政长官当选后施政等环节对行政长官加以掣肘；另一方面，行政长官还必须要受到立法会的掣肘，其中既包括本党立法会议员，也包括其他反对派政党立法会议员。显然，行政长官对政党负责与对中央负责很可能发生冲突，不利于中央有效管治香港。为此，中央就必须要切断行政长官受到政党的掣肘，进而保证行政主导架构下的行政长官对中央负责，但是可以不对政党负责。所以，中央对香港政党政治发展加以管治。

最后，香港政党组织的发展不够成熟，其缺乏政党政治和民主实践的经验。其一，香港政党产生时间较晚。在港英殖民统治时期，香港没有民主，也就没有完全意义的政党。直到港英统治末期，鉴于中国将收回香港主权，为了培植亲英势力，港英政府才逐渐开放结社。香港回归后，中央政府加强保障香港居民结社权，香港政党快速发展。整体来看，香港政党产生的时间并不长，产生后获得实质性发展的时间更短。其二，香港政党自身发展程度较低。香港政党发展程度较低，导致政党政治发展程度也较低。除了民建联、民主党、公民党等主要政党外，香港大多数政党成员较少，组织较松散，部分政党连中央机构都没有，例如前线、社会联合党、社会全民党等，前线和社会民主连线等还允许双重会籍。注册时只需要按照《公司条例》登记便可以成立政党。① 这种背景下，倘若香港回归后立刻放开政党政治，可能会对香港政局稳定产生冲击。

二、"双普选" 对香港政党及其活动的可能影响

分析"双普选"对香港政党及其活动的可能影响，既要考察西方国家

---

① 周建华著：《香港政党与选举政治（1997—2008）》，中山大学出版社，2009 年版，第 41—42 页。

政党政治的实践经验，又要结合"一国两制"下香港政治发展的实际。一方面，西方国家政党政治的实践验表明，选举政治与政党政治具有密切关联性。选举是政党活动的平台，政党依据选举制度而活动，选举制度的变化将对政党活动能力产生重大影响。另一方面，香港是中国主权覆盖下的一个特别行政区，其选举政治和政党政治发展需要受到中央的管治，也就是说，香港的选举政治是否一定会走向政党政治，要受到中央管治香港政策的影响，这不完全类似于西方选举政治发展的逻辑。这两方面的考虑有助于我们更好地分析"双普选"对香港政党活动及其走向的可能影响。

其一，"双普选"将扩大香港政党的活动空间。"双普选"实现后，一方面，香港行政长官不再由选举委员会选举产生，而是由香港居民普选产生。在行政长官普选下，政党对行政长官选举结果能发挥更大的影响。这是因为，在选举委员会选举行政长官时，选举委员会是由四大功能界别的400/800/1200人组成，政党很难直接影响选举委员会成员。但是，当行政长官由香港居民普选产生后，政党可以利用其在宣传和组织方面的优势直接影响选民（尤其是香港选民划分明显的背景下），对行政长官选举结果产生更大的影响，至少在获得提名的2至3名候选人中，香港政党可以利用影响选举来影响谁能当选。当然，香港政党对行政长官选举结果有更大的影响只是相较于以前，并不代表政党对行政长官选举结果的影响是根本性的，中央通过行政长官提名委员会提前做好"筛选"，保证候选人是爱国爱港人士，这样看来，即便普选之后香港政党对行政长官普选结果也不会有实质性影响。另一方面，香港立法会中功能界别议席不再由功能界别中的团体选民和个体选民选举产生，而是将分区直选议席和功能界别议席全部改由普选产生。以往立法会功能界别议席由功能界别中的团体选民和个体选民选举产生，政党基本不能染指功能界别议席的选举。即便将来一段时间内立法会功能界别议席会继续保留，立法会议员的提名仍保留在功能界而不授予政党，政党仍能通过直接影响选民（而非功能界选民）而对功能界别议席选举结果产生更大的影响。总之，"双普选"后，香港政党的活动空间较以前会有所扩大。

其二，"双普选"将刺激香港实现全面政党政治的诉求。香港政党尤其是泛民派政党的目标是实现完全的西方政党政治，包括行政长官由政党提名、行政长官可以具有政党背景、立法会中全面取消功能组别议席等。西方政党政治的经验表明，选举政治尤其是普选是走向政党政治的必经阶段，往往在有了选举政治之后会进一步刺激政党和公民对政党政治的追求。同样，对于香港政党来说，"双普选"是香港走向政党政治过程中的一个阶段性"胜利"，在他们看来，至少走向政党政治所必须要经历的普选阶段已经实现。在这种情况下，即便中央不放开政党政治，香港政党也会进一步向中央提出让政党全面介入包括普选在内的香港政治过程，即实现全面政党政治。2014年8月31日全国人大有关2017年行政长官普选的决定一定程度上是香港政党实现全面政党政治的诉求受挫，但可以预测，未来一段时间内他们对政党政治的诉求可能较之于"双普选"实现之前更加强烈。原因在于，没有普选这个渠道不允许政党介入政治，政党一定程度上还可以接受，有了普选这个渠道仍然不让政党介入政治，政党未必能接受，势必不断向中央诉求介入香港政治，甚至可能出现政党（尤其是泛民派政党）对抗中央更加激烈的局面。

三、未来香港政党政治的走向：限制抑或放开？

基于香港目前的政治生态，我们认为，短期内不宜放开香港政党政治，只有在未来条件成熟时才可以逐步放开，但需要注意以下问题。

（一）过早放开政党政治不利于央港关系的优化

第一，可能会对行政主导架构产生一定程度冲击。行政主导架构存在两项预设前提，一是当选的行政长官必须是与中央保持一致的"爱国爱港"人士，二是行政长官能够有效施政。前文我们已经论述，即便未来放开香港政党政治，中央仍然需要有效掌握行政长官提名权，可见，行政主导架构的第一项预设前提基本不会发生变化。但是，放开行政长官政党身份和逐步取消立法会功能组别议席可能对行政主导架构的第二项预设前提产生冲击。具体来看：其一，行政长官普选本身意味着在负责机制上，行政长官要更多受到香港居民的约束。通常情况下，对香港居民负责本身与对中央负责是一致的，但鉴于当下部分香港居民对中央有抵触情绪，因而两者可能发生冲突。在行政长官普选中，行政长官除了因为中央掌握提名权而对中央负责，也会一定程度因为有居民普选环节对居民负责，否则在行政长官普选中，很可能因为部分香港居民对抗中央提名的候选人出现投票率不高的尴尬局面。如果具体普选制度中要求行政长官当选必须达到某一比例的总得票率，还有可能出现难以有候选人当选的局面。为此，行政长官候选人未来会更多对香港居民负责。其二，在放开政党政治后，行政长官有政党身份意味着其要更多受到香港政党的约束。放开行政长官政党身份后，香港可能事实上出现"执政党"和"反对党"，且会是建制派政党被视为"执政党"，泛民派政党被视为"反对党"。前文已经论述，行政长官有政党身份可以为其施政寻求支持力量，这有利于行政主导原则。但是，行政长官必然也就要更多地受到香港内部政党的约束，这难以保证不在某些情况下与对中央负责发生冲突。其三，放开政党政治后，立法会逐步取消功能组别议席意味着行政长官的协同力量不再有制度性的保证。如果建制派政党能够在香港立法会普选中赢取多数，那么可以保证其与行政长官的协同性，但是如果建制派政党不能在香港立法会普选中赢取多数，那么立法会就可能成为行政长官施政的掣肘。放开政党政治后，上述三方面的变化都可能对行政主导架构产生一定程度冲击。鉴于只有在条件成熟前提下才可能放开香港政党政治，因此对行政主导架构一定程度的冲击可能不是根本性和常态性的，中央有效管治香港仍然能够保证。

第二，可能会强化香港居民的主体性意识而淡化其国家认同意识。香港回归后，在政治上，中央主要通过如下几个方面强化香港居民的国家认同：通过香港行政长官贯彻中央的治港政策；通过香港全国人大代表和全国政协委员体现香港是中国的组成部分；通过介入香港政治发展削弱香港居民的香港认同意识。尽管如此，部分香港政治精英和政党为了争取支持，刻意制造香港的"身份认同政治"。一定程度上，"基于香港和内地政治长期区隔的现实，香港人认同和中国人认同是香港市民两种重要且相互竞争的身份认同"。[①] 在这种背景下，如果中央放开香港政党政治，香港居民政治参与的渠道得以拓展，政治参与热情就会提高，然而国家层面的政治参与却并没有太大变化。政治学基本理论表明，政治参与是政治认同的重要基础。香港范围内的政治参与较全国性的政治参与对香港居民更有吸引力，长此以往，香港居民可能会形成这样的观念，即"香港事务才和我相关，国家事务与我没关"，这就可能削弱了其中国国家认同意识和中国公民身份意识，强化香港主体性意识。香港主体性意识如果向极端化方向发展，就可能出现"港

---

① 王家英、尹宝珊著：《从民意看香港的社会与政治》，香港中文大学香港亚太研究所，2008年版，第20页。

独”意识。在我国台湾地区，放开政党政治和民主转型过程恰恰是中国国家认同意识不断弱化、“台湾主体性意识”和“台独”意识形成的时期。在两蒋时代，这两种意识都被禁止，但是在台湾民主化和开放政党政治之后，以民进党为主的“泛绿”阵营借助政党政治，利用“台独”作为竞选口号，这一系列的宣传和竞争刺激和强化了台湾的主体性意识。有鉴于此，放开香港政党政治可能会强化香港主体性意识，削弱中国国家认同意识，中央需要注意到这一点，未来有必要强化香港居民的国家认同意识。

（二）暂时不宜放开香港政党政治

“双普选”对香港政党活动及其走向的可能影响主要是西方选举政治与政党政治关联性的一般经验，但是，香港毕竟不同于西方，是中央政府下辖的地方特别行政区，依据基本法，中央可以根据香港政治发展实际，利用其权威切断选举政治与政党政治的关联性，管治香港政党政治发展。中央可以放开香港政党政治，也可以不放开政党政治，中央的权威和主动性并不会因为“双普选”而发生根本性变化。“双普选”实现后，虽然一定意义上香港政党的活动空间得到了拓展，香港政党实现政党政治的诉求也将被进一步刺激，但这并不意味着香港政党在短期内就可以全面介入香港政治，也并不意味着中央在短期内一定要放开政党政治。香港政党的诉求是一回事，中央的决定是另一回事，到底中央会不会满足香港部分政党和团体的这种诉求，这取决于中央对香港政治发展情况的整体判断。

中央在 2014 年 8 月 31 日通过的《全国人民代表大会常务委员会关于香港特别行政区行政长官普选问题和 2016 年立法会产生办法的决定》证明了中央具有这种主动性，在关键的行政长官提名问题上，中央仍然限制香港政党政治发展，决定由行政长官提名委员会提名，而非采用公民提名、政党提名等主张。此举已经表明，中央将继续限制香港政党政治发展。

未来较长一段时间内，无论是行政长官政党身份限制、行政长官提名和选举还是立法会选举，中央仍然需要继续实行限制香港政党政治发展。这是因为：一方面，短期之内，中央面对香港政党实现全面政党政治诉求的压力还相对较小，目前主要集中在行政长官提名问题上，立法会普选之前还会集中在功能组别议席改革问题上，香港政党全面实现政党政治的诉求还没有表现出来；另一方面，泛民派及其支持者对抗中央的态度不减反增，且利用外部势力支持，中央有必要切断西方政治中选举政治与政党政治的关联性，以实现中央对香港的有效管治。

另外，继续限制香港政党政治的发展空间有助于配合行政主导架构的运行。其一，保证当选的行政长官是爱国爱港人士。通过提名委员会提名而非政党提名、公民提名的方式，泛民派政党介入行政长官选举的能力就受到限制，泛民派候选人如果不是爱国爱港人士，就不可能被提名，此举可以保证选举产生的行政长官是爱国爱港人士。其二，限制行政长官政党身份可以避免香港出现"执政党"和"反对党"的政党政治模式。普选产生的行政长官并不属于某一政党或政党联盟，也就没有执政党和反对党的区分。但是，在普选条件下，可能形式上没有这种区分，而实质上这种区分已经存在。因为行政长官通常要依托于某一政党或者政党联盟才能赢得竞选，这样即便他当选后被要求退出某一政党或政党联盟，他仍然会被视为该政党或政党联盟的代言人。这种限制性的政党政治模式就非常类似于"政权党"模式。其三，保留立法会中的功能界别议席可以增加立法会中与行政长官的协同力量，避免走向"三权分立"政体。功能界别选举在香港回归以来发挥了重要积极作用，功能界别议席的设置对于建制派有利，在行政长官是与中央保持一致的情况下，立法会中的功能界别议席较多为建制派占据，就有助于立法会减少对行政长官的牵制，增加行政和立法的协同力量。尤其在"双普选"之后，中央要通过制度设计来保证由建制派爱国爱港人士担任行政长官，那么立法会中继续限制政党政治的发展空间，保留功能界别议席就显得十分重要。

（三） 未来条件成熟时可以逐步放开

西方政治实践表明，普选和政党政治存在逻辑联系；香港部分政党和居民实现全面政党政治的诉求事实存在，且不断增强。可见，中央在香港继续维持有限政党政治，从政治上讲，此举意义重大，但从治理上讲，此举不能有效地缓解部分香港政党和居民长期与中央对抗。因此，如何兼顾二者非常重要，即既保证中央有效管治香港，又减少香港与中央的对抗。针对这种困境，从长期来看，中央仍然有必要根据香港内部局势变化，在条件成熟时，考虑逐步放开香港政党政治。有关条件成熟问题在行政长官政党身份问题和立法会功能组别议席存废问题中已经反复说明，包括香港民主摆脱异化，不再以对抗中央为主题，泛民派及其支持者真心致力于香港民主，回归到基本法框架下来与中央就香港民主展开积极协商，切断和外部势力联系等，这些条件需要相当长一段时间才有可能出现。

条件成熟后，如果需要放开，那么放开什么？怎么放开？如何防范放开后可能衍生的问题？这些需要进行前期研究。

首先，在"要不要放"的表述上，中央在是否放开香港政党政治的相关表述中，不宜将该议题"说得过死"，而应该留有回旋余地和阐释空间，例如可以采用"中央政府可以依据香港政治发展情况，在基本法框架下逐步放开香港政党政治"的表述。正如同全国人大常委会作出的实现行政长官普选决定那样，这种表述能够达到原则性和灵活性的统一。一方面，采用"可以"的表述兼顾到了香港政党和居民实现政党政治的诉求，虽然此表述可能给香港政党和居民留下"想象空间"，可能刺激他们尽快实现政党政治的诉求，出现一定程度与中央对抗的局面，但这种对抗是"利益诉求性"的对抗，并不代表其与中央为敌。另一方面，"可以"也并不是绝对，这为中央灵活对待该问题留下选择空间。如果香港政治发展稳定，并且中央能够有效管治香港，那么在合适的时间满足香港政党和居民的这一诉求也是必要的；如果香港政局出现不稳定，或者香港泛民派对中央有效管治香港构成威胁，那么放开香港政党政治将不定期往后推延，中央在该问题上拥有足够的权威做出选择。

其次，在"放开什么"问题上，我们认为，在行政长官提名、行政长官政党身份限制和立法会功能界别议席改革三项放开政党政治的核心议题上，其一，目前全国人大常委会决定的不放开行政长官提名这一项在较长一段时间内（如果需要或许更长）仍然不宜放开，此举可以有效保证行政长官是爱国爱港人士。香港泛民派可能在很长一段时间内坚持对抗中央，如果没有这一道机制，非"爱国爱港"人士一旦上台，中央在香港维持的行政主导架构将反过来成为其对抗中央的有利机制。其二，目前全国人大常委会决定中提到的中央任命行政长官的权力是实质性权力的规定有必要长期保留，此举是在政党政治下保证行政长官是爱国爱港人士的最后一道"安全阀"，属于政治性和原则性的规定，不能更改。其三，长期来看，中央放开香港政党政治主要指放开行政长官政党身份限制和逐步废除立法会功能界别议席两项内容。

再次，在"怎么放"问题上，2017年普选第一届行政长官时以及未来一段时间内，不宜允许行政长官有政党身份，到条件成熟时可逐步放开；2020年立法会普选时以及未来一段时间内亦不宜全面放开政党政治，到条件成熟时可逐步放开，逐步取消功能组别议席。放开这二者的先后顺序是，先逐步放开行政长官政党政治身份限制，后逐步放开立法会允许政党全面介入。具体方案需要中央视香港政治发展情况而定，如果出现泛民派持续对抗中央或者香港政局稳定受到冲击，中央可以中断或者延迟放开香港政党政治。

在放开香港政党政治这两项核心问题上，"放开什么"是更为基础性问题，也是政治性、原则性问题，中央需要慎重决策。在这一问题上，中西方政治的冲突与调和、中央与香港关系的紧张与缓和将表现得淋漓尽致。香港政党（尤其是泛民派政党）未来很可能要求中央全面放开香港政党政治，允许其向西方政党政治模式发展。但是，中央从"一国两制"、中央有效管制香港、香港社会稳定等政治性和原则性角度出发，又不能允许任由香港政党政治向西方政党政治模式发展。因而，"放开什么"将是中央与香港冲突的集中所在，中央必须明确要放什么、不放什么。相比"怎么放"则是具体落实"放开什么"，是技术性、策略性问题，它的周密设计是为了更好地在放开香港政党政治过程中实现中央有效管治香港和香港社会稳定。鉴于此，未来"放开什么"问题需要由全国人大常委会加以决定，"怎么放"问题可以由香港特区政府具体制定方案，报全国人大常委会审批。既然放开香港政党政治，这个过程中必然会对中央与香港关系产生影响，包括有利的影响和不利的影响，针对不利影响，中央有必要制定因应对策，力求趋利避害。

放开香港政党政治后，中央可以从香港内部缠斗中解脱出来，使香港内部事务通过政党政治来自我消解、自我调解。为了妥善处理中央与香港关系，中央需要在"抓"与"放"之间寻求恰当的平衡，"抓大放小"是实现这种平衡比较好的一个原则。所谓"抓大放小"是指，大事上（例如国家统一、香港政治发展方向和战略、军事、外交等）由中央决定，而在此之下，只要不逾越中央划得底线，香港内部政治、经济和社会事务交由香港政党政治来承担。

四、未来放开香港政党政治对中国政制的挑战

在有限政党政治下，香港政党的活动范围受到限制，政党在政治运行中并非重要角色，政党关系问题并不突出。然而，放开香港政党政治后，政党

将在香港政治中扮演越来越重要的角色，继而未来可能引发一系列新的中央与香港关系问题，例如中国共产党和香港政党之间的政党关系问题，究竟是平等关系，还是领导与被领导关系，抑或其他关系？中国共产党领导人和香港政党领导人在身份上是什么关系？等等。

首先，西方政党关系理论无法解释这种特殊的全国性与地方性政党关系。一方面，香港政党虽然是地方性政党，但是与西方的地方性政党不同。例如，香港政党的地方性根源于"一国两制"，因而其只能在香港范围内活动，西方政党的地方性（例如北爱尔兰新芬党、苏格兰民族党等）主要因为历史、民族、能力等原因只能在地方范围内活动；香港政党在香港范围内无全国性政党的地方政党组织与其竞争，主要是香港范围内政党之间的竞争，西方地方性政党在地方范围内要与全国性政党的地方组织竞争等。另一方面，作为中国执政党共产党也与西方国家的执政党有所不同。例如，中国共产党是中国唯一合法的执政党，党领导一切国家政权，且其执政是长期的；西方国家的执政党是则通过竞争性选举产生的，这样必会出现政党轮替。

既然香港政党不是西方的地方性政党，中国共产党也不是西方政党政治下的国家执政党，那么西方国家地方性政党与国家执政党的政党关系理论就难以有效解释中国共产党与香港政党的关系。具体来看，西方地方性政党在组织上与国家执政党是平等关系，国家执政党可以通过其控制的政府制定政策，影响地方性政党。在地方范围内，地方性政党与国家执政党的地方组织或者其他政党的地方组织平等竞争。香港政党在组织上虽然具有独立性，与中国共产党在组织上具有平等关系，但香港是我国中央下辖的一个地方特别行政区，香港政党的地方性表现的较西方国家更为明显，其活动范围、活动能力等都要受到中国共产党领导的中央（全国人大、国务院等）的直接约束。同时，无论在全国还是香港范围内，两者都无竞争关系。

其次，我国既有政党关系理论也难以套用到解释这种特殊的全国性与地方性政党关系。其一，其与中国共产党和民主党派的关系不同。例如，中国共产党在政治上与民主党派是政治上的领导与被领导关系，在组织上是平等关系，然而中国共产党和香港政党（不论在政治上还是在组织上）并无直接的领导与被领导关系，民主党派可以参政议政，监督中国共产党，香港政党则不能参与内地政治事务，也不能监督中国共产党。其二，其与中国共产党和台湾地区政党的关系也不同。这是因为，两岸尚未统一，而香港是我国的地方特别行政区，中国共产党对香港政党的影响力明显强于对台湾地区政党的影响力。除此之外，中国共产党领导人和香港政党领导人之间的关系也比较特殊，两者在党组织上没有隶属关系，这不同于内地中共上级领导人和下级领导人之间的关系；也不同于中共领导人和民主党派领导人之间的关系，香港政党只能在香港而不能在内地发展，民主党派没有执政权和香港政党在香港范围内有"执政权"。中国共产党和香港政党之间的关系更类似中国共产党和民主党派的关系，即组织上尊重对方的独立性，但中国共产党对香港政党的领导方式与对民主党派不同，主要是通过中国共产党领导的全国人大和国务院制定和管理香港，为香港政党活动提供基本准则和法律基础，在大政方针和立场上的问题引导香港政党和政党政治，通过这种方式体现全国性执政党与地区性政党之间的特殊上下级关系。

综上可见，中西方政党关系理论都难以有效解释中国共产党和香港政党的关系，在历史上这种特殊的全国性与地方性政党关系并无先例可循。之所以会出现现象，最主要的原因是我国特殊的党政关系和"一国两制"制度，宏观政治制度的不同导致国家执政党与地方性政党的政党关系模式特殊化、复杂化。对理论挑战的同时实质也就对中国政制形成新的挑战，即在理论并不健全、实践无先例可循的背景下，我国应该如何处理这种特殊的全国性执政党与地方性政党的关系，是一个值得研究的新课题。

放开香港政党政治对中国政制的挑战还表现在，需要防范香港的地方性政党逾越"一国两制"框架对全国性执政党（中国共产党）形成冲击和挑战。实际上，香港政党"逾越"到香港之外活动的可能性比较小，但从理论上说仍然存在。尤其是"占中"事件已经表明，其具有典型的"颜色革命"色彩，中央也明确将其定位为"颜色革命"。在香港这样一个各方势力比较复杂的社会中，我们既需要长期性地提防西方反华势力介入干涉和破坏香港内部政治稳定，又需要提放其破坏我国内地社会主义制度。如何在制度上处理好"一国两制"下的地方性政党与全国性政党的关系，防止地方性政党冲破"两制"的"藩篱"，进而对全国性政党形成冲击和挑战，是未来"一国两制"在实施过程必然会遇到的新课题。

（成稿于 2014 年 12 月 29 日）

政党立法：未来放开香港政党政治的先决条件[*]

香港回归后，西方反华势力企图将香港变为反华的前沿阵地，采用多种途径插手我国内政。例如，打着"民主"的旗号，借香港问题指责我国中央政府，干涉我国内政；在舆论、资金等方面支持泛民派政党，利用香港泛民派政党制造香港与中央的对峙，企图扰乱香港秩序，破坏我国政治稳定和国家主权。在西方反华势力企图干涉香港问题的背景下，香港政党管治的松散性又给外部干涉留下了空间。随着"双普选"的实现，香港政党将更为活跃，香港政党的活动空间将更大。然而，香港政党活动空间的扩大却与香港政党管治的松散并存，这可能存在两方面的威胁：一方面，香港政党不规范的活动可能给香港政治稳定造成冲击，且不利于中央有效管治香港；另一方面，可能给西方反华势力利用香港政党从事反华活动留下了空间，威胁到我国国家主权安全。因此，未来条件成熟时，如果中央意欲放开香港政党政治，也要先行进行政党立法的完善，这是放开香港政党政治的先决条件。退一步讲，即便继续限制香港政党政治发展，逐步完善香港政党立法也是管治香港政党的重要思路。

一、政党立法是西方国家政党管治的基本经验

西方民主政治的核心内容是政党政治，政党政治的核心是政党的竞争性选举。既然政党是西方民主政治的主要政治主体，那么必然会产生政党管治问题，即政党的活动必须要受到相应（伦理、法律、制度规范等）的约束。政党管治既是对政党权利的保护，也是对政党义务的明确。

---

　　* 本文系笔者与李龙博士的合作研究成果。

（一）　西方国家政党管治的基本做法

1. 依政治伦理管治

多数国家都认同政党不能煽动民族、种族、教俗、教派、地区等之间的冲突；政党需要维护国家主权统一，不能煽动国家分裂；政党不能利用或勾结外部势力破坏国家主权等。在这几项政治伦理中，部分伊斯兰国家的宗教性政党并不遵守第一项，政党激化教派冲突。一些国家的民族性政党（例如苏格兰民族党、加泰罗尼亚民主联盟）并不遵守第二项，从事分裂国家活动，但政党分裂国家的行为合法与否由国家法律予以规定。相比，第三项政治伦理基本得到所有国家的认同，政党利用或勾结外部势力破坏国家主权属于"颠覆国家"或"叛国"行为，不仅仅属于政治伦理的范畴，而且属于法律范畴。政党一旦违背第三项，通常会被解散，政党领袖会被追究刑事责任。严格来说，以政治伦理管治政党并不能算管治，原因在于其并没有强制力。但是，政治伦理具有基本的普遍适用性，中央据此要求香港政党不得破坏国家主权也理所应当。

2. 依法管治

大多数国家采用依法管治政党的方式，这是西方国家政党管治的基本经验，原因在于它符合西方国家现代民主政治的法治理念。通常而言，依法管治的"法"主要有三种形式：

一是宪法。从世界范围看，绝大多数国家（例如意大利、法国、西班牙、葡萄牙、联邦德国等）都在宪法中规定政党问题，少数国家在宪法中没有关于政党问题的条款（例如英国、美国、日本、瑞士等）。[①] 宪法中关于政党问题的规定多是原则性、概括性规定，通常涉及公民组党权利、条件、程序和方式，以及政党活动的范围、规则、经费等。譬如，在联邦德国，1949 年 5 月 8 日通过的《德意志联邦共和国基本法》第 21 条规定："（1）各政党应相互协作以实现国民的政治意愿。它们的建立是自由的。它们的内部组织必须与民主原则相符合。它们的经费来源必须公开报告。

[①] 荷兰学者马尔塞文等依据布劳斯坦和弗朗茨编辑的《世界各国宪法汇编》，对 1976 年 3 月 31 日前生效的世界上 156 个国家中的 142 个国家的宪法通过计算机分析得出：当时有 65.5%（93 个）的国家在宪法中有政党条款。其中，规定政党且只允许一个或某些政党存在，或规定某个或几个政党主导地位的占 22.5%（32 个）。参见 ［荷］马尔塞文等：《成文宪法：通过计算机进行的比较研究》，北京大学出版社，2007 年版，第 83 页。

（2）根据各政党的目的或根据其党员的态度判明，如企图破坏民主和自由的根本秩序，推翻这种秩序或阴谋颠覆德意志联邦共和国，都是违反宪法的。联邦宪法法院对违反宪法行为制订规范。（3）其细则另由联邦法律规定之。"①

二是政党法。政党法主要在二战后兴起，目的在于对法西斯政党崛起的反思和对政党行为的约束。与宪法相比，专门政党法在数量上要少得多。目前世界上存在政党法的国家为数不多，主要有：阿根廷1944年公布了《政党组织法》，但未施行，1949年9月贝隆独裁政权又公布实施政党法律。泰国1955年颁布了第一部《政党条例》，韩国1962年12月31日颁布《政党法》，土耳其1965年颁布实施《政党组织法》（1983年通过新政党法），联邦德国1967年颁布实施《政党法》。以后政党法在亚洲、非洲等发展中国家不断产生。苏东剧变以后，东欧各国和独联体国家基本上都制定了政党法，例如俄罗斯《俄罗斯联邦政党法》于2001年6月由国家杜马通过，7月由俄联邦总统普京批准实施。② 各国政党法的内容不尽相同，其中涉及政党活动范围、活动方式、党员招募、政党组织、宣传竞选、政党经费等问题。例如，1967年联邦德国制定的政党法共七个部分41条，从政党的宪法地位和职能、政党的内部组织秩序、候选人的产生、政党经费的规定、关于政党违宪的规定等几个方面对政党予以规范。此外，有些国家虽然没有制定专门的政党法，但是却有政党相关法，例如美国规范政党的立法是《竞选法》，该法中对政党的活动进行了规定。

三是公司社团法。少数国家和地区既无宪法，也无专门政党法规定政党问题，而主要通过公司社团法管治政党。依据公司社团法管治政党比较随意，管治相对欠规范，其效果要视具体情况而定。如果该国民主化程度较高，政党制度比较规范，政党政治比较发达，那么在这种政党管治方式下，政党活动仍然比较规范；如果该国处在民主化进程中，政党制度并不规范，政党政治也欠发展，那么在这种政党管治方式下，政党成立和活动就具有较大随意性。

---

① 肖蔚云、王禹、张翔编：《宪法学参考资料》（下册），北京大学出版社，2003年版，第1036页。
② 刘红凛：《〈政党法〉的世界概况与主要成因》，载《当代世界与社会主义》，2009年第1期，第118页。

3. 依政党章程管治

除了政治伦理和法律之外，政党活动还要受到政党自身章程的约束。政党章程通常涉及政党的历史、执政理念、党员及其权利和义务、组织制度、中央和地方组织、纪律制度、党的象征（党旗党徽）等。与法律所不同的是，政党章程没有普遍约束力。政党章程相当于政党组织与党员之间的一种契约，公民可以自愿选择接受某一政党的章程与否，如果自愿接受便成为该党党员，从而需要受到该党章程的约束。通常情况下，政党章程能规范政党及其党员行为，遵守政治伦理和国家法律，但是，由于政党章程仅仅是政党内部制度，所以在某些情况下它并不能保证政党及其党员行为符合政治伦理和国家法律。

上述分析表明，西方国家主要通过三种基本做法进行政党管治。然而在实践中，这三种方法并非同等重要地位。以政治伦理进行管治往往因为政治伦理本身具有抽象性和道德性特征，很难在实践中进行操作化；以政党章程进行管治则因为政党章程主要以"自治"和"自律"为主，很难以国家力量对其进行监督；从国家有效、规范管治政党的角度来看，依法管治（政党立法）是西方国家政党管治的基本经验。法律有规范化、系统化等特征，既符合现代政治的法治理念，又便于操作。因此，中央在香港政党管治中，可以借鉴西方国家通过政党立法进行政党管治的基本经验。

（二）西方国家政党立法的基本内容

既然政党立法是西方国家进行政党管治的基本经验，那么，需要就哪些问题进行政党立法？通过比较政治的经验分析可以发现，通常西方国家政党立法的基本内容涉及政党登记、政党活动（主要是政党竞选）、政党经费等几个方面。

1. 政党登记

在现代民主政治条件下，组建政党通常都需要依法到政府主管部门申请登记注册，经主管部门经依法审查，只有符合法律规定才可以登记注册；否则，不予登记注册。例如，俄罗斯政党法规定，在下述任何一种情况下，可以以书面形式拒绝政党的国家登记：①政党章程的规定与俄宪法、政党法和其他的联邦法律相抵触；②政党的名称和象征不符合政党法要求；③没有按照政党法规定提交办理国家登记手续所必需的各种文件；④联邦登记机关在政党提交的登记文件中，发现了不符合政党法要求的内容；⑤违反政党法有关政党提交登记文件的期限。① 政党登记制度是政党管治的第一个环节，登记制度一定程度能发挥"过滤"机制作用，凡是不符合国家法律规定的政治组织不会被给予登记注册，其也就不能成为合法性政党，其活动就会受到禁止。通常可以通过政党登记制度将那些挑战国家主权主权和领土完整、政党理念比较极端的政治组织排除在外，还可以要求政治组织提交拟组建政党的政治纲领、组织架构、活动原则、经费来源、成员名单等材料，便于政府依法对其进行管治。

2. 政党活动

政党登记注册后，国家通常会通过依照法律对政党的活动和行为进行规制、监督和约束，使其成为民主政治运行的正能量。政党活动必须在国家法律规定的范围内活动，禁止政党从事损害国家利益的一切活动，包括不得分裂国家、不得颠覆宪法等；否则，予以解散。例如，韩国宪法第八条第四款规定："政党的目的或活动，违背民主的基本秩序时，政府可提请宪法裁判所解散之。政党得依宪法裁判所的判决解散"。② 此外，在政党活动（尤其是政党竞选）过程中，通常如果政党难以得到竞选（包括元首或政府首脑、议会）的某一比例（例如韩国为国会议员总选举中未获得议席且得票数未超过有效投票数的 2% 时），政党可能被强制解散，这项规定可以一定程度上限制政党林立局面的出现。

3. 政党经费

政党经费是政党活动的物质基础，尤其在西方竞争性选举下，政党经费来源可谓政党的"生命线"。在香港，政党经费问题也是一个值得关注和研究的问题。其一，政党经费来源。一般来说，政党经费的来源通常有以下几种：社会捐赠（个人或团体）、党产经营所得、财政拨款、党费等。在这四种经费来源中，社会捐赠、财政拨款和党费是主体，尤其是社会捐赠和党费。从历史上看，通常左翼政党的政党经费来源多以党费为主，例如德国社会民主党。右翼政党的政党经费来源多以社会捐赠为主，例如德国基民盟。有时国家也给政党提供一些必要的经费，例如韩国宪法第八条第三款规定：

---

① 崔英楠：《俄罗斯与立陶宛等国政党法比较》，载《俄罗斯中亚东欧研究》，2008 年第 5 期，第 21 页。

② 肖蔚云、王禹、张翔编：《宪法学参考资料》（下册），北京大学出版社，2003 年版，第 1148 页。

"国家可依法对政党活动提供必要的资金补助"；① 另如，联邦德国 1983 年建立由国家直接向政党提供财政资助的制度。然而，无论是社会捐赠、党费还是国家财政拨款，都在相关政党立法或者政党章程中有明确规定。对于社会捐赠，西方国家多有捐赠来源及金额有相关规定。例如，法国、葡萄牙、西班牙等国家禁止政党接受外国捐款；有的国家禁止政党接受大企业、大公司、政府资助公司等捐款；也有的国家规定了捐款金额的上限，例如美国国会 2002 年通过的政治捐款改革议案规定，州和地方竞选团体每年最多只能从一个捐赠个人或团体那里接受 1 万美元，法律还要求候选人必须公布任何超过 200 美元的捐款，捐献超过 3000 美元以上者被捐献的候选人或党的组织要缴纳赠予税。此外，西方国家大都对党产经营有严格规定，历史上党产经营所得通常以涉及大众传媒等行业为主，通过发行报纸、出版物等获得盈利。其二，政党经费支出。通常政党经费支出包括两部分，一是竞选，二是日常政党运行。例如，美国《竞选法》规定了政党必须列出捐款支出明细，监督经费支出；要求公开政党经费支出等。总之，无论政党经费来源于哪种方式，政党都需要公开其政党经费来源和支出明细，接受社会监督。

综上可见，西方国家的政党政治，基本都遵循严格的政党立法。政党活动法治化是西方国家民主政治的基本经验，也是政党管治的基本经验。

二、目前香港政党活动缺乏应有的法律规制

以西方国家"政党法治化"的经验审视香港政党管治现状，可以发现香港政党管治存在诸多漏洞，从而给香港政党（尤其是泛民派政党）从事违法活动、对抗中央甚至破坏国家主权等留下了空间。

第一，香港基本法并没有关于政党问题的规定。基本法在香港特别行政区是宪制性法律文件，具有"准宪法"性质，虽然说基本法通过规定行政长官、立法会等间接规制了香港政党，例如政党不能提名行政长官候选人，行政长官不能有政党身份，立法会中存在功能界别议席等，确立了香港"有限政党政治"现状。但是基本法并没有专门规定政党问题的条款，例如政党登记、政党组织、政党活动、政党经费等，这就为监督香港政党是否

① 肖蔚云、王禹、张翔编：《宪法学参考资料》（下册），北京大学出版社，2003 年版，第 1148 页。

"违宪"留下了"盲点"。

第二，目前香港内部法律体系中，也没有专门规范政党活动的法律，这就造成基本法和香港内部法律的"双重"管治漏洞。具体表现如下：

其一，政党登记具有随意性。政党只需按照《社团条例》或《公司条例》进行注册和登记。《社团条例》规定，按《社团条例》申请注册登记的社团，必须接受政府的严格政治审查。为了规避政府依据《社团条例》规范和管理政党，目前香港的大多数政党或政团都按《公司条例》以公司名义进行注册登记，因为在香港注册公司极为随意。① 以公司形式成立政党是香港的一个特有现象，这就进一步弱化了政府对政党的管治。但是，政党毕竟不同于一般的社团或公司，对其进行规范管理也应具有特殊性。有关政党以《公司条例》规避《社团条例》规管的做法，使得其政党行为没有其他规范适用，尤其是公司的角色与"政党"的政治角色发生冲突，不利于香港的政治稳定。② 政党登记的随意性还导致政府不能在源头上拒绝给一些规模较小，管理松散、政纲和组织制度不明确，对抗国家主权、勾结外国势力的政党登记注册；也导致香港政府不能明确掌握各政党的基本情况，无法有效对其活动加以管治。

其二，政党活动具有任意性。西方国家政党管治的经验表明，政党必须在宪法和法律规定的范围内活动，如果政党逾越法律从事破坏宪法、威胁甚至颠覆国家主权的行为，那么应该依法予以解散，追求其领导人刑事责任。反观香港，在没有政党立法背景下，香港政党（尤其是泛民派政党）频频违反基本法，煽动发起"占领中环""电子公投"等违法活动，个别泛民派人士甚至已经由对中央政府的不满演变为主张"港独"，勾结英美等西方国家插手中国内政，企图在香港发动"颜色革命"，中央和香港政府却很难依法追究相关政党和负责人的法律责任。如果借鉴西方国家的基本经验，在政党立法中明确规定政党不得从事破坏国家主权、勾结外部势力等，那么就可以依法追求泛民派违法活动的法律责任。

其三，政党经费来源不明。由于没有政党法律规范香港政党活动，香港政党运行过程中存在严重的政党经费来源不明问题。尤其在社会捐赠、党产

① 周建华著：《香港政党与选举政治》（1997—2008），中山大学出版社，2009年版，第42页。

② 傅思明著：《香港特别行政区行政主导政治体制》，中国民主法制出版社，2010年版，第253—254页。

经营所得、党费管理这几个方面，由于政党经费来源并未有效公开，接受政府和社会监督，一些香港居民和泛民人士任意向泛民派政党提供捐赠，更为严重的是，社会捐赠中有部分是西方国家提供，这些来源不明的政党经费成为泛民派政党对抗中央的财源。

其四，政党经费管理混乱。政党经费管理必须要做到专款专用，并及时向社会公开，接受社会监督。然而香港政党经费管理比较混乱，由于没有政党法律的约束，政党可以随意支出政党经费。出于这种政党管治的漏洞，泛民派政党可以随意利用政党经费支持对抗中央，破坏香港社会稳定和国家主权。

总之，香港政党制度化尤其是法治化程度较低，这给政党管治留下漏洞，既给香港泛民派政党对抗中央留下空间，也就给西方国家利用香港政党从事反华活动留下空间。目前来看，西方国家利用香港政党从事反华活动主要有两个方面：一个方面，西方反华势力从舆论、人员、经费、策略上支持香港泛民派，怂恿其与中央政府对抗。此举企图达到如下几个目的：一是扰乱香港稳定局面，以此给中央政府制造麻烦，影响我国发展大局；二是在国际社会制造舆论，把泛民派美化为"民主派"，把中央政府丑化为"压制民主派"，以此影响我国的国际形象。另一方面，西方反华势力还企图借助香港泛民派插手香港事务，使香港成为中国所谓的"民主之窗"，制造"颜色革命"。因此，有必要分析结合西方国家政党管治的经验和中国的实际对香港政党进行有效管治。

三、政党立法：未来放开香港政党政治的先决条件

如果未来条件成熟，中央可考虑逐步放开香港政党政治，鉴于西方国家政党管治的经验和香港政党管治的漏洞，必须在放开香港政党政治之前先行进行政党立法。

（一）先行政党立法的必要性

首先，香港政治发展和民主化的现状适合为政党立法。从世界范围来看，"制定政党法要具备一定条件，如国家处于政治或社会转型期、多党制初期，社会多元、意识形态多元，存在各政党共仰或服从的统治权威，具有

一定的政治诱因等。"① 可以发现，这些条件基本都适用香港。香港处在民主化初期，政治和社会比较分裂，政党政治发展尚不成熟，并且表现出异化迹象，以"亲中央"还是"反中央"划分为两大政党阵营。香港政党行为已经出现极端化特征，并借助西方反华势力支持对抗中央。在这种背景下，应通过为政党立法加强政党管治，防止其威胁国家主权。

其次，香港需要通过为政党立法来堵住政党管治的漏洞。通过上述分析不难发现，香港政党在登记、组织管理、经费管理等各个环节都存在管治漏洞，这就给香港政党利用西方反华势力支持从事对抗中央政府的活动留下了空间。要堵住这些漏洞，可以在政党成立之前或者政党运行过程中，通过为政党立法来对活动进行严格规范。

再次，香港长期的法治经验为政党立法提供了较好的政治社会环境。香港民主化在香港回归后才得以开启，在港英政府统治时期，香港并无民主。但是，香港的法治发展比较完善。目前来看，香港居民具有较强的法治思维，在法治水平高的情况下，通过为政党立法来规范政党言行也更容易为大多数香港居民接受。需要注意，在政党立法过程中，有必要广泛听取各方的意见，以避免此举被泛民派歪曲为"打压"泛民派，但是，中央要求立法禁止政党分裂国家、禁止政党利用外部势力支持等符合国际经验，此举无可厚非。

总之，无论在一段时间内需要继续限制香港政党政治，还是中央在条件成熟的情况下考虑放开香港政党政治问题，都有必要先行为香港政党进行立法。如果条件成熟，从"放"的角度看，中央或许在让步，但是实质上"放"的前提是完备政党立法，对政党的成立及其活动加以规范和管理，尤其是政党经费问题，通过"放"反而达到更有效地"管治"，实现以"放"为"收"的效果。在非政党政治背景下，政党也未充分实现法治化，这样就给泛民派政党对抗中央政府，破坏国家主权甚至勾结反华势力留下了空间。然而在放开政党政治之后，中央通过政党立法更好地在明处监督香港政党活动，防止泛民派在暗处勾结反华势力。

（二）香港政党立法应注意的几个问题

1. 为香港政党立法的形式问题

香港虽然不存在专门的政党立法，但是围绕行政长官和立法会选举的相

---

① 刘红凛：《〈政党法〉的世界概况与主要成因》，载《当代世界与社会主义》，2009 年第 1 期，第 117 页。

关规定也会涉及对政党的管治，只不过这种管治不是专门性、系统性的。西方国家的经验表明，依法管治政党的形式主要是依据宪法，也可以是依据专门的政党法，还可以是依据其他政党相关法律。这样看来，就可以有三种为香港政党立法的方式。

在香港的具体语境下，基本法通常被视为"小宪法"，因为基本法是香港特别行政区的宪制性法律文件。就当下而言，通过增修香港基本法的方式来为香港政党立法并不可行。这是因为，如果在基本法增加政党问题的相关条款，就需要修改基本法，基本法作为香港的宪法性文件，不宜轻易修改，以免泛民派趁机提出其他各种修改基本法的要求。比较而言，香港可以采用专门性的政党法和政党相关法律并用的方式为政党立法。从短期来看，可以继续通过行政长官普选办法、立法会普选办法等约束香港政党行为，但是这种约束只能一定程度上防范香港泛民派政党扩大在香港政治（尤其是政府）中的影响，不能从根本上禁止其破坏香港政治稳定和国家主权的行为，切断其与西方反华势力的勾连。从长期来看，还是可以通过专门的政党法①来系统的规范香港政党的言行，尤其是政党登记、活动和经费问题，以此加强对香港政党的管治，彻底切断其利用西方反华势力对抗中央政府，破坏国家主权的行为。

2. 政党登记注册人数门槛高低问题

俄罗斯的经验表明，一旦制定政党法，那么势必要依据新的政党法对政党重新进行登记注册。通常情况下，只有达到一定人数，政党才能被登记注册。如果设置政党人数的门槛，就需要考虑到，由于人数门槛的出现可能导致政党重组，即规模较小的政党可能分裂重组到规模较大的政党中。如果人数门槛过高，可能会进一步刺激大党的产生，客观上会起到整合政党的作用。

具体结合香港政党和政治发展实际，中央需要慎重设计该问题。如果规定的登记人数门槛较低，其优势是可以分化香港政治势力，促进小党成立，避免香港出现大党对立的局面，实现"分而治之"，此外小党对大党（例如民主党）本身也有牵制作用；其不足是可能出现政党林立局面。如果规定的登记人数门槛较高，其优势是可以促进政党整合，但既可能促进建制派政党整合，也可能促进泛民派政党整合；其不足则是泛民派政党力量的整合并

①　名称上需要再考虑，可以称为政党法，也可以采用其他名称，例如美国为"竞选法"。

不利于减轻其对抗中央的压力。西方成熟民主国家的经验往往是两党制更有利于政治稳定，而多党制相较不利于政治稳定，但是这种经验通常在后发国家中并不成立。由于存在严重的社会分裂，党争（无论两党还是多党）民主往往都是不稳定的。以此观之，香港目前及未来很长一段时间内都可能存在以"亲中央"和"反中央"为主的两大政治和社会势力，也就是说，对抗可能是主流。为此，笔者倾向于支持门槛较低的做法，以避免登记门槛反而促成泛民派整合反对力量对抗中央。

　　3. 政党立法中的"对抗国家"和"对抗中央政府"问题

　　西方国家基本会在政党立法中明确禁止政党破坏国家主权，即政党"对抗国家"是被明确禁止的。但是，由于西方实行竞争性政党政治，所以政党"对抗中央政府"问题基本并无明确规定。一旦为香港政党立法，同样要面临这一问题，毫无疑问禁止其对抗国家是合理的，但是否应该禁止香港政党对抗中央政府？目前来看，中央仅在行政长官这一政治主体上已经态度比较明确。例如，2013 年 3 月 24 日乔晓阳主任在阐释"爱国爱港"时指出，"爱国爱港是一种正面的表述，如果从反面讲，最主要的就是管理香港的人不能是与中央对抗的人，再说得直接一点，就是不能是企图推翻中国共产党领导、改变国家主体实行社会主义制度的人"。① 但是，在政党这一政治主体能否"对抗中央政府"上还尚无明确规定。

　　可以预测，泛民派政党必然会阻碍"政党禁止对抗中央政府"相关规定的通过。目前来看，在香港泛民派政党中流行一种论调——他们同意不应该"对抗国家"，也坚持中国认同，但是并不应该要求政党不许"对抗中央政府"。从表面上看，这种论调似乎是建立在西方通行做法的基础上，看似合理，未来在政党立法中禁止泛民派政党对抗中央政府具有法理依据。原因在于：西方国家是竞争性政党轮替，因此反对党要上台必然会对抗政府，也就没有禁止政党对抗中央政府的规定。然而，香港实行"一国两制"，其政党仅在香港范围内活动，香港政党与国家执政党中国共产党不存在竞争关系。既然"竞争关系"这一前提不存在，那么作为我国的地方特别行政区，香港政党就不应该对抗中央政府。

（成稿于 2014 年 12 月 1 日）

---

　　① 乔晓阳：《在香港立法会部分议员座谈会上的讲话》，载香港《文汇报》，2013 年 3 月 25 日。

香港民主化进程的回顾、现状与走向

近段时期以来，随着香港"占中"事件的爆发，香港民主化问题一时引发了海内外的关注和热议。围绕着香港民主化的进程、得失及前景，不同背景、不同立场的学者也发表了不同的见解和评价。值得关注的是，中央政府作为香港民主化的积极推动者，并未获得国际社会应有的肯定，反而被误认为是香港民主化的阻碍者和压制者。在此关键时刻，回顾香港民主化的发展历程，比较回归前后的民主成就，有助于人们认清中央政府在香港民主化进程中所扮演的积极角色，也有助于人们更好地剖析香港民主化中所出现的问题。这对于更好地把握香港民主化的未来走向，具有重要意义。

一、香港民主化进程的历史回顾

（一）回归前香港民主化的萌芽

在回归前，英国在香港一直推行殖民政治。1980 年以前，香港既无政党组织，也无代议机关，更无民主选举。尽管 1980 年以后，英国为了在回归后延续其在香港利益而推行所谓"政改"，使得港英政治带有了某些民主色彩，但这仅是"小修小补"，并未触及香港政制的基本架构，因此，从总体上说，在回归之前，香港不存在所谓的民主政治。具体可以从以下两个阶段做进一步分析：

第一阶段：1980 年前的港督专权政治时期。1980 年以前，香港没有任何民主政治的元素，这主要表现在以下三个方面：第一，从政制的权责关系来看，港英政府是一个殖民地政府，其权力来源不是香港本地居民，而是英国女王，因此只对英国女王和英国政府负责，而不对香港居民负责。"在港英政制中，行政局、立法局和公务员都向港督负责，港督最终向英国女王负责。而香港的社会和民众，都只是统治的对象，而不是责任的对象。"① 很显然，在殖民政治下不可能有民主政治，香港居民也就不可能享有民主权利。第二，从政府机构的性质来看，其一，港英政府是英国政府的一个执行机构，与"香港社会之间是一种管治与被管治的关系"；② 香港居民没有自己当家做主的"政府"；港英政府实行总督专权体制，港督不仅是港英政府的最高行政首长，还兼任行政局和立法局的主席。其二，港英政府下，香港居民没有自己的立法机关和民意代表机关，立法局仅是港督在制定法律时的咨询机构；港英政府的决策并不是建立在香港民意的基础之上的，尽管为了顺利推行政策，偶尔也会咨询民意，但最终决策还是取决于是否有利于英国的殖民统治。第三，从主要官员的产生方式来看，香港的主要官员都通过委任产生，没有民主选举。"在1841—1981年的漫长岁月里，英国统治香港从未实行代议政制，一直采取家长式的委任制，实行委任吸纳式的咨询政治。"③ 对于其他一些重要的职位，如港督、布政司、财政司、律政司、首席按察司、驻港英军司令等，英国政府拥有直接或最终的任免权；其余重要职位，如政府其他官员和立法局、行政局议员等，则全部由港督直接任免。

第二阶段：1980年后的民主化萌芽时期。1980年之前，香港社会精英多次提出了争取民主的诉求，包括设立市议会和在立法局设立民选席位等，但这些要求都被英国政府拒绝。然而，1979年3月港督麦理浩访问北京，在得知中国将于1997年恢复行使香港主权后，英国对待香港民主化的态度随之逆转，开始在香港大力推行所谓"政改"，旨在通过启动香港的代议政制，培育本土化的亲英政治实体，以尽可能地延续英国在香港的影响。这一时期的"政改"主要体现为三级代议体系的建立及选举议员的产生。①区议会的设立及区议员的选举。1980年和1981年，港英政府分别发表关于香港地方行政改革的绿皮书和白皮书，宣布在当时的十八个区内设立区议会并采取部分分区直选，香港第一次出现民选议员。②市政局和区域市政局及其议员的选举。1983年，港英政府在市政局引入分区直选议席，将其向民选代议机关方向改造；1985年，又在新界建立与市政局类似的区域市政局，并采用部分分区直选。③立法局的改造及议员的选举。1983年，港英政府

---

① 周平著：《香港政治发展（1980—2004）》，中国社会科学出版社，2006年版，第239页。
② 周平著：《香港政治发展（1980—2004）》，中国社会科学出版社，2006年版，第45页。
③ 刘曼容著：《港英政治制度与香港社会变迁》，广东人民出版社，2009年版，第72页。

对于立法局的改造正式开始，港督首次委任 2 名民选区议员为立法局非官守议员；1985 年，港英政府将间接选举引入立法局，通过功能组别和选举团的方式选举产生 24 名非官守议员；1991 年，港英政府将直接选举引入立法局，通过分区直选的方式产生 18 名非官守议员，民选议员的数量首次超过委任议员；1995 年，立法局的全部议员均由选举产生，包括 30 名功能组别议员，20 名分区直选议员和 10 名选举委员会议员。

需要指出的是，虽然这一时期英国在香港建立了三级代议体系，但这充其量算是民主的萌芽，而非民主化的真正开始。原因有二：其一，从改革动机上看，英国进行政改的原因并非为了在香港建立民主政制。这种表面上"还政于民"的做法实际上是要将香港的行政主导架构变为立法主导架构，再通过对亲英力量的培植，"把香港变成一个独立或半独立的政治实体，延长撤退后英国对香港的殖民影响"。① 英国的"催生式"改革使中国政府陷入了两难境地：若同意，则等于默许了英国在香港回归后的影响，也不利于香港民主的良性发展；若反对，则好像是"阻碍"了香港的民主发展，会让香港市民对于回归更加担心。无论如何，都会给香港的政治生态造成很大负面影响，为之后的政治发展埋下隐患。其二，从最终结果上看，港英政府的整体架构和基本性质并没有改变。一方面，港英政府的性质并没有改变，政制的权责关系也没有改变。港英政府的权力来源和负责对象还是英国女王和英国政府，并没有因为产生了一些民选议员就变成对香港居民负责。另一方面，港英政府的权力结构和运行模式也没有改变。立法局虽然具有了部分民意机关的性质，但并没有变成最高立法机关，它仍然是港督进行立法决策时的咨询机构，港督仍然把持着香港的立法权。因此，英国在香港回归前的政改只是一种对原有统治的小修小补而已，香港依然维持着高度集权的殖民政制。而且，更为重要的是，英国"居心不良"的政改严重扭曲了香港的政治生态和政治文化，造就了外部势力干预香港民主改革的传统，并埋下了未来民主异化的种子。

（二）回归后香港民主化的启动和发展

香港民主化的真正开端是 1997 年的香港回归。1997 年香港回归后，在"一国两制"政策方针的指导下，在中央政府的推动下，香港民主政治建设

---

① 刘曼容著：《港英政治制度与香港社会变迁》，广东人民出版社，2009 年版，第 44 页。

有了巨大发展。主要体现在以下两方面：

第一，从机构性质来看，民主政治的制度架构得以确立。具体表现在：其一，香港特区政府是基于香港居民自己当家做主而建构的民主政府，香港基本法第43条规定："香港特别行政区行政长官是香港特别行政区的首长，代表香港特别行政区"，"香港特别行政区行政长官依照基本法的规定对中央人民政府和香港特别行政区负责"。第60条规定："香港特别行政区政府的首长是香港特别行政区行政长官"。上述规定表明，行政长官既是香港特别行政区的首长，又是香港特别行政区政府的首长，具有双重身份。行政长官的双重身份及法律地位，决定了其负有双重政治责任，其除了对中央人民政府负责之外，还要对香港特别行政区负责。正是这一点，使得香港特别行政区政府和行政长官根本区别于港英政府和港督。其二，香港立法会是香港特别行政区的民意机关。首先，从人员组成和产生方式看，立法会议员由当地的永久性居民组成，经选民直接或间接选举产生，能够代表和反映民意。其次，立法会代表香港特别行政区居民对特区政府进行监督。它在控制政府的公共开支、监督政府和制约行政长官等方面，都具有实质性的权力。同时，香港立法会还是香港特别行政区的立法机关。按照香港基本法的规定，香港特别行政区立法会是行使香港特别行政区立法权的机关，它有权制定、修改和废除香港特别行政区自治范围内的所有法律。需要强调的是，目前立法会是香港特别行政区内真正行使立法权的机关，这不同于港英政府时期的立法局。这些均体现了香港政治体制的民主性质。

第二，从行政长官的产生方式来看，民主建设稳步推进。主要表现在：其一，行政长官由选举或协商产生。根据基本法第45条规定："香港特别行政区行政长官在当地通过选举或协商产生，由中央人民政府任命。"该规定尽管出于行使主权的考量而规定了中央政府的任命权，但也充分体现了行政长官产生的民主性与合法性。其二，选举委员会人数由400人扩增至1200人。第一任行政长官推举委员会由400人组成，每个界别100人；2002年第二任、2007年第三任行政长官选举时，选举委员会增加至800人，每个界别200人；2012年第四任行政长官选举时，选举委员会增加至1200人，4个界别各加100人。其三，从间接选举到直接选举。所谓间接选举是指由选举委员会选举产生行政长官，所谓直接选举是指由一人一票直接选举产生行政长官。根据基本法第45条规定："香港特别行政区行政长官的产生办法根据香港特别行政区的实际情况和循序渐进的原则而规定，最终达至一个有广泛代表性的提名委员会按民主程序提名后普选产生的目标。"2007年12月29日第十届全国人大常委会第三十一次会议审议了香港特别行政区行政长官曾荫权2007年12月12日提交的《关于香港特别行政区政制发展咨询情况及2012年行政长官和立法会产生办法是否需要修改的报告》。会议决定，2017年香港特别行政区第五任行政长官的选举可以实行由普选产生的办法。2014年8月31日，全国人大常委会再次通过关于香港行政长官候选人提名制度的决定：由一个具有广泛代表性的提名委员会提名，候选人为2至3人，经委员会过半数支持和全体选民普选产生，最后由中央政府任命。

第三，从立法会议员的产生方式来看，民主步伐不断加快。主要表现在：其一，从三种产生方式到两种产生方式。2000年，第一届、第二届立法会由分区直选、功能团体选举和选举委员会选举三种方式产生；2004年，第三届立法会取消了选举委员会选举产生的议席，分区直选和功能团体议席分别增长到30席。其二，直选议席的数量不断扩大。2012年第五届立法会选举时，功能组别和分区直选议席各增加5席；功能组别新增议席全部给区议员，且由民选区议员提名，再由全港非功能组别选民投票产生。香港民主化又向前迈进了一大步。其三，从间接选举到直接选举。2007年12月29日第十届全国人大常委会第三十一次会议通过了《关于香港特别行政区2012年行政长官和立法会产生办法及有关普选问题的决定》，根据该决定，2020年第七届及以后各届立法会议员可以由普选产生。

从上述历史考察不难发现，由于历史的原因，香港民主化起步很晚，但在这短短的不足20年的时间内，在中央政府的推动下，香港的民主化着实取得了巨大的成就。

二、目前香港民主化进程中出现的问题及原因

在香港民主化取得巨大成就的同时，由于香港特殊的政治生态环境，加之外部势力的插手，致使目前香港在其民主化进程中出现了一些不应有的问题。概括起来，主要如下：

（一）民主激进主义

民主发展的激进主义是当前香港民主化过程中出现的第一个重大问题。直到20世纪80年代，香港才出现民主化萌芽，1997年回归后才正式开启

民主化进程，目前立法会已有一半议席实现分区直选，行政长官亦由一个具有广泛代表性的选举委员会选举产生，行政长官和立法会可以分别于 2017 年和 2020 年由普选产生。相较于西方国家和地区的民主化历程，香港在短短不到 20 年的时间内，就基本落实了香港基本法所规定的民主设想，其民主化速度实在不慢。然而，部分香港市民尤其是泛民人士却极端地认为香港的民主化速度过慢，要求采取更加激进的、彻底的政改方式，企图"一步到位"。为此，部分香港居民不断攻击特区政府的政改方案和全国人大常委会的有关决定，污蔑行政长官选举是"权贵钦点、平民抬轿"，将全国人大常委会的"8·31 决定"称为对香港民主的"阉割"。2005 年，曾荫权政府的政改方案明明兼顾了各方利益，也符合当时香港的社会政治情况，但部分香港居民还是一味要求 2007 年普选，最终导致政改方案搁浅，民主化进程原地踏步；2013 年部分香港居民又大肆攻击梁振英政府的政改方案，甚至提出了"公民抗命"的概念以逼政府就范，最终导致了 2014 年的"占中"事件。其实，民主建设会牵动政治、经济、社会等一系列因素，需要许多的时间和精力来咨询、打磨和完善，不可能一蹴而就。盲目地要求"一步到位"只会对香港民主化造成伤害，轻则使制度安排与政治生态不相容，影响民主政治的健康发展；重则造成社会撕裂、引发政治动荡。

香港之所以会出现民主激进主义，主要原因如下：第一，部分香港市民对自由、民主和"一国两制"的认识有偏差。香港市民大多受到选举主义的影响，过分看重民主形式的意义，认为只要实现了普选就有了民主政治，而对民主实质、行为过程和政治生态等一系列相关因素较少关注，这使得他们对民主发展的认识趋于简单化，从而误认为"一步"就可以"到位"。同时，许多香港市民将自由和"两制"看得过重，因而常常对中央政府依基本法对民主发展节奏的合理掌控作出过激反应，每当全国人大常委会对政改作出决定时，他们就一味反对，完全不管全国人大常委会的决定是否合法或是否对香港民主化有利。这种在政治认知上的偏差使香港市民容易在政改问题上走向极端。第二，受线性思维的影响。部分香港市民对于政改的激进主义态度实际上是一种线性思维，即"非黑即白"，没有灰色地带，也不会顾全大局，并不考虑整体利益，只向自身认为对的观点前进，不会了解不同看法的理据。[①] 这种线性思维与政改所需要的渐进思维和妥协智慧格格不入，

---

① 梁燕城：《拖慢了民主化进程》，载香港《信报》，2006 年 1 月 5 日。

严重阻碍了香港民主发展的步伐。

（二）民主工具主义

民主工具主义是当前香港民主化过程中出现的第二个重大问题。部分泛民人士诉求民主的"醉翁之意"不仅仅在于民主本身，而在于借民主来占据政治和道德的制高点，以增强其对抗中央和特区政府的"合法性"。换言之，部分泛民人士的民主化诉求在相当程度上旨在"借民意而抗中央"，即通过裹挟民意、诋毁中央和打压特区政府等手段将自己塑造为所谓的"民主斗士"和"香港捍卫者"，从而扩大政治影响、借力对抗中央。事实上，香港民主化的动因和目的素来就颇为复杂，将民主作为对抗中央工具的现象早在回归之前就已出现。港英政府统治末期，曾推行"政改"，但其并非真心为香港民众着想，而是意欲通过民主改革给香港回归制造障碍，以延续英国在港利益。回归后，部分泛民人士又进一步增加了香港民主化的工具主义色彩。2003年以前，香港社会尚能较为平顺地依照基本法循序渐进地推进政治改革，但在由23条立法所引发的风波中，泛民人士尝到了操弄民意的甜头，此后不断抹黑香港的民主政治发展，称行政长官选举是"小圈子选举"、行政长官是"中央的代言人"、香港政治是"鸟笼政治"，打着"争取民主"的旗号诋毁全国人大常委会决定、反对特区政府政改方案、号召港人进行街头抗争，这给香港民主化带来了极大的负面影响。这种民主工具主义的倾向和做法既是香港民主化过程中出现的一大异化现象，也是阻碍香港民主化进程的重要因素之一。

导致香港出现民主工具主义现象的原因，主要有二：其一，部分泛民人士的策动和利用。部分泛民人士通过构筑一条"亲中＝亲特区政府＝建制派＝反民主，反中＝反特区政府＝泛民主派＝支持民主"的论述链条，来蒙蔽和影响民意，以达到其对抗中央的目的。但是，这一现象的背后还隐藏着一些深层次的原因，其中很重要的一点是，相当一部分香港市民对于中央政府关于香港民主化的支持立场和积极态度并不了解，想当然地认为中央政府是香港民主化的阻碍者、打压者。在泛民人士的抹黑、歪曲和误导下，部分香港市民误将爱港与爱国对立，将反对中央政府与支持民主改革对等，很容易产生对中央的敌对情绪，从而更容易被泛民人士煽动和误导。其二，外国势力的利用。香港是外国反华势力西化中国的桥头堡，回归以来，他们在香港不断进行间谍活动，恶意鼓动泛民人士与中央对抗，还通过各种渠道给予泛民团体或人士以支持，包括人员的培训、情报的共享和活动经费的提供等。香港泛民人士的对抗活动在很大程度上是与外国反华势力的支持分不开的。

（三）民粹主义

民粹主义是当前香港民主化过程中出现的第三个重大问题。一方面，部分香港市民陷入一种对特区政府和中央政府的非理性敌视，把任何普通的政策建议都政治化、道德化，甚至阴谋化，不是针对具体政策事件进行理性讨论，而是针对整个政权进行意识形态化的反对，认为政府做什么都是错，大大增加了政府的管治难度。另一方面，部分香港市民越来越热衷于民粹式的直接表达，甚至绕过法治体系，诉诸街头抗争和"变相公投"。这些民粹主义运动中充斥着响亮的、空洞的、激进的口号，但却提不出具体的政改方案，虽然能够有效地激发起部分香港市民的参与激情，但对香港民主化却没有什么建设性意义。近年来，香港民粹主义又被泛民人士美誉为所谓"新社会运动"，这些运动通常以年轻人为主力，有很强的本土主义色彩，强调直接行动的重要性。相当一部分运动参与者根本不了解实际情况，只是凭着一时意气或因为从众心理而参与活动，在活动的过程中，又不断受到集体激情的感染和泛民人士的煽动，很容易变得更加激进和非理性，非常不利于香港政治文化的健康成长。总而言之，民粹主义的兴起已经对香港民主化造成了很大冲击，不但严重破坏了香港一直引以为傲的法治体系，也对香港的经济、社会造成了很大伤害，甚至可能使香港出现民粹式的"劣质民主"。

导致香港民粹主义泛滥的主要原因有二：其一，政治参与中的狂热主义。根据国外民主化的一般规律，部分国家和地区在政治民主化的早期经常会出现政治参与狂热现象，从目前香港市民的政治参与热情来看，香港亦不例外。尤其是香港市民普遍受教育程度较高，英国又在殖民统治末期有意培养他们的西式自由民主理念，因此，香港市民对于政治参与的热情空前高涨。这种政治狂热主义在泛民人士的诱导下转向了民粹主义。其二，"朝小野大"的政治结构。如果说香港市民狂热的政治激情给民粹主义的产生奠定了自下而上的社会基础，那么香港特区政府的虚弱则给民粹主义的发展提供了自上而下的政治条件。一个社会的有序运行是需要政府的有效管控的，如果政府的威信较低或管治能力不足，而民众的政治激情过盛或反对派力量过大，那么就会出现反对派操纵民意盲目反对现有体制的情况，容易引发民粹主义。回归以来，香港的市民社会发展很快，社会运动也非常兴盛，反对派的势力更是十分强大；反观特区政府，不仅民意支持率一直较低，法定权力也不断遭到立法会、终审法院和大众媒体的"蚕食"。在各方面的压力和挑战下，特区政府的权威不断流失，无法对反对势力和社会运动进行有效管控，这在一定程度上给民粹主义的蔓延提供了可乘之隙，从而使得民粹主义愈演愈烈。

（四）社会撕裂与对抗

严重的社会撕裂是当前香港民主化出现的第四个重大问题。香港的社会撕裂主要有两种表现：第一，泛民主派和建制派的对抗。回归后，香港社会一直存在着泛民主派和建制派两大对抗阵营，两者各自动员民众，互相攻击，尤其泛民主派经常鼓动香港市民反对特区政府和中央政府，造成香港社会的严重撕裂。香港社会中支持泛民主派的主要是中产阶级、大部分中下层阶级和青少年，而支持建制派的主要是大工商金融业者、小部分中产阶级和老年人。二者相较，泛民主派的"基本盘"显然更大且有扩大趋势，若依此发展下去，香港社会很可能出现台湾式的两极对抗格局。第二，社会阶层的严重分化。虽然近年来香港市民的受教育水平不断上升，但其年收入中位数却不断下降，[①] 这表明香港社会的中产阶级在不断萎缩，各个阶层之间的矛盾也因此激化。很多香港市民认为近年来香港发展的成果都被大工商业者、金融家和房地产商攫取，特区政府的很多政策也向上层社会倾斜，因此将快速民主化当成解决这些问题的"钥匙"，进而导致了他们对于政改的激进主义态度。以上两种对抗或分化现象，使香港社会严重撕裂，掏空了民主政治所需要的共识基础。

造成香港社会上述撕裂的原因，主要有以下三个方面：其一，泛民主派和建制派的不断争斗。一方面，两者在与中央政府的关系、民主化速度等方面均有很大分歧；另一方面，两者在立法会和区议会内围绕着议席的激烈竞争，又进一步加大了他们在政治立场上的分歧和对抗。其二，香港贫富分化的日益严重。按照香港特区政府扶贫委员的报告，2012年全港约有10万贫困人口，贫困率为15.2%。[②] 另据香港政府统计处的统计结果显示，2011

---

① 陈丽君著：《香港人的价值观念研究》，中国社会科学出版社，2011年版，第51页。
② 香港特别行政区扶贫委员会：《香港首次制定官方贫穷线——作用和价值》，2013年2月，载香港特别行政区扶贫委员会网站。

年香港收入最高的部分人群的收入是最低的人群的 45.9 倍，且前者的实际收入在过去十年间增加了 20%，后者的实际收入却减少了 25%。[①] 在 2008 年联合国的一份报告中，香港的基尼系数是亚洲最高的，且在全球中也是较高的。[②] 严重的两极分化使得香港各阶层之间的矛盾越来越激烈。其三，部分香港市民国家认同感日益脆弱。虽然香港已于 1997 年回归中国，但由于政治经济体制和意识形态的不同，部分香港市民对于中国的国家认同度并不高，而且心态很不稳定。据有关调查显示，自 2009 年以后，香港市民的"中国认同"逐年降低，有相当一部分香港市民甚至对中国及中央政府充满敌意，只认同自己是"香港人"而非"中国人"。[③] 这部分市民的理念与"爱国爱港"市民的理念，产生了严重的碰撞和冲突，这也使香港社会的撕裂更加严重。

三、香港民主化走向之前瞻

香港民主化进程中出现的上述问题，反过来又会对香港民主化产生严重的负面影响，甚至在一定程度上会延缓香港民主化的进程。倘若这些问题不能及时得到解决，将直接影响香港民主化的未来前景。仅就短期而言，香港民主化的前景并不十分乐观。具体分析如下：

（一）政治不稳定现象短期内难以消除

首先，从国外民主化的实践来看，香港的政治不稳定现象在短期内还会继续存在。根据发展政治学的一般理论，民主化可以分为民主转型和民主巩固两个阶段，世界上大多数国家或地区在民主化的早期，即民主转型时期，常常会出现政治不稳定。根据香港民主化发展的水平，应将其目前所处的阶段界定为"民主转型时期"，因此，香港在这一时期内出现诸多政治不稳定现象亦在所难免。其次，香港的政治不稳定现象由多重因素所导致，而这些因素在短期内都难以消除，有些甚至存在激化的可能，这使得香港的政治不

---

① 香港特别行政区政府统计处：《香港 2011 年人口普查——主题性报告：香港的住户收入分布》，2011 年第 76 页，载香港特别行政区政府统计处网站。
② 联合国人类住区规划署：《和谐城市——世界城市状况报告（2008/2009）》，吴志强等译，中国建筑工业出版社，2008 年版，第 74 页。
③ 陈丽君著：《香港人的价值观念研究》，中国社会科学出版社，2011 年版，第 70 页。

稳定问题还会持续。这些因素主要有以下几个方面：其一，香港政治制度化水平短期内难以满足香港市民政治参与的诉求。根据美国政治学者亨廷顿的观点，政治制度化水平与政治参与诉求一旦失衡，就容易引发政治不稳定。[①] 其二，特区政府的权威不断流失。政府的威信和管治能力短期内难以提升，难以有效应对泛民人士对特区政府的对抗。其三，经济发展持续低迷。香港的经济发展已经进入瓶颈期，经济的持续低迷将大大增加民众对特区政府的不满，进而引发政治不稳定。其四，贫富差距不断拉大。由于经济状况不佳和产业结构老化，香港的贫富差距短期内很难缩小，贫富不均历来是引发政治不稳定的重要原因。其五，部分香港市民重自由而轻秩序的理念。香港社会在反对中央管治和要求快速政改方面的态度基本已经固化，短期内很难改变，这将会持续影响香港的政局。除了以上这些因素外，社会撕裂、民粹主义和外国势力的干预等问题也是影响香港政治稳定的重要因素，而这些问题在短期内都难以解决。因此，香港的政治不稳定问题将会在一定时期内持续存在。

（二）"双普选"的落实充满不确定性

虽然全国人大常委会在"8·31决定"中已经对2016年第六届立法会选举和2017年第五任行政长官选举做出了决定，但由于香港社会对"8·31决定"的反应很复杂，再加上其他因素的影响，2015年新的政改方案能否在香港立法会通过是一个未知数。现在主要存在两种可能。第一种可能是关于行政长官普选的新政改方案被立法会否决。根据"8·31决定"，为了集中精力优先处理行政长官普选问题，在行政长官由普选产生以后，立法会才可以实行普选。而如果行政长官普选的具体办法未能经法定程序获得香港立法会通过，那么行政长官的选举继续适用上一任行政长官的产生办法。也就是说，如果此次政改方案被立法会否决，2017年行政长官普选就不能如期落实，那么2020年立法会普选也就随之落空。根据目前香港立法会的组成结构和政治生态来看，要获得立法会三分之二多数议席的通过实属不易，而且泛民主派和建制派在提名方式、提名门槛、候选人人数、提委会的构成和产生方式等问题上存有严重分歧，这无疑增加了落实行政长官普选的不确定

---

① ［美］亨廷顿著：《变化社会中的政治秩序》，王冠华、刘为等译，上海人民出版社，2008年版，第42页。

性，也延缓了立法会普选的进程。第二种可能是关于行政长官普选的新政改方案被立法会通过。即便立法会顺利通过了关于 2017 年行政长官普选的新政改方案，并于 2017 年如期落实，这也并非意味着 2020 年的立法会普选就能如期落实。因为目前香港社会在立法会普选的具体方案上并未达成共识，功能组别的存废问题一直是争论焦点，加之其他一些分歧，即便 2017 年行政长官普选能如期落实，随后的立法会普选还是充满变数，未必能如期实现。由上可见，"双普选"的落实充满了不确定性。

（三）社会政治生态短期内难以改善

民主政治的良性发展需要有健康的政治生态环境，然而，香港的政治生态却呈现畸形状态，且在短期内难以改变。根据政治生态学的一般理论，政治系统是一个开放性的系统，其与周围的环境相互依存、相互作用，要讨论政治问题，就必须研究与其相关的一系列社会、经济、文化、生态因素，这些因素构成了影响政治问题的政治生态。就香港民主化来说，社会撕裂、民粹主义、反对派与中央的对抗等构成了其主要的政治生态，在这样的政治生态下，香港民主化很难朝着正确的方向发展。更为重要的是，这样的政治生态在短期内很难改变，甚至可能进一步恶化，这就给香港民主化带来了很大的消极影响。就社会撕裂而言，在各种因素的作用下，香港的几种社会矛盾几乎已经固化，建制派和泛民主派存在基本立场分歧，短期内难以和解；由于贫富差距的持续扩大，各个阶层之间的矛盾在短期内也难以调和；随着具有更强本土化意识的香港年轻一辈的成长，"本土主义"和"大中华主义"的冲突也日益凸显。这些都会破坏香港民主化的政治共识基础。就民粹主义而言，香港的民粹主义已经发展起来，而民粹主义的自身特点决定了其一旦兴起就很难消退，所以部分香港市民极端的民粹主义思维在短期内难以转变，由其引发的社会运动也很难在短期内平息，类似"占中"的非法运动很可能还会出现。就反对派与中央的对抗而言，香港民主化这个"工具"如此好用，反对派在短期内不会放弃"挟民意以抗中央"的做法，香港民主化很可能继续异化。综上所述，香港的政治生态难以在短期内改变。

（四）泛民人士的"反中"情绪将会持续

泛民人士的"反中"情绪由来已久，而且由于泛民人士一味坚持"一步到位"式的激进政改思路，而中央则依照基本法坚持循序渐进的民主发展思路，两者在香港民主化问题上的分歧在短期内很难收窄。因此泛民人士的"反中"情绪还会持续下去。值得关注的是，中央政府与香港的关系已经陷入了一个"怪圈"，由于泛民人士对于中央政府的对抗姿态，中央政府对香港政改顾虑重重，因而必然对香港民主化持以审慎态度；而正是由于中央政府的审慎，部分泛民人士对中央政府更加不满，从而倾向采取更加敌对的行为，导致中央政府对政改的顾虑更多。这个"怪圈"短期内很难打破，如果想要打破，那就需要双方进行更加深入的、更有成效的沟通，并且需要有一方主动做出较大的让步。很显然，中央政府是不可能让步的，因此需要香港方面恰当认识自己作为地方行政单位的身份和地位，在政改问题上首先做出让步。无论香港特别行政区多么特别，都未改变其作为中国一个地方行政单位的性质，实行"两制"并不等于罔顾"一国"，"高度自治"也不等于"完全自治"，只有在摆正自己位置、正视自己身份的前提下，香港与中央政府的关系才容易得到改善，香港的民主政治也才有可能取得巨大发展。然而，种种迹象显示，得到外国势力支持的泛民人士在短期内首先做出让步的可能性很小。不难预见，未来几年里，围绕着普选问题，泛民人士与中央政府的对抗还会持续下去，这势必会影响香港民主化的走势和速度。

结　语

以上分析表明，香港民主化过程中出现的问题及其对香港民主发展所产生的不利影响，主要由香港社会自身所造成，而非由于中央政府的"压制"和"阻碍"。中央政府作为香港特别行政区的主权行使者，出于对香港政治稳定大局的考量，严格依照基本法而坚持循序渐进的民主发展思路，无可厚非。香港社会应反思和检视自身在民主化进程中出现的问题及原因，然后认真地、及时地对这些问题加以解决，从而为香港民主发展创造良好的政治环境和条件。期盼香港社会（尤其泛民人士）以落实"双普选"为重要契机，不断总结民主化过程中的利弊得失，减少政治对抗，增加认同与协作，积极为香港民主发展注入正能量，以进一步推进香港的民主化进程。

（原载《新视野》2015 年第 2 期）

香港"六·二二公投"的合法性质疑

2014年6月20日至22日，戴耀廷等香港部分泛民人士发动了"电子公投"（简称"六·二二公投"），就普选特首的三个候选方案进行了选择性投票。为增强行动的合法性，戴耀廷等人一直对外宣称此次投票为"电子公投"，让人误以为"六·二二公投"就是部分西方民主国家常用的公民投票。但事实上，与西方民主国家的公民投票及电子公投相比，"六·二二公投"不仅有违宪制，而且不合法理，具有很大的迷惑性。为了让人们更好地了解"六·二二公投"，现作如下分析。

一、并非真正意义的电子公投

部分泛民人士把其"电子公投"与公民投票联结在一起，其实是一种为提升"六·二二公投"档次而故意采用的表述，因为将其行动说成是公民投票无疑会增强其合法性和正当性。众所周知，公民投票是落实主权在民原则的一种直接民主形式，然而，香港的"六·二二公投"却与西方民主国家的公民投票或电子公投有着重大差异，具体表现在：

第一，宪制地位不同。西方民主国家的公民投票或电子公投均有法律依据，即首先在宪法或法律上确立这一制度，然后在宪政框架内来运作这一制度，以达至直接民主的目的和效果，故西方民主国家的公民投票是一项宪制性的制度安排。在确立公民投票制度的国家或地区，一般由宪法或专门的公民投票法来具体规定公民投票的条件、启动、主体、议题、程序、效力等内容，从而使公民投票有明确的宪制基础。随着通讯、电子等现代科学技术的发展，出于节省成本、方便投票和提高效率的考量，西方民主国家近年来兴起了电子公投这一新的公民投票形式，并及时针对电子公投制订了相应的法律规范。然而，香港"六·二二公投"与西方民主国家的公民投票或电子公投有所不同，其缺乏明确的宪制地位和法律依据，众所周知，现行香港基本法并未对公民投票作任何制度安排，故香港特区立法会也就无权对公民投票（或电子公投）作出任何实体和程序上的规定。在这种情况下，香港泛民人士发动电子公投于法无据，属于非法行为。

第二，政治基础不同。西方国家的公民投票或电子公投建立在高度完备的民主政治基础之上，是代议制民主发展到一定阶段以后进一步完善民主政治的一种直接民主方式。从目前采行公民投票制度的国家来看，虽为数不多，但多是民主发展水平较高的国家。电子公投是投票与现代科学技术相结合的新兴制度，是一种新的公民投票形式，目前正处于刚刚兴起阶段。电子公投在西方国家之所以被慎重使用，是因为其在短期内难以解决投票公平性及其技术问题。譬如，对于不擅长新技术的老人来说，采用电子公投就未必公平；并且发动公民投票是一项慎重的行动，电子投票有可能会因投票更容易而引发投票不慎重的危险。客观地说，电子公投仅仅是公民投票未来发展的方向之一，但限于目前的科技和资讯条件，它尚未被大规模使用，仅限于个别国家对个别议题的表决。即便是举行公民投票最为频繁的瑞士，也只是偶尔使用此种形式。而香港的"电子公投"背景与此不同，香港刚刚开启民主化，民主政治尚在起步阶段，这就缺乏进行公民投票实践的政治基础，更不用说电子公投。香港泛民人士在缺乏公民投票政治基础的背景下，直接逾越民主发展阶段而进入"电子公投"，真可谓"三级跳跃"。可以说，西方国家的公民投票是瓜熟蒂落的结果，而香港泛民人士发动的"电子公投"却是人工促成的早熟产品，难免"发育畸形"，也有损于香港民主政治健康有序的发展。

第三，根本用意不同。西方国家的公民投票及电子公投是在宪政体制框架内部产生的合法制度，是民主主义的产物，是民主制度的重要组成部分；其产生的动因是西方民主国家的公民对代议制民主不满，为了完善和发展民主，便在代议制民主的基础上创制出公民投票这一直接民主形式。可见，创制公民投票制度和进行公民投票实践的根本目的是在宪政框架下进一步完善既有的民主制度。然而，香港的"电子公投"却不是在宪政体制框架内生成的制度，而是反对或对抗现行政府及体制的工具，是极端民粹主义的产物；其产生的背景并非是香港民主已经高度发展，而是部分泛民人士企图以此对抗特区政府和中央政府；其目的并非要在基本法之下完善香港民主，而是改变香港的既有体制框架。事实上，就这一点而言，泛民人士并非不清楚，只是揣着明白装糊涂，借所谓的民意和媒体舆论来对抗特区政府和中央政府而已。

通过以上比较，我们可以看出，香港"六·二二公投"与西方国家的公民投票或电子公投具有显著差异，泛民人士将其行动说成是"电子公投"，无非是意欲借公投之名增强他们行动的合法性和正当性，但这并不意味着"六·二二公投"就是真正的电子公投。

二、是别有政治企图的公投

从效应上分析，香港泛民人士发动"六·二二公投"意欲起到什么作用？是发挥民调作用，还是获得"公民授权"效果？抑或兼而有之？只要深入分析，就会发现"六·二二公投"纯属不伦不类。

首先，"六·二二公投"的数据和结果不可以作为民调数据和结果。其一，众所周知，民意调查机构只有具有中立性和客观性，才能保持调查结果的公正性和准确性。然而，香港的"电子公投"本身就有鲜明的政治倾向、强烈的意识形态色彩和明确的政治目标。在部分泛民人士的鼓动、诱导下，部分香港民众进行了情绪化的电子投票，虽然泛民人士宣称投票结果是公正、客观的，但从议题设计到选项设计，实际上只体现了行动主导者的政治意愿。其二，在香港这样一个两大阵营对抗的社会里，投票者大多是泛民人士，建制派人士则缺乏投票兴趣，使得有限投票者所表达的政治诉求并非能够代表香港的主流民意。其三，投票权或表决权是一种宪制性权利，其顺利实行不仅需要充分而完备的制度条件（如严格的法律规定等），还需要有成熟而健康的软性条件（如发达的公民文化和民主观念等），更需要有相应的监督机制和争议解决机制作为保障。反观香港"六·二二公投"，其缺乏上述制度支撑和资源保障，而正是这些决定了其投票结果既不合法，也不可信。

其次，"六·二二公投"无法支撑"公民授权"的结论。香港泛民人士发动"电子公投"，旨在凝聚不同泛民人士的意志、获得"公民授权"的效果，以增强他们发动"电子公投"的合法性。而事实上，"公民授权"的说辞于法无据。从宪政的视角来看，"公民授权"需要经过复杂的中间环节和制度程序，以体现和保证授权的合法性、严肃性和公正性。按照人民主权原则，人民是国家权力的所有者，这为宪法或法律中创制公民投票制度提供了合法性基础。人民为何要授权？向谁授权？按照什么样的步骤和程序进行授权？被授权者的基本资格和认定标准，以及如何向人民负责并接受监督？这些理论问题有助于我们审视泛民人士所谓"公民授权"之说辞。众所周知，根据近代西方政治理论，人民主权是就一个主权国家内部的最高权力归属而言的，其与国家主权（分为对内主权和对外主权）并非完全重叠，仅仅在对内主权意义上使用。只要国家最高权力归属于人民（而非君主和议会），即为人民主权。但人民主权原则只在整体的国家层面上使用，即一个国家的全体人民共同拥有人民主权，而不是任何一个地方行政区域内的人民也拥有自己的"人民主权"。人民主权是一个共享性概念，即使在联邦制下也不例外，联邦成员单位之人民所拥有的"州内最高事务的自我决定权"属于主权权力，而非"人民主权"。可见，主权权力与人民主权虽有紧密联系，但并非相同，现实中的很多误解就是将两者混为一谈的结果。在联邦制下，其成员单位之人民将主权权力进行了双重委托，一部分委托给了区域性政府（即州政府），一部分委托给了全国性政府（即中央政府）。而在单一制下，人民先将主权权力委托给了中央政府，再由中央政府将权力分配给地方政府。因此，单一制下的人民不存在再授权的问题。地方行政区域的人民拥有"人民主权"，并因此而进行所谓授权或委托，这在理论上与单一制的国家结构形式原理相冲突，在实践中也必定会导致政府统治秩序的混乱。香港作为中国单一制下的一个特别行政区，虽享有高度自治的权力，但其权力仍然来自于中央人民政府的授权，香港居民依基本法所享有的权利也并非香港居民所固有。综上所述，香港特别行政区人民所享有的高度自治权与联邦制成员单位的人民拥有向其州政府进行授权或委托的主权权力有很大不同，香港部分泛民人士所谓的"公民授权"是对人民主权学说的扭曲和滥用。

三、亦非真正意义的公民抗命

为了给"电子公投"和"占领中环"寻找合法性依据，香港泛民人士将自己的行动美其名为"公民抗命"。所谓"公民抗命"即法学上的"公民不服从"，亦即政治学上的"政治不服从"，只是它们的称谓略有不同。仔细研究就会分析，香港泛民人士发动"电子公投"和"占领中环"与真正意义的公民不服从格格不入。

众所周知，所谓公民不服从是指一个国家的部分公民在承认国家的法律体系与政治秩序整体之正当性与合法性的前提下，以各种非暴力的柔性手段，公开地反对政府制定的某项法律或政策的行为。公民不服从的目的在于唤起公共舆论，使行政当局或立法部门认识到某项法律或政策有损于公共利益，违反了人类社会生活的某些基本道德准则和公平正义原则，从而迫使行政当局或立法部门撤销或延迟该法律、政策的通过与执行，或者阻碍其实际贯彻实施。尽管公民不服从备受争议，但整体来看，其是正向的、积极的、善意的和正义的行动。

香港泛民人士声称其行动是"公民抗命"，无非是想借着其行为与真正的公民不服从行为的某些表面上的相似性（如都具有违法性、不服从性、公开性和非暴力性等），故意将二者混同起来，以此给他们的非法行动披上正当、合法的外衣，进而蒙蔽和争取更多的香港民众加入他们所谓的"正义"行动。但深入分析就会发现，香港泛民人士所谓的"公民抗命"与真正的公民不服从仅仅在表面上有些相似，在实质上则迥然不同，具体表现在：

第一，在不服从的指向方面，西方国家的公民抗命所针对的仅仅是某项具体、非根本性的制度、法律或政策，并非针对宪法或宪制性法律文件这种带有根本性、全局性的制度规范；其目的不是要推翻整个政治制度或改造整个社会，而是为了维护和促进社会的根本制度和法律。然而，香港泛民人士发动"公民抗命"的目的指向是反对香港特区的根本性、宪制性法律——香港基本法，排斥中央政府对香港特区的宪制性权力，因此，泛民人士的行为根本不是真正的公民抗命。

第二，在不服从的手段方面，公民抗命需要以和平的、非暴力的手段进行，最后达到改变社会不良制度的目的；凡是以军事或暴力手段实施的政治反抗行动，均不被认定为"公民不服从"；公民抗命是为了更好地维护法治秩序，而不是将社会导入无政府主义状态，是一种"最小破坏最大建设"的手段。然而，香港泛民人士的"公民抗命"旨在"占领中环""瘫痪香港"，是一种"最大破坏最小建设"的手段，其目的是制造社会秩序的混乱，给特区政府和中央政府施加压力。

第三，在不服从的性质方面，在公民抗命中，凡是不被服从的法律或政策均具有明显的、实质性的非正义性，通常属于"恶法"的范畴；西方民众抗议"恶法"，是为了"去恶从善"，进而达到更完备的法治状态；公民抗命的立论基础是国家的法律和政策不得侵犯人们的基本权利，否则人们有权拒绝服从。近代历史上比较有影响的公民不服从运动案例有：甘地在南非和印度领导的反对殖民主义统治的非暴力不合作运动，马丁·路德·金领导的美国黑人反对种族歧视、争取平等权利运动，等等。反观香港泛民人士，其"不服从"的法律却不是"恶法"，而是全国人大制定、并得到香港居民普遍认可的良法（即香港基本法）；他们所谓的"公民抗命"，与这些正义的案例不可相提并论，不仅不具有正义性，反而具有反动性和非法性。

第四，在不服从的功能方面，公民不服从作为一种稳定宪法制度的手段，通过反对非正义的法律或政策，禁止对正义的偏离，并在出现偏离时对非正义进行及时纠偏，有助于维护和加强正义制度。因此，公民不服从在西方民主国家被视作一种重要的纠错机制，具有一定的进步意义，也正因如此，个别西方民主国家（如美国、法国、德国等）均在法律上对公民不服从（即抵抗权）做出了相应的制度安排。然而，香港泛民人士发动的"公民抗命"却不是纠错机制（事实上香港基本法也没有什么非正义的规定需要纠偏），而是冲击或推翻机制，具有非法性和破坏性。

第五，在不服从的条件方面，西方民主国家鉴于公民抗命有其破坏性的一面，故对其制定了严格的实施条件和范围限制。通常情况下，人们只有在穷尽了宪政框架内所有正常手段，但仍达不到解决问题的效果和目的之后，才会出于无奈而行使抵抗权，发动公民抗命；从实施条件上看，公民抗命是不得已而用之的最后手段。然而，香港泛民人士发动的"公民抗命"却与西方国家非常不同，所争议的问题本来可以在宪政框架内通过与特区政府或中央政府的沟通协商就可得以解决，但泛民人士为了给特区政府和中央政府施加压力，跳过常规的政治协商，轻率地走向极端的街头政治，这与香港法治社会的主流格调实在不符，也是无视法治精神和宪政制度的表现。

由以上比较分析可以看出，尽管香港泛民人士将他们的行动美誉为"公民抗命"，但事实上与真正意义的公民抗命根本不是一回事，而是一种彻头彻尾的对抗特区政府和中央政府的非法行为，对此社会各界必须充分认清，并保持高度警觉。

（原载香港《联合报》，2014 年 6 月 22 日）

第六编

海峡时事评议

从《开罗宣言》看台湾法律地位

1943 年 11 月 22 日至 26 日，为解决二战后对日本的处置问题，中、美、英三国在埃及的开罗举行了重要的国际会议（史称"开罗会议"），并于 12 月 1 日发表了著名的《开罗宣言》。根据该宣言，日本所窃取的中国领土，包括满洲、台湾、澎湖列岛必须归还中国。尔后的《波茨坦公告》又重申了这一条款。二战后日本也实际履行了这一条款。本来，这可谓法律规定明确，历史事实清楚。但近些年来，为了论证"台湾地位未定论""台湾主体性"，或否认"台湾是中国领土的一部分"，岛内不断有学者否定《开罗宣言》的性质和效力。为此，在纪念《开罗宣言》发表七十周年之际，我们有必要重新回顾和分析这一国际法律文件的性质和效力问题，以更好地维护当下来之不易的两岸关系和平发展的大局。

一、《开罗宣言》遭到否定的所谓"理据"

概括起来，台湾部分学者否定《开罗宣言》的理由和依据主要如下：

第一，认为《开罗宣言》不属于国际条约。其基本依据和推理思路是，凡是条约大都要规定国际法主体之间的权利和义务，而《开罗宣言》仅表明同盟国对战后它们共同关心的问题表示一致的态度或政策，却没有就具体事项规定同盟国之间的国际权利和义务，因而认为《开罗宣言》不是国际条约。同时，借口《开罗宣言》采用"宣言"这一形式来进一步论证它不是一项国际条约，而仅是一项国际声明。

第二，认为即使《开罗宣言》属于国际条约，对日本也不具有法律拘束力。根据国际习惯法和《维也纳条约法公约》第 34 条之规定："条约非经第三国同意，不为该国创设义务或权利。"据此，认为《开罗宣言》的拘束力只及于参与当事国之间，日本并未签署《开罗宣言》，条约的效力不能及于作为第三国的日本。1951 年同盟国与日本签订的《旧金山和约》，才是处理台湾主权归属的具有国际法效力的条约。依据《旧金山和约》，日本只是放弃了台湾的主权，但并未表明其将台湾归还中国。因此，台湾的地位处于"未定"状态。既然"地位未定"，根据国际法上的人民自决原则和住民意愿优先的原则，"台湾属于居住在台湾领土之上的2300万人民，因而台湾人民自决台湾的前途也就具有合法性和正当性"。

第三，认为即使《开罗宣言》对日本具有法律拘束力，战后日本是将台湾归还给了"中华民国"而非中国。因此，台、澎、金、马应属于目前在台湾的"中华民国"所有，中华人民共和国政府"无提出主张的权利"。据此推论出了"中华民国政府历经数十年，对台湾仍有稳定有效统治"，故而拥有领土、居民、政府、对外交往权利等四要素，符合国家构成的要件，故"台湾为主权独立国家"。

二、《开罗宣言》合法有效的理据

以上观点和推理，表面看来，逻辑严谨，依次递进，似乎颇有道理。但只要深入分析就会发现，这些观点和推理所依据的判断及其所得出的结论均难以成立。这是因为：

第一，《开罗宣言》是一项国际条约，因为它具备国际条约的构成条件。具体表现在：首先，它是国家之间缔结的法律文件，其缔结者包括中、美、苏、英四国。其次，它以维护国际和平为宗旨，以国际法为依据。再次，它规定了缔约国之间的国际权利和义务，即缔约国在对日本停止战争的条件方面的一致，这些条件包括日本必须将台湾归还中国。第四，它是缔约国之间在结束对日战争方面的真实意思表示与合意。因此，这个法律文件完全符合国际条约的构成条件①。除此之外，后来由中、美等国跟日本签署的《日本无条件投降书》也清楚地表明，不但美、苏、英根据《开罗宣言》和《波茨坦公告》承担了让日本将台湾交还中国的义务，而且日本也明确接受了将台湾归还中国的国际义务。

至于其名称里没有"条约"字眼，并不影响它成为一项国际条约。根据国际习惯法和《维也纳条约法公约》："称条约者，谓国家间所缔结而成

---

① 丁伟等主编：《当代国际法理论与实践研究文集》（国际公法卷），中国法制出版社，2002年版，第252页。

以国际法为准之国际书面协定，不论其载于一项单独文书或两项以上相互有
关之文书内，亦不论其特定名称为何。"这一定义不但未将特定名称作为构
成条约的要件之一，反而明确指出条约并不限于"条约"为名的国际文件，
只要它符合构成国际条约的条件，就属于国际条约并具有条约的法律效力。
事实上，《中英关于香港问题的联合声明》采用的就是"声明"一词，但这
并不妨碍该《声明》是一项国际条约，并由中英双方将其作为条约登记于
联合国秘书处。颇具权威的《奥本海国际法》也指出："一项文件是否构成
条约，不取决于它的名称。"[①]。因而，以名称来判断一项国际文件是否为条
约的观点，有失法理依据。

第二，该条约对日本具有法律拘束力。这里涉及国际法上的"条约对
第三国的效力理论"问题。通常而言，条约只对缔约国产生效力，而不对
第三国产生效力。但是，在国际实践中，并不是所有国际条约都不为第三国
创设义务。譬如，《联合国宪章》第2条第6款规定，在维持国际和平及安
全的必要范围内，非联合国会员有遵守宪章第2条第3至5款的原则的义
务。在一些规定非军事化、中立化或国际化的条约，都为非缔约国创设了义
务。《开罗宣言》的缔结国中之所以没有日本，是因为当时的日本是战败
国，是被处置的对象，它没有讨价还价的权利，只有被动接受国际社会处置
的义务。这如同第一次世界大战后对德、意等战败国进行处置的《凡尔赛
和约》一样，它对战败国的法律效力并不以战败国是否同意或签署为条件。

第三，《开罗宣言》规定将台湾归还"中华民国"的实质含义是将其归
还中国。因为当时的中华民国（国号）与中国（国名）具有同一性，中华
民国政府是在国际上代表中国行使主权的中央政府。近些年来，部分台湾学
者凭借历史上《开罗宣言》将台湾归还给了当时的"中华民国"，而推导出
"目前台湾属于中华民国，而不属于中国（或中国人民共和国）"的论述。
在大陆方面看来，随着1949年中华人民共和国的建立，其已完成了对中华
民国的政府继承，中华民国已不复存在，当下据于台湾地区的"中华民国"
与历史上的中华民国已不是同一政治实体，进而认为"台湾属于当下中华
民国"的论述与国际法理和政治现实不符。但在台湾方面看来，中华人民
共和国并未完成对中华民国的政府继承（"一国两府论"），或者根本不承认

① ［英］詹宁斯、瓦茨：《奥本海国际法》第一卷第一分册，中国大百科全书出版社，1995年
版，第626页。

中华人民共和国对中华民国所发生的政府继承（"一国两区论"），"中华民国"在台湾地区依然存在，并与历史上的中华民国一脉相承。当然，如何看待当下的"中华民国"，是一个颇为复杂的问题，目前两岸尚存在着根本的分歧（在此不再展开分析）。但不容否认的是，尽管两岸在台湾属于中华人民共和国抑或属于"中华民国"这一问题上尚存有争议，但不论属于两岸的哪一边，台湾属于中国则是无可争辩的事实。

由上可见，《开罗宣言》不论在内容上还是在形式上均符合国际法的原理和规范，是合法有效的法律文件，不容质疑或否定。这一法律文件是1945年台湾回归中国的重要法律依据，也是当下台湾属于中国的重要法律证明。两岸携手正视《开罗宣言》的条约性质和法律效力，对于共同维护一个中国框架、积极推动两岸关系和平发展，无疑具有重要意义。

（原载香港《大公报》，2003年12月3日）

扩大和深化两岸文化交流的思考

当前两岸关系和平发展的主要议题是两岸政治关系的定位以及两岸和平架构的建立，这些问题固然重要，但从政治学的角度来看，这些议题都是制度层面的问题。而制度层面的东西属于硬性的，其背后尚要依靠思想、文化、理念等软机制来支撑，否则，硬制度难以建立，即便建立起来，也难以维持长久并有效运作。所以，古今中外的统治者大都非常注重文化因素在政治统治中的作用。只有在思想、文化、理念等深层次领域所建立起来的统治或联系，才是稳固和永久的。因此说，两岸文化交流是建构两岸关系和平发展大厦的基础性工程。

两岸文化交流在推动两岸关系和平发展，乃至未来统一的过程中具有重要的意义，是增进台湾民众了解大陆的重要渠道，也是大陆"做好台湾人民工作"的重要途径。目前，台湾民众对一个中国的认同度并不是很高，这与李、扁时期台湾当局推动的"台独化"教育有直接关联。李登辉主政12年的绝大部分时期、陈水扁主政的8年，通过"台独化"教育影响了整个一代台湾年轻人，目前这一代人已成长为台湾的新生代力量。今后只有通过两岸文化交流才能慢慢改变他们对两岸历史的误解，增进他们对一个中国的认同。从这一意义上说，两岸文化交流可谓任重而道远。相对于两岸统一来说，文化交流不仅是目的，更是手段。两岸隔阂半个多世纪，造成了文化和观念的巨大差异；但这些差异，需要时间和沟通来抹平。承认而不是无视这些差异，是今后两岸进一步融合的关键。差异呼唤沟通，隔阂需要理解。所以，两岸文化交流是促进两岸和平统一的手段和方式，是联系两岸民众的重要纽带。两岸互信的培养不能靠硬性手段，只能依靠思想、文化、价值、意识的交流和融合等软性方式。

对于大陆来说，如何持续地扩大和深化两岸文化交流，是一个关乎未来国家统一大业的问题。但是，如何推进两岸文化交流并无现成的经验可以借鉴，只能"摸着石头过河"。为进一步推进两岸文化交流，笔者结合两岸关系发展的实际，特提出以下建议：

第一，要以政治的眼光来审视两岸文化交流。大陆作为两岸统一的主动倡导方和积极推动方，要舍得为两岸统一付出巨额经济代价。考察历史上东、西德跟目前两岸在对待统一的态度上有很多相似之处。一开始东、西德均不承认对方政权的合法性，但到了 20 世纪 60 年代末，东德开始奉行分离主义政策，而西德则继续坚持德国统一的政策。西德在面对东德所极力推行的分离主义"划界政策"时，更是不遗余力地加强和推进双方人民的互动与交流，以维护两德人民对于德意志民族的共同情感和历史联结。为此，西德不惜牺牲经济上的巨大利益以换取东德的合作与支持。譬如，从 1987 年9 月 1 日起，西德政府把发给每个前来旅行、探亲的东德民众的"欢迎金"由 30 马克提高到 100 马克，东德民众在西德乘火车享受半价优惠，乘坐其他公共交通工具或进出文娱场所，要么免费要么优惠。东德虽担心人员往来的扩大会给它带来消极影响，但更希望从西德获得尽可能多的经济好处，因此在人员往来的管控问题上总是不断松动，如 1982 年 2 月颁布"在紧急家庭事务情况下"到西德旅行的条例，1989 年 4 月起又允许夫妻可以同往西德探访旁系亲属。从 1982 年到 1987 年的五年间，由西德到东德探亲访友的人数总计达 2000 多万，由东德到西德观光游览的人数也达 1200 多万。[①] 在两德互动的过程中，虽然东德在 20 世纪 70 年代即开始竭力推动"划界政策"，企图在社会文化方面切断与西德的联结，但是强大的经济诱惑却使它无法断绝与西德的各项交流。两德在社会文化方面的密切交流，增进了双方人民的了解，维护了两德人民对于整个德意志民族情感的认同，为日后德国统一奠定了深厚的基础。[②] 德国统一前，西德为国家统一而对东德付出高昂经济代价的做法，值得大陆借鉴。两岸文化交流可以拉近两岸民众的距离，增进两岸民众的互信。倘若两岸之间没有这样一个互动交流的过程，台湾民众的一个中国认同感就会大大降低。德国统一的经验告诉我们，不应过分考虑两岸交流的费用和成本，方为政治家的本色和风范。我们要善于从政治的角度来看问题，就像我国的西部大开发，有些经济学家持反对意见，认为中国目前的资金并不充足，应该多在东部沿海地区启动那些投资少、周期短、

---

① 世界知识出版社编：《德国统一纵横》，世界知识出版社 1992 年版，第 14—15 页。
② 张五岳著：《分裂国家互动模式与统一政策之比较研究》，台湾业强出版社 1992 年版，第373—378 页。

见效快的项目，而西部大开发多为基础性工程，投资大、周期长、见效慢，从资金周转的角度看，西部大开发并不划算，等我们富裕了，再来进行西部大开发。单从经济学角度看，以上观点并无可厚非，但从政治的角度看，这种观点就有问题了，因为西部大开发不仅仅是一个经济工程，更是一个政治工程，倘若中国东西部地区的差距不断拉大，就会出现地区发展严重失衡现象，进而导致地区不稳定，这不是纯粹的经济问题，而且是政治问题。并且，国际反华势力也会借地区发展不平衡来搬弄是非，制造社会和政治不稳定。所以，不可以简单地用经济数据来衡量和研判西部大开发的利弊。从政治的眼光来看，西部大开发的效益并非一定在当下，或许"利在后世""功在千秋"。

第二，拓宽交流渠道，扩大交流规模。目前两岸的文化交流主要停留在两岸智库学者和学生交换项目上，前者主要起着沟通、传递信息的作用，后者主要起到扩大视野、增进了解的作用。目前缺乏青年学者和高年级博士生层次的交流，今后需要建立这样的交流项目。可以考虑设立"两岸文化交流基金会"，对于有两岸交流的学校和项目予以经费支持和资助，并且要建立专款专用制度，以防止有关机构将交流款项挪作他用。这些事务的解决需要大陆官方出面协调，否则，单靠民间推动，其力度不够。另外，从目前交流的情况来看，来往于两岸之间的人员大多是重复的，总是这些人在两岸之间来回穿梭，其他人很难参与进来。这表明，既有的交流存有一定的局限性，今后应在既有交流的基础上，如何想办法使那些没有来过大陆的人来大陆参访交流，以增进他们对大陆的了解，或更新他们对大陆的认知，这对两岸关系的和平与最终和平统一有着重要的影响。

第三，适度的糊涂或许更聪明。目前两岸在表面上都强调"维持现状"，但事实上是在向统一的方向上发展。当这个趋势发展到一定程度上，台湾方面必会采取抵制的态度，但这是本能的、不自觉的抵抗，目前已有台湾人士对"主权式微"现象表示担忧，认为"长此以往、国将不国"。这种判断和认知反映到对两岸文化交流的态度上，即认为两岸的文化交流是大陆实施文化统战的重要方式，于是对于两岸文化交流采取消极的态度和做法。对此，大陆不要作出一一对应式的反应，适度"糊涂"可能更聪明。台湾当局有时触及一些敏感话题，或许是对岛内有所交代而为。我们注意到，马英九在公开场合谈到两岸关系问题时，通常是泛泛而谈，并不直接指名道姓，却让人一眼就看出是意有所指。这种"春秋笔法"不致于让大陆感到不快，又表达了台湾方面想要表达的意思，也让马英九对岛内民众有所交代而减轻些压力。否则，人们又开始骂他"马区长"了。如果我们不能很好地处理这一问题而使他丧失了选票，反而对大陆更为不利。联想到 2009 年 11 月奥巴马访华时谈及中国的人权问题，道理亦是如此。倘若他不指责中国人权问题，回国后无法向美国国会交代，所以奥巴马在公开场合谈到人权问题时，总是泛泛而谈。这既不让中国感到不快，也表达了美方想要表达的意思，以便使奥巴马回国后容易交代。

对此，大陆不必太在意台湾方面的有些反映，有时略装"糊涂"，实质上是更聪明的表现。不要因为马英九说了一句什么话，就开始琢磨他的大陆政策是否要有新的变化。有时，敏感过度反而不利于两岸关系和平发展。当然，糊涂应有原则和底线，要具体问题具体分析，不能糊涂的事宜就应该作出快速而灵敏的反应。

（中华全国台湾同胞联谊会座谈会发言稿，2011 年 3 月 16 日，北京）

略论两岸关系和平发展的助力与阻力

2008 年 5 月以来，在国共两党的共同努力下，两岸关系出现了历史性转折，两岸关系进入了和平发展的新时期。有目共睹，在这一新时期，两岸经贸、文化、教育交流与合作日益深化，两岸交流的层级越来越高，两岸互动的制度化保障越来越强，两岸互信和默契逐步增强，两岸实力对比日益向着有利于我方的方向倾斜。至此两岸关系和平发展的大门开启两周年之际，回顾和总结两岸关系和平发展的经验，展望两岸关系和平发展的前景，无疑具有"承前启后"的重要意义。

一、近期两岸关系和平发展的走势

两岸关系和平发展阶段，双方表面上都在强调"维持现状"。就台湾方面来说，马英九在两岸关系上强调"不统、不独、不武"，以"维持现状"。在仔细分析之后就会发现，"现状"的维持只能是相对的，不可能有绝对的保持不变。事实上，两岸关系和平发展的"天平"始终是在向大陆方面倾斜的，也就是说，其在朝着对大陆方面有利的方向发展。毋庸置疑，和平发展将是一个较长的时间过程，这个过程虽然是两岸尚未统一之前的和解、合作阶段，但它的目标指向是统一。对于台湾方面来说，只要接受"两岸关系和平发展"这一选项，就意味着在实质上接受大陆的"渐趋统一"这一选项。对于大陆方面来说，只是它不再像以前那样直接提"和平统一"的字眼而已，事实上，大陆在两岸和平发展阶段所作的一切努力，都是为了最终实现两岸的和平统一。两年来的实践证明，这样的统一策略，比直接高喊"统一"口号的策略更有利于促进和实现两岸的统一。从这一角度来说，"和平发展"口号的提出，标志着大陆方面在两岸政策上的进一步成熟和稳健。对于统一，我们应继续保持我们目前的成功做法，即"多干少说，甚至只干不说"。

两岸关系和平发展也有利于国民党在台湾的执政。对于国民党来说，"统一"和"独立"都不可能成为它的合理选项，选择"统一"会使台湾失去独立性，选择"独立"则会引发台海危机，所以这两个选项都不利于国民党在选举中获胜及其以后的稳固执政。而选择"不统、不独"也就成了国民党的必然选择。大陆方面提出两岸关系和平发展的主张，既迎合了国民党政策选择的需要，也以此搭建了与国民党合作交流的平台，同时也有利于国民党团结岛内那些虽不支持统一但反对"台独"的中间人士，从而有利于扩大国民党的执政基础。2009年台湾海基会的民意调查结果显示，超过50%的岛内民众对台湾当局处理两岸关系的表现表示满意，超过60%民众对未来一年的两岸关系表示乐观。台湾《中国时报》的民意调查显示，近60%民众支持当局的两岸政策，在当局各项政策中的满意度最高。台湾民意的这种趋向表明，促进两岸关系和平发展在岛内具有较为广泛的社会基础。

台湾方面所谓的"不统"，既是应对大陆的统一战略而提出的一种防御性策略，也是为了获得岛内民意支持而作出的一种策略选择。因为岛内的多数人都支持"不统"。我们不能把这种"不统"跟"台独"等同起来。如果处理不当，会把台湾岛内那些主张"不统、不独"的中间力量推向"台独"一方。

二、两岸关系和平发展的曲折过程

在充分认识两岸关系发展的大趋势是不可逆转的同时，我们仍应保持清醒的头脑，对于前进道路上还存在的许多障碍和不确定因素，也要有足够的估计：

第一，泛蓝和泛绿在阻止台湾"主权式微"方面有合流的趋势。如前所述，目前两岸关系在表面上是"维持现状"，但事实上是在朝着"统一"的方向上发展。当这个趋势发展到一定程度时，台湾方面或许会采取抵制的态度，但这是本能的、不自觉的抵抗，即使目前也有台湾人士对于"主权式微"现象表示出过分的忧虑，认为"长此以往、国将不国"。这种判断和认知反映到对两岸关系和平发展的态度上，即认为两岸关系和平发展是大陆实施"统一战略"的重要步骤或重大举措，于是对于两岸交流采取消极的态度。2009年12月中下旬陈云林访台时，青天白日旗被悬挂得漫天飞。事实上，绿营人士平日很讨厌该旗帜，但在这个时候也支持悬挂青天白日旗，其隐含的政治意义是：面对台湾当局"主权式微"的态势，他们要捍卫台湾的"主权性"和"主体性"。可见，蓝、绿两大阵营在这个问题上有合流的可能性。为防止其所谓的"主权"遭到侵蚀，台湾方面或许会用一些政治符号来增强其"主权国家"的形象，或许会采取一些极端的做法来抵制两岸关系的进一步发展。

第二，"台独"势力的影响仍然存在，民进党有再次上台执政的可能性。当前，岛内的"台独"势力内外交困，但并未放弃卷土重来的企图。根据《远见》杂志2009年5月发布的民意调查显示，台湾民众的"台湾主体性"意识不断高涨，滑向"台独"意识，支持"台独"比例，在两岸关系快速发展的过程中不断反涨，呈现"统消独涨"的趋势，与两岸关系快速发展呈背离趋势，赞成统一者仅为8.3%，支持"台独"者则达25.4%。面对岛内民意构成比例的变化，以及绿营人士的质疑，甚至"亲共""卖台"的"红帽子"，马英九在推动两岸关系进一步发展方面心存顾忌。除此之外，民进党上台执政的可能性仍然存在。目前民进党仍是"逢中必反"，如果民进党重新上台执政，泛绿阵营对于两岸关系进一步发展的破坏作用不可低估。

第三，即使国民党继续执政，也有出现倒退的可能性。台湾当局奉行"不统、不独、不武"的政策，该政策具有两面性，一方面认同"九二共识"，两岸不是"国与国"的关系，另一方面又坚持"中华民国主权独立"的主体地位，要求大陆方面正视"中华民国依然存在的现实"，做到"互不否认"。这种政策的两面性，决定了行为的两面性，一方面试图改善和稳定两岸关系，另一方面又面对所谓的"主权式微"而在政治上采取保守甚至抵制的态度。2012年国民党即使继续执政，如果其决策左右摇摆，瞻前顾后，也将会给两岸关系的和平发展带来很大的不利，影响两岸关系和平发展的速度和进度。

第四，美、日等国际势力基于自身利益的考量，不乐见两岸走得太近。尽管美国在公开场合一直声称，其乐见两岸关系和平发展，也乐见两岸以和平方式在自愿的基础上实现统一。但基于自身战略的考量，美国在骨子里是不愿意看到两岸关系走得太近，不希望两岸关系的发展超出其在内心里所期望的范围，因而对两岸关系发展得太快太猛，表现出了强烈的担忧和警觉。

尽管美国鉴于国内的金融危机及其在中东问题陷入"泥潭"而无力在台湾问题上做出过激的行为，但将来美国的国内局势出现好转之时，它是否会出来搅乱两岸关系，值得我们进一步观察。日本担心马英九大幅改变民进党奉行的亲日路线，追随美国采取配合政策和行动，与美同步插手台湾问题。近期，美、日智库和舆论中要求阻止台湾过度"依赖中国"，防止两岸在钓鱼岛、南海问题上联合行动等等的论调，便是证明。美、日不会放弃"以台制华"的战略，两岸关系和平发展的外部环境将面临一系列的挑战。

第五，两岸关系的深层矛盾依然存在。两岸在长达近60年的分离对立中，形成了一些深层次的矛盾，这些矛盾不仅没有随着两岸关系的和平发展而得以消除，反而可能会随着两岸关系的进一步发展而日益凸显出来，进而成为影响两岸关系和平发展的关键障碍。在这些矛盾中，最为突出的是有关两岸关系的政治定位（其关键是台湾当局的政治定位）问题。由于以前处于对峙状态，这个问题暂时被掩盖起来而未成为两岸矛盾斗争的焦点。2008年国民党重新执政后，"法理台独"的危险性得以化解，该问题在现阶段双方"搁置争议"及"先经济后政治"的共识下也暂时被搁置。但随着两岸关系的进一步发展，该问题会逐渐被触及，未来难以回避。如果该问题不能得到很好地解决或安排，必会影响两岸关系和平发展的进程。这是两岸在改善和发展关系时必须正视的现实。

此外，大陆自身是否稳定与发展，大陆内部矛盾能否妥善解决，也是两岸关系和平发展的关键性因素。如果大陆政治发展、经济进步、社会和谐、国家实力持续增强，两岸关系和平发展就具有强大的基础和保障，否则，两岸关系和平发展将受到影响。

结　语

当前，对于大陆来说，如何不受干扰地、持续地推进两岸关系继续向前发展，是一个需要认真思考的重大现实问题。我们要全面地、客观地观察和分析两岸关系和平发展的新形势，反对两极化的思维模式。其一，反对只看到了两岸关系和平发展的光明前途，而对可能会遇到的挫折没有足够的估计。其二，反对将和平发展与和平统一割裂开来，对和平统一持有悲观的态度，认为目前的和平发展会导致"和平分裂"。这里反对的这两种思维都是不正确的。面对两年来两岸关系和平发展的成就，以及未来可能出现的消极因素，我们应当总结两岸关系和平发展的经验，牢牢把握两岸关系和平发展的大局，主动引导，规避风险，把两岸关系的和平发展再推向一个新的台阶。

（出席全国台湾研究会座谈会发言稿，2012 年 5 月，北京）

2012 台湾 "大选" 呈现六个第一次

本次台湾地区领导人 "大选"，从去年选举启动到今年 1 月 14 日尘埃落定，历时十个多月，国民党籍候选人马英九最后胜选。回顾和梳理这次 "大选"，我们便会发现，这次 "大选" 呈现出了许多跟以往历次 "大选" 所不同的新 "景象"，具体表现在以下六个第一次：

第一次 "二合一" 选举。以往台湾地区的 "总统" 选举与 "立委" 选举是分别进行的。按照台湾当局 1992 年第二次 "修宪" 后的规定，"总统" 按照 "相对多数决制" 选出，其任期由原来的六年改为四年；按照台湾当局 2005 年第七次 "修宪" 后的规定，"立委" 按照 "单一选区两票制" 选出，其任期由原来的三年改为四年。由于台湾的政治选举太频繁，选举动员要耗费大量的社会资源，为节省选举成本，在总结 2005 年开始推行的 "三合一选举"（即县市长选举、县市议员选举和乡镇长选举）的基础上，这次选举将 "总统" 选举与 "立委" 选举合并举行，即所谓 "二合一" 选举。

第一次两岸和平背景下的选举。本次选举是自 1996 年台湾地区领导人首次直选以来第一次在两岸关系和平、合作的背景下所进行的选举。纵观 1996 年 "大选" 前后的 "台海危机"、2000 年 "大选" 前后的 "两国论危机"、2004 年 "大选" 前后 "急独危机"、2008 年 "大选" 前后的 "公投危机"，我们不难发现，历次选举均是在两岸关系极度恶化并高度紧张的时空背景下进行的。2008 年国民党上台执政后，采行与大陆缓和的两岸政策，积极推动两岸关系和平发展。相较于前几次 "大选"，本次选举是第一次在和缓、宽松的两岸关系背景下举行的。

第一次企业家站出来挺选。企业家追求的是经济利益，为了明哲保身，通常都与政治保持一定的距离。但到了这次选举的后期，一批批的企业界人士主动站出来表明自己的立场，明确支持两岸关系和平发展的路线，特别是明确地支持 "九二共识"，这在以往的历次选举中是不曾有过的现象。这一现象背后反映出了台湾企业界已将自己的经济命运与两岸和平发展连接在了一起，他们担心选举后两岸关系的逆转会使他们的利益受损，故公开出来"挺选"，支持国民党候选人马英九。

第一次美国人站出来挺选。美国基于不干涉别人内部事务的原则，曾公开宣布，它不介入台湾岛内的政治选举，因而在以前的历次台湾"大选"中，尽管美国方面有时在内心深处也会期盼某个政党的候选人胜选，但从不公开表明自己的立场，即使表明，也相当含蓄。而美国在这次选举中的表现却一反常态，美国在台协会驻台北办事处前主任包道格在选举前的关键时刻站出来公开支持国民党候选人马英九，这种公开"挺选"的做法还是首次。虽然美国政府随后声明包道格的言论并不代表美国政府，但效果却是"欲盖弥彰"。这也反映了美国方面对这次选举及其结果的关注和重视。

第一次相对理性的选举。本次选举是台湾地区近二十年来第一次在民主机制框架内以和平、公开、透明的方式所进行的一次较为理性的选举。回顾以往的历次"大选"，在不同程度上都会充斥着街头暴政、肢体冲突、选举诉讼等"劣质民主"现象，这次选举在一定程度上体现着台湾地区的民主在逐步走向理性、文明、成熟和进步。

第一次重打两岸关系议题牌。如何处理两岸关系是台湾岛内任何一派政治力量都无法回避的问题，但把它作为一张选举牌来重打，在以往的历次选举中还是很少见的，回顾过去，它们要么不打两岸关系议题牌，要么即使打两岸关系议题牌，也非常轻淡。而这次选举却与以往不同，两岸议题被提升到了空前的高度，蓝绿双方围绕着"九二共识"展开了一场空前的"交锋"。所以有台湾学者说，这次选举中国民党与民进党的对决在某种程度上是"九二共识"与"台湾共识"的对决；也台湾学者说，这次投票是对"九二共识"公投。

本次"大选"所呈现出来的上述六个第一次，不仅反映了两岸关系和平发展是人心所向、大势所趋，也反映了台湾政治也在逐步走向理性。

（原载华广网，2012 年 1 月 18 日）

从"日据"与"日治"之争看
马当局施政风格

　　由台湾克毅等三家出版社编写的台湾高中历史教科书，因书中使用了"日据"等表述，被台湾教育主管部门教科书审定委员会认为不符课纲，予以退回。于是，围绕着"日治"和"日据"两种表述，在台湾岛内引发了一场热议。主要分两派，一是主张采用"日治"表述的"日治派"，二是主张采用"日据"表述的"日据派"。

　　"日治派"认为，清政府甲午海战失败后，于 1895 年与日本签署《马关条约》，被迫将台湾割让给日本。既然是割让给了日本，就意味着日本当年对台湾的占领并非莫名强占，因此不可称"日据"；相反，日本是依条约而"合法"统治台湾，故应称为"日治"。而"日据派"认为，割让台湾虽然是清政府通过与日本签署《马关条约》之形式而作出的行为，但该条约是在日本武力胁迫之下签署的，不是清政府的真实"意思表示"，因而在国际法上属于非法、无效之条约，因此，日本对台湾的占领是"窃据"，属于"非法统治"，故应称为"日据"。

　　"日治派"与"日据派"争论的背后，是"台独史观"与"中国史观"的博弈。"日治派"的真实目的是将台湾与大陆在历史渊源和法理论述等方面做彻底切割，其思维主轴是"去中国化"。倘若"日治"与"日据"之争仅限于字面上的争论，尚属无可厚非，但倘若借文字表述来蓄意进行意识形态的灌输和引导，强化"台独史观"，则问题就变得严重起来。表面上看，"日治"与"日据"仅一字之差，背后却隐含着对台湾身份、台湾与大陆的关系、台湾民众对日本的态度等一系列问题的不同认知。

　　台湾各界认为，"日据"和"日治"之争的渊源是李登辉和陈水扁时期篡改历史教科书，而现在台湾年轻一代之所以出现不认同"一个中国"问题，根源亦在于教科书。回顾历史，"两蒋"时期台湾中小学历史教科书，均使用"日据"表述。李登辉主政时期的 1997 年，台湾的九年一贯"国中课程纲要",首度规定"日据"改用"日治"。继李登辉之后,陈水扁主政八年,主要由"台独"人士把持教科书审定委员会。在该委员会的掌控和引导下,台湾的大小出版社便陆续改用"日治"这一表述了。对于李扁时期被篡改的历史教科书,2008年马英九上台主政后理应"拨乱反正",但迄今马英九当局仍未对教科书问题作任何修正(除此次公开表示官方文书采用"日据"表述之外)。此次"日治"和"日据"之争引发后,鉴于已无法回避此争议,于是马英九公开表示,虽然他从小到大均用"日据",但民主社会应该包容不同声音,所以他不反对有人用"日治",民众对历史有不同看法和记忆,可以容许讨论。台湾"教育部"也决定,教科书可以使用"日据",但不必禁止"日治",由出版商自行诠释。换言之,台湾教科书里,"日治"和"日据"两种表述都可以用。

马英九当局的表态和做法,对于大陆方面来说,可谓喜忧参半。喜的是,马英九当局坚持了"中国史观",支持了"日据说",此与其一贯坚持"两岸同属于一中"的立场相一致。尽管其表态是被动作出的,但仍不失为局部性"拨乱反正"之举,这一点值得肯定。忧的是,马英九当局在后续教科书之"拨乱反正"问题上缺乏应有的胆识和勇气。"可以使用'日据',但不必禁止'日治'"的处理方式难免让人们觉得,马英九当局带有"和稀泥"的意味,背后折射出马英九当局的软弱和对绿营人士的妥协。因此,笔者对马英九当局在台湾历史教科书方面以分开两部分来处理"日据"与"日治"之争的做法不予认同。正如台湾一家媒体评论称,由台湾历史教科书引发的"日据"与"日治"之争,不是言论自由问题,更不是包容与否问题。众所周知,我们应客观地对待和尊重历史,历史是"对过去所发生事实的真实记载",是"客观的存在",尽管不同的人们会因其知识、智力、阅历、年龄、职业等因素会对"历史事实"的体认有深浅之别,但事实就是事实,不能以"包容态度"来处理。马英九先生应该清楚,这不是学术问题,宜包容各种观点,"有容乃大",而是一个严肃的历史问题、政治问题、主权问题,何来"包容"之说?从台湾"日治"与"日据"之争,可以很清晰地折射出台湾政治生态中的"统独光谱",以及马英九当局的施政风格。

(原载华广网,2013年7月30日)

《反分裂国家法》颁布十周年断想

2000 年陈水扁上台主政后，加快了"法理台独"的步伐，抛出"一边一国论"，鼓动"公投制宪"，中国的国家主权和领土完整面临着严峻的挑战，两岸关系濒临战争的边缘。在这严峻的当口，为遏制"台独"，捍卫国家主权和领土完整，2005 年 3 月 14 日，大陆全国人大第三次会议通过了《反分裂国家法》，以应对当时紧张的台海局势，倘若陈水扁当局孤注一掷地触碰大陆红线，大陆将依该法对"台独"势力进行毁灭性军事打击，一切后果将由"台独"势力自负。

2005 年 3 月 4 日，大陆第十届全国人大三次会议以 2896 票赞成、2 票弃权和 3 票未按表决器的高票通过了《反分裂国家法》。这一表决数字体现了该法具有高度的民意基础。当日。该法由时任国家主席胡锦涛于通过当日便完成签署程序并立即生效，其赞成率之高，生效速度之快，在大陆全国人大立法史上可谓绝无先例。这既体现了大陆人民对于"台独"分裂活动的高度重视，也体现了大陆人民对于反对"台独"的高度共识。需要指出的是，该法律不是发动战争法，而是防止战争法。该法第一条明确规定，制定该法是为了促进祖国和平和平统一，维护台湾海峡地区和平稳定。所以，该法是维护台海和平和一个中国框架的重要法律保障，是维护国家主权和领土完整的重要法律基础。

运用法律来应对和处理两岸紧张局势，表明大陆领导集体反对"台独"的坚定决心。因为有《反分裂国家法》的存在，所以一旦出现"台独"重大事变，不是哪个大陆领导集体想不想采取军事手段的问题，而是怎样迅速采取军事手段的问题。倘若不迅速采取军事手段及时遏制"台独"事变，本身就违反《反分裂国家法》，自己反倒要承担渎职的罪责。所以，一旦出现"台独"重大事变，大陆领导集体没有可选择的退路，只有依法对"台独"进行军事打击。《反分裂国家法》颁布十年来的实践证明，运用法律手段遏制"台独"具有显著的、重要的功效。2014 年中共十八届四中全会又通过《中共中央关于全面推进依法治国若干重大问题的决定》，在这一背景下，未来推动两岸关系和平发展，或者处理重大"台独"事变，均会更加重视法律在其中的作用。

该法律在维护国家主权和领土完整方面，扮演着"守夜警察"的角色。只要没有分裂活动，该法就处于"休眠"状态；一旦出现"台独"分裂活动，该法就会被"唤醒"。事实表明，该法在震慑"台独"、维护台海和平与稳定方面发挥了积极作用。如前所述，陈水扁上台主政后，开始还提出"四不一没有"，随即露出"台独"真面目，通过采取"切香肠"策略，不断推动"法理台独"，使得台海和平受到严重威胁。在此严峻时刻，大陆适时颁布"反分裂国家法"，向台湾社会各界宣示我方坚决反对"台独"，捍卫中国主权和领土完整的坚强决心和意志。在台湾各界的反对下，"法理台独"胎死腹中，从而避免了一场战争，赢得了两岸十年来的和平，开辟了目前两岸热络交流的新局面。如果没有这部法律，任凭"台独"势力铤而走险，必会引发台海战争，这势必给两岸人民（尤其是台湾民众）带来深重灾难，中华民族复兴的历史进程会因此而被迫中断。今后应注意继续发挥该法律的震慑作用，为两岸关系和平发展"保驾护航"。

鉴于 2014 年台湾"九合一"选举后的岛内政局及两岸关系，台湾学者黄正介发文表达了对已"沉睡"十年的《反分裂国家法》是否被唤醒的担忧。顺着黄先生的思路，我们不妨作一个假设，倘若 2016 年台湾果真实现了政党轮替，民进党上台后会继续像陈水扁时期一样从事"台独"活动，那将是高度危险的动作。一旦触碰大陆划设的红线，大陆将"依法处置"。众所周知，今日大陆贯彻和实施《反分裂国家法》的作为和能力已是十年前所无法比拟。十年后的今天，大陆的综合实力已位居世界前列，国防、外交、经济等大幅增长，这些均为贯彻和实现《反分裂国家法》奠定了坚实的政治、军事和经济基础，不仅大陆反分裂国家的意志更加坚强，而且实际能力也大为增强。但愿未来两岸关系能永远沿着和平发展的轨道运行，永远让《反分裂国家法》处于"休眠"状态。

（原载华广网，2015 年 3 月 14 日）

"九二共识"乃两岸交流与对话的政治基础

  2015 年 3 月 4 日,习近平总书记在看望出席全国政协十二届三次会议的民革、民盟、台盟委员时发表了重要讲话,提出了"四个坚定不移"论述。其中,对"九二共识"这一两岸互动基础作了进一步的阐述,强调了"九二共识"对两岸建立政治互信、开展对话协商、改善和发展两岸关系的不可替代作用。两岸关系在经历了 2014 年的"小风小雨"之后,未来将向何处发展,成为两岸各界(尤其台湾同胞)的共同关切。至此节点,习近平总书记发表重要讲话,表明大陆对发展未来两岸关系的立场和态度,并对未来两岸关系发展作出指引,其意义不言而喻。

  众所周知,坚持"九二共识"是国共两党互动交往的政治基础,也是前提条件。正是基于这一政治基础和前提条件,国共两党自 2005 年连战主席访问大陆以来就开启了党际交流。2008 年国民党上台执政,两岸在"九二共识"的基础上,开辟了和平发展的新局面。虽然国共两党在"九二共识"的基础上展开了党际交流,并取得了丰硕成果,但自 2014 年以来,两岸关系发展并非十分和顺,原因固然是多元而复杂的,但国民党内部"隐隐约约的杂音"也使得大陆"略感微凉",这种"微妙变化"虽未达到动摇"九二共识"的程度,但却不能不引起重视。国共两党都应共同珍惜与呵护这来之不易的政治成果。目前国共两党虽然均认同并坚持"九二共识",但需要进一步增进这一共识,夯实这一政治基础,方能"行文致远"。否则,"基础不牢,地动山摇"。"如果双方的政治基础遭到了破坏,两岸互信将不复存在,两岸政治关系就会回到动荡不安的老路上去"。笔者认为,尽管习近平总书记的这句话主要是针对民进党讲的,但也包含着对国民党的真诚期待。

  对于民进党而言,长期以来,坚持"一边一国"的"台独"立场,是民共两党无法进行党际互动的根本原因。事实上,民共两党均有互动的愿望,但问题就卡在了"九二共识"和"台独"主张。从大陆方面来看,要实现两岸和平统一，双方的互动与互信非常重要。只有通过互动交流，双方才能建立政治互信，和平统一才有希望。倘若缺乏起码的政治互信，何来和平统一？在与台湾同胞建立政治互信的过程中，民进党不能缺席，仅有国共之间的政治互信是不够的，这不足以支撑两岸和平发展走得"稳健而长远"，并最终迈向和平统一。为此，适时开启民共交流的大门，推动民共之间互动交流，增进彼此政治互信，是未来两岸关系和平发展的应有之义。大陆领导人曾先后呼吁民进党放弃"台独"立场，回到一个中国框架，这些呼吁实际上是向民进党释放互动交流的愿望和信息。从民进党来看，也有与大陆互动交流的意愿，但其政治诉求使自身处于矛盾之中，一方面有与大陆互动的现实利益需求，另一方面又刻意有与大陆保持距离，担心与大陆走得太近而导致自身主体性的丧失。这种矛盾的心态，便决定了民进党在两岸关系发展上难以迈出实质性步伐。但台湾民调显示，多数台湾民众支持民共互动交流，希望两党能够跨越障碍，共同促进两岸关系和平发展。近几年来，一些务实派的民进党人士开始积极探索打开民共交流大门的途径，提出了一些新论述。以谢长廷为代表的"宪法各表"论述就是其一，该论述是民进党内部唯一模糊地接受"（虚体）一中"（准确地说，是给大陆以接受"一中"假象）的论述，属于民进党内部的新思维派。除了谢长廷外，近几年赖清德、陈菊等重量级人物先后登陆，这显示了民进党内部存在着一股要求加强两岸交流的积极力量，积极探索民共互动的新路径和新模式。2014 年11 月，民进党赢得"九合一"选举后拿到13 个县市执政权后，随即释放信息将在执政县市建立两岸事务机制，扩大两岸县市层面的交流。事实上，民共之间的智库交流、学者交流、民间对话已经出现，但这些交流无法取得实质性进展，不能解决两党之间的根本分歧，原因就在于民进党不接受"九二共识"，使得两党缺乏互动的政治基础。为此，这次习近平总书记重申："我们始终把坚持'九二共识'作为同台湾当局和各政党开展交往的基础和条件，核心是认同大陆和台湾同属一个中国。只要做到这一点，台湾任何党和团体同大陆交往都不会存在障碍。"

倘若民进党意欲打开与大陆互动交流的大门，条件必须是坚持"九二共识"（核心是"两岸一中"）。在此，笔者稍微展开一点分析，以澄清一个误区。长期以来，有些人在这个问题上一直存在着一个模糊（甚至错误）的认识，即认为只要民进党放弃"台独"，大陆就会可与之展开互动交流。事实上，这种理解有问题，因为大陆的底线是民进党必须接受"九二共识"，而非单单放弃"台独"。单单放弃"台独"并未达到大陆所设定的条件，产生这一误区的原因就在于将放弃"台独"与接受"九二共识"理解成了"非此即彼"关系。但考察台湾社会的"统独"光谱不难发现，放弃"台独"并非意味着接受"九二共识"。因为放弃"台独"和接受"九二共识"之间并非是"非此即彼"的二元论关系。众所周知，我们通常用"统独光谱"来描述台湾社会不同政治势力的政治立场和态度。"九二共识"和"台独"应是这个光谱的两个端点，在这两个端点之间是一个颜色深浅不一的政治地带，有些政治力量偏"统"，有些政治力量偏"独"，有些政治力量"不统不独"。所以，用"二元论"思维方式来分析"统独"问题存在严重偏差，这不同于我们通常用蓝绿二分法来分析台湾社会（用蓝绿二分法来分析台湾社会之所以可行，是因为蓝绿两大阵营是从社会对抗角度来讲的）。由于在"九二共识"和"台独"之间存在广阔的中间地带，所以，放弃"台独"，也就并非意味着接受"九二共识"（即"两岸同属一中"），可能是既反对"台独"也反对"九二共识"的情形，所谓的中间力量就是既反统又反"独"的政治力量。过去，有些人之所以将放弃"台独"视为民共政治互动的基本条件，就是因为他们不经意地陷入了一个误区，将放弃"台独"与接受"一中"之间理解成"非此即彼"的关系，误认为只要放弃"台独"，就会接受"九二共识"。从台湾社会现实来看，既反统又反"独"的中间力量不仅存在，而且有日渐壮大之态势。因此，在民共互动的政治基础和前提条件方面，大陆的要求是，民进党必须接受"九二共识"，而非单单放弃"台独"。在台湾"统独"光谱中，民进党接受离大陆底线最近的一个端点（即"一中"），必定意味着放弃了离大陆方面最远的一个端点（即"台独"）。但放弃离大陆方面最远的一个端点，并非意味着接受离大陆方面最近的一个端点。从台湾岛内的现实情况来看也是如此，接受"一中"（或"九二共识"），必定意味着放弃"台独"；但放弃"台独"，并非一定接受"九二共识"。

当然，倘若民进党果真能放弃"台独"，虽然这与大陆要求的"九二共识"相比尚有一定差距，但无疑这是一个值得肯定的巨大进步。种种迹象表明，民进党短期内完成如此大的转型确有一定困难，但问题是，民进党总得要迈出转型步伐，才能逐步完成自身两岸政策的最终转型。否则，大陆方面不可能与其建立正式的互动交流。对此，大陆方面反复强调过。过去如此，未来仍如此。

（原载华广网，2015 年 3 月 7 日）

两岸关于"九二共识"的共识与分歧

目前台湾岛内，绿营人士根本不承认"九二共识"；蓝营人士虽承认"九二共识"，但其"九二共识"版本与大陆方面"九二共识"版本存在很大差异。那么，究竟何谓"九二共识"？两岸在"九二共识"问题上的共识和分歧何在？值此纪念"九二共识"二十周年之际，我们有必要追本溯源，还原真相。

一、"九二共识"的由来和真相

1992年，随着两岸民间交流的日渐频密，两岸文书验证及共同打击犯罪等问题亟待解决。在此背景下，大陆海协会与台湾海基会经过数次函电沟通后，决定双方于1992年10月28日在香港协商有关两岸文书查证事宜。当年10月28日，海协会与海基会的各自代表在香港如期举行商谈。在商谈过程中，双方均认为应当坚持一个中国原则，在该问题上，双方并无分歧，唯在如何表达一个中国原则问题上，双方各持己见，相持不下。大陆方面认为应该以文字形式将一个中国原则写入双方协议之中，而台湾方面却不同意；相反，台湾方面提议以各自口头表述方式来解决这一问题，而大陆方面对该提议未表接受。后几经折冲，但均未达成一致，导致商谈中止。其后台湾方面体认到这一争议不解决，恐怕"无法突破僵局，建立若干交集，以解决两岸间许多亟待解决的问题"，[①] 大陆方面也意识到倘若过于坚持己方意见而不做适度调整，台湾方面也不会轻易接受。

有鉴于当时的僵局，台湾海基会于11月3日发布新闻稿表示："海协会在本次香港商谈中，对'一个中国'原则一再坚持应当有所表述，本会经征得主管机关同意，以口头声明方式各自表达，可以接受。至于口头声明的

---

① 苏起、郑安国主编：《"一个中国，各自表述"共识的史实》，台湾翰芦图书出版有限公司，2005年版，第11页。

具体内容，我方将根据'国家统一纲领'及'国家统一委员会'于本年八月一日对于'一个中国'涵义所作决议，加以表达。"同日，海基会致函海协会也表达了完全相同的意见，即各自以口头声明方式表达一个中国原则。海协会副秘书长孙亚夫于当日致电海基会秘书长陈荣杰，表示尊重并接受海基会的建议。①

随后海协会于11月16日致函海基会表示："在香港商谈中，海基会代表建议，采用两会各自口头声明的方式表述一个中国的原则，并提出具体表述内容（见附件，即海基会第三案）。其中明确表达了两岸均坚持一个中国的原则。……十一月三日贵会来函正式通知我会表示已征得台湾方面的同意，以口头声明的方式，各自表达。我会充分尊重并接受贵会的建议，并已于十一月三日电话告知陈荣杰先生。……现将我会拟作口头表述的要点函告贵会。'海峡两岸都坚持一个中国原则，努力谋求国家的统一，但在海峡两岸事务性商谈中，不涉及'一个中国'的政治涵义。本此精神，对公证书使用（或其他商谈事务）加以妥善解决"。两岸双方正是在达成上述共识的基础上，方开启了后续的"汪辜会谈"及其他一系列互动。②

通过以上回顾，可以得出以下几点结论：第一，1992年10月至11月间，海协会与海基会几经函电往来后所达成的共识是：各自以口头方式表述海峡两岸均坚持一个中国的原则，但对"一个中国"的涵义暂不作讨论（对于不讨论"一个中国"意涵的原因，除了"两会"即便讨论也难以就意涵问题达成共识之外，还因为两会仅接受委托而就经济性、民间性、事务性、功能性议题进行讨论，不涉及政治性议题，故可以不作讨论）。第二，"九二共识"并非双方以签署协议的方式达成的，而是通过往来传真和函电的方式达成，迄今并不存在一个协议式版本的"九二共识"。

二、"九二共识"在台湾被异化

但后来，"九二共识"在台湾被异化或歪曲成了"一个中国、各自表述"。

首先，通过前述历史考察可以发现，当年双方均认同的"各自口头表

① 张亚中主编：《一中同表或一中各表》，台湾两岸统合学会，2010年版，第15页。
② 张亚中主编：《一中同表或一中各表》，台湾两岸统合学会，2010年版，第16页。

述"所针对的仅仅是两岸均坚持一个中国原则,而非"一个中国"的意涵。台湾蓝营人士将一个中国原则和"一个中国"内涵加以混同,笼统地表达为"一个中国、各自表述",这有违当年的历史事实。正因为"一个中国、各自表述"会弱化两岸原本的一个中国原则,所以大陆方面迄今对其从未表示接受、同意或承认。当然,自2000年以来,基于台湾政局演变的考量,大陆方面对其亦未予以明确或极力反对。

其次,各自表述一个中国原则仅仅是为打破当时僵局而采取的一个权宜之计,其仅就表述方式而言,而非就表述内容而言。换言之,其为表述当时双方共识的"方法",而非双方共识的"内容",只不过随后被台湾方面渐渐地由"表述方法"演化成"表述内容"。"各自表述"从来不是"九二共识"的内容,两岸从未就"各自表述"达成共识。针对这一歪曲,1996年11月1日,时任海协会副会长唐树备说:"九二年两会经过协商,曾达成:海峡两岸均坚持一个中国原则,双方各自就这句话进行口头表述的共识。对于一个中国的内涵,两会的事务性协商中不讨论。台湾方面把这发展成'一个中国、各自表述',那是它的事情,与当时的共识风马牛不相及。"①

(原载华广网,2012年11月21日)

---

① 参见苏起、郑安国主编:《"一个中国,各自表述"共识的史实》,台湾翰芦图书出版有限公司,2005年版,第67—68页。

民进党大陆政策的"变"与"不变"

目前民进党内部围绕着其大陆政策是否需要转型问题展开了大讨论，但最终能否真正转型，当下尚不得而知。对于民进党来说，大陆政策转型并非一件很容易的事情，但为了未来的选举，又是一件其非做不可的事。一般认为，这次 2012 年"大选"，民进党败就败在两岸政策上。可以想见，四年之后的"大选"，两岸政策仍是民进党无从回避的政治议题。延续抑或调整其大陆政策，将直接影响民进党自身的未来发展，也将直接影响其 2016 年"大选"的胜败。可以说，目前民进党的大陆政策陷入了进退维谷的两难境地。那么，民进党未来大陆政策的基本走向如何？会向中间路线靠拢吗？我们该如何看待民进党转型问题呢？

一、民进党大陆政策的不确定性

目前虽然有部分民进党人士强烈建议检讨其过去的两岸政策，并主张与大陆积极地展开交往，但其大陆政策的走向仍充满不确定性。这主要是因为以下四点：其一，基本教义派对民进党的牵制，将增加民进党大陆政策转型的难度。因为基本教义派是民进党比较稳固的基本盘，民进党能否成功实现大陆政策转型，向中间路线靠拢，很大程度上取决于其能否摆脱基本教义派的束缚。其二，民进党虽没有赢得 2012 年"大选"的最后胜利，但也赢得了 45% 的选票，于是有民进党人士认为民进党不是败在其两岸政策上，而是败在蔡英文的两岸政策空洞模糊、摇摆不定上，故这些人士坚决反对调整两岸政策向中间路线靠拢。其三，如果民进党执意转型，处理不好，有可能既失去深绿的支持，又失去中间选民的支持。对于民进党来说，这样的风险是存在的。其四，执意转型或在策略上操作不当，均有可能导致民进党内部的分裂。以上诸因素，使得民进党大陆政策转型尚存在不确定性。即使其迈向了转型之路，也会步履维艰。

二、大陆期待民进党大陆政策转型

作为一名大陆涉台研究的学者，笔者认为，民进党大陆政策调整应该是大陆所期待的，但这个转型要达到大陆所期待的程度可能很难，但大陆未必奢求一步到位，转型总比不转型要好。如果民进党真能转型，这对两岸关系和平发展是好事，对减少岛内政治对抗也是好事。但究竟民进党会转型到什么程度，目前尚难作出准确判断，只能涉及具体问题时再作进一步观察和分析。

在大陆民众的眼里，民进党一直在攻击大陆，一直扮演着"为反对而反对"的制衡者角色，一直站在两岸关系和平发展的对立面，一直是一个"麻烦制造者"的形象，所以大陆民众对台湾民进党的印象较差，若要改变大陆民众的观感则需要有一个漫长的过程。时时与大陆为敌的民进党在抹黑大陆的同时，其实也抹黑了自己。所以，民进党若希望大陆民众对其印象有所改变，必须对自己的大陆政策作出较大幅度的调整，与大陆化"敌"为"友"。

三、民进党内部缺乏共识影响两岸交流

民进党与共产党进行政党间的直接接触，可能还有很长的一段路要走。在这种情况下，可先行进行双方学者之间的交流和沟通。事实上，近些年来也不断有民进党人士以个人名义来大陆参访，与大陆方面接触、商谈，也有大陆学者到访过民进党有关智库机构。但在双方接触中发现一个问题，民进党有五六个派系，每个派系都有自己的智库机构，并且想通过自己的智库跟大陆沟通、商谈。但在民进党内部缺乏共识的情况下，究竟哪一派的观点代表民进党的观点？大陆方面有时无法分辨清楚。民进党内部派系林立、缺乏共识的态势，势必影响民进党跟大陆接触的深度。因此，民进党在与大陆接触交流之前，应首先就内部各派系的观点进行整合，达成"内部共识"之后，再与大陆进行沟通、商谈，这样效果会更好。如若不然，各个派系学者众说纷纭，将让大陆方面感到无所适从，进而会影响民进党与大陆接触、交流的效果。

总之，民进党未来的大陆政策，究竟是延续，还是改变，尚待进一步观察，但对于我们大陆来说，关键要观察它改变的部分。对于民进党下一步将提出一个怎样的大陆政策论述，大陆方面拭目以待。

（原载华广网，2012 年 2 月 29 日）

"汪辜会谈"的回顾：徘徊与前行

20世纪80年代以来，随着两岸交流与交往的扩大所衍生出来的各种问题日益增多，为两岸关系的发展增添了许多困难和麻烦，亟待解决。虽然海基会和海协会成立后，双方就上述问题进行过多次商谈，但由于种种原因等，进展迟缓，因而有必要由两会高层次负责人直接坐下来进行商谈，以早日解决相关问题。为此，经过双方的共同努力，终于促成了1993年4月27日至29日在新加坡举行的第一次"汪辜会谈"。会谈双方在"九二共识"基础上，签署了《汪辜会谈共同协议》《两会联系与会谈制度协议》《两岸公证书使用查证协议》《两岸挂号函件查询、补偿事宜协议》四项协议，海协会会长汪道涵与海基会董事长辜振甫代表两会签署了"汪辜会谈共同协议"等四项协议。

"汪辜会谈"是两岸自1949年以来民间团体高层人士的首次正式接触，是两岸关系发展史上的"重要里程碑"。时任中共中央总书记江泽民对这次会谈给予高度评价：汪辜会谈是成功的，是有成效的，它标志着两岸关系发展迈出了历史性的重要一步。两岸及国际社会均对这次会谈普遍给予高度评价，会谈"具有相当深刻的政治意义"。前国台办主任陈云林指出："汪辜会谈"建立了两岸制度化协商的机制，启动了经济、科技和文化交流议题的磋商，为解决两岸交往中衍生的具体问题、促进两岸交流与合作开辟了道路，为双方加强合作、共谋发展进行了有益的探索，对促进两岸关系的良性发展具有十分重要的积极意义。

回顾1993年"辜汪会谈"前后的历史以及随后两岸关系的演变，我们可以得到很多处理两岸关系的经验与启示：

首先，坚持"九二共识"。"汪辜会谈"的政治基础是"九二共识"，"九二共识"的核心是"海峡两岸均坚持一个中国原则"。双方有了"海峡两岸均坚持一个中国原则"的态度和立场，就可以搁置争议，就能保证两岸关系能够沿着正确的方向前进。倘若没有"九二共识"，1993年的"辜汪会谈"则不可能举行。反过来看，会谈也是对"九二共识"的进一步确认和巩固。自"辜汪会谈"以来的实践表明，什么时候坚持"九二共识"，两岸关系就和顺发展；反之，什么时候部分台湾人士歪曲、否认、违反"九二共识"，两岸关系就会出现倒退。至此"汪辜会谈"20周年之际，深刻认识"汪辜会谈"和"九二共识"的密切关系，有助于两岸同胞加深对"九二共识"的认识，进而有利于推动两岸关系和平发展。

其次，坚持"求同存异"。"汪辜会谈"的成功举办表明，只要双方能够坚持一个中国原则，什么问题都可以协商。关于"一个中国"涵义的之争，既然两岸暂时难以取得突破，则可以先将其搁置起来，"存异求同"。应该说，两岸"分裂分治"几十年，彼此存在分歧、甚至观点相左，这都是可以理解的。尽管"汪辜会谈"中双方在有些问题上存有严重分歧，但由于双方共同采取了搁置处理的方法，使得会谈没有因彼此差异而受到影响。通过会谈使双方充分了解了对方的立场和主张，这对后续商谈、消除分歧、解决问题是十分有利的。诚如前国台办主任陈云林所说，"汪辜会谈"是海峡两岸在一个中国原则基础上进行平等协商的一个成功的范例，体现了相互尊重、平等协商、求同存异的精神和建设性的态度。

再次，坚持相互尊重、平等协商。据文献记载，"汪辜会谈"从会场的布置到会议程序的安排，两岸两会都十分注重谈判地位平等和彼此相互尊重。相互尊重，不仅表现在形式上，更表现在对他方意见、观点的重视上，不强加于人。据悉，在关于"汪辜会谈"协议文本的名称上，海协就先后提出过多达六个版本，供海基会考虑。最后双方经多次磋商，才达成"汪辜会谈共同协议"的名称。双方坐下来会谈本身就是平等的最好体现，没有主从、大小之分。正如唐家璇在纪念"汪辜会谈"十周年时所说，这次会议成功地树立了在一个中国原则基础上进行两岸平等协商的范例，生动地说明了海峡两岸中国人完全可以在一个中国原则的基础上找到双方平等谈判的适当方式，使得和平谈判得到两岸同胞的认同和支持。双方在会谈中相互尊重、平等协商，为后续各领域的互助合作提供了可资借鉴的范例。

回顾"汪辜会谈"以来的二十年，两岸关系经历了风风雨雨，从会谈与协商的角度，大致可以划分为以下几个阶段：1991—1993年会谈准备阶段（相继成立两会），1993—1995年为会谈初始阶段，1995—1998年为会谈低迷阶段，1999—2008为会谈关闭阶段，2008至今为会谈重启阶段。20年来，两岸关系虽然经历了曲折，但总体态势是前进的。

　　按照当时对"汪辜会谈"的定性，其为民间性、经济性、事务性、功能性事务的会谈，但不言而喻，这种以民间团体身份出现的半官方会谈，在随后20年来的两岸互动中成为双方沟通化解的桥梁，充分发挥了"白手套"的功能。两岸对话或许在未来相当长的一段时期内仍维持在"白手套"阶段。"白手套"固然能够起到一定的桥梁作用，但毕竟只是两岸带有"隔膜"的交往，如果两岸关系要取得实质性发展，尚须摘掉"白手套"，直接"政治握手"。

（原载华广网，2013年4月2日）

解读"习马会"切莫偏离
一个中国原则

　　2015 年 11 月 5 日，台湾《中时电子报》发表了前军事部门副主管林中斌先生题名为《时论："一国两府"呼之欲出》文章，该文指出："北京这次同意马习会的形式，几乎是承认了'一国两府'的精神"，"这次马习会互称对方为'先生'，且承认对方的'领袖'身份，这就是'一国两府'的精神，等于北京承认了在台湾有个'政府'，但北京以前一直不愿意面对这个事实"。

　　笔者认为，林先生的上述解读背离了"习马会"的主题意涵，必须予以澄清。众所周知，"一国两府"是台湾方面在 20 世纪 80 年代末 90 年代初提出来的政治论述，其意涵是"一个中国，两个互不隶属的中央政府"，它的相近论述包括："一国两体"（即"一个国家、两个对等政治实体"）、"一国两治"、"一国两府两制"、"一国两府四区"、"一国两区一体"、"一国两权"、"一国两席"、"一中两宪"和"主权统一，治权分立"等等。该论述主张两岸在共享"一个中国"的"屋顶"之下，各自享有内部治理权。然而，"一中屋顶"并非真正实体意义上的"一个中国"，而是一个虚体架构，因此，虽然该论述在形式上带有"一个中国"字样，但在实质上却会导致"两个中国"。"一国两府"论述旨在通过隐蔽性的策略和手法，借着"一中屋顶"的名义，达到"中华民国政府"与中华人民共和国政府的"事实对等"，以维护"中华民国主体性"。因此可以说，"一国两府"论述的本质是隐性"两国论"，也正是此，大陆方面一直反对台湾方面用"一国两府"来定位两岸政治关系。

　　自 2008 年以来，马英九当局与大陆在坚持"九二共识"基础上开辟了两岸关系和平发展的新局面。尽管目前马英九个人不再担任国民党主席，但是由国民党执政的台湾当局仍继续坚持"九二共识"，这是"习马会"之所以能够成功举行的政治基础。倘若没有马英九当局（国民党）与大陆对

"九二共识"的共同承认，也就谈不上先前两岸事务主管部门负责人常态化沟通机制的建立，更谈不上这次"习马会"的登场。因此，"习马会"所体现出的意涵是：在一个中国框架内，两岸（国共）之间存在着"一个中国"涵义的分歧和争议，虽然目前尚不具备解决这一争议的条件，但为了不因争议而影响两岸关系继续向前发展，故采取暂时搁置争议的处理方式，正如大陆国台办主任张志军所说，"习马会是在两岸政治分歧尚未完全解决的情况下根据一个中国原则作出的务实安排，体现了搁置争议、相互尊重的精神"。所以，"习马会"并不意味着两岸（国共）关于两个政权的"法统"之争（即"一个中国"涵义之争）已经得到解决，更不意味着大陆将要承认"一国两府"。中国的中央政府只有一个，至于何者是中央政府，目前双方存有分歧，暂时无法达成共识，只好搁置争议，俟将来进入统一阶段后再由双方通过谈判来协商解决。

两岸领导人互称对方为"先生"，既体现出搁置争议的精神，也体现出平等互动的精神。但是，平等不同于对等。平等主要指两岸在法律人格意义上的平等交往，侧重于反映目前两岸之间不是中央与地方的关系；而对等是指甲方怎样对待乙方，乙方就怎样对待甲方，一般适用于国家与国家之间。两岸关系不是国家与国家的关系，故不能讲对等，只能讲平等。需要指出的是，双方以两岸领导人的身份和名义进行互动，仅仅限于两岸之间的场合，不能将这种身份和名义无限制地向外扩展。在国际社会，中华人民共和国是代表中国的唯一合法政府，大陆领导人就是中国领导人。除此之外，任何背离一个中国原则的延伸解释都是错误的。

"习马会"以两岸领导人的身份和名义举行，见面时互称"先生"，是策略性模糊的智慧之举，既体现了大陆敢于面对两岸争议的勇气和大度，也体现了大陆要推动两岸关系和平发展的自信和决心，但并非意欲承认台湾当局是一个与大陆对等的"中央政府"。对此，台湾方面不宜作偏离"习马会"主题内涵的延伸或异化解读。

（原载中国评论新闻网，2015 年 11 月 7 日）

落实"习马会"成果
有挑战亦有出路

　　此次"习马会"意义重大，影响深远，可概括为以下十个方面：巩固了"九二共识"的政治基础；开创了两岸领导人直接会面的先河；提升了两岸交往的平台；增进了两岸的政治互信；展示了大陆的自信和勇气；表明了大陆反对"台独"的坚定决心；为两岸关系发展注入了新的活力；揭开了两岸商谈政治议题的序幕；为未来两岸签署和平协议提供了启示和借鉴；是在国家统一问题上继邓小平"一国两制"之后的又一重大机制创新。此次"习马会"所贯穿的精神和策略可概括为16个字："明确共识，淡化分歧，搁置争议，务实灵活"。"习马会"具有里程碑式的意义，必将载入史册。

　　"习马会"落幕之后，我们不能仅停留在对"习马会"的意义阐述上，更应该做的是，如何落实此次"习马会"达成的积极成果。从大陆方面来看，其落实"习马会"成果的态度和机制，不存在任何阻力。但台湾社会却是一个异质性的对抗社会，恐怕"习马会"成果在台湾的落实并非一帆风顺。返台后马英九赴"立法院"报告遭到民进党人士的抵制就是一个典型反映。这样一来，就使得"习马会"的后续效果尚存不确定性。具体原因有三：其一，此次会面虽然带有很强的公权力色彩，但毕竟还不是以公权力的正式名义来进行的（回避官衔称谓就是证明）。倘若要使这一会面成为机制化成果，在岛内还要经过相应的公权力程序。否则，反对党会利用这一点来大做文章。然而，要做到这点，目前还存在反对的力量。虽然会面带有公权力色彩，但背后的支撑力量仍然是政党，倘若没有了政党的支持，这个机制或平台就难以运转了。其二，台湾社会与其他社会有所不同，是一个撕裂的、族群对抗的社会，这决定了台湾方面在政策执行的连续性上可能存在问题。民进党上台后能否延续两岸领导人的会面机制，尚取决于民进党是否接受"九二共识"。台湾社会的这一特殊政治现象，会使"习马会"成果在台湾的落实受到冲击和影响。其三，此次会面的形式意义大于实质意义，而今后不可能只会面而不签署一些实质性的协议，否则会面意义就会大打折扣。但签署了协议之后，台湾方面回到岛内还得通过其内部的相关法律程序（先前两会签署的服贸协议被卡在"立法院"，就是一个例证），甚至有些还得经过公民投票。从上述分析看，两岸落实"习马会"所达成的积极成果，单有大陆方面的努力是不够的，尚需要有台湾社会的全力配合。但民进党可能会利用台湾的"宪政体制"来阻挠"习马会"成果的落实。

就短期而言，如何承续"习马会"的东风，将两岸关系再继续向前推进一步，是双方应重点思考和规划的问题。但是，目前也存在许多困难，主要表现在：其一，两岸六十多年延续下来的根本矛盾并没有随着"习马会"的登场而立即消失；其二，2016 年 1 月 16 日的台湾"大选"在即，国民党的注意力集中于"大选"；其三，马英九的任期仅剩半年多，即便其在卸任前意欲有所推动和落实，台湾的制衡政治体制也决定了"习马会"成果在台湾的落实会受到很多牵制；其四，美国表面上说乐观其成，但内心里到底如何盘算和影响台湾，也有待于进一步观察。上述这些方面都会使"习马会"成果的落实受到影响。

尽管如此，两岸应从大局出发，珍惜此次最高领导人会面所达成的共识及相关成果，排除阻力，认真加以落实。两岸双方均应系统梳理和分析未来六个月内究竟还能干些什么？要通过相关部门的联合论证，弄清哪些成果可以马上落实，哪些暂时无法落实；哪些是我们两岸自己可以解决的，哪些是受到国际因素影响（如台湾加入区域性国际经济组织问题）而需要借助外部力量来解决的；哪些是大陆单方面掌握主导权的，哪些是需要双方共同努力的；哪些是符合一个中国原则的，哪些是违背一个中国原则的（特别是台湾国际参与问题）。对于这些问题，两岸均需先行展开分析、论证和研判，争取早日拿出方案，早日落实"习马会"的积极成果。只有让两岸民众（特别是台湾民众）感觉到"习马会"所带来的实实在在的好处，才能引起两岸民众（特别是台湾民众）对"习马会"的更多关注和更大期待，才能使"习马会"的意义更加凸显。

（原载中国评论新闻网，2015 年 11 月 16 日）

八年来两岸互动机制化成果梳理

2008 年 5 月，国民党在重新上台执政，两岸关系进入了和平发展的新时期。两岸两会在"九二共识"的基础上恢复协商谈判，取得了一系列重大成果和共识。两岸交流质量和规模不断扩大，实现了直接三通，签订了 ECFA，两岸共同生活圈初步形成。近八年来，两岸在彼此尊重、相互协商的基础上建立了一系列机制化交流平台，这是两岸关系和平发展的最重要成果。

首先，两岸之间建立了一系列官方和半官方机制，成为两岸执政当局互动和沟通的重要渠道。这些机制有利于两岸双方充分获取对方信息和利益关切，减少误判，进而形成有效的两岸共同治理平台，促进两岸一体化进程。具体机制如下：

一是两岸领导人会面。2015 年 11 月 7 日，"习马会"在新加坡登场，实现了两岸领导人时隔 66 年来的首次会面。尽管目前尚不能称这次会面为机制化成果，但却是机制化会面的开端。这次会面对国家理论和两岸现实的突破，以及它所创造的实际作法会对两岸关系发展产生深远而积极的影响，必将载入史册。可以想见，日后两岸领导人会面必将逐步机制化，成为两岸交流互动的最高平台。

二是国台办与台湾陆委会常态化沟通机制。2014 年 2 月，两岸事务主管部门首长会议"张王会"在南京举行，这是两岸隔海分离以来，首次有官衔互称的历史性会面。在此次会议上，双方同意国台办与陆委会建立常态化沟通机制，这使得两岸事务主管部门就相关问题进行直接沟通，有助于评估和管控两岸事务、巩固两岸互信。

三是两岸"两会商谈"。自 2008 年恢复协商以来，两岸两会（即大陆海协会和台湾海基会）已进行了十多次高层会谈，共签署二十三项协议，在两岸经贸合作、大陆居民赴台旅游、陆资赴台投资、两岸司法互助、医药卫生合作等领域推出一系列利好两岸人民的举措，奠定了两岸关系和平发展的制度基础和互动架构，成为两岸事务政策产出和效用评估的重要平台。

四是"两岸经贸文化论坛"。亦称"国共论坛"，2005年中国国民党主席连战率团访问大陆，实现了国共两党最高领导人六十年来的首次会晤，并达成"两岸关系和平发展共同愿景"。据此愿景，国共两党建立了该定期沟通平台。自2006年4月以来，两岸经贸文化论坛已举办十届。论坛达成的一系列共识和政策建议，为两岸执政当局提供了重要参考，也推动了两岸关系的深入发展。

五是"两岸经济合作委员会"。简称经合会，是依据ECFA成立的，由海协会与海基会共同召集，下设货物贸易、服务贸易、投资工作、解决争端工作等若干小组。至2015年5月，两岸已举办七次经合会例会。经合会是两岸经济事务共同治理的开端，为两岸其他相关事务的共同治理提供了借鉴，促进了ECFA的机制化和深入落实，推动了两岸经济合作的便利化和一体化进程。

六是旅游与民航"小两会"。除了海协会和海基会之外，两岸还存在一些由两岸民间业者组成，接受政府授权进而协商旅游、交通、航空安全等问题的组织，称为"小两会"。如旅游小两会，由台湾海峡两岸观光旅游协会与大陆海峡两岸旅游交流协会作为对口平台，接受两岸旅游观光事务部门的授权，就两岸旅游事务以及观光客在对方境内遇到问题进行沟通、协商、谈判。而且，彼此在对方都有派驻机构，台旅会成立北京办事处，海旅会成立台北办事处，进一步方便沟通与处理问题。此外，两岸还有民航"小两会"，根据两会签署的《两岸空运协议》，建立由台湾台北市航空运输商业同业公会和大陆海峡两岸航空运输交流委员会对口负责，经双方主管部门授权就两岸飞行安全、航班安排等事宜进行磋商、谈判，以促进两岸人员往来，保证航空安全。

其次，在两岸互动过程中，除了形成了以上官方和半官方的机制化平台外，还形成了一些效果明显的民间互动机制，主要如下：

一是"海峡论坛"。该论坛是在福建举办的大型两岸交流活动，具有广泛性、民间性和社会性。2009年举办首届论坛，并决定每年举办一次，迄今已举办七届。举办海峡论坛旨在贯彻落实胡锦涛总书记在纪念《告台湾同胞书》发表30周年大会上讲话精神。论坛将以科学发展观为指导，依托福建"五缘"优势，充分发挥海峡西岸经济区先行先试的前沿平台作用，广泛开展两岸人民交流，形成两岸多层次的交流合作格局，不断促进和推动两岸关系和平发展。论坛已成为大陆发布惠台政策的重要平台，随着影响力和规模的扩大，吸引到越来越多台湾同胞的参与，形成两岸共襄盛举的局面。

二是"海峡两岸企业家紫金山高峰会"。2008年首次在南京举办，已成为两岸除"两岸两会商谈""两岸经贸论文化论坛""海峡论坛"之外的第四大论坛。该论坛目前已成为以两岸企业家为主体，以汇聚企业家智慧、加强对话交流、深化产业合作为特色，最具权威性、开放性、务实性的两岸经济界高端交流合作平台。2012年峰会理事会成立，大陆方面的曾培炎先生和台湾方面的萧万长先生被推举为峰会的共同理事长，进一步巩固和深化了峰会成果。2013年，两岸企业家峰会社团分别在北京、台北成立，曾培炎先生、萧万长先生当选理事长，盛华仁先生、江丙坤先生担任副理事长。峰会两岸理事会分别下设宏观经济、能源石化装备、金融、信息家电、成长型企业和中小企业、生物科技与健康照护、文化创意等七个两岸产业合作推进小组，开展经常性的交流互访和产业对接活动，目前已取得一批积极成果。峰会大陆秘书处设在江苏省台办。

三是其他各种民间互动机制。除此之外，两岸民间在文化交流、社区治理经验交流、学术交流、教育交流等领域形成了多种多样的交流和互动机制。如两岸青年之间的交流活动，包括各种各样的研习营、青年交流论坛等，不仅为两岸青年交流提供了制度化的平台，而且提供了增进了解和促进心灵契合的机遇，更让两岸青年认识到在全球化的大背景下两岸青年必须携手才能应对各种困难和挑战。又如两岸之间的学术交流，尤其是一些关于两岸政治性事务和两岸关系发展长远思考的学术交流机制，能够为两岸执政当局提供决策参考，推动两岸关系稳固向前发展。

回顾国共两党近八年来共同推动两岸关系和平发展的历程，所取得的成就是自1949年以来任何一个时期都不曾有过的，可谓有目共睹。但是，2016年台湾"大选"在即，倘若民进党上台执政后拒不接受"九二共识"，上述机制化成果能维持多少？这会对两岸关系发展产生怎样的影响？人们都在拭目以待。在两岸关系可能发生转折的时刻，回顾和梳理近八年来两岸关系和平发展的成果，尤其业已取得的机制化成果，着实有倍加珍惜之感。

（原载华广网，2015年12月24日）

苏格兰公投模式不适用于台湾

2014 年 9 月 18 日苏格兰公投一时成为全球瞩目的焦点。围绕着苏格兰公投问题，世人怀着不同的心情对这次公投褒贬不一。与此同时，我们注意到，我们台湾地区的部分人士开始质疑：为什么苏格兰能，而台湾不能？一时间，苏格兰公投似乎成为台湾"统独"公投的合法性旁佐和支撑力量。为认清苏格兰公投模式不适用于台湾这一问题，我们需要认识苏格兰公投的以下几个关键问题及其性质。

一、是"分离公投"，而非"独立公投"

要正确认识苏格兰公投的性质，需要区分"分离"（secession）与"独立"（independence）的不同。从表面上看，分离和独立均是一个国家的一部分从整体中脱离出去而实现独立建国。但通过分离而脱离母国的部分领土在分离前是原母国的组成部分。国际法虽不支持分离主义，但也不完全禁止分离主义，因为是否禁止，那是国家主权范围内的管辖事项，受国内法调整，一般不被允许。而独立则指殖民地（包括非自治领土、托管地领土及其附属领土）脱离原来的宗主（殖民）国家而独立建国，与分离不同的是，要求独立的实体原本就不是宗主国的一部分，只是后来因殖民统治而将其纳入了被脱离的国家；"独立"通常受国际法的调整，是受国际法保护的权利或行为，是正义的、合法的。由于这两个概念具有某些相似性，故人们很容易将它们混淆。

所谓的"苏格兰公投"，其实是分离公投，而非独立公投。因为苏格兰是英国领土的一部分，其意欲从英国脱离出去的行为应为分离，是英国的内部事务（即内政）。人们所说的苏格兰"闹独立"，实际上是"闹分离"。从法理上说，"苏格兰独立公投"的说法并不准确。这一区分的意义有二：一则有助于认清苏格兰公投的合法性并非基于国际法上的"独立"理论；

二则要求我们在分析和评价苏格兰公投时应采用的理论工具应是"分离"（而非"独立"）理论，否则容易得出错误的结论。

二、是"民主性公投"，而非"自决性公投"

根据公民投票所依照的法律规范是国际法还是国内法将公民投票划分为自决性公投（plebiscite）和民主性公投（referendums）两种类型。前者是国际法意义上作为领土变更方式的公投，后者是国内法意义上作为直接民主手段的公投。自决性公投通常是指殖民地摆脱殖民统治以实现独立建国或决定领土归属以合并到他国的公投；民主性公投通常是指在一个主权国家的既定疆域内，人民对全国性或地方性重大事务进行集体表决的公投。

苏格兰不是英国的殖民地，而是英国的组成部分，因此不存在"自决"问题，其所进行的公投是经过英国中央政府批准的地区民主性公投。混淆苏格兰公投的性质，将苏格兰公投说成是基于自决权而进行的自决性公投是错误的，这种说法很容易被分离主义者所利用。在现实中，有些分离主义势力常常打着行使"自决"的旗号，试图通过公投方式来达到其分离目的。从国际实践看，一个主权国家的内部的某个地区欲通过公投的形式来获取分离，中央政府有最终权力决定是否允许其脱离出去。一般说来，一个地区要完成分离、实现独立建国往往要经历两次"同意"，第一次是全体人民的同意（其通常采用全国民主性公民投票的形式），或者至少是代表全体人民的中央政府的同意；第二次是地区居民的同意（其通常采用地区民主性公民投票的形式）。前者的重要性和决定意义往往大于后者。这是因为，领土主权只能属于一个国家的全体人民，该国家的部分人民是不能单独拥有领土主权的。苏格兰的领土主权不仅仅属于苏格兰当地居民，而是属于包括苏格兰居民在内的全体英国人民。苏格兰地区的居民没有权利单方面地宣布"独立"。此次苏格兰之所以进行公投，是因为其获得了英国中央政府的"同意"，该"同意"也可以视为苏格兰领土主权的另一部分共有者的"同意"。倘若未经英国中央政府的批准或另一部分领土主权共有者，苏格兰单方面地宣布"公投"或者宣布"独立"，是非法的、无效的。

三、是"协议式公投",而非"单方面公投"

对于一个地区或族群来说,"分离"不是简单的单方面的基本权利,而应该是一种共识权利,即分离只有在有关各方达成共识的情况下才具有合法性。苏格兰公投即是如此,其是在取得了英国中央政府的同意,且双方(即苏格兰地方政府和英国政府)于 2012 年 10 月签署"爱丁堡公投协议"的情况下举办的,此亦即苏格兰公投的民主合法性基础。实践表明,单方面分离通常不被主权国家所允许,成功的概率非常小。即便成功,一般也不为当事国中央政府所接受。从国际实践看,当事国中央政府对待分离问题的态度至关重要,甚至是决定性的。因此,分离主义都面临着一个难以逾越的阻碍:当事国中央政府的坚决反对。即便是在少数族群或地区通过地区性民主公投的方式表达出了集体分离的愿望,当事国中央政府也没有法律上的义务承认或接受分离主义的诉求,因为当事国中央政府代表和考虑的是国家的整体利益。事实上,国际上没有一个族群或地区在未能获得中央政府"批准"的情况下轻易地从主权国家中分离出去。所有主权国家对自己内部的任何"单方面分离"行为都不会容忍。国家的整体利益高于国家局部地区的利益,国家主权和领土完整不容许"民族分离"或"地区分离",否则,主权国家有权采取一切方式对"分离"行为采取必要的制止。

四、苏格兰公投模式不适用于台湾

台湾不是殖民地、自治领,不适用国际法上的自决权理论,而是中国领土不可分割的一部分,其意欲从中国脱离出去的行为属于前述的分离而非自决,分离并非像自决一样能够得到国际法的支持,相反,因台湾意欲推动分离而引发的两岸争议是中国的内政。因此,台湾岛内部分人士运用国际法上的自决权理论来论证其"统独"公投之合法性是站不住脚的,国际社会也无权干预。另外,台湾部分人士推动的"统独"公投在性质上属于民主性公投,而非自决性公投。就台湾岛内一直有人主张的"统独"公投来说,其欠缺合法性的关键在于,其单方面决定"台湾领土的主权"是部分人决定所有人的事项。台湾不是 2300 万台湾同胞的台湾,而是包括大陆民众在内的 13 亿中国人的台湾,台湾的"领土主权"问题必须由海峡两岸的全体中国人民共同决定，台湾单方面通过公投来自我决定，等于剥夺了另一部分主权所有者（即大陆人民）的对台湾领土主权的所有权，这势必会损害大陆这一部分主权所有者的利益，所以必然遭到大陆人民及其政府的反对。除非台湾的"统独"公投得到了大陆方面（或中央政府）的同意或批准，否则在法理上不具有合法性，在现实中没有可行性。

五、该案例对于我国应对"台独"公投的启示

就苏格兰公投来说，英国政府之所以能够同意，除了对"苏独"的严重性估计不足以外，还有一个重要原因，就是英国政府受西方民主主义传统的影响，过分地看重了民主的价值，而忽视了民主本身所固有的局限性，以致于当"苏独"势力打着"自决"和"民主"的旗号进行分离活动时，它不能采取果断而有力的措施。试想，如果英国政府一开始不对"苏独"势力迁就让步，还会"虚惊一场"吗？英国政府之所以在"苏独"问题上迁就让步，固然原因是多方面的，但其中之一就是它过分地看重了"自决""民主"等人权价值观念。其实，"苏独"势力正看清了英国政府的这一"弱点"，才迫使其不断作出让步的（即允许苏格兰人民就"分离"问题举行公投）。英国政府在处理"苏独"问题上的做法，不禁使人们想起1995年的加拿大魁北克公投，当时也是以微弱的优势保住了加拿大的完整和统一，在幸运地避免了这场"分裂危机"之后，时任加拿大政府总理克雷蒂安在总结教训时坚定地说："百分之五十加一票就可以分裂一个国家？这不是民主！"让英国政府和人民"虚惊一场"的苏格兰公投尽管已经过去，但留给人们的反思却刚开始。就大陆方面来说，对于台湾部分人士一直主张的"统独"公投来说，一定要有坚定的立场和果断的态度。

（原载《中国社会科学报》，2014年9月24日）

"中拉论坛"对两岸关系的影响分析

2015年1月8日至9日，中国—拉美和加勒比国家共同体论坛（简称"中拉论坛"）在北京召开，这被媒体解读为2015年中国"主场外交"的开门红。值得注意的是，参加此次论坛的拉美国家中有12个尚未与中国正式建交，属于台湾的"邦交国"。对此状况，引发了两岸媒体和舆论的各种猜测，问题集中在"中拉论坛"会对未来两岸关系产生怎样的影响。

一、中拉靠拢水到渠成

中国（大陆）和拉美地区之间的互动已经持续多年，反映了彼此有意强化双边和多边合作的战略意图。在正式召开"中拉论坛"之前，双方已经进行了充分的前期准备工作。

早在2011年12月"拉共体"（拉美和加勒比国家共同体）成立之际，时任中国领导人胡锦涛就表示从战略高度看待中拉关系，愿同拉共体及地区各国加强交流、协商与合作，这一政治表态反映了中国希冀利用这一新平台与拉美国家展开高层交往活动。随后在2012年8月拉共体"三驾马车"（包括智利、委内瑞拉、古巴等三国外长）代表访华时，受到有关方面的高度重视，双方就建立中国—拉共体"三驾马车"外长对话机制达成一致，这意味着中拉双边交流机制的初步建立。在同年9月，中国与拉共体"三驾马车"在纽约举行首次外长对话会，彼此就深化中拉合作和构建中拉整体合作机制达成了若干共识。2013年9月，中国—拉共体"扩大的三驾马车"在纽约举行外长对话会，双方进一步形成诸多共识，其中包括成立"中拉合作论坛"等事项。

2014年1月，在拉共体第二届峰会上，双方正式同意于年内召开论坛首次会议。经过持续互动交流和前期准备，2014年7月习近平在访问巴西期间，实现了中拉领导人会晤并集体会见拉共体"四驾马车"成员国领导人（主要由拉共体的前任、现任和后任轮值主席国，以及加勒比共同体轮值主席国组成）。在这次会晤中，双方宣布建立中国—拉共体论坛并尽早在北京举行论坛首届部长级会议。可见，在上述相互交流过程中，中国与拉共体均具有强化交流合作的共同意愿，属于互惠互利合作共赢的必然结果。同时，除了拉共体"四架马车"之外，中国（大陆）主要与拉共体这一区域性合作组织进行对等交往，所涉及议题多是具有区域战略高度，并未刻意与拉共体内部成员国保持特殊联系。换言之，中国（大陆）在发展中拉关系时，采取不直接接触特定国家的做法，体现了无意趁机动摇台湾当局在拉美地区的"邦交国"，也说明中国（大陆）不愿刺激台湾方面的敏感神经。

二、论坛着重讨论经济议题

此次"中拉论坛"召开了首届部长级会议，并就中拉未来合作规划与论坛的机制设置等议题达成共识。相比较而言，论坛主要目的是谋划中拉经济合作的大局，强化双方在全球经济发展中的互通有无和相互扶持合作态势。我们应看到，该论坛有意避开与两岸相关的政治议题，而是折射出强烈的经济合作意图，主要原因如下：

一是顺应中国大陆企业和资本对外输出的必然趋势。进入 21 世纪后，大陆经济实现了十年高速增长的黄金时期，不仅各类企业规模迅速壮大，而且也积累相对充沛的资本。鉴于大陆内部出现产能过剩和竞争激烈的现状，以及大陆经济整体放缓的客观现实，大陆资本迫切需要走向海外，通过对外直接投资来促进自身发展。而拉美地区资源丰富，工业基础较好，人口规模和市场潜力都比较巨大，因而比较符合大陆对外投资的现实需要。据统计，截至 2013 年底，中国（大陆）对拉美投资累计超过 800 亿美元，2014 年估计已经超过 1000 亿美元。这种态势使得不少拉美国家意识到只有与中国（大陆）加强经济合作，才能促进本地区的经济发展。

二是打破美国在经济上孤立中国（大陆）的战略意图。近年来，美国经济并无太大起色，与中国（大陆）经济繁荣发展相比，显然呈现出某种程度的衰退趋势。在处理与拉美国家关系时，美国政府主要依靠美洲国家组织来整合西半球经济，并不看好拉共体的未来发展前景。然而，受自身经济衰退影响，美国与拉美国家的双边贸易有所下降，而同期中拉经贸额却大幅增长，这为密切中拉关系提供了契机。据统计，21 世纪以来，中拉贸易年均增速在 30% 以上，2013 年双边贸易额达到 2616 亿美元。这种状态在事实上打破了美国试图利用 TPP 等经济手段孤立中国大陆的战略企图。

三是部分拉美国家应对当下出现经济困难的现实需要。近年来，受全球经济衰退影响，拉美经济发展状况并不乐观，尤其是近期石油价格和矿产品等大宗商品价格普遍下跌，导致部分产油国的经济发展出现较大的不确定性。因此，中国（大陆）借机主动扩大进口上述国家原油和矿产资源，并积极提供贷款来帮助其缓解暂时经济困境，这具有现实意义。目前，中国（大陆）成为拉美地区各类原料和初级产品的主要买家，已经在一定程度上影响了拉美地区部分国家的经济发展，这也促使部分国家将克服经济困难的希望寄托在中国（大陆）身上。

三、或对两岸关系产生冲击

近年来，两岸关系和平发展的外部环境相对较好，并未明显受到外部因素的负面冲击。对于这种态势，大陆有意主动为两岸关系和平发展创造条件，在涉外事务上尽可能合情合理地考虑台湾方面的实际需求，比如同意台湾以观察员身份加入世界卫生组织，不再挖取台湾的"邦交国"，等等。对此，马英九当局在"国际活动空间"问题上相对保持低调姿态，这种做法也获得了大陆方面的认同。在此次"中拉论坛"召开过程中，大陆媒体有意避免提及那些属于台湾"邦交国"的名字，也没有过度阐发论坛所蕴含的政治意义。这种做法体现了大陆充分考虑到目前台湾当局在岛内声望较低的现实，不愿使马英九在执政的最后一年多时间里处境艰难，否则对维持两岸关系现状是相对不利的。

在 2014 年 11 月底"九合一"选举中，国民党的惨败使得 2016 年选情不被看好，这为两岸关系发展增添了新变数。由于目前民进党仍未彻底放弃"台独"党纲，一旦在 2016 年选举取胜，就很可能使两岸关系出现某些波折。因此，为了两岸关系和平发展大局，大陆将在 2016 年选举之前继续维持"互不挖对方墙脚"的两岸政策，不会主动去挖取台湾"邦交国"。但是，倘若 2016 年民进党上台执政后，继续像陈水扁时期一样在国际社会大搞"台独"，从事"实质外交"活动，大陆方面未必会袖手旁观，不会任凭台湾当局扩大"邦交"，在国际社会制造"两个中国"或"一中一台"。届时，不排除大陆方面会利用"中拉论坛"的现实影响力将台湾在拉美地区的"邦交国"拉进自己的"麾下"，从而使台湾"邦交国"数量直线下降，甚至跌到"个位数"。避免这种情况发生的唯一办法是，即便民进党2016年上台执政，也不要从事破坏两岸关系和平发展的行动。其实，大陆与遥远的拉美地区国家并无根本性利害关系，两岸之争无须波及大洋对岸。只要能够深化两岸交流合作，大陆将尽可能地创造条件维持两岸和平发展的外部环境，这种做法符合两岸人民的根本利益。

（原载台湾《观察》杂志2015年第2期）

近三十年两岸关系发展：省思与前瞻

自 1987 年台湾当局开放老兵返陆探亲，迄今已有近三十年。期间的两岸关系发展大致可以分为以下三个阶段，第一阶段（1987—1995），两岸互动交流开启时期；第二阶段（1995—2008）两岸互动交流受挫时期；第三阶段（2008 至今），两岸互动交流大发展时期。在这近三十年的互动中，双方既有斗争，又有合作；既有交流，又有竞争；既有进步，又有退步。但整体上说，两岸关系和平发展所取得的巨大成就为两岸民众和国际社会所有目共睹。回顾近三十年来两岸关系的发展，有以下几点经验和启示。

第一，"一个中国"是两岸关系发展的主线和主轴。偏离或背离了这一主轴，两岸关系发展就会遇到阻力。两岸双方在一个中国原则问题上分歧是诸多分歧和矛盾中的根本分歧，其他分歧均是这一分歧的派生和延伸。这一分歧直接影响到台海地区和平与稳定。纵观 60 多年来的大陆对台政策，尽管一个中国的政策表述前后有所调整，譬如有"一中"旧三句与新三句之分，"一中"两岸版与国际版之分，但一个中国政策的根本立场没有任何变化。自 20 世纪 90 年代初以来，"九二共识"成为"一个中国"的另一种表述。回顾 20 多年来，两岸互动所取得的积极成果，均是基于"九二共识"这一政治基础。什么时候动摇了这一基础，两岸关系的发展就会出现波折或倒退。2015 年 3 月 5 日，中共中央总书记习近平就两岸关系发表讲话时，又进一步重申"我们始终把坚持'九二共识'作为同台湾当局和各政党开展交往的基础和条件，核心是认同大陆和台湾同属一个中国。只要做到这一点，台湾任何政党和团体同大陆交往都不会存在障碍。"并且用"基础不牢、地动山摇"来形容"九二共识"的重要性。18 日马英九与海外媒体茶叙时说，两岸关系与"九二共识""相合则旺，相离则伤，相反则荡"。这是对 20 年来两岸关系发展经验的精辟总结。

第二，双方的两岸政策日趋稳健和务实。经过这么多年的博弈，彼此的两岸政策均日趋稳健和务实。从大陆方面来看，翻看 20 世纪 80 年代大陆官方的文件不难发现，大陆当时并未充分认识到两岸统一的复杂性。譬如，邓小平早在 1982 年 9 月 1 日中共十二大开幕词："争取实现包括台湾在内的祖国统一"是中国在 20 世纪 80 年代的三大任务。① 经过这些年与台湾方面打交道，大陆认识到两岸统一并不是一件很容易的事情，具有长期性、复杂性和艰巨性，必须从长计议。从台湾方面来看，李登辉和陈水扁时期的台湾当局低估了大陆反对"台独"的决心，但经过这些年的双方博弈，使得台湾分离主义势力认识到"台独"缺乏可行性。这对双方稳健地处理两岸关系具有积极意义。

第三，斗则两伤，合则两利。回顾李登辉、陈水扁主政时期，两岸在国际社会展开所谓的"外交"竞赛，互挖对方的"邦交国"，为此双方都消耗了大量的经济资源，让人回想起来深感痛惜。马英九上台主政以来，奉行两岸"外交休兵"的对外政策，中止"外交战"，并积极推动两岸互动往来，才出现了今天这样热络的互动交流局面。交流使两岸双方均得到好处。正由于两岸关系和平发展，台湾经济才遏止了经济下滑的趋势，出现复苏的局面；大陆也因为两岸关系和缓才赢得自身发展的时间和机遇，并集中精力应对周边复杂多变的国际局势，这与两岸关系和平发展是分不开的。我们应珍惜这一来之不易的和平发展局面。

第四，求同存异，谋划发展。由于两岸"分治"时间太久，使得两岸之间的政治分歧在短期内难以化解，这是可以理解的。但我们不能因为两岸之间存在某些分歧就影响了两岸关系的发展。30 年来，两岸在一个中国原则基础上，搁置争议、"求同存异、聚同化异"的做法，可以说是推动两岸关系互动交流的宝贵经验，也是今后两岸关系和平发展的重要思路和方法。

但是，我们也必须看到，两岸之间的结构性矛盾仅仅被暂时搁置，而未得到解决。两岸之间的结构性矛盾是敌我矛盾，这一矛盾并未随着两岸关系的和平发展而改变，只是被两岸关系和平发展所带来的朋友关系所掩盖，换言之，两岸关系在法理上仍具有中国内战延续状态的性质。毋庸置疑，目前台湾仍将大陆作为最大的假象敌人。这是我们无须掩盖的事实，也是未来两岸关系发展的最大障碍。由于结构性矛盾没有得以解决，使得两岸关系在政治领域很难迈出实质性步伐。譬如，两岸政治关系定位在内容上还徘徊在外围场域，在技术上还停留在否定式、模糊时、各表式和间接式定位的方法，

---

① 《邓小平文选》第三卷，人民出版社，1993 年版，第 3 页。

而不能直接采用正面肯定式、清晰具体式、双方共表式的定位方法，这也从某一侧面反映出两岸关系和平发展中的深层次问题绝非短期内可以解决。另外，一个中国认同在台湾日益被冲淡，一个中国框架在台湾逐步被解构的趋势日益明显。这都对两岸关系和平发展造成冲击，甚至挑战。

两岸学界应回顾、梳理和研究两岸在"一个中国"问题上的表述和行动，研究两岸在哪些部分有交集，哪些部分没有交集；哪些部分过去有交集，现在仍有或者没有了交集；哪些部分过去没有交集，现在却有了交集？在这个基础上，探讨什么样的方式来进一步推动两岸关系和平发展。

（出席"变动中的两岸新局：回顾与前瞻研讨会"会议发言稿，台北论坛基金会、铭传大学，2015 年 5 月 24 日—27 日，台北）

台湾社会勿将肯尼亚案政治化

近日来，肯尼亚案持续发酵，引发了两岸乃至国际社会的广泛关注。台湾主要政治力量均对这一事件表达了深度关切。众所周知，近年来台湾电信诈骗犯罪嫌疑人在境外设立窝点屡屡对大陆居民实施诈骗活动，致使大陆民众的财产和权益受到严重侵害，并蒙受巨大损失。将这些犯罪嫌疑人遣送回大陆，并对他们进行刑事侦查及相关后续司法行动，本属于刑事司法活动的范畴，理应按照相关司法协议的技术和程序规定来处理，这本理应所当，但就目前这一问题的发展来看，大有从司法问题演变为政治事件的态势。原因在于台湾方面人为地进行政治炒作，使得问题偏离了原来的性质和发展方向。

大陆作为一个庞大的政治体，目前正处于实施依法治国阶段，其之所以将这些犯罪嫌疑人遣返回来，自然有其充分的法律根据和理由，不会无缘无故地将这些人遣送回来。台湾方面对此存有不同意见，双方可以依照相关协议，通过相关渠道进行沟通和协商来处理，大可不必通过目前这种政治化炒作来使两岸关系更加不确定。目前两岸关系正处于一个重要节点，双方应相向而行，但近期以来的一连串事件增加了两岸关系的变数。譬如，蔡英文至今仍在回避"九二共识"核心意涵，因个别民进党议员阻挠而使海基会未能赴陆交流，因对申请程序不满而使台湾加入亚投行出现变故，相关县市民众通过呼吁"台湾独立"来挑衅大陆，等等，单单这些已足以使两岸关系出现阴影，当下台湾社会还利用肯尼亚案来进行政治炒作，只能使两岸关系"雪上加霜"。这样的炒作不仅无益于问题的解决，反而会加剧两岸关系紧张。

仔细探究，问题在于台湾的民粹主义思维在作怪。在一个被民粹绑架的台湾社会，各方政治力量都想利用该事件来"取信于民"，都想利用该问题为己方的政治盘算加分。倘若国民党在这个问题上"沉默"，就会被对方批判为"怕共""不能保护台湾民众的权益"等，所以马当局就必须出来发声。而对于民进党而言，则可以借肯尼亚案达至"一箭双雕"的目标：一则向台湾民众显示其是民众权益的坚决捍卫者，二则给国民党施加压力，使国民党的处境更加艰难。目前这个时候，岛内政治人物若不出来发声抗议，似乎就要失去民意；而出来发声，就是天然的"政治正确"。本来一个司法案件，现在似乎将要变成了一个政治事件。理性地看，问题的解决还要回归到其本来的司法领域，按照两岸之间的相关司法协定去办理。倘若如此，问题的解决就简单得多。

（原载中国台湾网，2016 年 4 月 13 日）

蔡英文接受"九二共识"的"难"与"易"

迄今蔡英文不接受"九二共识",但近期媒体报道,蔡英文企图通过安排一个跟大陆有一定人脉关系的海基会董事长来继续维持两岸互动交流的想法,这表明蔡英文低估了大陆坚持"九二共识"的决心和意志。蔡英文应正确解读大陆所释放的政治信息,切实以实际行动向一个中国原则靠拢。

一、缺少"九二共识",何人主掌海基会意义不大

通过蔡英文"5·20"讲话可以发现,她在"台独"原则和底线问题上没有任何松动,既没有放弃"台独",也没有接受一中,只是在语词表达上相对柔和,以免过分刺激大陆。蔡英文迄今不接受"九二共识",在这种背景下,国台办与陆委会联系沟通机制、海协会与海基会协商谈判机制事实上已停摆。为了避免两岸关系进一步陷入僵局给台湾带来更大不利或损失,进而影响其 2020 年的"大选"连任,蔡英文企图选择一个泛蓝人士中与大陆存在一定连接、且认同自己的政治人物出任海基会董事长,比如像宋楚瑜,他是亲民党创始人,多年来一直与大陆有互动,也曾得到大陆最高领导人的会见,但同时宋楚瑜与蔡英文之间也存在某些暗合与默契。再比如王金平,他是国民党籍官员,在台湾政坛被号称为"政治不倒翁",他与绿营也存在着广泛的交集或联结,是一位蓝绿通吃、长袖善舞的政治人物。当然,也不排除将来蔡英文会安排一个浅绿政治人物出任海基会董事长。蔡英文企图通过人事安排来重启海基会和海协会沟通协商谈判大门,甚至盘活陆委会和国台办之间的联系沟通机制的想法,虽然可以理解,但未免过于简单。

在蔡英文看来,如果这一步走得通,就不需要向大陆做原则性让步,即不接受两岸一中,仅仅通过策略性办法就可以保持两岸继续沟通的大门;或说即便不能保持两岸继续沟通的大门,也可以舒缓大陆对台湾的政策收紧。

我认为，这是蔡英文的一厢情愿，只要她不接受"九二共识"，她让何人出任海基会董事长对大陆来说意义并不很大，因为海基会董事长只是蔡英文在该机构的代理人，大陆不会因海基会董事长是蓝营或浅绿人士，就会对蔡英文当局作原则性让步。但需要说明的是，假如蔡英文做出这样一些人事安排，无疑也是在向大陆释放善意，至少表明她不愿意跟大陆保持对抗的态势，当然她也没有跟大陆保持对抗的资本和实力。蔡英文希望保持马英九时期两岸关系和平发展的态势，但其真正目的并不在于两岸关系和平发展本身，而在于 2020 年的选举连任。只要两岸关系和平稳定，台湾经济就不会遭受到重大损失，岛内民众就不会怨声沸腾，这有助于其参加 2020 年的"大选"。否则，一旦大陆大幅收紧对台政策，台湾经济形势就会更加恶化，这对其连任选举不利。

二、可将问题拆分处理　先让海基会接受"九二共识"

当下两岸关系初步陷入僵局，为了挽救这来之不易的和平发展局面，两岸许多人士奔走呼号、献计献策。就目前来看，意欲推动两岸关系继续和平发展，亟待寻找解决两岸分歧的突破口。从理论上说，无非有"以上带下"和"以下促上"两种路径。在"以上带下"一时存在困难的情况下，"以下促上"也是一个可供选择的策略，不妨尝试。当年中美之间打开外交关系大门时就曾使用过"以下促上"策略，也就是，中国通过邀请来日本参加比赛的美国乒乓球队员访问北京，来促进和推动中美关系的正常化。中日外交关系的大门也是通过以民间外交促进官方外交的方式实现的。实践证明，这种以民间外交促进官方外交的策略是行之有效的。两岸关系尽管不是国际关系，但处理问题的思路具有相通之处。目前蔡英文一时难以全面接受"九二共识"，不妨把问题分解开来处理，那就是：先授权台湾海基会承认"九二共识"，这样就可以先在两会之间继续维持互动和沟通局面；等条件成熟了，再上升到授权陆委会接受"九二共识"。这种"由下而上"、由半官方到官方的处理思路，比较符合两岸关系的实际，更加务实、更具可操作性。如果蔡英文意欲这样做，其实并不为难，她在法理上很容易解释，因为海基会在性质上是民间组织。但是，民进党否真正能够迈出这一步，取决于蔡英文的考量。如果双方处理得当，这可能会成为化解两岸僵局的一个突破口，并为日后处理两岸关系积累经验。

三、主张"维持现状" ≠ 接受"九二共识"

最近民进党内有人提出要以"维持现状党纲"替代"台独党纲"，此前蔡英文在 520 讲话中接受了"中华民国宪法"和"两岸人民关系条例"。那么，这些论述上的变化是否意味着民进党接受了"九二共识"？如果答案是否定的，那这些论述与"九二共识"之间到底是什么关系？笔者认为，如果民进党以"维持现状党纲"代替"台独党纲"，虽然是一件值得肯定的动作，但这并不等于接受"九二共识"，也不等于放弃"台独"。因为两岸对"维持现状"和"台独"的理解有所不同。台湾社会反对"台独"，一般指反对"公投制宪""改国号"等"法理台独"，而不反对所谓"维持现状"的"事实台独"。在台湾一般年轻人的心目中，"台湾就是一个国家，这个国家的名字就叫'中华民国'，人口 2300 万，面积包括台澎金马。而对岸的国家，叫中国，也叫中华人民共和国"，"'中华民国'与中华人民共和国是两个互不隶属的国家"；或者认为"中华人民共和国和'中华民国'的关系类似当年东德和西德的关系"，即便承认"一中"，这个"一中"也是一个虚化的历史、地理、文化、血缘意义上的概念。民进党所谓的"维持现状"，若按照大陆的标准来审视，实际上就是"维持台湾主权独立的现状"，也就是"事实台独"。而"事实台独"是大陆方面一直反对的"台独"内容之一。理解这一问题的关键是看清两岸对于"现状"的理解和界定有所不同。应该说，民进党以"维持现状党纲"替代"台独党纲"，有向大陆释放善意的成分，但也是民进党在从事"法理台独"已经走投无路的情况下而采取的以退为进的策略。倘若民进党意欲以"维持现状"来替代"九二共识"，大陆方面是不可能接受的。同样，也不能认为蔡英文接受"中华民国宪法"和"两岸人民关系条例"就等于接受了其核心意涵是两岸同属一中的"九二共识"。"中华民国宪法"和"两岸人民关系条例"仅仅是两岸一中的基础构成部分，但这些不足以支撑两岸同属一中框架。大家知道，马英九在"中华民国宪法"和"两岸人民关系条例"的基础上作出了"两岸同属一中"的论述，而李登辉却在这一基础上借助"主权—治权"相区分的理论，演化出了"一个中国，两个对等政治实体"论述，最后抛出了1999 年的"两国论"。李登辉从事"台独"的事实和路径告诉我们，单单宣称依据"中华民国宪法""两岸人民关系条例"和其他相关法律来处理两岸事务，并不能影响蔡英文搞"台独"，反而有时使"台独"更加隐蔽。

长期以来蔡英文不接受"九二共识"，其原因固然是多方面的，但我认为主要有以下几个：首先，这与蔡英文本人的"台独"理念有关。在李登辉时期，蔡英文就参与过主要两岸政策文件的草拟工作。长期以来，蔡英文持有"台独"理念，故有人称蔡英文为"理念型台独"人士。既然是理念型，其改变起来就会耗费时间。其次，受到民进党内部"台独"基本教义派的牵制。基本教义派人士是"台独"的坚定鼓动者，民进党务实派人士主张与大陆和解的建议，通常会遭到这部分人士的抵制和反对。倘若蔡英文向中间路线靠拢，必会受到这股势力的反对，甚至攻击。再次，受到台湾年轻世代的牵制。在选举时，年轻世代大多是蔡英文的支持力量，现在可能会成为蔡英文向中间路线靠拢的牵制力量。对于蔡英文来说，可能会担心如果向中间路线靠移的幅度过大、速度过快，容易在2020年"大选"时失去这部分力量的支持。另外，她还要受到美日的牵制。美日想利用台湾牵制中国大陆，蔡英文目前的做法符合美日的利益。所以，从短期内来看，蔡英文承认"九二共识"面临着重重压力。

四、蔡英文应正确解读大陆的善意与期待

先前大陆领导人曾指出，民进党不承认"九二共识"，两岸关系就失去了继续向前发展的政治基础，就会出现地动山摇的局面。然而，现在两岸关系虽已陷入僵局，但并没有出现"地动山摇"的局面，这表明大陆在当前阶段仍以最大诚意争取维护两岸关系和平发展的时机和"能量"，对蔡英文仍抱有期待，希望她能够在接受"九二共识"的道路上继续与大陆相向而行。但大陆很清楚，让蔡英文在当选到就职的短短几个月内就实现大幅度转弯，确实有其困难之处。

回顾近一两年来，民共之间都有相向而行的愿望和行动。2014年11月底，民进党在"九合一"选举赢得胜利，大陆方面据此预判民进党赢得2016年"大选"已在所难免。为了维持两岸关系和平发展的局面，2015年3月，大陆领导人习近平在出席全国政协会议期间重申，"九二共识"是两岸关系和平发展的政治基础。很显然，这个讲话这是针对民进党而言的，因为国民党不存在不接受"九二共识"的问题。这个讲话被外界解读为大陆是在向民进党喊话，要民进党接受"九二共识"。

针对大陆领导人的喊话，2015 年 6 月，蔡英文赴美访问期间提出了"宪政"论述，即未来将在"中华民国现行宪政体制"下，依循普遍民意，持续推动两岸关系的和平稳定发展。尽管蔡英文没有直接表示依照"中华民国宪法"来处理两岸关系，但表明她在这一问题上的立场有所软化。因而这被大陆方面视作善意的释放，并在与大陆相向而行的道路上迈出了第一步。

鉴于蔡英文的软化，大陆出于继续维护两岸关系和平发展的考虑，也不断释放向民进党释放善意。2015 年 11 月 7 日，"习马会"期间，习近平对过去一贯坚持的"九二共识"，作了富有善意的弹性调整，将其拆分表述为：承认"九二共识"的历史事实，认同其核心意涵。大陆方面之所以作这样的拆分处理，主要是考虑到，蔡英文直接承认"九二共识"四个字可能背负很大的政治压力，故通过拆分处理来为其铺垫一个承认的台阶。

为了进一步向大陆释放善意，也为了回应岛内各界人士的不断追问，蔡英文于 2016 年 1 月 21 日在接受台湾媒体采访时表示，民进党接受"九二会谈"的历史事实。虽然蔡英文这里使用的概念是"九二会谈"而非"九二共识"，但很显然，蔡英文的表述与先前相比又有了微弱变化，这与大陆方面又相向而行了一步。但是，其在"两岸同属一个中国"的核心意涵问题上仍模糊以对。

2016 年 3 月初，大陆领导人习近平、李克强、俞正声和国台办主任张志军在出席"两会"期间先后就两岸关系发展的政治基础问题作出表态，重申了"九二共识"是确保两岸关系和平发展行稳致远的关键，呼吁民进党不仅要承认"九二共识"的历史事实，更要认同其核心意涵。至此，大陆再次亮明与民进党互动的底线和原则。

2016 年 5 月 20 日，蔡英文就职演说时表示，依照"中华民国宪法""两岸人民关系条例"和相关法律来处理两岸事务。这是蔡英文第一次在公开场合正式接受"中华民国宪法"。从"宪政"论述到"宪法"论述，尤其强调要依照（含有"一国两区"内容的）"两岸人民关系条例"来处理两岸事务，无疑是蔡英文向大陆进一步释放善意。

以上回顾清晰地表明，自 2015 年以来，民共两党一直有相向而行的愿望，但双方的不同在于，蔡英文希冀在向大陆作出非原则性示好但不接受"九二共识"的情况下，继续维持先前国民党执政时期开辟的两岸关系和平发展局面，但在大陆看来，这是民进党的一厢情愿，因为国民党承认两岸同属一个中国，两岸既然是一家人，大陆惠台让利也就顺理成章；但民进党不接受"九二共识"，却希冀延续只能基于"九二共识"才能衍生出来的和平红利，其实这不现实。

对于蔡英文在"5·20"就职演说中的答卷，大陆的主流看法是，虽有调整，但不满意，希望继续完成答卷。大陆下一个期待的节点就是台湾的双十庆典。因为每逢双十庆典，台湾地区领导人都会发表重要讲话，今年是蔡英文就任第一年，她是否会借机对两岸政策有新的阐述？人们拭目以待。譬如，进一步明确"中华民国宪法"是"一中宪法"等。如果蔡英文能够正确解读大陆的意思表示，就应在两岸关系上与大陆继续相向而行，这样就有利于未来两岸关系的和平稳定；如果她错误地解读大陆的意思，认为大陆已经被国际国内局势所困扰，分不出更多精力来应对民进党的"台独"路线，因而继续不承认"九二共识"的核心意涵，仍然以一些似是而非的非原则性、策略性表述来敷衍和应付大陆，恐怕两岸关系就会陷入一个非常糟糕的境地。

从操作层面看，蔡英文可以在"中华民国宪法"论述的基础上，继续向大陆释放善意，譬如，在民进党内部通过以"维持现状党纲"替代三个"台独"纲领性文件的决议，接下来授权海基会接受"九二共识"，再到双十庆典时承认"一中宪法"，今后时机成熟再通过"一宪各表"方式来接受两岸一中。倘若蔡英文能够渐次做出这样的政策调整，两岸关系和平发展就大有希望。

（原载中国评论新闻网，2016年7月3日）

对蔡当局南海裁决结果声明的解析

2016 年 7 月 12 日，海牙国际仲裁法庭对南海仲裁案作出了包括否定"九段线"（台湾方面称之为"十一段线"）、认定太平岛为岩礁等多项对两岸人民均有不利影响的裁决。针对这一裁决结果，蔡当局做出了"绝不接受"的声明，但仔细斟酌其声明全文，尤其是将其全文与马当局在 2015 年针对南海仲裁案管辖权问题的立场声明相比较，我们不难发现蔡当局在南海主权立场上的变与不变。

在 2015 年关于南海仲裁案管辖权问题的立场声明中，马当局的总体立场是："南海诸岛系由我国最早发现、使用、命名并纳入版图"，"无论是历史、地理还是国际法，南海诸岛及周遭海域均是中华民国的固有领土及海域"，"中华民国对该四群岛及周遭海域享有国际法上的权利"（备注：马英九主政八年期间，尽管其关于南海主权立场的声明和表述前后有所调整，但从根本上看，没有出现实质性变化）；而蔡当局对此次裁决结果的总体表述是："南海诸岛及相关海域主权属中华民国所有"，"中华民国对南海诸岛及其相关海域享有国际法及海洋法上的权利"。

台湾前后两届执政当局虽然从文本上均坚持"中华民国"对南海诸岛及其附近海域拥有主权和权利，但在主权范围、历史和法理依据、主权的延续性及权利来源等方面均存在着差异，具体表现如下：

第一，在主权范围方面，蔡当局的"南海诸岛及相关海域"具有模糊性。马当局明确宣称"中华民国"的主权及于"南海诸岛及周遭海域"，而此处的"周遭海域"明确被指出是四个群岛的周遭海域，该表述基本上与国民党一贯坚持的"十一段线"内的水域是"中华民国"的"历史性水域"的范围是一致的。而从蔡英文一直以来的南海政策来看，其并不认同国民党对"十一段线"内的水域为"历史性水域"的提法（备注：台湾方面关于"历史性水域"的提法也不同于大陆方面关于"历史性权利"的概念，按照学界的普遍观点，前者相当于内水，沿海国据此拥有完全的主权，而后者并不一定以沿海国对某一海域享有主权为前提），更倾向于只守护目前所实际控制的南海岛礁，再结合蔡当局针对裁决结果只明确反对关于太平岛地位的认定，因此其"相关海域"明显带有仅指向目前实际控制岛礁的周边海域的嫌疑。

第二，蔡当局放弃了对南海主权的历史和法理依据的强调。南海主权的历史和法理依据是中国拥有南海诸岛及其附近海域主权的重要依据，马当局在管辖权声明中以"我国最早发现、使用、命名并纳入版图""《旧金山和约》、《中日和约》及其他相关国际法文件"等文字来凸显主权，但这些依据在蔡英文关于南海主权问题的谈话中从未被提及或引证，这次关于仲裁结果的声明中也没有被提及，尤其是仲裁结果明确指出大陆在"九段线"范围内主张的历史性权利没有法律依据的情况下，蔡当局理应对此作出回应，但却只字未提，这绝非偶然，而是故意所为，此表明这些历史和法理依据已被蔡当局弃之一边。不过，需要补充的是，7月13日，"外长"李大维在出席"立法院"质询会时表示，"政府对南海主权的主张是根据1947年公布的南海诸岛位置图，东沙、西沙、中沙和南沙群岛是我方的主权范围。政府不承认仲裁庭的裁决结果"，"我们是坚持1947年的主张"。在这里，李大维似乎又在模糊地强调了历史依据，但李大维所谓"1947年的主张"是否意指"十一段线"，以及这一说辞能否被蔡当局在日后所贯彻？目前不得而知。

第三，在主权的延续性方面，马当局强调南海诸岛及其周遭海域是"中华民国"的固有领土，显示了"中华民国"对南海拥有主权的历史延续性；而蔡当局却放弃"固有"一词，试图割裂"中华民国"对南海诸岛享有主权的历史延续性，强调"中华民国对南海诸岛及相关海域享有国际法及海洋法上之权利"，凸显对实际占有和管辖岛礁的权利。

第四，在权利来源方面，马当局只强调"中华民国享有国际法上的权利"，而蔡当局强调"享有国际法及海洋法上的权利"，在权利来源的具体表述上增加了"海洋法"的字样。然而，按照1982年《联合国海洋法公约》第305条的规定，能够在公约上签字并成为公约缔约国的只能是主权国家以及联合国承认的自治联系国，台湾作为国际社会公认的中国的一部分，并没有资格加入公约，也不享有公约所赋予的权利，因此蔡当局在权利来源的具体表述上增加"海洋法"，实则包含了宣示"中华民国"是独立的主权国家的意涵。

第五，在"十一段线"和太平岛的法律地位方面，马当局在管辖权声明中明确指出太平岛是岛屿，而非岩礁。尽管其在表述时没有明确提到"十一段线"，但在针对仲裁管辖权的声明中提到了南海四大群岛及周遭海域属"中华民国"的固有领土和海域，这与国民党历来主张"十一段线"内的水域为"历史性水域"是一致的，因此马当局的管辖权声明在事实上坚持了"十一段线"。相比之下，仲裁庭认定大陆在"九段线"内的权利主张缺乏法律依据以及太平岛为岩礁的事实背景下，蔡当局对"十一段线"只字未提，而仅强调不接受仲裁庭对于太平岛属性和地位的认定，这显示其对"十一段线"在事实上的放弃，而仅坚守目前实际控制岛礁主权的意图和动向。

马当局与蔡当局关于南海主权问题表述的文本比较

内容	2015 年马当局关于仲裁案管辖权立场的声明	2016 年蔡当局关于仲裁案仲裁结果的声明
总体表述	南海诸岛系由"我国"最早发现、使用、命名并纳入版图。无论是历史地理还是国际法，南海诸岛及周遭海域均是"中华民国"的固有领土及海域；"中华民国"对该四群岛及周遭海域享有国际法上的权利。	南海诸岛及相关海域主权属"中华民国"所有；"中华民国"对南海诸岛及其相关海域享有国际法及海洋法上的权利。
主权范围	南海诸岛及周遭海域	南海诸岛及相关海域
历史依据	我国最早发现、使用、命名并纳入版图；	未强调
法理依据	《旧金山和约》"中日和约"及其他相关国际法文件	未强调
主权的延续性	强调"固有领土"	未强调
权利来源	国际法	国际法及海洋法
十一段线	虽未明确提及，但事实上坚持	未强调

资料来源：作者自制

通过以上比较，可以得出以下结论：

第一，虽然蔡当局针对南海仲裁案的结果跟中国大陆一样表达了"不接受"的立场，但并非为了与大陆共同捍卫南海主权，而是基于台湾自身利益的考量。就目前而言，尚看不出蔡当局有联合大陆的主观愿望，也看不出有联合大陆的实际动向。两岸虽然都宣示捍卫南海主权，但绝不是"默契配合"的结果，两岸在捍卫南海主权的目的、主张、方式、范围、态度等方面均存有差异，这可从蔡当局的声明中得到清晰体现。

第二，蔡当局只关注太平岛的主权及相关海域的权利，其不再坚持对整个南海主权的意图依稀可见，这次声明充分预留了未来逐步放弃南海主权诉求的空间，至少未来坚持的声音会愈来愈弱，其之所以目前不敢直接放弃南海主权诉求，主要是政治策略上的考量，怕激怒大陆，引发大陆的强烈反弹和报复。基于此，目前蔡当局在表述上保持模糊，正如台"外长"李大维在接受"立法院"质询时所说："外交上必须保持创造性模糊"。

第三，表面上看，蔡当局此次声明的南海政策与马当局的南海政策并无很大差异，事实并非如此。马英九尽管在南海主权争端问题上再三声明不与大陆联手，但他能够奉行一个中国框架下的南海政策；而蔡当局表面上通过模糊的语词来主张捍卫南海的主权，但却竭力切断与大陆的各种联结，凸显"中华民国"的独立存在，奉行"两个中国"语境下的南海政策。

分析至此，需要特别看清以下两点：

第一，蔡当局的南海政策声明是否表明其与大陆相向而行？答案是：否也。我认为，蔡当局这次之所以如此声明和表态，主要来自两个方面的压力：其一，来自内部的压力。裁决结果直接伤害到了台湾方面的根本利益，譬如，仲裁庭裁定太平岛是岩礁，而非岛屿，这直接挑战或否定了台湾在太平岛上的相关权益。蔡当局如果就此默认，必定会引发岛内强烈的反弹和批评，这对主政初始的蔡当局极为不利。因为长期以来，捍卫南海主权、维护相关海洋权益，是台湾社会的主流民意。岛内多数政党先后发表了捍卫南海主权的立场，坚决主张太平岛是岛屿而非岩礁。基于此，蔡当局不敢违背台湾社会的主流民意。其二，来自大陆的压力。尽管大陆在这次蔡当局的表态问题上事前并未直接发声，但却一直高度关注，静观其变。目前大陆在南海海域集结了大量军力，参加军演的三大舰队仍滞留南海海域，一旦中美之间出现不测，台湾当局的处境将非常尴尬。即便中美在南海海域不出现意外，倘若蔡当局对仲裁结果不能妥善处理，必使大陆对蔡当局失去期待和耐心，这必为后续的两岸关系埋下了严重的隐患，其后果蔡英文自有掂量。所以，蔡当局此次表态和声明，是一种内外双重压力下的被动选择，其并非为了捍卫一个中国框架下的南海主权，亦非为了捍卫中华民族的整体利益。7月13日，"外长"李大维在接受"立法院"质询，被问及是否要与大陆共同捍卫南海主权时表示："我们各做各的、各有各的主张"。不过，尽管蔡当局在主观上并没有联合大陆共同捍卫南海主权的意图，但在客观上却有助于双方累积互信，有助于缓和当前紧张的两岸关系。

第二，是否意味着蔡当局变相地接受了"九二共识"？如前所述，蔡当局的南海政策声明充满了模糊，目前并看不出蔡当局要坚持马英九式的南海政策。但后退一步讲，即便将来坚持马英九式的南海政策，坚持"中华民国"对南海的主权诉求，也不等于蔡当局承认大陆和台湾同属一个中国，因为这是两个虽有交叉但并不等同的问题。因此，若以为蔡当局在南海问题上坚持对南海诸岛及相关海域的权利，就误认为其变相地接受"九二共识"，那就犯了以偏概全的错误。譬如，这次仲裁文书以"中国台湾当局（Taiwan Authority of China）"称谓台湾方面，蔡当局对此表达了严重的不满，认为这是"不当称呼"，贬低了"我作为主权国家的地位"。这表明，蔡当局仍不承认"两岸一中"。既然如此，何谈接受"九二共识"？

（原载中国评论新闻网，2016 年 7 月 14 日）

"维持现状党纲"：民进党两岸政策的策略调整

2016 年 7 月 17 日，民进党第 17 届全代会召开。党主席蔡英文就吴子嘉、郭正亮等人草拟、萧杰等党代表提出的"维持现状党纲"提案作出裁示，将该提案交由中执会研议。对于这一决定，外界纷纷猜测民进党的真实用意。这次新党纲提案的"命运"是否也会像 2014 年的冻结"台独党纲"提案一样被束之高阁？换言之，这次新党纲最后被通过的可能性究竟有多大？对于这一问题的分析，目前主要有两种观点：一种观点认为"维持现状党纲"提案出台的条件尚不成熟，蔡英文将其交中执会处理，是继续回避问题的表现；另一种观点则认为"维持现状党纲"提案的前景值得期待，譬如，起草人吴子嘉认为蔡英文这项动作形同宣誓民进党已正式开启走向"维持现状党纲"的第一步，起草人郭正亮认为"维持现状党纲"是一步"活棋"。

笔者认为，研判这一提案的前景，需要注意新党纲提案与 2014 年"冻独"提案在以下几个方面的不同。一是情势背景发生了变化。上次"冻独"提案是在台湾 2016 年"大选"之前，蔡英文的第一考量因素是如何赢得选举，因其担心丢失选票而对"冻独"的顾虑就比较大；此次新党纲是在"大选"之后且上台主政的背景下，这时其第一考量的因素是如何取得执政佳绩，只有如此，才有助于其 2020 年的选举连任。对于新党纲提案，尽管党内仍有不同的声音，但阻力明显变小，蔡英文的顾虑也相对变小。二是提案名称更加柔和，便于在民进党内部获得通过。比较"维持现状"与"冻结台湾党纲"两个名称，后者"放弃台独"的意味更重，这对民进党内部的基本教义派来说，是很难接受的，容易引发抵制；而这次调整过去的表述，改为"维持现状"，这更容易被民进党内部所接受。三是此次新党纲提案是根据蔡英文"维持现状"论述而做出的，换言之，其与蔡英文的"维持现状"说辞具有一脉相承的融通性。"维持现状"是民进党 2016 年"大选"取得成功的重要经验，其在民进党内部的共识程度相对比较高。

尽管新党纲的最终命运，目前尚难以预料，但通过以上分析不难研判，相较于上次"冻独"提案，其最终通过的可能性变大。至于这次裁示交由中执会研议，并非一定是蔡英文的"故伎重演"。陈菊针对有记者问"交由中执会讨论是否为冷处理"时表示，"没有冷处理，交中执会处理表示很慎重"。想必陈菊的回应并非一定是搪塞记者。

起草人郭正亮指出，相较2014年的冻结"台独党纲"提案，新党纲提案有三大特色：一是并非面向过去，诉求冻结某党纲，而是面向未来，呼吁提出新党纲。二是并未提出特定主张，而是希望抛出问题，回归党内机制整合新共识。三是因应两岸变局，强调党纲应彰显出民进党维护台海和平之稳健形象。

长期以来，"台独党纲"成为民进党发展壮大的紧箍咒。在某种意义上讲，倘若"维持现状党纲"果真被通过，这在一定程度上会淡化民进党的"台独党"形象，有助于其后续在岛内的各种选举。未来民进党两岸政策调整的方向是"务实台独"，这已是目前民进党内的主流共识。在民进党务实派看，党内激进势力仍坚持"台独党纲"存在引发战争的风险，建立"台湾共和国"的目标并不现实，也不符合台湾主流民意。从过去到现在，民进党没有落实"台独党纲"的能力。鉴于这种情况，民进党务实派人士认识到，"台独党纲"已经发挥其阶段性历史作用，只有冻结或废除"台独党纲"，才能为民进党的发展找到出路，但冻结或废除"台独党纲"过于敏感，于是他们在总结2014年"冻独"提案遭遇失败的基础上，企图通过以"维持现状党纲"来覆盖（实质是取代）原有三个"台独"纲领性文件的手法来实现民进党两岸政策的调整。事实上，2014年"冻独"提案被束之高阁之后，主张"冻独"的声音并未销声匿迹，一直有少数民进党政治人士和学者在积极推动这一方案并对其抱有很高的期待。

如何来看待"维持现状党纲"？这首先需要厘清"现状"的涵义。就目前而言，两岸三方对于"现状"的理解和界定并不相同。大陆方面所谓的"现状"，是指世界上只有一个中国，大陆和台湾同属一个中国，至于一个中国的含义，可以暂时搁置。国民党所谓的"现状"是指两岸同属一个中国，"一个中国即中华民国"，大陆是"中华民国的一个地区"（或曰"中华民国是一个主权独立的国家，其领土范围涵盖大陆和台湾"）。民进党所谓的"现状"是"一边一国"，"台湾是一个主权独立国家，这个国家叫

'中华民国'，其领土范围仅及台澎金马，对岸的国家叫中国（即中华人民共和国），其与'中华民国'是两个互不隶属的国家"。

由上可见，民进党与大陆方面对于"现状"的理解和界定是不同的。按照大陆的理解，民进党所谓的"维持现状"，其实是维持"中华民国（台湾）是一个主权独立国家"的现状。相对于陈水扁时期重新制定"宪法"、修改"国号"等"法理台独"，其所谓的"维持现状"其实是"事实台独"。理解这一问题的关键是，要弄清两岸对于"台独"的理解和界定并不相同。大陆反对的"台独"不仅包括"法理台独"，也包括"事实台独"；台湾民众通常反对的"台独"仅仅指"法理台独"，而不包括"事实台独"。蔡英文虽然当下不敢直接从事"法理台独"，但却固守"事实台独"，所以，民进党所谓的"维持现状"具有一定的迷惑性。

其实，"维持现状党纲"主张，是民进党在其"法理台独"目标根本无法实现的情况下而实施的策略调整，并不意味着民进党放弃了"台独"，是民进党根据新形势的变化而采取的"以退为进"的策略。简而言之，是"台独"策略方式的调整，而非"台独"战略目标的改变。

但应当肯定，倘若民进党最终通过了"维持现状党纲"，这无疑为大陆方面所乐见，也是民进党向大陆释放的善意，这无疑会有助于台海地区的和平与稳定，有助于舒缓当前紧绷的两岸关系。但"维持现状党纲"不足以代替"九二共识"来支撑两岸关系继续向前发展，这是因为，民进党并没有改变其"台独"政党的性质。事实上，民进党通过"维持现状党纲"，仅仅是解决问题的一方面，另一方面更要看民进党的实际行动，即便民进党通过了"维持现状党纲"，倘若仍在实际行动上搞"台独"动作，最终也无助于两岸关系的改善。

（原载华广网，2016 年 7 月 20 日）

从操作惯例看蔡当局参与 ICAO 的可能性

  每三年一次的国际民航组织（ICAO）大会将于 2016 年 9 月 27 日至 10 月 7 日在加拿大举行。据报道，台湾方面已经致函国际民航组织理事会主席，要求参加第 39 届国际民航组织大会。台湾陆委会发言人邱垂正呼吁大陆对此释放更多的善意，大陆国台办发言人马晓光在回答记者提问上表达了大陆在这一问题上的立场、态度和政策。那么，该如何看待台湾此次申请参加 ICAO 大会问题，以及其参加的可能性有多大？

  蔡当局之所以申请参与此次 ICAO 大会，主要是因为台湾当局曾参与过 2013 年的 ICAO 大会。为了看清这一问题的来龙去脉，我们必须将视线拉回到马英九时期。众所周知，加入或参与国际组织是台湾拓展"国际活动空间"的三大诉求（拓展"邦交"关系、加入国际组织和从事与"非邦交国"的实质关系）之一。2008 年马英九上台主政后，在加入国际组织问题上进行了策略调整，将过去李登辉、陈水扁时期的"加入联合国"调整为"加入联合国专门机构"，强调"有意义的参与"。马当局在对两岸关系和国际支持度进行了全面分析和评估后，提出了台湾加入国际组织的路线图，并就参与名称、身份、路径和目标等进行了务实而全面的设计。

  由于马当局认同"九二共识"，积极推动两岸关系和平发展，因此为两岸共同协商解决台湾加入国际组织问题创造了良好的政治基础和舆论氛围。鉴于李登辉、陈水扁时期对台湾加入国际组织活动采取的"单方面硬闯"策略，以及屡屡败北的现实，马当局主张在"九二共识"的政治基础上，通过与大陆积极、务实地协商来推动台湾参与国际组织问题。所谓"积极"就是主动就台湾参与国际组织问题同大陆进行沟通和协商，而不是绕开或回避大陆；所谓"务实"就是以适当的名义和身份去推动参与国际组织的活动，而不以那些不切实际的名义（如"中华民国""中华民国政府"等）。

  在上述策略指导下，马当局在参与国际组织活动方面取得了重大突破，先后取得过个案式参与世界卫生大会（WHA）、国际民航组织（ICAO）大会的资格。经过马英九主政的八年，两岸在处理台湾加入国际组织问题上初步形成了"操作惯例"，主要包括以下几个方面的内容：

其一，坚持一个中国原则。大陆方面认为，只有在坚持一个中国原则的前提下，才可以根据有关国际组织的性质、章程规定和实际情况，以大陆方面同意和接受的某种方式，来处理台湾参与国家组织活动的问题。回顾马英九时期，两岸之所以在台湾"国际活动空间"问题上能够形成一些和平共识和共同遵守的行为规则，根本原因就是有一个中国原则作政治基础。任何要在国际社会突破一个中国原则的图谋在过去六十多年来从未成功过，现在也不会成功，将来更不会成功。台湾方面应该认识到，一个中国原则是处理台湾加入国际组织问题的基本原则，倘若这一原则不能得到确认，两岸就不可能就台湾加入国际组织问题达成谅解和共识。

其二，依循先两岸、后国际的路径。台湾方面要参与国际组织，原则上应该在两岸经过充分协商并达成具体谅解和方案后才能进行，一意孤行的单方面行动不会被大陆所接受。实践也证明，台湾当局越过两岸协商、单方面谋求国际参与的企图从未成功。这是因为：首先，一些国际组织的章程或组织法明确规定，在接纳某一国家的地区成为其观察员、副会员或准会员时，需要事先经过其所属主权国家的同意或由其代为申请参与。台湾若以非国家的地区身份申请成为国际组织观察员，根据国际惯例，必须征得大陆方面的同意或由大陆方面代为申请，否则不能参加。台湾当局即便不同意让大陆方面代为申请，也必须与大陆积极协商，事先就加入名称、身份、旗帜、歌曲及具体途径等各问题进行讨论，达成共识之后，再到国际组织办理申请手续。其次，台湾当局越过大陆的单方面诉求，会给大陆带来政治压力，大陆必然向有关国际组织提出抗议，在这种情况下，台湾单方面的推动必会"流产"。事实表明，在台湾加入国际组织问题上，台湾当局采取对抗性做法不但无济于事，而且会伤害两岸人民以及相关国际组织的感情。台湾方面必须认识到，在参与国际组织活动的路径上应坚持"从大陆走向世界"，而非"从世界走向大陆"，期待通过在国际社会四处活动而给大陆施加压力，进而达到其参与国际组织活动的目的是不现实的。

其三，采取个案处理模式。在台湾参与国际组织活动问题上，尽管台湾方面主张"通例式"解决，大陆方面主张"个案式"处理，但最终被国际组织和两岸双方共同接受的操作惯例是个案处理，即对台湾加入国际组织问题采取逐年逐案逐次解决的处理方式。这是因为：其一，每一个国际组织接纳新成员的条件和程序都不一样，台湾方面期望参与的国际组织也情况各异，不存在一个可以普遍适用于台湾参与国际组织活动的固定模式，国际组织的复杂情况决定了大陆在处理该问题时只能依循区别对待的个案处理原则，无必要也无可能提出一个"一揽子"解决问题的方案、时间表和路线图。其二，目前岛内尚存在"台独"活动，加之岛内实行政党轮替制度，在这种情况下，倘若大陆同意按照"通例式"方案来处理台湾参与国际组织问题，那么很可能造成台湾广泛参与国际组织的局面，最终形成"农村包围城市"，甚至再度进军联合国的态势。对大陆来说，这无异于陷自己于被动，所以大陆一贯坚持个案处理原则，尽可能地避免简单划一式处理可能带来的后遗症，最大限度地防范或减少可能出现的政治风险。就台湾参与2013 年 ICAO 大会而言，当时的操作模式是，台湾参与 2013 年 ICAO 大会不能成为此后参与的先例，即时间上不能延伸到 2013 年以后的 ICAO 大会，空间上不能涵盖 ICAO 之外的其他联合国专门机构或其他政府间国际组织。因此，台湾先前参与 2013 年 ICAO 大会的事实不能成为此次要求参与的根据和理由。

从以上这些"操作惯例"，不难勾勒出台湾参与国际组织活动的可行模式，即台湾必须先行就加入国际组织问题积极与大陆沟通协商，而与大陆积极协商的前提条件是承认"九二共识"，没有"九二共识"作政治基础，两岸就无法协商。两岸在马英九时期所形成的这一"操作惯例"不是任何一方强加给对方的，而是双方在互动中不断磨合、演化而形成的。既然是"惯例"，那么蔡当局就必须继续依此来处理台湾参与国际组织问题，具体到本次 ICAO 大会，如若蔡当局真心想参与，就必须先接受"九二共识"，否则难以成功。

其实，对于以上"操作惯例"，蔡当局并非不清楚，那么其为何一反惯例而"单方面硬闯"呢？其原因固然是复杂而多元的，但不排除一点，那就是：蔡主张参与 ICAO 大会的真实目的并非单纯的参会，而是借助被拒绝的结果来营造大陆打压台湾"国际活动空间"的氛围，借此激起台湾民众对大陆的厌恶情绪，从而制造两岸政治对立。对于这一手法，大陆方面并不陌生，这是李登辉、陈水扁主政时期惯用的手法，倘若蔡当局继续沿用这一手法，亦属意料之中。

最后需要强调的一个问题是，两岸关系和平发展是解决台湾参与国际组织问题的重要背景。什么时候两岸关系缓和，什么时候台湾加入国际组织的可能性就会增大。马英九时期，台湾和新西兰、新加坡之间的 FTA 协议之所以能够顺利签署，正是基于两岸关系和平发展的背景，倘非如此，这些国家不会冒着得罪大陆的风险而贸然与台湾走近。尽管签署 FTA 不同于参与国际组织活动，但反映的道理是相同的。在这一意义上说，马英九时期台湾在参与国际组织问题上所取得的突破其实是两岸关系和平发展所衍生出来的和平红利。未来台湾在加入国际组织问题上能否取得突破和进展，仍取决于蔡当局是否承认"九二共识"，以及两岸关系和平发展的状况。

（原载中国评论新闻网，2016 年 8 月 7 日）

两岸南海维权合作的现实
困难与可能空间

　　在中国南海主权日益遭到外来侵蚀和挑战的情势下，加强两岸合作，共同维护南海"祖业"的民间呼声日渐高涨。然而，由于蔡当局不接受"九二共识"，两岸关系目前已经陷入僵局。在这种背景下，两岸加强海洋维权合作的可能性究竟有多大？空间在哪里？

　　从政府与社会二元划分视角看，两岸在捍卫南海权益问题上的合作分为官方合作和民间合作两种形式。其中，官方合作又分为共表式合作和各表式合作。

　　所谓共表式合作，即面对面式合作，是指两岸双方基于一个中国原则共同表述并以共同行动来捍卫南海权益。该合作方式的前提条件是两岸政治关系定位问题的先行解决，不仅需要有"两岸一中"作政治基础，而且需要解决两岸关于"一中"意涵的争议。该合作方式是真正意义上的两岸合作，但遗憾的是，自1949年以来两岸之间从未出现过此种类型的合作。而且，就短期而言，也不存在实现的可能。即便未来两岸关系逐渐缓和，该方式也仅可能适用于事务性、功能性领域，而很难适用于主权性、政治性领域。

　　所谓各表式合作，即背对背式合作，是指在两岸双方存在一中共识但台湾仍坚持"一中各表"的情况下，两岸各自以己方政权的名义捍卫南海权益。出现该合作方式的前提条件是尽管两岸对"一中"意涵存有争议，但两岸均承认一个中国。该合作方式无须以解决两岸政治关系定位问题为前提，也没有常态化和固定化的联系机制和共同组织形式。尽管各表式合作没有共同捍卫南海主权的公开声明和行动，但它却在客观上产生了两岸共同捍卫南海主权的某些效果，因为无论南海主权在表面上属于海峡两岸的哪一个"中国"，本质上都属于中国。然而不可否认的是，各表式合作毕竟只是一种广义上或低水平的合作（备注：甚至有人不认为这是一种合作），很难达到共表式合作的积极效果。就台湾方面而言，对南海主权的各表式捍卫主要体现在依照"中华民国宪法"，以"中华民国"的名义，主张"十一段线"，维护相关海洋权益等方面。两蒋时期和马英九时期的情况均是如此。

以上两种合作形式在目的、名义、主体、程度、影响和效果等方面均存在差异，但两者的共同之处是均坚持一个中国原则。就这两种合作形式所需条件来看，目前两岸官方并不存在合作的可能。具体而言，当下两岸官方合作捍卫南海主权主要面临以下困难：

第一，从合作基础上看，目前两岸官方缺乏"九二共识"的支撑。蔡当局至今不接受两岸同属一中框架，其尽管也以"中华民国"名义来主张南海的相关权益，但其所谓的"中华民国"是一个与对岸的中华人民共和国互不隶属的主权国家，没有"一中"连结。其捍卫南海主权，并非基于中华民族整体利益的考量，而是为了台湾自身利益。因此，蔡当局一直竭力切断台湾与大陆的历史联结，凸显"中华民国"的独立存在。

第二，从南海政策上看，双方存在着很大的分歧。南海仲裁结果出炉后，两岸虽然都宣示捍卫南海主权，但绝不是"默契配合"的产物，两岸在捍卫南海主权的目的、主张、方式、范围、态度等方面均存有差异。目前蔡当局侧重于捍卫其实际控制岛礁的主权及相关海域的权利，而非按照"十一段线"来主张南海权益，充分反映了其奉行"两个中国"下的南海政策，这与大陆方面坚持一个中国原则下的南海政策存在冲突。

第三，从台方意愿上看，蔡当局没有与大陆合作捍卫南海主权及相关权益的主观愿望。蔡英文上台主政以来，"文化台独"动作接连不断，这表明其"台独"立场没有任何松动，在诉求"台独"的动机之下，何谈跟大陆合作捍卫南海主权？其压根就没有与大陆合作的愿望。南海仲裁结果出炉以后，台湾当局陆委会、"外交部"等机构被问及是否与大陆联手共同捍卫南海主权时，它们回答得很清楚："我们各做各的、各有各的主张。"

第四，从美日台关系上看，蔡当局充当美国牵制中国的棋子，不会也不敢违背美国的亚太再平衡战略及南海策略。美日两国是蔡当局从事"台独"的重要依靠力量，倘若台湾与大陆合作，必然会违背美日在亚太地区的战略利益，因此在南海问题上，蔡当局竭力与美国的立场保持一致；而在冲之鸟礁问题上，则竭力与日本的立场保持一致。总体来看，蔡当局较马当局更加注重维护与美日的友好关系，故而在南海问题上一再退缩。在这种情况下，它怎么会与大陆合作呢？

第五，从操作技术上看，缺乏可行性。大陆一直主张通过当事国之间的双边协商来解决，反对多边主义；而台湾方面却一直主张通过多边主义来参与协商，并提出了"五国六方"或"六国七方"的协商方式。那么，台湾方面提出的这些协商方案有无可行性？我们不妨在此做进一步分析。首先，台湾方面将以何身份和名义参与协商？若以"中华民国"的名义，无异于在国际场合制造"两个中国"，对此大陆不会同意；若以"中国台湾"的名义，大陆或许会同意，但台湾方面很可能会因认为自己被矮化而加以拒绝。其次，台湾方面有无自己独立的利益诉求？若有，那么这个利益诉求与大陆的利益诉求是什么关系？是基于一个中国的共同利益，还是独立于大陆之外的第三方利益？若是前者，台湾方面可能会担心自己被溶解在一个中国框架内而拒绝接受；若是后者，大陆肯定不会答应。再次，参与协商时，台湾方面是否有独立表决的资格？若没有，台湾方面的参与就失去了意义，为此台湾肯定不会接受；若有，那么台湾的表决是否要与大陆的表决保持一致？换言之，是否跟随大陆一致对外进行投票？若是，对方当事国肯定不会答应，因为在它看来，单单一个中国大陆已不易对付，现在又增加一个"台湾小帮手"，无异于雪上加霜；若不是，大陆肯定不会答应，因为这等于自己给自己添麻烦，而且还承担着强化"台湾主体性"的巨大风险。上述这一系列问题，环环相扣，决定了台湾参与南海主权问题的协商几乎不具有可行性。如果台湾的参与诉求不能得到满足，大陆希冀台湾跟自己一起捍卫南海主权的想法就很难实现。

基于以上分析，可以得出以下结论：单从宏观层面看，两岸官方似乎有合作的可能，但从中观和微观层面看，尤其从技术操作层面看，两岸合作共同捍卫南海的可能性很小。两岸在南海主权争端中的合作问题，说到底是两岸政治关系定位问题在南海问题上的一个延伸。倘若蔡英文不接受"九二共识"，两岸官方在南海问题上几乎就没有合作空间，但目前南海的严峻局势又迫切需要两岸中国人携手合作。在这种情况下，就只能在官方之外的民间层面来寻找合作空间，以抵消或弥补因官方合作缺失而带来的负面影响。

不过，官方合作空间虽然很小，但亦并非为零，因为在某些功能性、事务性领域仍有局部合作空间。如果两岸意欲在南海合作问题上有所突破，那么应该将有限的精力放到那些有可能合作的领域，即向着局部的功能性、事务性合作而努力。至于官方在政治性、主权性领域的合作，目前根本不具备条件，因而也无法实现。而且，即便往最好处想，即便蔡当局未来接受了两岸一中，两岸合作也将仅限于各表式合作而非共表式合作。从历史角度看，即便在两蒋时期和两岸互动最积极的马英九时期，两岸在这一问题上也没有取得突破性进展，更何况在蔡当局不接受"九二共识"的当下了。总而言之，我们不应对两岸南海合作问题产生不切实际的期待。

（原载台湾《观察》杂志 2016 年第 9 期）

试析国民党新政纲的两大亮点

2016 年 9 月 4 日，中国国民党第 19 次全党代表大会第 4 次会议召开，会议通过了国民党的新政策纲领（以下简称"新政纲"），该纲领在涉及两岸关系的部分写道："在中华民国宪法的基础上，深化九二共识。积极探讨以和平协议结束两岸敌对状态可能性，扮演推动两岸和平制度化角色，确保台湾人民福祉。"从新政纲涉及两岸关系的论述来看，其亮点主要有二：一是不再提及"一中各表"，二是倡导积极探讨以和平协议结束两岸敌对状态的可能性。下面就这两点展开进行分析：

一、不再提及"一中各表"

"九二共识"是两岸在一个中国问题上的共识，但长期以来，台湾方面在坚持"九二共识"的同时，总是在其后附加"一中各表"，使得两岸在共识之下深藏分歧，所以一直无法实现完全共表。现在新政纲取消了"一中各表"四个字（即将过去"九二共识，一中各表"调整为"九二共识"），那么两岸在"九二共识"问题上至少可以实现形式上的共表。因此，从这一意义上说，取消"一中各表"，为国共两党共表"九二共识"奠定了基础，因而具有积极意义。自 2015 年以来，洪秀柱一直主张两岸应从"各表"迈向"共表"（亦即"同表"）。她作为国民党参选人角逐 2016 年台湾地区领导人时曾主张过"一中同表"，但后来鉴于党内的批评声音而放弃。此次取消"一中各表"，使两岸在"九二共识"问题上的文字表述完全竞合，进而推动两岸共表"九二共识"，或许是洪秀柱及其智库的用意所在。倘若果真如此，那么两岸在"一中共表"（或曰"一中同表"）的道路上又向前迈进了一步，因为两岸共表"九二共识"的实质就是共表一中。

然而，尽管从"各表"走向"共表"是推动两岸关系发展的重要路径，也创新两岸政治关系论述的基本方向，但这仅仅是就总体趋势而言的，走向

"共表"固然需要发挥两岸的主观能动性，人为地积极向前推进，但更主要的还是受到两岸关系客观现状的制约。从目前乃至未来很长一段时期的两岸关系来看，并不具备"一中共表"的条件。尽管国民党新政纲在表述上取消了"一中各表"，但意欲在今后从事实上真正避免"一中各表"，并非一桩易事。这是因为：

第一，从事实与表述的分野来看，在表述上取消"一中各表"，并不意味着在事实上消除了"一中各表"。只要存在一中框架下的两岸政权之争，就必定存在"一中各表"。虽然大陆方面不能承认"一中各表"，但自1949年以来，两岸（尤其国共）之间却一直存在"一中各表"，正因为"一中各表"、互不承认，才维持了两岸同属一中这一基本架构。这里要注意区分作为事实的"一中各表"和作为术语的"一中各表"，这是两个不同的概念，前者自1949年以来一直存在，而后者却是20世纪90年代以后才出现的。从历史上看，没有"一中各表"这个术语，但却存在"一中各表"这个事实，所以即便现在国民党不再提及"一中各表"这个术语，也并不意味着将来两岸之间就不存在"一中各表"这个事实。单从事实层面来看，"一中各表"不仅过去存在，现在仍存在，未来一段时期内还会继续存在，这是我们必须认清的，除非台湾方面自我承认其政权是中国的一个地方政权。从这一角度说，我们在肯定国民党新政纲取消"一中各表"积极意义的同时，也不应对其作扩大化解释。

第二，从"九二共识"与"一中各表"的关系来看，仅提"九二共识"并不能避免"一中各表"问题。回顾1992年香港会谈，双方均认同两岸同属一个中国，但在两岸哪一个政权与中国具有同一性的问题上意见相左，均坚持己方政权与中国具有同一性（即大陆方面坚持一中即中华人民共和国，而台湾方面坚持"一中即中华民国"）。为避免因分歧而导致两岸和谈中止，大陆方面主张两岸先就一个中国原则达成共识，暂时搁置一个中国意涵之争。而台湾方面认为，在主流国际社会均认同中国即中华人民共和国的情势下，如果不通过各表来强调"一中即中华民国"，容易让外界产生台湾方面已接受自身是中国地方政权的印象，因此，为了凸显自身主体性，台湾方面每逢表达两岸同属一中的场合，必定坚持"一中各表"，强调"一中即中华民国"。从上述历史过程可以看出，"九二共识"是侧重于一个中国原则的表述，而"一中各表"是侧重于一个中国意涵的表述。从"九二共识"产生的过程看，其本身就是两岸在一个中国意涵问题（即"一中各表"问题）上争执不下而求同存异的产物。因此，新政纲取消"一中各表"对国民党的两岸政策不会产生实质性影响，因为强调"九二共识"本身就意味着在事实上存在"一中各表"。所以，单从逻辑和语法上说，"九二共识、一中各表"是一个带有部分重复性的累赘表述。当然，台湾方面故意重复有其特定的政治考量，故另当别论。

二、主张积极探讨通过签署和平协议、结束敌对状态的可能性

该倡议不是一个新话题，早在 2008 年台湾"大选"时，马英九就曾主张两岸签署和平协议。在其第一任就职演说中，也有提及签署两岸和平协议的文字。为此，两岸研究界曾分别进行过深入探讨。后来马英九鉴于民进党等"台独"势力对自己"亲中卖台"的攻击，加之外国干预等原因，转而对两岸和平协议一事采取消极回避的态度，此事最后不了了之。2015 年洪秀柱作为国民党参选人竞选台湾地区领导人时，也曾主张推动两岸签署和平协议。时至今日，洪秀柱带领的国民党不仅继续倡导这一主张，而且首次将其载入政策纲领，反映了国民党积极推动两岸关系和平发展的态度和愿望，值得肯定。但是，从现实条件来看，推动两岸签署和平协议，结束内战状态，尚存在着短期内无法克服的困难：

第一，从签署主体来看，双方的主体身份问题暂时无法解决。在两岸政治关系定位问题（尤其"中华民国"问题）没有得到解决的情况下，双方以什么名义来签署和平协议？是中华人民共和国与"中华民国"的名义，还是其他名义？两岸政治关系定位问题是 60 多年来一直难以解决的结构性问题，必然会直接影响和平协议的签署。或许有人说，可以借助各表的办法，但我们应该知道，各表的功效非常有限（该问题比较复杂，暂不展开），不足以支撑和平协议的签署。另外，2017 年"习马会"开辟了两岸领导人会晤的新模式，这固然会给两岸谈判和签署和平协议带来诸多启示，但签署和平协议毕竟不同于两岸领导人会面，最终要以书面文件的形式确立两岸关系中的重大问题，其程序之复杂、环节之烦琐，是两岸领导人会面无法比拟的。因此，在两岸政治关系定位问题得到妥善解决之前，签署两岸和平协议绝非易事。

第二，从签署程序来看，台湾各政治力量在签署两岸和平协议问题上难

以达成一致意见。两岸在签署协议之前，需要先在各自内部形成一致意见。从大陆方面来看，在短期内形成一致意见并不困难。但从台湾政局来看，社会撕裂，蓝绿对抗，整个社会呈现碎片化状态，台湾方面欲就两岸和平协议问题达成一致意见，难度极大。况且，按照台湾地区的现行规定，此类问题可能还要经过公投程序，至少也要经过"立法院"程序。倘若岛内的政治意见不能被有效整合，先达成一个内部共识，那么台湾就无法与大陆签署，毕竟大陆不可能分别同台湾的各个政治力量签署。

第三，从协议内容来看，两岸会在是否将和平统一作为前提条件写入协议的议题上存在分歧。两岸和平协议在性质上是从内战延续状态走向和平统一状态的一个过渡协议，该协议必须与和平统一相联结。在岛内"台独"情绪不断高涨的情势下，大陆要防止和平协议被"台独"势力所利用，成为维持"不统不独"或"和平分裂"的工具。大陆早在 20 世纪 90 年代末的动武三原则中就已经言明："如果台湾当局无限期地拒绝通过谈判和平解决两岸统一问题，那么中国政府只能被迫采取一切可能的断然措施、包括使用武力，来维护中国的主权和领土完整，完成中国的统一大业。"2005 年通过的《反分裂国家法》第八条也规定了动用武力的三种情形，其中之一即"和平统一的可能性完全丧失"。可以想见，倘若大陆在不与台湾达成统一共识的情况下，就贸然与台湾签署和平协议，结束内战状态，那么"台独"势力很可能以此为护身符，正好将"不统不独"的状态就地合法化、凝固化，而一旦此种局面形成，大陆再想动用武力，其合法性就大大降低，故而不附加统一条款的和平协议对大陆没有意义，无异于自缚手脚。对大陆来说，和平协议的签署必须服务和服从于未来国家统一这一最高政治战略，因此，大陆必须通过各种技术性措施来防止出现"永久性不统不独"的局面，而其中最有效的作法就是，在和平协议中明文规定其过渡性质，并载明约定和平统一的条款。其实，大陆的这一原则在《反分裂国家法》中已有所体现，其第七条关于两岸就正式结束两岸敌对状态进行协商和谈判的条款即是以和平统一为前提的。倘若大陆要求和平协议必须与和平统一相挂钩，必定会遭到台湾社会绝大多数政治力量的反对，那么和平协议自然也就无法签署。

总而言之，两岸签署和平协议尚存在诸多现实困难，目前条件并不完全具备。单从宏观层面上说，国民党新政纲主张探讨签署两岸和平协议、结束内战状态的可能性，是一个推进两岸关系向前发展的新思路；但从中观和微观层面上说，尤其从目前岛内政局和两岸关系现实来说，签署和平协议缺乏现实可行性，至少短期内如此。或许洪秀柱带领的国民党也意识到这一问题的复杂性，故新政纲在表达上的用语颇为审慎，没有直接使用"积极推动两岸签署和平协议，结束内战状态"，而是"积极探讨以和平协议结束两岸敌对状态可能性"，其在这个问题上的底气不足的心态可见一斑。

值得指出的是，笔者无意否定国民党新政纲对于两岸政策新表述的积极意义，而是意欲通过对问题的客观分析，让人们既能看到新政纲的意义所在，也能看到现实中的困难所在。事实上，签署两岸和平协议、结束敌对状态也是大陆方面自 20 世纪 90 年代以来的一贯主张，尤其 2007 年中共十七大政治报告、2008 年胡锦涛在纪念《告台湾同胞书》发表 30 周年座谈会上的讲话、2012 年中共十八大政治报告均对此有所突出和强调。所以，国民党新党纲中关于和平协议的倡议也符合大陆的主张，这应该成为今后两岸共同努力的方向。虽然目前尚不具备条件，但两岸可以通过共同努力，积极创造条件，使其从无到有、从小到大，为最终签署和平协议奠定基础。

（原载中国评论新闻网，2016 年 9 月 12 日）